JN440917

하나님 마음에 맞는 사람

하나님 마음에 맞는 사람

지은이 | 김다위
초판 발행 | 2026. 1. 28.
등록번호 | 제1988-000080호
등록된 곳 | 서울특별시 용산구 서빙고로65길 38 두란노빌딩
발행처 | 사단법인 두란노서원
영업부 | 02)2078-3333 FAX | 080-749-3705
출판부 | 02)2078-3331

책값은 뒤표지에 있습니다.
ISBN 978-89-531-5235-9 03230

독자의 의견을 기다립니다.
tpress@duranno.com www.duranno.com

* 이 책의 성경 인용은 새번역본으로, 의미 전달을 위해
다른 역본을 사용한 경우에는 별도 표기했습니다.

두란노서원은 바울 사도가 3차 전도여행 때 에베소에서 성령 받은 제자들을 따로 세워 하나님의 말씀으로 양육하던 장소입니다. 사도행전 19장 8-20절의 정신에 따라 첫째 목회자를 돕는 사역과 평신도를 훈련시키는 사역, 둘째 세계선교(TIM)와 문서선교(단행본·잡지) 사역, 셋째 예수문화 및 경배와 찬양 사역, 그리고 가정·상담 사역 등을 감당하고 있습니다. 1980년 12월 22일에 창립된 두란노서원은 주님 오실 때까지 이 사역들을 계속할 것입니다.

사무엘서에서 발견한

하나님 마음에 맞는 사람

김다위

DAVID

SAMUEL

HANNAH

두란노

목차

2부 자기 열망에 갇힌 마음의 한계

3부 광야 학교에서 참된 왕으로 빚어지는 마음

하나님을 다시 중심에 두다

저는 김다위 목사님의 설교를 매주 듣습니다. 주일이면 교회 강단에서, 그렇지 못할 때면 영상으로 찾아 듣습니다. 그렇게 한 주, 한 주 말씀을 따라가다 보니, 제 안에 조용히 새겨지는 한 가지가 있었습니다. 그것은 설교를 얼마나 잘하느냐가 아니었습니다. 말씀 앞에 어떻게 서 있느냐였습니다.

김다위 목사님은 언제나 사람의 반응보다 하나님의 마음을 먼저 살피는 분이었고, 그래서인지 그의 설교는 자연스럽게 저를 하나님께로 돌려세웠습니다. 사무엘상 강해를 들으며 저는 자주 멈춰섰습니다. 이미 여러 번 읽은 본문인데도, 그 안에서 하나님께서 지금 저에게 무엇을 말씀하시는지 다시 묻게 되었습니다. 이 설교들은 매주 한결같이 질문했습니다.

"지금 당신의 삶에서 정말 중심에 계신 분은 누구인가."

사무엘상은 혼란과 전환의 시대를 살아간 사람들의 이야기입니다. 기도의 자리에서 무너졌던 한나, 어둠 속에서 부르심을 받은 사무엘, 선택받았으나 끝내 하나님을 중심에 두지 못했던 사울 그리고 하나님의 마음에 맞는 사람으로 세워진 다윗. 김다위 목사님의 설교는 이 인물들의 성공과 실패를 평가하기보다, 그 모든 과정에서 하나님의 마음이 어디에 있었는지를 살피며 천천히 함께 걸어

가게 했습니다.

강단에서 이 설교들을 들으며 참 고마웠던 점은, 말씀이 저를 다그치지 않는다는 것이었습니다. 대신 조용히 스스로를 돌아보게 했습니다.

“나는 하나님을 신뢰하며 살아가고 있는가, 아니면 하나님을 말하면서도 여전히 나를 중심에 두고 있는가.”

이 설교들은 성공과 실패를 쉽게 나누지 않았습니다. 높아짐과 낮아짐, 승리와 패배의 순간 속에서도 하나님은 여전히 일하고 계시며, 그 모든 과정을 사람의 눈이 아니라 하나님의 시선으로 보게 했습니다. 이가봇처럼 느껴지는 현실 속에서도 하나님은 떠나지 않으셨고, 결국 임마누엘로 회복시키신다는 말씀은 반복해서 들을 때마다 깊은 위로가 되었습니다. 이 설교들을 들으며 저는 평가하는 자리에 서기보다, 말씀 앞에 서 있는 한 사람이 되었습니다.

좋은 설교는 사람을 흥분시키기보다, 하나님을 다시 중심에 두게 만듭니다. 김다위 목사님의 사무엘상 설교가 그러했습니다. 이 설교집은 그런 강단의 말씀을 담고 있습니다. 말씀을 전하는 이에게는 강단을 다시 정직하게 점검하게 하는 동반자가 될 것이고, 말씀을 듣는 이에게는 신앙의 중심을 조용히 바로잡아 주는 친구가 될 것입니다. 무엇보다 하나님을 다시 삶의 중심에 두고 살아가기를 소망하는 이들에게, 매주 강단에서 함께 들었던 말씀에 대한 감사한 마음으로 이 책을 기쁘게 추천합니다.

유기성

선한목자교회 원로목사

무너진 성소 너머,
하나님의 시선이 머무는 사람

사람이 그리운 시대다. 정확히 말하면 하나님의 마음에 맞는 사람, 그분의 심장 소리에 자신의 삶의 운율을 맞추는 한 사람을 찾기가 참으로 어려운 시대다. 효율과 성과가 신앙의 자리까지 잠식한 한국 사회의 거센 물결 속에서, 현대인의 영혼은 어느덧 메마른 광야처럼 가물어 버렸다. 외형의 성벽을 높이 쌓는 일에는 익숙해졌으나, 정작 그 내면을 채워야 할 거룩한 성품과 하나님을 향한 순전한 경외는 희미해져 가는 한국 교회의 현실이 마음을 무겁게 짓누른다. 강단에서 울려 퍼지는 말씀의 홍수 속에서도 삶으로 그 말씀을 증거하는 자를 찾기란 여간 어려운 일이 아니다. 한국 교회가 신뢰를 잃고 세상의 냉소 앞에 변명조차 궁색해진 처지는 오늘의 한국 교회가 마주한 정직하고도 아픈 자화상이다.

그럼에도 불구하고 우리가 소망을 거두지 않는 이유는, 역사의 밤이 깊을수록 하나님은 언제나 당신의 마음에 맞는 사람들을 찾아내어 새로운 서막을 여셨기 때문이다. 그 거룩한 섭리는 한 여인의 가냘픈 흐느낌에서 시작되었다. 하나님은 엘리 시대의 부패하고 침묵하던 성전 한복판에서, 자식이 없어 통곡하던 한나의 눈물을 외면하지 않으셨다. 자신의 결핍을 하나님 나라를 향한 열망으로 승화시킨 한나의 기도는 새로운 시대를 잉태하는 복음의 태동이었다.

그 기도의 응답으로 세워진 사무엘은 모두가 영적으로 잠든 밤, 하나님의 음성에 귀를 기울였던 들음의 사람이었다. 말씀이 희귀하여 이상이 보이지 않던 암흑기에 소년 사무엘이 드린 "말씀하옵소서 주의 종이 듣겠나이다"라는 고백은, 끊어졌던 하나님과 인간 사이의 친밀한 사귐을 다시 잇는 소망의 다리가 되었다. 그리고 그 기도의 계보는 마침내 이스라엘의 가장 낮은 곳에서 양을 치던 소년, 다윗에게로 이어진다.

다윗은 참으로 신비롭고도 입체적인 인물이다. 그는 거구의 골리앗 앞에서도 위축되지 않고 오직 '여호와의 이름'이라는 만군의 무기를 들고 나선 용맹한 전사였다. 자신을 죽이려 혈안이 된 사울을 처단할 기회가 왔을 때도, 그것이 하나님의 방식이 아님을 알기에 칼을 거두었던 성숙한 영혼의 소유자였다. 우리는 그에게서 장차 오실 참된 왕, 예수 그리스도의 그림자를 본다. 다윗의 담대함 속에서 죽음을 이기신 그리스도의 승리를 예감하고, 그의 인내 속에서 우리를 향한 주님의 끝없는 긍휼을 경험한다.

그러나 다윗의 진정한 가치는 눈부신 성취에만 있지 않다. 그는 우리와 성정이 똑같은, 아니 어쩌면 우리보다 더 처절하게 무너진 죄인이었다. 나발의 무례함에 분노를 참지 못해 수백 명의 부하를 이끌고 복수의 칼을 뽑아 들었던 옹졸함이 그에게 있었다. 생존의 공포 앞에서 세속적인 지혜를 발휘해 적국으로 망명하며 비겁하게 목숨을 구걸하던 초라함도 그의 실상이었다. 다윗의 이야기는 단순히 3천 년 전의 고전이 아니라, 오늘을 살아가는 우리의 일그러진 자화상을 비추는 거울이다. 그는 결코 다다를 수 없는 완벽한 성인이 아니라, 깨어진 죄인이요, 삶의 부서진 조각들을 들고 하나님 앞에 울며 매달렸던 상한 심령의 예배자였다.

그리하여 이 책의 모든 장은 결국 한 분을 향해 흐른다. 다윗보다 더 큰 다윗, 예수 그리스도이시다. 사무엘상을 읽되 다윗이라는 한 인물의 매력에만 머물지 말고, 다윗 너머에 계신 그리스도를 바라보기를 권한다. 인간의 도덕적 노력이나 결단이 아니라, 복음의 능력이 우리의 삶을 어떻게 근본적으로 바꾸는지를 발견하는 영적 독서(Lectio Divina)가 되기를 바란다. 다윗의 처절한 실패에서 우리의 적나라한 모습을 보고, 다윗을 향한 하나님의 신실하심에서 우리를 향한 그분의 거부할 수 없는 은혜를 확인하기를 소망한다.

나의 이름은 본래 '다윗'이다. 그래서인지 다윗은 늘 흠모의 대상이자 풀리지 않는 영적 화두였다. '왜 하나님은 허물 많은 그를 택하셨으며, 왜 그토록 기뻐하셨을까?', '어떻게 하면 이 삭막한 시대에 다윗처럼 주님의 마음을 시원하게 해 드리는 하나님의 사람을 세울 수 있을까?' 하는 질문들이 목양의 현장에서 끊이지 않았다.

이 책에 담긴 서른 번의 강론은 그 질문들에 대한 치열한 대답이다. 매 주일 강단에 오르기 전, 이 말씀이 먼저 나 자신의 교만과 비겁함, 탐욕과 불순종을 도려내는 검이 되기를 기도했다. 그리고 성도들과 함께 울고 웃으며, 우리가 처한 삶의 질곡이 다윗이 머물던 아둘람 굴과 다르지 않음을 고백했다. 사무엘상의 갈피를 넘기다 보면 누구나 깨닫게 될 것이다. 세월은 흘렀으나 인간의 욕망과 두려움은 변하지 않았고, 그 혼돈의 한복판에서 여전히 신실하게 일하시는 하나님의 손길 또한 동일하다는 사실을 말이다.

이 여정의 갈피마다 독자 한 분, 한 분이 이 시대의 무너진 성벽을 재건하는 하나님 나라의 신실한 증인이 되고, 그분의 세밀한 숨결이 머무는 소중한 존재로 빚어지기를 간절히 소망한다. 텍스트가 단순한 지식에 머물지 않고 주님과의 친밀한 사귐으로 이어지기를 바라는 목회적 고뇌와 기도를 담아, 각 장 끝자락에는 깊은 성찰을 돕는 '마음에 새길 세 가지'와 공동체가 함께 삶의 결을 엮어낼 '소그룹 나눔 질문', 그리고 '하나님 마음에 맞는 사람의 기도'를 마련해 두었다. 홀로 걷는 고요한 독서의 시간이 지체들과의 깊은 나눔으로 연결되고, 마침내 글자 속에 담긴 진리가 독자의 숨결과 만나 기도로 화하기를 기대한다. 그 거룩한 지점에서, 매 챕터의 마무리는 하나님께 드려지는 가장 향기로운 예배가 되리라 믿어 의심치 않는다.

기꺼이 출판을 허락하고 응원해 준 두란노 출판 팀, 부족한 종이 강단에 설 때마다 기도의 동역자가 되어 준 선한목자교회의 모든 교역자, 교직원들과 장로님들, 사랑하는 성도님들과 묵묵히 예배의 현장에서 중보 기도의 사명을 감당해 준 중보 기도 팀에 깊은 감사를 전한다. 무엇보다 나의 영성의 가장 가까운 거울이 되어 준 사랑하는 아내와 세 자녀 그리고 기도의 뿌리가 무엇인지, 하나님 마음에 맞는 삶이 무엇인지를 본이 되어 보여 주신 양가 부모님께 이 책을 드린다. 이제, 우리를 부르시는 주님의 세밀한 음성을 따라 다윗이 걸었던 그 은혜의 길로 함께 나아가고자 한다.

2026년 1월

김다위

시대를 배경으로 하고 있기 때문이다. 두 여인은 불과 몇 세대 차이로 같은 시대를 살았다. 두 여인 모두 가정에 어려움이 있었다. 그러나 민족의 정치·사회·영적 위기 상황 속에서 믿음으로, 기도로 위기를 돌파했다.

한나는 단지 사무엘의 어머니라는 역할로만 치부될 여인이 아니다. 한나는 그 삶 자체로 고유하며, 그 자체로 위대한 믿음의 여인이다.

본문 1절에 엘가나라는 인물이 소개된다. 그는 에브라임 지파에 속한 라마에 살았다. 그러나 역대상 6장의 기록에 따르면, 그의 혈통은 레위 지파 고핫 계열이다. 엘가나는 부유하고 매우 경건한 사람이었다.

그는 해마다 여호와께 예배하고 경배하기 위해 가족을 데리고 실로로 올라갔다. 라마에서 북쪽으로 약 32킬로미터 떨어진, 성막이 있던 곳이다. 그는 자녀의 신앙을 책임지는 사람이었다. 이는 엘리 제사장이 홉니와 비느하스를 영적으로 기르지 못한 것과 대조적이다. 사무엘상은 의도적으로 두 가정을 대조한다.

그러나 경건한 가정에도 어려움은 있었다. 엘가나에게 두 아내가 있었기 때문이다. 한나와 브닌나. 한나라는 이름은 '은혜를 받은 여자', 짧게는 '은혜'를 뜻한다. 브닌나는 '진주', 혹은 '산호 가지들'을 뜻한다. 그러나 본문 2절을 보면 브닌나에게는 자녀가 있었으나, 한나에게는 자녀가 하나도 없었다. 문제는 여기서 시작되었다.

한나에게 자녀가 없자 엘가나는 제사 후 한나에게 브닌나보다 두 배의 몫을 주었다. 브닌나는 이를 차별이자 편애라고 느꼈다. 그래서 한나를 괴롭혔다. 이런 일은 매년 반복되었다.

그의 적수인 브닌나는 한나를 괴롭히고 업신여겼다. 이런 일이 매년 거듭되었다. 한나가 주님의 집으로 올라갈 때마다, 브닌나가 한나의 마음을 늘 그렇게 괴롭혔으므로, 한나는 울기만 하고, 아무것도 먹지 않았다(삼상 1:6b-7a).

'괴롭혔다'는 말은 성가시게 하고 화나게 했다는 뜻이다. '업신여겼다'는 말은 한나의 비어 있는 자궁을 조롱했다는 의미다. 한두 번이 아니었다. 매년 거듭되었고, 늘 그렇게 반복되었다.

왜 브닌나는 한나를 업신여기고 조롱했을까? 고대 사회에서 불임인 아내는 수치스러운 존재로 여겨졌기 때문이다. 자녀는 신의 선물이자 경제적 상징이었다. 자녀가 많을수록 노동력이 늘어나 밭에서 일할 사람이 많아지고, 가정의 경제도 풍요로워진다는 뜻이었다.

자녀는 노후 대책이기도 했다. 노년에 부모를 돌보고 가문을 이어 가며 재산을 물려받아 가족의 미래를 보장했다. 국가적으로도 자녀가 많다는 것은 군사가 많아 강국이 된다는 의미였다. 사회 전체로 다산은 그 자체로 복이었다.

이런 사회·문화적 맥락 속에서 한나가 여성으로서 자신의 존재 이유라 할 수 있는 출산을 하지 못했다는 사실은 엄청난 충격이었다. 자신의 존재 이유에 혼란이 오는 스트레스였다. 남편이 당시 사회 관습에 따라 두 번째 아내를 맞아들였을 때, 한나의 고통은 더욱 가중되었을 것이다.

한나는 울기만 하고, 아무것도 먹지 않았다(삼상 1:7b).

한나는 극심한 우울에 빠질 만큼 깊은 상처를 입었다. 눈물 없이 하루도 살 수 없었다. 남편이 보기에도 늘 울기만 하는 아내가 바로 한나였다.

> 그럴 때마다 남편 엘가나가 한나를 위로하였다. "여보, 왜 울기만 하오? 왜 먹지 않으려 하오? 왜 늘 그렇게 슬퍼만 하는 거요?"(삼상 1:8).

우울증의 대표적인 증상 중 하나는 일에 대한 관심 감소, 불면증, 식욕 감퇴다. 한나는 아이를 갖지 못하는 일이 자기 때문임을 알고 있었다. 엘가나는 브닌나와의 사이에서 자녀를 낳았기 때문이다. 그녀가 겪는 아픔은 브닌나의 괴롭힘뿐 아니라 깊은 자책감이었을 것이다.

오늘날에도 난임과 불임 부부가 겪는 고통은 이루 말할 수 없다. 한국보건사회연구원의 보고*에 따르면, 불임 치료 중인 여성의 약 95퍼센트가 정신적 고통과 우울을 경험하며, 그중 약 80퍼센트는 신체적·정신적 증상으로 의료적 치료를 받고 있다. 난임은 부부 갈등을 낳을 뿐 아니라 시부모와의 관계까지 악화시키곤 한다. 난임 부부는 평균적으로 임신과 출산을 위해 4-8년을 보내며, 인공 시술 비용으로 수백만 원에서 수천만 원을 지출하게 되어 가정 경제에도 심각한 영향을 미친다.

한나의 고통은 오늘날 난임을 겪고 있는 모든 이의 고통이다. 한나의 이야기는 곧 우리의 이야기다. 한나의 절망과 아픔은 우리가 느끼는 절망과 아픔과 크게 다르지 않다.

---

* https://repository.kihasa.re.kr/bitstream/201002/5982/1/74호-최종.pdf

브닌나의 조롱과 하나님의 침묵

한나의 고통과 브닌나의 업신여김은 불임에서 비롯되었다. 브닌나가 한나를 조롱한 이유는 한마디로, 한나가 당시 사회와 문화가 요구하던 기대에 미치지 못했기 때문이다. 그 당시 여성의 가장 이상적인 모습은 아이를 많이 낳는 것이었다.

지금도 그러한 기대는 여전히 존재한다. 현대 문화에도 또 다른 문화적 이상과 기대치가 있다. 이 문화는 우리 모두에게 그 기준에 부합하도록 압력을 가한다. 그 기준에 미치지 못하면 업신여기고 조롱하며 낙인을 찍는다. '루저'라고 말이다.

오늘날의 '브닌나'는 한국 사회와 현대 문화의 기준과 기대에 미치지 못하는 사람을 조롱하는 목소리다. '인(in) 서울 대학을 나오지 못했다며 조롱하는 브닌나', '승진하지 못한다며 조롱하는 브닌나', '회사 연봉을 비교하며 으스대는 브닌나', '교회를 개척한 지 몇 년이 되었는데 아직도 그러고 있느냐며 은근히 업신여기는 브닌나' 등 오늘날에도 우리 주변에는 많은 '브닌나'가 있다. 브닌나는 곧 현대 사회와 관습이 우리에게 강요하는 문화적 기대치이기 때문이다.

특히 오늘날 여성이 겪는 브닌나의 괴롭힘과 조롱 가운데 가장 고통스러운 것은 외모다. 왜곡된 외모 지상주의로 인한 피해가 심각하다. 이 사회에서 외모는 우상, 곧 숭배의 대상이 되었다. 현대 여성의 섭식 장애가 심각한 문제가 되는 이유가 여기에 있다. 외모 지상주의 문화가 여성에게 엄청난 압력을 가하고 있다는 뜻이다.

미국 하버드대학교 보고서*에 따르면, 섭식 장애는 미국 전체 인구의 약 10퍼센트가 겪고 있으며, 남성보다 여성이 두 배 더 많

* https://www.nationaleatingdisorders.org/statistics/

다. 한국의 경우 여성이 남성보다 4.2배 많다. 이 섭식 장애로 인해 52분마다 한 명씩 죽고 있다. 평균적으로 어린이와 청소년의 섭식 장애 비율은 장년보다 약 1.5배 높은 22퍼센트에 이른다. 청소년에게 더 큰 압력이 가해지고 있다는 뜻이다. 섭식 장애는 마약에 이어 정신 질환 가운데 두 번째로 높은 사망률을 보인다. 이러한 통계가 말해 주는 사실은, 이 시대 브닌나의 조롱과 업신여김이 단순한 상처를 넘어 생명을 앗아 갈 정도로 심각하다는 점이다.

남자라고 해서 이 이야기에서 제외되는 것은 아니다. 브닌나의 남성 버전도 있기 때문이다.

"승진해야지! 성과를 내야지! 남들보다 앞서가야지! 키도 크고 잘생겨야지! 리더십도 있어야지!"

직장과 사회에서 남성이 겪는 무한 경쟁과 비교의 스트레스 역시 여성 못지않게 크다. 가장으로서 가정을 책임져야 한다는 무거운 짐도 있다. 지금 당신에게 들려오는 브닌나의 조롱과 업신여김은 무엇인가?

한나의 고통을 더욱 이해하기 어렵게 만드는 사실은, 한나의 태를 닫으신 분이 주님이라는 점이다. 본문은 반복해서 한나의 태를 닫으신 분이 하나님이라고 말씀한다.

> 비록 주님께서 한나의 태를 닫아 놓으셨지만, … 주님께서 한나의 태를 닫아 놓으셨으므로, 그의 적수인 브닌나는 한나를 괴롭히고 업신여겼다(삼상 1:5-6).

한나의 고통이 더 컸던 이유는, 하나님께서 저 악한 성품의 브닌나에게는 자녀를 주시면서 왜 자신에게는 단 한 명도 주시지 않는가 하는 질문 때문이었을 것이다. 도무지 이해할 수 없었을 것이다.

하나님께서 당신 앞길의 이른바 태의 문, 취업의 문, 승진의 문, 재정의 문을 왜 닫아 두셨는지 이해가 되는가? 적어도 당신보다 성품이 더 낫다고는 생각되지 않는 '브닌나'의 취업과 승진과 재정의 문이 활짝 열려 있는 이유를 이해할 수 있는가? 아마 잘 안 될 것이다. 이것이 바로 한나가 더 괴로웠던 이유다.

엘가나의 위로

이런 상황에서 남편이 대안을 내놓는다. 엘가나는 브닌나의 이러한 행동을 아는지 모르는지, 왜 울기만 하느냐고 묻는다. 그러면서 이렇게 위로한다.

> "왜 늘 그렇게 슬퍼만 하는 거요? 당신이 열 아들을 두었다고 해도, 내가 당신에게 하는 만큼 하겠소?"(삼상 1:8b).

엘가나가 제시한 대안은 자기 자신이었다. 그는 브닌나를 데려온 일을 제외하면 참 좋은 남편이다. 당시 자녀를 낳지 못하는 여인에게 수많은 편견이 뒤따르던 사회였음에도, 엘가나는 한나가 슬픔에서 빠져나올 수 있도록 계속해서 노력했다.

그는 그녀에게 없는 것, 곧 자녀에 집중하는 것이 아니라, 이미 가진 것, 바로 남편과 남편의 사랑에 집중하게 했다.

"내가 당신에게 열 아들보다 낫지 않소?"

엘가나가 신앙적으로나 인격적으로 훌륭했던 이유는, 한나를 자녀를 낳는 도구로 대하지 않았다는 데 있다. 그녀가 자녀를 낳지 못한다고 해서 비인격적으로 대하지 않았고, 그 자체로 살아 있는 한 인격으로 존중했다.

엘가나의 말은 이런 뜻이었다.

"한나, 그대에게 자녀가 있든 없든, 당신은 내게 가장 소중한 사람이오."

이런 말과 태도가 한나에게 얼마나 큰 위로가 되었겠는가? 오늘날에도 이런 남편, 이런 남성이 필요하다.

나실인의 기도

엘가나의 '존재 자체로 대하는 사랑'은 귀하다. 그러나 한나는 남편이라는 대안을 선택하지 않는다. 본문 9절을 보면, 어느 날 엘가나 일행이 실로에서 음식을 먹고 마신 뒤에 한나가 자리에서 벌떡 일어나 자리를 떠난다.

'벌떡 일어났다'는 표현은 무엇인가 결단했다는 뜻이다. 그녀가 향한 곳은 성소였다. 한나가 선택한 대안은 눈물의 간구와 기도였다. 그녀는 괴로운 마음으로 흐느껴 울며 기도한다.

> 한나는 서원하며 아뢰었다. "만군의 주님, 주님께서 주님의 종의 이 비천한 모습을 참으로 불쌍히 보시고, 저를 기억하셔서, 주님의 종을 잊지 않으시고, 이 종에게 아들을 하나 허락하여 주시면, 저는 그 아이의 한평생을 주님께 바치고, 삭도를 그의 머리에 대지 않도록 하겠습니다"(삼상 1:11).

한나는 서원 기도를 드린다. 만일 주님께서 불쌍히 여기고 잊지 않아 아들을 하나 주신다면(가정법), 그 아이를 나실인으로 바치겠다는 것이다. 나실인은 하나님을 섬기는 일에 전적으로, 일정 기간 바쳐진 사람이다. 그런데 한나는 일시적인 나실인이 아니라, 평생 나실인으로 바치겠다고 기도한다.

이 기도를 드린 뒤, 한나는 엘리 제사장으로부터 "평안한 마음으로 돌아가시오. 이스라엘의 하나님이, 그대가 간구한 것을 이루어 주실 것이오"라는 말을 듣는다. 그리고 돌아가서 음식을 먹는다. 놀랍게도 다시는 근심하지 않는다.

> 한나가 대답하였다. "제사장님, 이 종을 좋게 보아 주시기 바랍니다." 한나는 그 길로 가서 음식을 먹었다. 그리고 다시는 얼굴에 슬픈 기색을 띠지 않았다(삼상 1:18).

어떻게 그녀는 다시는 슬퍼하지 않을 수 있었을까? 하나님께서 주실 줄 믿었기 때문일까? 물론 그렇다. 한나는 하나님께서 이 기도를 들으셨다는 확신이 있었다. 엘리 제사장도 그렇게 축복해 주었기 때문이다.

그러나 그것이 전부는 아니다. 한나의 슬픔이 사라진 이유는, 이제 자신도 브닌나처럼 자녀를 가질 수 있게 되었기 때문이 아니다. 사실 한나는 아들을 가져도, 가질 수 없게 되었다. 이것이 나실인으로 바친다는 뜻이다. 나실인은 레위인과 같아서, 하나님의 첫 것이 되어 바쳐진 존재다. '바친다'는 말은 사실상 제단 위에 죽음으로 드려진다는 의미다. 실제로 죽는 것은 아니지만, 하나님 앞에서는 죽은 사람처럼 여겨져 전적으로 하나님의 소유가 된다.

그러므로 한나의 슬픔이 사라진 이유는, 자신도 이제 사회의 기대와 요구, 이상에 맞춰 살아갈 수 있게 되었기 때문도 아니다. 오히려 반대다. 한나는 그러한 사회적 기대에 대해 완전히 죽은 것이다. 아들을 가져야만 슬프지 않고, 괴롭지 않고, 행복할 수 있다는 기대에 죽은 것이다. 아들을 가져야만 사회에서 인정받고 존귀함을 받는다는 사사기 시대의 문화적 압박에 죽은 것이다. 이것을 오늘 우리에게 적용하면, 외모 지상주의와 학벌주의, 성취주의와 물질 만능주의, 곧 오늘날의 브닌나가 요구하는 모든 것에 대해 죽은 것이다.

한나의 기도는 이렇게 요약할 수 있다.

"지금까지는 저를 위한 자녀를 원했습니다. 그러나 이제 저를 위한 자녀는 죽었습니다. 만일 자녀를 주신다면, 아이를 나실인으로 바치겠습니다. 이 아이는 저를 위한 존재가 아니라 주님을 위한 존재이기 때문입니다."

이것이 오늘 우리가 드려야 할 기도, 나실인의 기도다. 당신이 그토록 바라던 자녀, 외모, 학벌, 성취, 물질, 성공을 드려야 한다. 그것에 대해 죽어야 한다.

욥기를 보면 사탄이 하나님께 묻는다.

"욥이 이유 없이 하나님을 경외하겠습니까? 하나님께서 집과 모든 소유를 둘러 보호하시고, 하는 일마다 복을 주어 소유를 넘치게 하시니 경외하는 것 아닙니까?"

지금 한나도 이 시험을 받고 있다.

"태의 문이 닫혀 있어도 나를 신뢰하겠느냐? 학업의 문, 취업의

문, 연애의 문이 닫혀도 나를 신뢰하겠느냐? 정말 이유 없이, 까닭 없이 나를 경외하겠느냐?"

한나는 벌떡 일어나 성소로 나아갔다. 눈물로 기도하며, 나실인의 기도로 하나님께 바쳤다. 그리고 다시는 슬퍼하지 않는다. 아직 아들이 잉태되지도 않았고, 태어나지도 않았는데 말이다. 무슨 뜻인가? 이제는 그 대상이 있으나 없으나, 그것이 자신의 행복 조건이 되지 않는다는 것이다. 그러나 만일 하나님께서 허락하신다면, 오로지 주님께 한평생 바치겠다는 고백이다.

지금도 주님은 이 믿음의 기도, 눈물의 기도, 전심의 기도를 기다리고 계신다.

하나님이 기억하신 한나

하나님은 그녀의 기도를 기억하셨다. 엘가나와 한나가 아침 일찍 일어나 하나님께 예배하고 돌아와 동침했을 때, 하나님께서 그녀를 생각하셨다.

> 엘가나가 아내 한나와 동침하니, 주님께서 한나를 기억하여 주셨다(삼상 1:19b).

'기억하여 주셨다'는 히브리어로 '자카르'(זָכַר)다. '기억하다', 혹은 '마음에 두다, 새기다'라는 뜻이다. 한나를 마음에 새기셨다는 말이다. 이 단어는 성경에서 언약과 관련하여 매우 중요한 표현이다. 노아 홍수 이후 하나님께서 노아와의 언약을 '기억'하고 다시는 홍수로 멸하지 않겠다고 약속하셨다. 여기서 사용된 '기억'이 자카르다. 하나님은 한나의 기도를 들으셨고, 그 기도를 기억하셨다. 그리고 사무엘을 낳게 하신다.

> 한나가 임신을 하고, 달이 차서 아들을 낳았다. 한나는, 주님께 구하여 얻은 아들이라고 하여, 그 아이의 이름을 사무엘이라고 지었다(삼상 1:20).

사무엘이라는 이름은 '하나님께 구하였다', 혹은 '하나님께서 들으셨다'라는 뜻이다.

그렇다면 왜 한나였을까? 한나는 브닌나의 악을 악으로 갚지 않았다. 더 나아가 하나님은 탐욕과 욕망과 우상이 지배하던 사사기 시대에, 더 이상 탐욕과 욕망과 문화적 압박에 끌려가지 않을 순결한 사람을 찾고 계셨다. 새로운 이스라엘을 잉태할 자, 새 포도주를 담을 새 부대가 필요했다. 하나님은 그런 여인을 찾고 계셨다. 한나가 바로 그 사람이었다.

한나는 시대에 역행하는 영적 역행자였다. 탐욕의 시대, 더 달라고만 외치던 시대에 그녀는 오히려 드렸고, 바쳤다. 이것이 하나님께서 찾으시던 사람, 하나님 마음에 맞는 사람이었다. 그녀의 기도는 하나님 마음에 맞는 기도였다.

"내가 그녀를 통해 새로운 이스라엘을 잉태하리라. 새로운 이스라엘을 시작하리라."

이것이 하나님 마음에 맞는 백성의 시작이었다.

이 장의 핵심은, 우리가 원하는 바를 간절히 기도하면 얻는다는 데 있지 않다. 핵심은 받고 얻는 일이 아니라, 욕망과 야망에 죽는 일이다. 가장 귀한 것을 온전히 주님께 드리고 바치는 일이다. 그랬더니 하나님은 단지 아들을 주신 것이 아니라, 사무엘을 주셨다. 이스라엘 사사기 암흑기를 끝내는 종결자, 시대를 바꾸는 인물을 보내 주셨다.

하나님은 우리가 세상의 기대에 죽고, 문화적 이상과 기준에 죽고, 세속적 욕망에 죽을 때, 한나의 불임과 같은 절망의 황폐한 땅에 사무엘이라는 소망의 꽃이 피어나게 하신다. 사무엘로 인해 백성은 하나님께로 돌아온다. 사무엘로 인해 다윗이 왕으로 세워진다.

하나님은 지금도 새로운 백성을 잉태할 정결한 자궁, 한나와 같은 사람을 통해 새 일을 행하신다. 하나님께서 불임이었던 한나의 불모지 같은 삶에 개입하셨듯이, 우리가 먼저 그분의 나라와 의를 구하고, 욕망을 내려놓고 전부를 드릴 때, 하나님은 우리를 통해 구원의 새 이야기를 써 내려가실 것이다.

마음에 새길 세 가지

1 욕망에 죽을 때 새 생명이 잉태된다

한나는 자녀를 구했지만, 자신을 위한 자녀가 아니라 하나님께 바칠 자녀를 구했다. 세상의 기대와 문화적 압박에 죽을 때, 하나님은 불모지 같은 삶에 소망의 꽃을 피우신다. 욕망을 드리는 일이 먼저요, 응답은 그다음이다.

2 하나님은 시대를 역행하는 영적 역행자를 찾으신다

사사기 시대, 모두가 더 달라고 외칠 때 한나는 드리고 바쳤다. 탐욕과 욕망의 시대에 그녀는 나실인의 서원을 드렸다. 하나님은 이런 사람을 통해 새로운 이스라엘을 잉태하시고, 시대를 바꾸는 일을 시작하신다.

3 있으나 없으나 그것이 우리에게 행복의 조건이 되지 않는다

한나는 아들을 얻기 전에 이미 다시는 슬퍼하지 않았다. 그녀는 문화적 이상과 기대에 죽었고, 오직 하나님만을 의지하기로 결단했다. 브닌나의 조롱에서 자유로워지는 길은 그것을 채우는 데 있지 않고, 그것에 대해 죽는 데 있다. 까닭 없이, 이유 없이 하나님을 경외하는 신앙이다.

소그룹 나눔 질문

- 한나는 아들을 얻기 전에 이미 '다시는 슬퍼하지 않았습니다.' 원하는 것을 얻어야만 평안할 수 있다는 생각에서 벗어나, 어떻게 하면 있으나 없으나 하나님만으로 충분하다고 고백하는 한나와 같은 믿음의 고백을 할 수 있을까요?

- 한나의 나실인 서원은 '나를 위한 자녀'가 아니라 '하나님께 바칠 자녀'를 구한 기도였습니다. 지금 간절히 원하는 것은 무엇이며, 그것을 통해 궁극적으로 이루고자 하는 목적은 무엇인지 점검해 봅시다.

하나님 마음에 맞는 사람의 기도

작은 신음 소리에도 귀 기울이시는 하나님,
저도 한나처럼 이 시대 브닌나의 목소리를 듣고 살아갑니다.
외모 지상주의와 학벌주의, 성취주의와 물질 만능주의가
저를 조롱하고 업신여깁니다.
그 목소리에 상처 받고, 그 기준에 미치지 못하는
자신을 자책하며 살아왔습니다.
그러나 주님, 한나가 그 모든 문화적 압박과 기대에 죽고
오직 주님께 나아갔듯이,
저도 이 세상의 욕망과 야망에 죽게 하소서.
제가 바라던 것을 주님께 나실인의 서원으로 드립니다.
있으나 없으나 그것이 저의 행복의 조건이 되지 않게 하시고,
오직 주님만이 저의 기쁨과 소망이 되게 하소서.
까닭 없이, 이유 없이 주님을 경외하는 믿음을 허락하소서.
저의 불모지 같은 삶에 사무엘이라는 소망의 꽃을 피워 주시고,
시대를 변화시키는 새 이야기를 써 내려가소서.
주 예수 그리스도의 이름으로 기도합니다. 아멘.

2. 하나님도 기다리신다

삼상 1:21-28

한나는 기도하며 간절히 하나님을 찾았다. 예배하며 기다렸다. 하나님은 그녀를 잊지 않고 기억하셨다. 그리하여 한나는 잉태하고, 달이 차서 아들 사무엘을 낳았다.

그런데 우리가 아는 것이 있고, 모르는 것이 있다. 한나가 하나님을 기다렸다는 사실은 누구나 안다. 그러나 하나님도 기다리신다는 사실을 아는 이는 드물다. 우리만 하나님과 그분의 약속을 기다리는 것이 아니다. 하나님도 기다리신다. 그렇다면 하나님은 무엇을 기다리셨는가?

성장을 기다리시는 하나님

사무엘은 한나의 기도대로 태어났다. 그러나 사무엘은 단지 한 불임 여인의 기도에 대한 응답만은 아니었다. 한 가정에 주신 은혜와 축복에 그치는 존재도 아니었다. 사무엘은 민족의 어두운 영적 현실을 전환시킬 지도자로 태어났다. 그러나 그는 아직 갓난아기에 불과했다.

> 남편 엘가나가 자기의 온 가족을 데리고 주님께 매년 제사와 서원 제사를 드리러 올라갈 때가 되었을 때에(삼상 1:21).

본문 21절은 한나가 기도한 지 다시 1년이 지나 매년제가 돌아왔음을 보여 준다. 한나가 서원 기도를 드리고 이튿날 라마의 집으로 돌아온 직후 잉태하여 만 아홉 달이 지나 사무엘을 낳았다고 가정하면, 본문 21절에 언급된 매년제 때 사무엘은 생후 석 달도 채 되지 않은 영아였을 것이다. 영아 사무엘은 하나님께서 쓰시기에는 아직 너무 어렸다.

> 오직 한나는 올라가지 아니하고 … 그대의 소견에 좋은 대로 하여 그를 젖 떼기까지 기다리라 오직 여호와께서 그의 말씀대로 이루시기를 원하노라 하니라 이에 그 여자가 그의 아들을 양육하며 그가 젖 떼기까지 기다리다가(삼상 1:22-23, 개역개정).

한나는 기다렸다. 아이가 어느 정도 자랄 때까지, 젖을 뗄 수 있을 때까지 양육하며 기다렸다. 그런데 하나님도 기다리셨다. 사무엘이 자랄 때까지. 세 살 정도가 되어 젖을 뗀 뒤에도 성경은 여전히 "아이가 어리더라"라고 말씀한다(삼상 1:24, 개역개정).

하나님은 사무엘을 쓰고자 하셨지만, 사무엘이 자랄 때까지 기다리셔야 했다. 어린 사무엘은 아직 쓰실 수 없었기 때문이다. 그러나 이 어린 사무엘이 성장하자, 하나님은 그의 말과 선포를 통해 놀라운 역사를 이루셨다.

> 사무엘이 자라매 여호와께서 그와 함께 계셔서 그의 말이 하나도 땅에 떨어지지 않게 하시니(삼상 3:19, 개역개정).

그의 말이 하나도 땅에 떨어지지 않았다는 것은 그의 말대로, 기도대로 다 이루어졌다는 뜻이다. 그렇게 된 이유는 그가 영적으로나 정서적으로 성숙하게 자랐기 때문이다. 사무엘이 하나님의 뜻을 분별하고 그분의 마음을 알았기 때문이다. 무엇보다 하나님께서 그와 함께하셨기 때문이다.

우리를 향한 메시지

이것을 우리에게 적용할 때, 우리에게 주는 메시지는 무엇인가? 우리 가운데에도 사무엘이 있다. 하나님은 사무엘인 우리가 영적으로 성숙하게 자라날 때까지 기다리고 계신다. 하나님은 우리 각 사람을 쓰고 싶어 하신다. 그러나 쓰고 싶어도 아직 너무 어리기에, 아직은 쓰지 않으시는 것이다. 쓰임 받는 것이 우선이 아니라, 성장하는 것이 우선이다.

왜 자라야 하는가? 아이는 분별력이 없고 쉽게 속기 때문이다. 이것이 영적 어린아이의 특징이다.

> 우리는 이 이상 더 어린아이로 있어서는 안 됩니다. 우리는 인간의 속임수나, 간교한 술수에 빠져서, 온갖 교훈의 풍조에 흔들리거나, 이리저리 밀려다니지 말아야 합니다(엡 4:14).

성경의 일관된 가르침은 '어린아이에 머물러 있어서는 안 된다'는 것이다. 그런데도 여전히 어린아이에 머물러 속임수와 간교한 술수, 온갖 교훈의 풍조에 흔들린다.

시기와 싸움

영적 어린아이의 또 다른 특징이 있다. 바로 시기와 싸움이다.

> 형제자매 여러분, 나는 여러분에게 영에 속한 사람에게 하듯이 말할 수 없고, 육에 속한 사람, 곧 그리스도 안에서 어린아이 같은 사람에게 말하듯이 하였습니다. … 여러분은 아직도 육에 속한 사람들입니다. 여러분 가운데에서 시기와 싸움이 있으니, 여러분은 육에 속한 사람이고, 인간의 방식대로 살고 있는 것이 아닙니까?(고전 3:1, 3).

육에 속한 사람이란, 거듭났지만 그리스도 안에서 여전히 어린아이인 사람을 말한다. 이들의 전형적인 특징은 시기와 싸움이다. 시기심은 좁은 시야요, 악한 시선이다. 내 것만 보고 전체를 보지 못한다. 자기 자신만을 생각한다.

대표적인 인물이 사울이다. 사울은 시야가 좁았다. 그는 다윗을 적으로 여겼다. 그러나 다윗은 적이 아니라, 하나님 나라의 든든한 자원이자 동역자였다. 시야가 좁아지자 다윗이 적으로 보였다. 하나님이 그를 계속 쓰실 수 있었겠는가? 결국은 쓰지 않으셨다.

그러므로 우리는 시기와 싸움을 하는 어린아이로 더 이상 남아 있어서는 안 된다. 하나님은 지금도 우리가 자라나, 더 높고 넓은 시야를 가지고 시기와 싸움을 이겨 내기를 기다리고 계신다.

시간이 흐른다고 자라는가

그렇다면 시간이 지나면 자라는가? 그렇지 않다. 단지 시간이 흐른다고 영적으로 성장하고 성숙하는 것은 아니다. 시간이 지나도 여전히 어린아이에 머물러 있는 경우가 있기 때문이다.

> 때가 오래되었으므로 너희가 마땅히 선생이 되었을 터인데 너희가 다시 하나님의 말씀의 초보에 대하여 누구에게서 가르침을 받아야 할 처지이니(히 5:12, 개역개정).

선생이 될 것을 기대했다는 말은, 신앙생활이 개인만을 위한 것이 아니라는 뜻이다. 누군가를 가르치고 세우며 일으켜야 할 사명이 모든 사람에게 주어져 있고, 그것이 기대된다는 의미다. 그러나 성숙함은 시간이 흐른다고 저절로 이루어지는 것이 아니다. 신앙생활을 10년, 20년 해도 영적으로는 여전히 어린아이에 머물러 있을 수 있다. 그러므로 하나님은 기다리실 수밖에 없다.

누가복음에 보면 예수님이 태어나셨다. 그렇다면 곧바로 골고다에서 십자가를 지셨는가? 아니다. 태어난 후에 자라나셔야 했다.

> 아기가 자라며 강하여지고 지혜가 충만하며 하나님의 은혜가 그의 위

에 있더라(눅 2:40, 개역개정).

육신을 입으신 예수님도 자라야 했고, 강해져야 했으며, 지혜로 충만해져야 했다. 십자가를 질 수 있을 만큼 강해져야 했고, 십자가라는 하나님의 지혜를 이해하며 당신의 사명으로 온전히 품을 만큼 성숙해야 했다. "이 잔을 내게서 옮기시옵소서"가 아니라 "아버지의 원대로 되기를 원하나이다"라고 고백할 수 있을 정도로 자라야 했다(막 14:36; 눅 22:42, 개역개정).

아기가 자라 강해지기까지 걸린 시간이 30년이었다. 예수님의 무명의 시절, 30년. 하나님이 기다리신 시간이다. 하물며 우리가 주 안에서 강건해지고 성장해야 하는 것은 너무나 당연한 일 아닌가?

하나님은 영적으로 장성한 사람이 되었는데 사용하지 않으시는 법이 없다. 하나님은 장성한 자를 당신의 뜻에 따라 각양각색으로 쓰신다. 그러므로 우리의 관심은 주 안에 머물러 성장하는 데 있어야 한다.

성장의 조건: 한나를 만나야 한다

그렇다면 어떻게 자랄 수 있는가? 자신만의 '한나'를 만나야 한다. 한나가 있어야 한다. 한나가 하나님께 사무엘을 바치기 전에 했던 일은 젖을 먹이는 어머니, 곧 양육자의 역할이었다.

"그 아이가 젖을 뗄 때까지 집에 있으시오. 주님께서 당신의 말대로 이루어 주시기를 바라오." 그래서 그의 아내는 아들이 젖을 뗄 때까지 집에 머무르면서 아이를 길렀다(삼상 1:23).

그때 한나에게 맡겨진 가장 중요한 사명은 육신적 영양분을 공급하는 것뿐 아니라, 그가 궁극적으로 어머니를 떠나 하나님과 관계를 맺고, 하나님 앞에서 살아가도록 돕는 일이었다. 사무엘을 특징짓는 표현 가운데 하나가 '여호와 앞에서'다. 언제 어디서나 여호와 앞에서 사는 사람으로 양육하는 것, 이것이 한나의 가장 귀한 사명이었다.

그렇다면 당신의 한나는 누구인가? 성장하려면 한나에게 양육을 받아야 한다. 길러져야 한다. 사무엘상 1장에서 사무엘 탄생 이야기의 핵심에는 한나가 있다. 만일 한나가 사무엘을 세 살 무렵까지 제대로 양육하지 않았다면, 사무엘은 사무엘이 되지 못했을 것이다.

목회를 하다 보면 자녀를 양육하는 일로 힘들어하는 어머니들을 종종 만난다. 아이를 키우는 것은 결코 쉬운 일이 아니다. 그러나 명심하라. 한나가 되어 사무엘을 기를 때, 그것은 하나님의 새 역사를 일으키는 초석이 된다. 자녀에게 젖을 먹이고 양육하는 일은 한 가정을 넘어 국가와 민족을 살리는 일이다. 지금은 좌우도 분별하지 못하는 이 젖먹이가 무슨 일을 하겠는가 싶다. 그러나 그 아이가 장차 민족을 새롭게 하는 영적 지도자가 된다. 사무엘로 인해 나라의 영적 흐름이 바뀌었고, 사무엘을 통해 다윗이 왕으로 세워졌다. 아이를 신앙으로 키우는 일은 나라를 바꾸는 중대한 사역이다. 결코 그 어떤 다른 일보다 뒤처지거나 부족한 일이 아니다. 하나님은 지금도 사무엘을 양육하는 한나를 찾고 계신다.

영적인 젖줄

어릴 적 자주 아팠을 때, 어머니는 열이 나는 내 머리에 차가운 수건을 얹어 주시곤 했다. 그러나 그것이 전부는 아니었다. 나는 눈을 감고 있었지만, 어머니는 기도의 눈을 감고 계셨다. 어머니는 내 곁에서 아픈 나를 위해 기도해 주셨다.

내게 들리는 어머니의 기도에서 하나님은 분명 살아 계신 분이었다. 어머니의 기도는 벽을 향한 의미 없는 외침이 아니었다. 살아 계신 하나님께 대화하듯 드리는 간절한 기도였기 때문이다. 누워 있던 내게 그 기도는 곧 영적인 젖줄이요, 양육이었다.

언제 우리가 자라는가? 바로 이러한 기도와 더불어 신령한 젖을 먹을 때다.

> 갓난 아기들처럼 순수하고 신령한 젖을 그리워하십시오. 여러분은 그것을 먹고 자라서 구원에 이르러야 합니다. 여러분은 주님의 인자하심을 맛보았습니다(벧전 2:2-3).

신령한 젖, 영적인 젖은 물론 하나님의 말씀이다. 우리는 말씀을 통해 자라게 된다. 그러나 문맥상 여기서 신령한 젖은 말씀에만 국한되지 않는다. 3절에서 보듯이, 신령한 젖은 하나님 그분 자체다. 하나님의 인자하심, 주님이 선하시다는 사실을 삶에서 맛보고 경험할 때 우리는 성장한다.

나를 성장하게 한 한나와 같은 분들은 어머니 외에도 몇 분 더 계신다. 그중 한 분은 청소년 시절 나를 맡아 주셨던 여자 전도사님이다. 어릴 적 꿈이 목사였는데, 중학교 1학년에 올라갈 무렵 그분이 꿈을 물으셨다. 목사가 되고 싶다고 하자 이렇게 말씀하셨다.

"다위야, 너는 정말 좋은 목사님이 될 거야."

중학교 1학년을 앞두고 참석한 겨울 수련회 때 해 주셨던 그 말씀과 장소를 나는 지금도 잊지 못한다. 청소년 시절, 고민이 있을 때마다 늘 들어 주고 격려해 준 그분이 있었기에 방황하던 그 시간을 잘 견뎌 낼 수 있었다.

2021년 5월 말, 청빙을 받고 한국에 오게 되었을 때 그 소식을 듣고 기뻐해 주신 분들 가운데 한 분도 바로 그 전도사님이었다. 지금은 미국 LA에 계신데, 내 소식을 전해 듣고 연락을 주셨다.

"가슴에서 왜 이리 눈물이 나는지, 목사님이 중1 때 우리 반에 있었을 때 모습이 떠올라서 울었어요. 축하해요. 하나님께 감사하고, 감사하고, 또 감사합니다. 새로운 사명을 맡으신 것을 축하해요. 또다시 목사님에게 강건함을 주실 하나님의 능력을 기대합니다. 아멘, 아멘. 마음에 기쁨이 오는데 눈물은 왜 나는지…. 하나님께 너무 감사해서 기도할게요."

공교롭게도 그분의 영어 이름이 한나(Hanna)다. 한나 없이 사무엘은 성장할 수 없었다. 내 인생에도 여러 명의 한나가 있었기에, 그나마 여기까지 자랄 수 있었다.

> 그러나 여호와께서 기다리시나니 이는 너희에게 은혜를 베풀려 하심이요 일어나시리니 이는 너희를 긍휼히 여기려 하심이라(사 30:18a, 개역개정).

하나님은 우리가 자라나기를 기다리고 계신다. 은혜 베풀기를 기다리고 계신다. 다 자랐다고 안주하지 말라. 우리는 완주해야 한다. 사무엘로 자라야 한다. 성장해야 한다. 동시에 하나님은 우리가 한나가 되어 사무엘을 양육하기를 원하신다. 지금 당신이 양육해야 할 사무엘, 지금 당신이 젖을 먹여야 할 사무엘이 있다. 더 이상 혼자만 살겠다고 양육과 멘토링을 미루지 말라. 당신이 양육해야 할 그 사람이, 교회를 바꾸고 공동체를 바꾸며 나라를 바꿀 사람일지도 모른다. 하나님은 우리가 성장하기를 그리고 우리의 사무엘을 양육하기를 지금도 기다리고 계신다.

서원의 이행을 기다리시는 하나님

> 남편 엘가나가 자기의 온 가족을 데리고 주님께 매년 제사와 서원 제사를 드리러 올라갈 때가 되었을 때에(삼상 1:21).

온 집이 매년제와 서원제를 드리러 올라갈 때가 되었다고 한다. 위의 말씀을 영어 성경으로 보면 'his vow'(NIV)라고 되어 있는데, 이는 서원을 한 주체가 엘가나였음을 보여 준다. 한나만 서원한 것이 아니라 엘가나도 서원했던 것이다. 어떤 서원이었는지는 알 수 없지만, 엘가나는 그 서원을 지키기 위해 서원제를 드리기 위해 실로에 있는 성소로 올라갔다.

서원제는 세 가지 화목제 가운데 하나다. 화목제에는 감사제, 서원제, 자원제가 있다. 이 가운데 서원제는 하나님께 서원한 것을 갚기 위해 드리는 제사다. 서원을 했으면 반드시 지켜야 한다.

> 그러나 한 번 당신들의 입으로 맹세한 것은 반드시 지켜야 합니다. 당신들이 주 당신들의 하나님께 입으로 스스로 약속한 것은 서원한 대로 하여야 합니다(신 23:23).

그래서 한나는 그 서원을 지켜야 했다. 그런데 한나는 엘가나가 서원제를 드리러 갈 때 함께 올라가지 않는다. 물론 사무엘을 더 양육하기 위함이었다. 그러나 여기에는 긴장감이 감돈다. 과연 한나가 그 서원을 지킬 것인가? 혹시 마음이 바뀐 것은 아닐까? 왜냐하면 성경에는 서원을 지키지 못한 사례도 있기 때문이다.

야곱이 그랬다. 야곱은 창세기 28장에서 벧엘에서 하나님을 만나 서원했다.

"제가 무사히 돌아오면 이곳으로 다시 돌아와 십일조를 바치겠습니다. 하나님은 저의 하나님이 되실 것입니다!"

그러나 그는 벧엘로 돌아오지 않았다. 벧엘로 가던 중 세겜에 머물고 말았다. 그리고 세겜에서 딸 디나의 불미스러운 사건을 겪었다. 그로 인해 칼부림이 났으며, 결국 세겜을 떠나야 했다. 그제야 야곱은 벧엘로 올라간다. 서원은 반드시 지켜야 하는 것이다.

> 주님, 누가 주님의 장막에서 살 수 있겠습니까? 누가 주님의 거룩한 산에 머무를 수 있겠습니까? … 맹세[서원]한 것은 해가 되더라도 깨뜨리지 않고 지키는 사람입니다(시 15:1, 4b).

그렇다면 한나는 과연 약속을 지킬 것인가? 한나는 분명 이 아이를 평생 나실인으로 바치겠다고 다시 고백한다. 그리고 시간이 흘러 사무엘이 세 살 정도 되었을 때, 한나는 아이의 젖을 뗀 후에 서원제를 드리러 올라간다. 그때 그녀는 3년 된 수소와 밀가루 한 에바, 포도주가 든 가죽 부대를 준비해 간다. 그리고 엘리 제사장 앞에서 간증한다. 하나님께 아이를 달라고 간구했는데, 그 간구를 들어 주셨다고 말이다. 그래서 서원한 대로 아이를 바친다고 고백한다.

> "그래서 나도 이 아이를 주님께 바칩니다. 이 아이의 한평생을 주님께 바칩니다." 그런 다음에, 그들은 거기에서 주님께 경배하였다(삼상 1:28).

한나에게 사무엘은 전부였다. 한나는 그 전부를 하나님께 드렸다. 억지로가 아니라, 경배하며 드렸다. 신실하신 하나님께 한나 또한 신실했다. 그녀는 하나님께 드린 약속을 지켰다.

하나님께 바친다는 것

누군가를 하나님께 평생 바친다는 것은 무엇인가? 그것은 단지 누군가를 목회자로 바친다는 뜻만은 아니다. 앞 장의 내용을 기억하는가? 한나가 바친 것은 브닌나라는 세상이 요구하는 모든 욕망과 기준이었다. 그 기준에 대해 죽은 것이었다. 그러므로 하나님께 바친다는 것은 '세상의 기준에 맞춰 사는 자'가 아니라, '하나님의 마음에 맞는 자'로 드린다는 뜻이다.

> 나는 나의 마음과 나의 생각을 따라서 행동하는 충실한 제사장을 세우겠다(삼상 2:35a).

'하나님의 마음과 하나님의 생각을 따라 행동하며 살아가는 사람', 그것이 하나님께 바쳐진 사람이다. 그러므로 무엇이 되느냐보다, 어떠한 삶을 사느냐가 훨씬 더 중요하다.

한나는 아들 사무엘을 하나님께 아낌없이 바쳤다. 그녀는 서원을 이행했다. 한나의 소원은 단지 아들을 갖는 것이 아니었다. 하나님께 아이를 헌신하고 바치는 것이었다. 하나님은 한나가 그 서원을 이행하기를 기다리고 계셨다. 그리고 기쁘게 받으셨다.

그뿐만이 아니다. 하나님은 한나에게 선물을 더하셨다. 사무엘상 2장 21절에 보면, 주님은 한나에게 아들 셋과 딸 둘을 더 주셨다. 하나를 드렸더니 다섯을 더 주신 것이다.

하나님도 우리를 구원하겠다는 서원과 약속을 하셨다. 그리고 때가 차매, 하나님은 그 서원을 지키셨다. 그 아들, 전부이신 예수님을 십자가에 내어 주셨다.

> 때가 차매 하나님이 그 아들을 보내사 여자에게서 나게 하시고(갈 4:4, 개역개정).

> 자기 아들을 아끼지 아니하시고 우리 모든 사람을 위하여 내주신 이가 어찌 그 아들과 함께 모든 것을 우리에게 주시지 아니하겠느냐(롬 8:32, 개역개정).

서원을 이행하라

하나님은 우리가 서원을 지키고 이행하기를 기다리고 계신다. 지난날, 작년, 혹은 몇 년 전 하나님께 서원한 것이 있지 않은가? 잠시 기억해 보라. 열방을 섬기는 선교사로 헌신하겠다고 서원했는가? 북한을 섬기겠다고 고백했는가? 교회를 세우겠다고, 제자를 삼겠다고 약속했는가? 약정 헌금을 드리겠다고 서원했는가? 건강을 주시면 하나님 나라를 위해 헌신하겠다고 약속했는가?

하나님은 그 서원이 이행되기를 기다리고 계신다. 두려운가? 손해 본다고 생각하는가? 결코 그렇지 않다. 기억하라. 한나는 전부를 드렸고, 하나님도 예수 그리스도, 전부를 주셨다. 한나가 드린 것과는 비교할 수 없을 만큼 풍성하게 하나님은 채워 주셨다.

하나님은 지금도 우리를 기다리신다. 우리가 자라기를 기다리신다. 또한 우리가 서원을 이행하기를 기다리고 계신다. 하나님은 이미 풍성한 은혜를 베풀고자 기다리고 계신다. 그러므로 우리가 지체함으로 하나님을 기다리시게 한 것에 대해 용서를 구하고, 이제는 순종하자. 우리가 서원을 이행할 때, 생각하지도 못한 하나님의 풍성한 은혜가 우리의 삶에 부어질 것이라 믿는다.

마음에 새길 세 가지

1 성장이 먼저다

하나님은 우리를 쓰고 싶어 하신다. 그러나 영적으로 어린아이에 머물러 있으면 쓰실 수 없다. 쓰임 받는 것이 우선이 아니라, 성장하는 것이 우선이다. 시간이 흐른다고 저절로 자라는 것은 아니다. 하나님의 말씀과 그분의 선하심을 맛보며 의도적으로 자라 가야 한다. 또한 우리를 양육해 줄 한나가 필요하고, 동시에 우리 역시 누군가의 한나가 되어야 한다.

2 서원은 반드시 지켜야 한다

한나는 전부인 사무엘을 하나님께 바쳤다. 억지로가 아니라 경배하며 드렸다. 서원은 해가 되더라도 깨뜨리지 않고 지켜야 한다. 야곱처럼 서원을 지키지 않으면 불필요한 고난을 겪게 된다. 그러나 하나님께 드린 약속을 신실하게 이행할 때, 하나님은 드린 것보다 비교할 수 없이 풍성하게 채워 주신다.

3 하나님도 기다리신다

우리만 하나님을 기다리는 것이 아니다. 하나님도 기다리신다. 우리가 자라기를, 서원을 이행하기를 기다리신다. 하나님은 우리에게 은혜를 베풀려고 기다리고 계신다. 우리가 지체함으로 하나님을 기다리시게 한 것을 회개하고, 이제는 순종으로 응답하자.

소그룹 나눔 질문

- 하나님은 우리를 쓰고 싶어도, 아직 영적으로 어리면 쓰지 않으십니다. 쓰임 받는 것보다 성장이 먼저라면, 지금 가장 필요한 영적 성장의 영역은 무엇이며, 그 성장을 위해 어떤 훈련과 결단이 필요할까요?

- 한나는 전부인 사무엘을 하나님께 바쳤고, 하나님은 그보다 더 크게 갚아 주셨습니다. 과거에 하나님께 한 서원이나 약속 가운데 아직 이행하지 않은 것은 무엇인가요? 만일 있다면, 그것을 미루게 된 이유는 무엇이며, 그 서원을 갚기 위해 무엇에 순종할지 나누어 봅시다.

하나님 마음에 맞는 사람의 기도

하나님 아버지, 저를 기다려 주심에 감사드립니다.
자라기를 기다리시고, 서원의 이행을 기다리시는
아버지의 인내에 감사드립니다.
저는 여전히 영적 어린아이에 머물러 있었음을 고백합니다.
시기와 싸움에서 자유롭지 못했고,
좁은 시야로 형제를 적으로 여기기도 했습니다.
야곱처럼 벧엘을 향해 가다가 세겜에 머무를 때도 있었습니다.
저의 불신실함을 용서해 주소서.
이제 저를 성장시켜 주소서.
주님의 선하심을 맛보아 알게 하시고,
저를 양육해 줄 한나를 보내 주시며,
저 또한 누군가의 한나가 되게 하소서.
서원을 이행할 믿음과 용기를 주시고,
한나처럼 전부를 경배하며 드리게 하소서.
하나님 마음에 맞는 자로 살게 하소서.
주 예수 그리스도의 이름으로 기도합니다. 아멘.

3. 한나의 노래: 역전의 하나님을 찬양하라, 두려워하라

삼상 2:1-11

‘역전’(reversal)을 좋아하는가? 축구 경기에서 한국이 지다가 역전승을 거두면 기분이 좋다. 역전승을 싫어하는 사람은 없다. 우리는 이를 ‘대반전’이라 부르기도 한다. 삶에 역전이 필요하다면, 이 장의 메시지는 하나님이 주시는 말씀이다.

사무엘상 2장은 한나의 기도이자, 한나의 노래다. 사실상 기도라기보다는 하나님을 찬양하는 노래에 더 가깝다. 한나는 역전의 하나님께 감사하며 찬양하고 있다. 하나님으로 인해 한나는 기쁨으로 충만하다.

그런데 한나의 기쁨은 사무엘의 탄생 때문만은 아니다. 이 찬양은 사무엘을 바칠 때 드린 노래이기 때문이다. 물론 사무엘이라는 선물을 받은 것도 기쁘다. 그러나 그를 하나님께 드리는 것이 더 기쁜 것이다. 더 나아가, 한나는 하나님이 주신 선물 때문에도 기쁘지만, 그 선물을 주신 하나님 때문에 기뻐하고 있다.

"주님께서 나의 마음에 기쁨을 가득 채워 주셨습니다. … 주님께서 나를 구하셨으므로, 내 기쁨이 큽니다"(삼상 2:1).

한나는 하나님을 새롭게 경험했다. 이제 한나의 기쁨은 환경이나 조건 때문이 아니다. 그저 하나님으로 인하여 기뻐한다. 한나에게 주님과 같으신 분은 없다.

"주님과 같으신 분은 없습니다. 주님처럼 거룩하신 분은 없습니다. 우리 하나님 같은 반석은 없습니다"(삼상 2:2).

하나님은 거룩하신 분이다. 거룩하다는 말은 단지 깨끗하다는 뜻만이 아니다. 물론 그런 의미도 포함되지만, 본질적으로는 구별되신 분, 인간과는 완전히 차원이 다른 분이라는 뜻이다. 사람과 비견할 수 없는 창조주요, 궁극적인 생명의 원천이며, 유일한 공급자라는 고백이다.

그렇다면 그런 하나님이 어떤 일을 행하셨는가? 바로 대반전, 역전을 일으키셨다.

"한때 넉넉하게 살던 자들은 먹고살려고 품을 팔지만, 굶주리던 자들은 다시 굶주리지 않는다. 자식을 못 낳던 여인은 일곱이나 낳지만, 아들을 많이 둔 여인은 홀로 남는다"(삼상 2:5).

한나는 사무엘을 포함하여 모두 여섯 자녀를 낳게 되므로 문자 그대로 일곱은 아니다. 그러나 일곱은 완전수이기에, 이는 한나가 하나님의 충만한 복과 은혜를 누리는 자가 되었음을 고백하는 표현이다. 반면, 아들을 많이 두었던 여인은 홀로 남게 된다. 두 여인의 상황은 완전히 뒤바뀐다. 부유하던 자들은 품을 팔아야 하고, 굶주리던 자들은 다시 굶주리지 않는다. 이것이 역전이다.

역전의 두 얼굴

다시 묻겠다. 역전을 좋아하는가? 이 질문에는 함정이 있다. '먼저 된 자가 나중 되고, 나중 된 자가 먼저 되는 역전'도 있기 때문이다. 한나는 역전의 하나님을 찬양할 수밖에 없었다. 그녀는 나중 된 자였으나 먼저 된 자가 되었기 때문이다. 그러나 브닌나는 역전의 하나님을 두려워할 수밖에 없었다. 먼저 된 자가 나중 되었기 때문이다.

그래서 본문의 노래는 누군가에게는 매우 두려운 노래다. 우리는 쉽게 자신을 역전승의 주인공이라고 가정한다. 우리는 자신이 한나이고 브닌나는 아니라고 생각한다. 당연히 다윗이지 골리앗은 아니라고 여긴다. 그러나 우리가 한나인지 브닌나인지는 우리가 아니라, 하나님이 판단하신다.

한나의 노래에 담긴 패턴

사무엘상 2장, 이 한나의 노래를 읽다 보면 하나의 패턴을 발견하게 된다.

"용사들의 활은 꺾이나, 약한 사람들은 강해진다"(삼상 2:4).

용사들이란 곧 강자를 가리킨다. 그런데 왜 그들의 활이 꺾이는가? 하나님께서 그 활을 꺾으시는 것이다. 반대로 약했던 사람들은 하나님이 강하게 하신다. 이것이 바로 역전이다.

"주님은 사람을 가난하게도 하시고, 부유하게도 하시고, 낮추기도 하시고, 높이기도 하신다"(삼상 2:7).

부유하던 사람이 가난해지고, 가난하던 사람이 부유하게 된다. 높았던 자는 낮아지고, 낮았던 자는 높아진다. 여기에 어떤 패턴이 있는가? 강한 자가 약하게 되고, 약한 자가 강하게 뒤바뀌는 패턴이다.

누가 그렇게 하시는가? 주님이시다. 여기서 '주님'은 히브리어로 '야웨'다. '나는 스스로 있는 자'(I am who I am)라는 뜻으로, 야웨의 주권적이며 창조적인 능력을 강조하는 이름이다. 이 이름에는 하나님이 영원하신 분이며, 그분의 백성에게 복과 징계를 가져오시는 분이라는 의미가 담겨 있다. 그러므로 우리는 이 하나님을 두려워할 줄 알아야 한다.

한나는 본문 8절에서 가난한 자의 삶을 역전시키시는 하나님의 구원의 패턴을 더욱 구체적으로 노래한다.

"가난한 사람을 티끌에서 일으키시며 궁핍한 사람을 거름더미에서 들어 올리셔서, 귀한 이들과 한자리에 앉게 하시며 영광스러운 자리를 차지하게 하신다"(삼상 2:8a).

지금 한나는 사무엘을 하나님께 바친 상태다. 그리고 하나님은 그녀를 높이신다. 그녀의 마음을 기쁨으로 충만하게 하신다. 한나는 이 아들을 통해 하나님께서 영예로운 일을 이루실 것을 믿음으로 바라보고 있다. 자녀 하나 없던 자신에게 아들을 주셔서, 장차 왕을 세우는 영광스러운 자리에 있게 하실 것을 확신한다. 그때는 아직 왕이 없던 사사 시대였다. 그러나 그녀는 아들을 주셨을 때 이미 하나님께서 그렇게 하실 것을 믿었다.

"주님께서 땅끝까지 심판하시고, 세우신 왕에게 힘을 주시며, 기름 부어 세우신 왕에게 승리를 안겨 주실 것이다"(삼상 2:10b).

사무엘을 통하여 세워질 왕, 곧 기름 부어 세우신 왕은 누구인가? 다윗이다. 더 나아가 다윗의 후손으로 오실 메시아, 예수 그리스도다. 한나는 그분을 통해 최후의 승리를 주실 것을 믿음으로 선포하고 있다. 이 놀라운 역사는 바로 불임이었던 한나로부터 시작되었다. 놀라운 하나님의 은혜요, 대반전이다.

성경 전체에 흐르는 구원의 패턴

이 대반전은 성경 전체에 걸쳐 하나님께서 일하시는 방식이며, 구원의 패턴이다. 아브라함의 아들 '이삭'은 불임이었던 사라에게서 태어났다. 사사 시대의 암흑기에 블레셋으로부터 이스라엘을 구원할 '삼손'은 불임이었던 마노아의 아내에게서 태어났다. 예수 그리스도, 어린양의 길을 예비할 선지자 '세례 요한' 역시 불임이었던 엘리사벳을 통해 태어났다.

나라가 위기에 처했을 때, 백성을 구원할 영적 지도자가 필요할 때 하나님은 그들에게 누구를 보내셨는가? 가진 자, 뛰어난 자, 멋진 자, 풍성한 자, 인사이더(insider)가 아니었다. 갈릴리의 어부들, 배제되고 소외된 자들, 곧 아웃사이더(outsider)들이었다. 또한 남자가 아니라 여자, 더 나아가 불임이었던 자들을 택하여, 놀라운 기적으로 태의 문을 활짝 열고 당신의 종들을 보내셨다. 특별히 '예수님'은 아직 결혼조차 하지 않은 동정녀 마리아에게서 태어나셨다.

한나의 노래가 주는 메시지는 분명하다.

"하나님의 구원은 사람의 힘이 아니라, 하나님의 주권적인 은혜로 이루어지는 것이다!"

역전의 첫째 기준: 교만한가, 겸손한가

그렇다면 왜 누구는 낮아지고, 누구는 높아지는가? 여기에는 선명한 기준이 있다. 하나님께서 어떤 사람의 삶을 뒤집어 역전시키시는 기준이 무엇인지 눈치챘는가?

하나님은 주권적으로 일하시지만, 결코 임의적으로 행하지 않으신다. 만일 하나님이 임의적으로 사람을 가르신다면, 하나님은 불의하고 불공정한 분일 것이다. 그러나 하나님께는 분명하고도 선명한 기준이 있다.

하나님이 보시기에 악인들이 있다. 하나님은 그들을 낮추신다.

그가 그의 거룩한 자들의 발을 지키실 것이요 악인들을 흑암 중에서 잠잠하게 하시리니 힘으로는 이길 사람이 없음이로다(삼상 2:9, 개역개정).

악인들이란 겉으로는 하나님을 예배하지만, 실상은 하나님을 두려워하지 않고 신실하지 않은 자들이다. 그들은 결국 흑암 중에서 잠잠하게 된다. 혼인 잔치 비유에서 예복을 준비하지 않은 사람은 초청은 받았으나 예복이 없었다. 실상 참된 믿음과 그에 합당한 거룩한 삶이 없었다. 그래서 그는 변명 한마디조차 하지 못한 채 밖으로 쫓겨난다(마 22:12-13).

이들을 한나는 10절에서 '주님께 맞서는 자'라고 묘사했다.

"주님께 맞서는 자들은 산산이 깨어질 것이다. 하늘에서 벼락으로 그들을 치실 것이다"(삼상 2:10a).

도대체 누가 감히 주님께 맞서는 자들인가? 그것은 바로 교만한 자다.

서로 겸손으로 허리를 동이라 하나님은 교만한 자를 대적하시되 겸손한 자들에게는 은혜를 주시느니라(벧전 5:5b, 개역개정).

한나의 노래는 이 말씀의 주석과도 같다. 하나님은 겸손한 자들에게는 은혜를 주시지만, 주님께 맞서는 자, 곧 교만한 자들에게는 대적하신다. 다시 말해, 하나님께서 낮추시고 나중 되도록 역전시키시는 대상은 교만한 자다.

교만은 '성령을 거스르는 죄'다. 교만이란 '하나님께 의존하지 않고 자신의 능력을 의존하는 마음의 성향이며 태도'다. 교만의 다른 표현은 하나님의 은혜를 알지 못하는 '주제넘음'이다. 토마스 아퀴나스(Thomas Aquinas)는 교만을 이렇게 정의했다.

"변할 수 없는 선 그 자체이신 하나님의 능력으로부터 떠나서, 한낱 지푸라기에 불과한 인간의 능력을 향해 돌아서는 것."

허영, 시기, 탐욕, 정욕과 같은 다른 모든 죄는 이 교만에서 비롯된다.

브닌나의 교만, 한나의 겸손

바로 이러한 자들이 결국 대역전을 당한다. 현세에서 역전되지 않으면 내세에서라도 반드시 역전된다. 누가복음 16장에 나오는 부자와 나사로의 이야기가 그렇다. 참으로 위대한 반전이다. 부자는 지옥에 있고, 나사로는 낙원에 있다. 오만하고 하나님을 두려워하지 않았던 그 부자는 현세에서는 심판을 받지 않았지만, 내세에서는 영원한 지옥에 떨어지고 말았다. 에스더서에서도 교만했던 하만은 장대에 매달리고, 엎드렸던 모르드개는 높임을 받는다.

한나는 이러한 하나님의 구원의 패턴과 기준을 이미 은혜로 알고 있었다. 놀랍게도 그 고백이 본문 3절에 나와 있다.

> "너희는 교만한 말을 늘어놓지 말아라. 오만한 말을 입 밖에 내지 말아라"(삼상 2:3a).

누가 나중 될 자인가? 아니, 밖에 쫓겨나 흑암 중에서 울며 이를 갈 자는 누구인가? 바로 교만한 자다. 교만은 말로 드러난다. 오만한 말, 교만한 말을 보면 알 수 있다.

그렇다면 누가 그런 말을 했는가? 브닌나다. 브닌나는 자녀를 많이 낳은 것을 자랑하며 텅 비어 있던 한나의 자궁을 조롱했고, 매번 그녀를 괴롭혔다. 브닌나의 입술에서는 자신의 능력과 자신의 태의 능력을 자랑하는 말이 흘러나왔다. 마치 생명과 자녀가 자신의 힘으로 주어진 것처럼 오만한 말을 입 밖으로 쏟아 냈다.

하나님은 그 모든 모습을 지켜보고 계셨다. 그리고 기억하는가? 한나는 단 한마디도 대응하지 않았다. 그녀는 모든 모욕과 수모를 묵묵히 받아 냈고, 그 아픔을 하나님께만 토로했다. 이미 여기에서 두 사람의 인생은 완전히 갈라진 것이다.

그렇다면 이 기준에 비추어 우리 자신을 점검해 보자. 우리는 오만한 말이 아니라, 정말로 겸손한 말을 하고 있는가? 한나가 간파한 것처럼, 한 사람이 교만한지 겸손한지는 말과 행동을 통해 분별된다.

《사막 교부들의 금언집》(두란노아카데미 역간)이라는 책이 있다. 사막 교부들은 3세기경 사막에서 생활한 수도사들이다. 이 책을 보면 겸손이 무엇인지에 대한 정의가 나오는데, 주로 말과 분노와 연관되어 있다.

> 겸손이란, 스스로를 다른 모든 사람보다 더한 죄인으로 생각하며, 침묵하는 것, 자기를 아무것도 아닌 것으로 보는 것, 다투지 않는 것과, 거짓을 말하지 않는 것, 헛되이 말하지 않는 것, 자신의 말을 주장하지 않는 것과, 모욕을 참는 것, 깨어 있는 것, 자신의 의지를 제거하고 누구에게도 화내지 않는 것과, 누구도 시기하지 않는 것이라네.*

---

* 두란노아카데미 편집부, 《사막 교부들의 금언집》(두란노아카데미), p. 306.

이 금언집에는 겸손과 관련된 일화들이 담겨 있다.

어느 날 한 형제에게 악마가 빛의 천사로 가장하여 나타나 말했다.

"나는 천사장 가브리엘이다. 내가 너에게 보냄을 받았다."

그러자 그 형제가 대답했다.

"당신이 혹시 다른 사람에게 보냄을 받지 않았는지 살펴보시오. 나는 천사를 볼 자격이 없는 사람이기 때문이오."

그러자 악마는 즉시 사라졌다.

왜 이 형제는 그렇게 반응했을까? 그는 믿음의 원로들로부터 늘 이렇게 훈련받았기 때문이다.

"설령 천사가 나타난다 하더라도 맞아들이지 말고 이렇게 말하며 겸손히 행해야 한다. '나는 천사를 볼 자격이 없는 자입니다. 나는 죄 가운데 살고 있습니다.'"

이 형제는 자기가 훈련받은 그대로 겸손을 드러냈을 뿐이다. 그러자 마귀는 미혹도 하지 못하고 떠나갔다.

또 다른 이야기가 있다. 어느 날 사람들이 테바이드의 한 원로에게 마귀 들린 사람을 데려왔다. 치료하기 위해서였다. 그들이 치유를 간청하자, 원로는 마귀에게 이렇게 말했다.

"하나님의 피조물에게서 나와라."

그러자 마귀가 원로에게 물었다.

"나는 떠나겠다. 그러나 그대에게 질문 하나를 하겠다. 복음서에서 염소는 누구이고, 양은 누구냐?"

원로는 이렇게 대답했다.

"염소는 나다. 누가 양인지는 하나님께서 아신다."

이 말을 듣고 마귀는 큰 소리로 외쳤다.

"보라, 그대의 겸손 때문에 내가 떠난다."

그리고 즉시 떠나갔다.

마귀는 결코 겸손한 자를 이길 수 없다. 왜인가? 겸손한 자에게 하나님이 은혜를 주고 함께하시기 때문이다.

브닌나가 자신의 입술로 자신의 능력을 자랑했을 때, 오만하고 교만한 말을 쏟아 냈을 때, 마귀가 떠난 것이 아니라 하나님의 은혜가 그녀를 떠났다. 그녀는 하나님의 은혜를 알지 못한 채, 마치 자신의 타고난 능력으로 자녀를 낳은 것처럼 오만하게 떠벌렸기 때문이다.

반대로 한나는 브닌나로부터 온갖 조롱과 괴로움을 당할 때, 침묵했다. 그녀는 그 아픔을 하나님께만 토로하며 간구했다. 그때 마귀의 조롱은 떠나가고, 하나님의 은혜는 그녀에게 충만히 임했다. 사무엘이라는 이스라엘의 새 역사를 잉태할 태로 택함 받은 것이다. 여기서 위대한 반전이 일어났다.

브닌나 역시 얼마든지 사무엘을 잉태할 수 있었다. 그러나 그녀의 교만이 그 은혜를 걷어찼다. 교만이냐, 겸손이냐, 바로 이것이 분수령이었다.

> 전에 임신하지 못하던 자는 일곱을 낳았고 많은 자녀를 둔 자는 쇠약하도다(삼상 2:5b, 개역개정).

그러므로 오만한 말을 입 밖에 내지 말라는 것이다. 우리의 지난 한 주간의 언어 생활을 점검해 보자. 우리는 지금 한나인가, 아니면 브닌나인가? 우리는 양인가, 아니면 염소인가? 자신이 염소처럼 늘 들이받는 죄인이라고 여기는 그자가 오히려 양일 수 있고, 스스로 양

같은 의인이라고 여기는 그자가 염소일 수 있다.

인생이 뒤집히고 역전되는 기준은 바로 교만한가, 겸손한가이다. 교만하고 오만한 자는 추락할 수밖에 없다. 그렇다면 왜 오만과 교만이 생기는가? 그것은 영적 무지의 결과다. 하나님을 모르기 때문이다. 또한 하나님에 대한 경외심의 부재 때문이다. 하나님 앞에 서게 될 날을 준비하라. 겸손한 자는 하나님이 높여 주신다. 그러므로 한나처럼 하나님께 엎드려야 한다.

역전의 둘째 기준: 인생의 무게

"참으로 주님은 모든 것을 아시는 하나님이시며, 사람이 하는 일을 저울에 달아 보시는 분이시다"(삼상 2:3b).

둘째 기준은 첫째 기준과 연관되어 있는데, 바로 사람이 하는 모든 일의 '무게'다. 하나님은 모든 것을 아신다. 하나님은 사람이 하는 말과 행동을 저울에 달아 보는 분이시다.

주님의 눈은 사람의 길을 지켜보시며, 그 모든 길을 살펴보신다(잠 5:21).

하나님은 브닌나의 말과 태도 그리고 한나의 대응과 태도를 모두 보셨으며, 그 모든 것을 저울에 달아 보셨다.

어떤 사람들은 "예수님을 믿고 구원받았으면 되었지, 왜 행위를 강조하는가?"라고 한다. 이것이 바로 구원파 이단의 가르침이다. 구원파는 한 번 회개했으면 이후에는 회개할 필요도 없고, 미래의 모든 죄까지 이미 사함 받았으므로 어떻게 살아도 구원과는 아무런 상관이 없다고 가르친다. 분명한 이단이다.

변화된 삶과 의로운 삶 없이 구원의 확신만 있으면 된다고 가르치는 것은 성경의 복음이 아니다. 그것은 왜곡된 복음이며 변질된 복음이다. 성경은 믿고 구원받아 의인이 되는 것과 의인으로 살아가는 삶을 결코 분리하지 않는다. 하나님은 분명히 사람이 하는 일을 저울에 달아 보신다고 했다. 그리고 각 사람은 그 행위에 따라 심판을 받는다.

> 외모로 보시지 않고 각 사람의 행위대로 심판하시는 이를 너희가 아버지라 부른즉 너희가 나그네로 있을 때를 두려움으로 지내라(벧전 1:17, 개역개정).

> 또 내가 보니 죽은 자들이 큰 자나 작은 자나 그 보좌 앞에 서 있는데 책들이 펴 있고 또 다른 책이 펴졌으니 곧 생명책이라 죽은 자들이 자기 행위를 따라 책들에 기록된 대로 심판을 받으니(계 20:12, 개역개정).

우리의 삶은 모두 기록된다. 만일 참된 믿음이 있다면, 그 믿음은 그에 합당한 열매와 삶으로 증명되어야 한다. 예수님도 열매로 그 나무를 안다고 하셨다. 그 행위에 따라 스올로 내려가느냐, 스올에서 건짐을 받느냐가 판가름 난다.

역전의 인생은 이렇게 시작된다

언제 하나님께서 우리의 삶을 스올에서 건지시고, 다시 돌아오게 하시며, 높이시는가? 바로 이렇게 진심으로 고백할 때다.

"주님, 저는 영적으로 불임이요, 제 삶은 불모지입니다. 저는 도덕적으로나 영적으로 실패했습니다. 저는 아무런 자격이 없는 자입니다. 저는 죄인입니다. 저의 죄를 용서하소서. 저를 긍휼히 여기소서. 주님 외에 다른 분은 없습니다."

이렇게 고백할 때, 역전의 인생은 시작된다. 더 나아가, 현재 당하는 고통과 고난 속에 하나님의 뜻이 있음을 믿어야 한다.

한나가 브닌나로부터 당했던 괴로움과 고통은 결코 의미 없는 것이 아니었다. 왜 그런가? 만일 한나가 브닌나로부터 괴로움을 당하지 않았다면, 그녀는 그렇게까지 기도하지 않았을 것이다. 하나님께 눈물로 매달리며 하나님만을 의지하지도 않았을 것이다. 고통을 당하지 않았다면, 사무엘을 하나님께 드리겠다고 서원하지도 않았을 것이다. 그리고 그 고통이 없었다면 사무엘은 태어나지도 않았고, 이스라엘을 구원하는 인물이 되지도 못했을 것이다. 고통에 아무런 의미가 없는 것이 아니다. 그 고통은 한나가 교만하지 않고 겸손하도록 도와주었다. 아들이나 남편에게 소망을 두지 않게 했고, 궁극적인 신랑이신 하나님께, 또한 궁극적인 아들이신 예수님께 소망을 두게 했다.

그러므로 어떤 고난 가운데 있든지, 그 고난으로 인해 궁극적인 소망이신 예수님을 더욱 의지하라. 그러면 한나로 하여금 역전의 하나님을 찬양하게 하셨던 그 하나님께서, 한나의 노래가 당신의 노래가 되게 하실 것이다. 하나님의 은혜를 고백하며, 역전의 하나님을 날마다 찬양하는 삶이 되기를 축복한다.

마음에 새길 세 가지

1 역전에는 두 얼굴이 있다

역전은 누군가에게는 찬양의 이유가 되고, 누군가에게는 두려움의 이유가 된다. 먼저 된 자가 나중 되고, 나중 된 자가 먼저 된다. 우리가 한나인지 브닌나인지는 우리가 아니라 하나님이 판단하신다. 그러므로 역전을 기대하기 전에 먼저 자신을 점검해야 한다.

2 역전의 기준은 교만과 겸손이다

하나님은 교만한 자를 대적하시고 겸손한 자에게 은혜를 주신다. 교만은 말로 드러난다. 브닌나는 오만한 말로 스스로를 낮추었고, 한나는 침묵하며 하나님께만 토로함으로 높임을 받았다. 자신을 양 같은 의인이라 여기는 자가 염소요, 염소 같은 죄인이라 여기는 자가 양이다.

3 고통에는 의미가 있다

한나의 고통은 결코 의미 없는 것이 아니었다. 그 고통이 한나를 겸손하게 했고, 하나님께 매달리게 했으며, 사무엘을 서원하게 했다. 고통이 없었다면 사무엘도 없었다. 현재의 고난 속에 하나님의 뜻이 있음을 믿고, 그 고난을 통해 궁극적인 소망이신 예수님을 의지하라.

소그룹 나눔 질문

- 하나님은 교만한 자를 낮추고, 겸손한 자를 높이십니다. 세상의 기준으로는 실패나 손해처럼 보였지만, 돌이켜보니 하나님께서 나를 낮춤으로써 오히려 지키고 세워 주신 경험이 있다면 나누어 봅시다.

- 한나의 고통은 의미 없는 것이 아니었습니다. 그 고통은 한나를 겸손하게 했고, 하나님께 매달리게 했으며, 사무엘을 서원하게 했습니다. 지나고 보니 의미가 있었던 고통의 시간이 있다면, 그 고통을 통해 하나님께서 자신의 무엇을 빚어 가고 계셨는지 나누어 봅시다.

하나님 마음에 맞는 사람의 기도

역전의 하나님, 찬양합니다.
낮은 자를 높이고 높은 자를 낮추시는
주권자 되신 하나님을 경외합니다.
저는 당연히 역전의 수혜자이며, 저 자신을 한나이고 다윗이라고
쉽사리 가정했음을 고백합니다.
돌아보니 저의 입술에서 브닌나의 교만이 흘러나왔습니다.
오만한 말로 자랑하고, 다른 이를 무시했습니다.
용서하여 주소서.
저를 겸손하게 하소서.
사막의 교부처럼 '염소는 나다'라고 고백하는 낮은 마음을 주소서.
저의 삶을 저울에 달아 보시는
하나님 앞에서 두려움으로 지내게 하소서.
지금 겪는 고난이 저를 겸손하게 하고,
오직 주님만 의지하게 하는 은혜의 통로임을 믿습니다.
한나의 고통이 사무엘을 낳았듯이,
저의 고통도 하나님 나라의 열매를 맺게 하소서.
주님, 저는 영적으로 불임이요, 불모지입니다.
그러나 주님 외에 다른 분은 없습니다.
긍휼히 여겨 주시고, 한나의 노래가 저의 노래가 되게 하소서.
주 예수 그리스도의 이름으로 기도합니다. 아멘.

4. 은총을 받는가, 눈총을 받는가

삼상 2:12-36

성경은 의인과 악인, 복 있는 자와 그렇지 않은 자를 분명히 구별한다. 대표적인 예가 시편 1편이다.

> 복 있는 사람은 악인의 꾀를 따르지 아니하며, 죄인의 길에 서지 아니하며, 오만한 자의 자리에 앉지 아니하며, … 그렇다. 의인의 길은 주님께서 인정하시지만, 악인의 길은 망할 것이다(시 1:1, 6).

우리의 눈에는 흑인지 백인지 분별하기 어려워 보일지라도, 하나님의 눈에는 그렇지 않다. 그분의 눈에는 누가 복 있는 사람인지,

누가 악인의 꾀를 따르며 죄인의 길에 서 있는지가 분명하다.

두 가족의 다른 운명: 엘리와 엘가나

본문에서 성경은 두 가족의 운명을 대조적으로 보여 준다. 바로 엘리의 가정과 엘가나의 가정이다. 이 본문은 왜 하나님께서 이스라엘에 '새 부대'를 필요로 하셨는지를 분명히 보여 준다. 그 이유는 제사장들의 타락 때문이다. 역사적으로 각 시대가 어두웠던 시기를 보면, 정치의 타락만이 아니라 종교인과 제사장들의 타락이 빠지지 않고 등장한다. 영적 지도자가 타락하면, 그 타락은 한 개인의 문제로 끝나지 않는다. 그 구정물은 주변을 더럽히고, 공동체를 더럽히며, 마침내 나라를 더럽히고 만다. 엘리의 아들들이 바로 그러했다.

> 엘리의 아들들은 행실이 나빴다. 그들은 주님을 무시하였다(삼상 2:12).

12절 뒷부분을 개역개정으로 보면, 그들은 '주님을 알지 못했다'고 기록되어 있다. 여기서 '주님을 알지 못했다'는 말은 언약적인 표현으로, 주님을 경험한 적이 없다는 뜻이다. 그들은 머리로는 하나님을 알았지만, 여호와를 주님으로 인정하지 않았다. 주님의 권위를 받아들이지 않았다.

결혼은 서로를 '알기' 때문에 서약을 하고 부부가 되는 것이다. 제사장이 된다는 것은 하나님을 아는 자로서, 하나님의 신부가 되어 그분께 신실한 자로 살아간다는 뜻이다. 그런데 주님을 알지 못하는 자들이 대를 이어 종교 지도자가 되었다. 소경이 소경을 인도하는 꼴이 되고 만 것이다.

하나님의 제물을 멸시하다

문제가 된 엘리의 아들들의 행실은 이것이었다. 율법에 따르면, 제사를 드릴 때 희생 제물로 바친 고기 중 가장 기름진 부위는 하나님께 바쳐 태워야 했다. 가장 좋은 것, 첫 것은 하나님께 드리는 것이다. 그것이 하나님을 경외하는 방법이다. 그런데 엘리의 두 아들, 홉니와 비느하스는 그 기름 붙은 부위를 달라고 요구했다. 원래 제사장은 지방과 기름 부위를 먹지 못하게 되어 있다. 식용이 금지된 부위다. 그런데 왜 이들은 그 부위를 원했을까? 기름 붙은 고기가 더 맛있기 때문이다.

그들은 강압과 협박을 동원해 제물을 빼앗았다. 그들은 하나님께 마땅히 드려야 할 제물을 경멸하는 마음으로 대했다. 이는 큰 죄였다.

> 엘리의 아들들은, 주님께서 보시는 앞에서 이렇듯 심하게 큰 죄를 저질렀다. 그들은 주님께 바치는 제물을 이처럼 함부로 대하였다 (삼상 2:17).

하나님은 그들 마음의 중심과 태도와 행동을 모두 보고 계셨다. 홉니와 비느하스는 레위인들 뿐 아니라, 하나님의 따가운 눈총을 받았다. 그 이유는, 그들이 하나님을 전혀 존중하지 않았기 때문이다. 그들이 제사장직에 있었던 목적은 오로지 자신의 배를 채우기 위해서, 사욕을 취하기 위함이었다. 이들은 탐식과 탐욕으로 가득 찬 자들이었다. 그들의 신은 하나님이 아니라 '자기들의 배'였다.

> 내가 여러분에게 여러 번 말하였고, 지금도 눈물을 흘리면서 말하지

만, 그리스도의 십자가의 원수로 살아가는 사람이 많이 있습니다. 그들의 마지막은 멸망입니다. 그들은 배를 자기네의 하나님으로 삼고, 자기네의 수치를 영광으로 삼고, 땅의 것만을 생각합니다(빌 3:18-19).

누가 십자가의 원수인가? 자신의 배를 채우는 것이 목적이고, 땅의 것만을 생각하며 사는 자다. 자신의 배를 채우기 위해, 식탐과 탐욕을 채우기 위해 살지 말라. 성경은 과식과 식탐을 가볍게 여기지 말라고 한다. 식탐은 사람을 성령을 따라 살지 못하게 하고, 육신의 정욕에 따라 살게 만들기 때문이다.

"너희는 스스로 조심해서, 방탕과 술 취함과 세상살이의 걱정으로 너희의 마음이 짓눌리지 않게 하고, 또한 그날이 덫과 같이 너희에게 닥치지 않게 하여라"(눅 21:34).

여기서 방탕은 분명히 '술 취함'과 구별되어 있다. '방탕'이라는 단어(κραιπάλη, 크라이팔레)에는 '과하다'라는 의미가 포함되어 있어, 경우에 따라 '과소비', '낭비', '폭식'이라는 의미가 될 수 있다.

식탐: 영적 전쟁의 첫 관문

4세기 수도사 에바그리우스(Evagrius of Pontus)는 영혼을 죽이는 대죄들을 정리할 때 첫 번째를 식탐으로 꼽았다. 식탐은 대죄들 가운데 가장 낮은 단계지만, 극복하기가 쉽지 않다. 왜냐하면 먹는 일은 인간의 가장 기본적인 욕구이기 때문이다. 비슷한 시기의 요한 카시아누스(Johannes Cassianus)는, 식탐을 이길 수 없으면 영적 전쟁을 시작할 수도 없다고 했다. 그 근거는 광야에서 죽은 이스라엘 백성이었다. 그들은 먹을 것을 요구하다가 망했다.

그래서 하나님은 모세가 백성을 인도하기에 앞서 무엇을 훈련시키셨는가? 40일 금식이었다. 하나님은 욕망을 제어하는 훈련을 먼저 철저히 시키신 것이다. 그래야 육신의 소욕이 아니라 성령의 소욕에 따라 인도함을 받을 수 있기 때문이다.

식탐에서 정욕으로

홉니와 비느하스가 식탐대로 살자, 그다음에 벌어진 일은 무엇이었는가? 정욕이다. 기억하라. 식탐과 정욕은 긴밀하게 연결되어 있다. 그들의 만행은 결국 성 스캔들로 이어진다.

> 엘리는 매우 늙었다. 그는 자기 아들들이 모든 이스라엘 사람에게 저지른 온갖 잘못을 상세하게 들었고, 회막 어귀에서 일하는 여인들과 동침까지 한다는 소문을 들었다(삼상 2:22).

엘리의 두 아들의 죄는 하나님의 제물을 멸시하는 것에 그치지 않았다. 그들은 성전 회막에서 일하는 여인들과 동침까지 했다. 이것은 종교적 타락의 절정이다. 시간이 갈수록 이들은 더욱더 사람들의 눈총을 받게 된다.

종교적 권력을 이용해 성적 욕망을 채우는 죄는 그때나 지금이나 다르지 않다. 사사 시대의 홉니와 비느하스 같은 자들은 오늘날에도 존재한다. 탐식은 정욕으로, 정욕은 탐욕으로 이어지기 때문이다. 이들은 하나님을 전혀 모르는 자들이었다.

이 이야기가 우리와는 전혀 상관이 없을까? 과연 우리는 그렇게 되지 않으리라고 장담할 수 있는가? 예외는 없다. 우리는 언제든지 홉니와 비느하스가 될 수 있다. 그러므로 날마다 자신의 영혼을 말씀과 기도로 점검하고, 금식으로 자신을 살피며, 깨어 주의 은혜 가운데 살아야 한다.

엘리의 허용주의적 자녀 교육

그렇다면 왜 홉니와 비느하스는 이런 사람이 되었을까? 성경은 그 이유를 분명하게 말씀하고 있다. 바로 엘리 때문이다. 엘리는 자신의 아들들이 회막에서 범죄한 소식을 소문으로 이미 들어 알고 있었다. 그래서 아들들을 불러 책망한다.

> 그래서 그는 그들을 타일렀다. "너희가 어쩌자고 이런 짓을 하느냐? 너희가 저지른 악행을, 내가 이 백성 모두에게서 듣고 있다. 이놈들아, 당장 그쳐라! 주님의 백성이 이런 추문을 옮기는 것을 내가 듣게 되다니, 두려운 일이다"(삼상 2:23-24).

엘리는 꽤 단호하게 아들들을 다그치고 있다. 그는 그들의 행위가 죄악이며 악행임을 알고 있었다. 엘리는 그렇게 나쁜 제사장이 아니었다. 그러나 문제는 그게 끝이었다는 것이다. 엘리의 대응은 미온적이었고, 그 뒤에 이어지는 어떠한 후속 조치도 없었다.

그 정도의 범죄라면 제사장직에서 내려오게 해야 한다. 최소한 분명한 회개의 증거와 열매가 나타날 때까지 오랜 시간 자숙하고 근신하게 해야 한다. 그러나 엘리는 말만 하고 아무런 조치도 취하지 않았다. 단호함도, 결단도 없었다. 왜 그랬을까? 엘리는 '하나님보다 자녀들을 더 소중히 여겼기 때문'이다. 하나님도 그것을 아셨다.

"그런데 너희는 어찌하여, 나의 처소에서 나에게 바치라고 명한 나의 제물과 예물을 멸시하느냐? 어찌하여 너는 나보다 네 자식들을 더 소중하게 여기어, 나의 백성 이스라엘이 나에게 바친 모든 제물 가운데서 가장 좋은 것들만 골라다가, 스스로 살찌도록 하느냐?"(삼상 2:29).

자녀를 키우는 입장에서 두려운 말씀이다. 자녀 양육에 있어서 어느 누가 자기 자식은 잘 키웠다고 장담할 수 있겠는가? 그럴 수 있다면 교만이다. 그러므로 "너는 나보다 네 자식들을 더 소중하게 여기어"라는 말씀은 너무나도 중요한 경고다.

그렇다면 우리는 어떻게 하나님보다 자녀를 더 사랑하고 있는지 아닌지를 알 수 있을까? 본문에 근거하자면, 자녀가 죄를 범했을 때 어떻게 훈계하는지가 그 기준이다. 더 나아가, 바로 그 죄 때문에 예수님께서 십자가에서 죽으실 수밖에 없었다는 사실을 가르치는가? 죄가 얼마나 무서운 것인지를 알게 하는 동시에, 하나님의 은혜와 사랑이 얼마나 더 큰지를 알게 하는가? 그렇다면 그것은 자녀를 하나님보다 더 사랑하는 것이 아니다.

그러나 하나님보다 자녀를 더 사랑하는 부모는 어떤 사람인가? 매튜 헨리(Matthew Henry)는 이렇게 말한다.

자녀가 악한 길로 갈 때 그것을 허용하거나 묵인하며, 또 그들을 제지하고 징벌하기 위해 부모의 권위를 사용하지 않는 자들은 결과적으로

> 하나님보다 자기 자녀를 더 중히 여기는 것입니다. 그것은 결국 하나님의 영광보다 자녀의 명예를 우선하는 것이며, 하나님을 영화롭게 하기보다 자녀를 기쁘게 하는 일에 더 몰두하는 것입니다.*

엘리는 바로 여기서 실패했다. 하나님을 사랑한다고 말하면서, 실제로는 자녀를 하나님보다 더 소중히 여겼다. 지나치게 훈계하는 권위주의적인 부모도 문제지만, 방임과 허용주의는 더 큰 문제다. 우리는 어떤 것도 하나님보다 앞세워서는 안 된다. 이것이 십계명의 첫째 계명이다.

"나 외에 다른 신을 두지 말라."

하나님을 가장 사랑할 때에야 비로소 우리는 자녀를 진정으로 그리고 가장 사랑할 수 있다.

촛대가 옮겨지다

결국 엘리의 집안에 저주가 선포된다. 무명의 하나님의 사람이 와서 엘리에게 예언한다.

> "그러므로 나 주 이스라엘의 하나님이 말한다. 지난 날 나는, 너의 집과 너의 조상의 집이 제사장 가문을 이루어 언제까지나 나를 섬길 것이라고 분명하게 약속하였지만, 이제는 더 이상 그렇게 하지 않겠다. 이제는 내가 나를 존중하는 사람들만 존중하고, 나를 경멸하는 자들은 수치를 당하게 할 것이다. 나 주의 말이다"(삼상 2:30).

* Matthew Henry, *Matthew Henry's commentary on the whole Bible: complete and unabridged in one volume* (Peabody: Hendrickson, 1994), p.386

"나를 존중하는 자를 내가 존중하고, 나를 경멸하는 자는 수치를 당하게 할 것이다."

이것이 바로 사무엘서 전체에 흐르는 주제다.

엘리의 가문이 하나님을 존중하지 않자, 촛대는 엘리 가문에서 엘가나 가문의 사무엘에게로 옮겨진다. 엘가나의 가문은 고난 중에도 늘 예배하며 하나님께 의지했다. 하나님은 그런 가문을 그리고 그런 한나를 존중하셨다. 또한 사울이 하나님의 말씀을 버렸을 때, 하나님도 사울을 버리신다. 그러나 다윗이 하나님을 경외하며 말씀을 따라갔을 때, 하나님은 다윗을 세우고 높이신다. 하나님은 당신을 존중하고 경외하는 자를 존중하신다. 그렇게 촛대는 옮겨진다.

> "나는 나의 마음과 나의 생각을 따라서 행동하는 충실한 제사장을 세우겠다. 내가 그에게 자손을 주고, 그들이 언제나 내가 기름 부어 세운 왕 앞에서 제사장 일을 보게 하겠다"(삼상 2:35).

이 예언은 훗날 솔로몬 시대에 성취된다. 다윗 시대에 압살롬이 반역했을 때, 대제사장 아비아달은 압살롬 편에 섰다. 이 아비아달이 바로 엘리의 후손이다. 그 사건으로 인해 솔로몬은 아비아달 대신에 사독을 대제사장으로 세운다. 이로써 엘리 가문의 대제사장직은 끝난다.

하나님은 당신을 존중하는 자를 존중하신다.

은총을 더 받는 자, 눈총을 받는 자

그러나 본문에는 숨겨진 은혜가 있다. 바로 사무엘이다. 사무엘은 하나님을 무시하던 홉니와 비느하스가 있는 완전히 타락한 성소에서 자랐다. 사무엘이 자라기에는 영적으로나 도덕적으로나 최악의 환경이었다. 게다가 그의 스승은 엘리 제사장이었다. 더 이상 하나님의 음성을 듣지 못하는 사람이었다.

그럼에도 불구하고 성경은 놀라운 사실을 기록한다. 사무엘은 홉니와 비느하스와 달리 눈총을 받은 것이 아니라, 은총을 받으며 자랐다.

> 아이 사무엘이 점점 자라매 여호와와 사람들에게 은총을 더욱 받더라(삼상 2:26, 개역개정).

홉니와 비느하스가 더욱더 눈총을 받으며 죄악 가운데 자랐다면, 사무엘은 더욱더 은총을 받으며 영적으로 자라 갔다. 은혜와 은총에도 분량이 있다. 더 풍성한 은총이 있다. 도대체 무엇이 이 차이를 만들었는가?

첫째, 하나님을 존중하고 경외하는가의 문제였다. 둘째, 본문에 기록된 대로 사무엘은 '여호와 앞에서 섬겼다'. 이것이 차이를 가져왔다. 사무엘에게 중요했던 것은 어디에 있었는가가 아니라, 누구와 함께 있었는가였다. 그가 있었던 곳은 타락한 성소였다. 그러나 그곳에서도 그는 하나님 앞에서 자랐다. 환경이 좋지 않아도, 그곳에서 주님과 함께, 주님 앞에서 살아간다면 은혜 가운데 살아갈 수 있다는 뜻이다. 그리고 셋째, 한 가지 요소가 더 있는데, 바로 한나다.

한나는 매년 제사를 드리기 위해 성소로 올라갈 때 그냥 가지 않았다. 해마다 자라는 사무엘의 키에 맞추어, 그가 입을 겉옷을 만들어 가져갔다.

> 사무엘의 어머니는 해마다 남편과 함께 매년 제사를 드리러 성소로 올라가곤 하였다. 그때마다 그는 아들에게 작은 겉옷을 만들어서 가져다주었다(삼상 2:19).

당시 옷을 직접 만드는 것은 쉬운 일이 아니었다. 한나가 1년에 한 번씩 성소에 갈 때마다 사무엘의 키에 맞춰 옷을 만들었는데, 과연 그냥 만들었을까? 얼마나 보고 싶은 아들인가?

"하나님, 우리 사무엘을 지켜 주세요. 하나님께 사랑과 은총을 받으며 자라게 해 주세요. 하나님을 경외하는 아이로, 사랑하는 아이로 자라게 해 주세요."

씨줄과 날줄을 엮고 베를 짜며, 한나는 이렇게 기도했을 것이다. 한나는 기도의 여인이었다. 사무엘이 입은 것은 단순한 옷이 아니라, 1년 내내 어머니의 기도의 은혜 가운데 잠겨 있던 옷이었다. 그 기도의 결과가 본문 26절이다. 사무엘은 점점 자라며 주님과 사람들에게 더욱 은총(사랑)을 받았다.

은총을 받을 유일한 자격

사실 은총을 받는 데에는 조건이 없다. 은총은 자격이 있어서 주어지는 것이 아니기 때문이다. 홉니와 비느하스는 자신이 제사장이니 기름진 고기를 먹을 자격이 있다고 여겼다. 그렇기에 그들은 은총을 받을 자격이 없었다. 그들의 교만과 탐욕이 결국 눈총을 받게 만든 것이다.

그러나 은총을 받을 유일한 자격이 하나 있다. 그것은 바로 자격이 없다고 고백하는 것이다.

"주님, 제 아들은 은총을 받을 아무런 자격이 없는 자입니다. 불쌍히 여겨 주옵소서. 주님, 제 남편은 은총을 받을 아무런 자격이 없는 죄인입니다. 불쌍히 여겨 주옵소서."

바로 이러한 고백 위에 은총이 부어진다. 은총은 자격 없는 자에게 부어지는 하나님의 자비이기 때문이다.

기억하라. 하나님은 당신을 존중하는 자를 존중하신다. 하나님을 경외할 때, 하나님의 더욱 충만한 은혜와 은총이 우리의 삶 가운데 임할 것이다.

마음에 새길 세 가지

1 식탐을 경계하라

홉니와 비느하스의 타락은 식탐에서 시작되었다. 하나님께 드려야 할 기름진 부위를 자기 배를 채우기 위해 강탈했다. 식탐은 정욕으로 이어지고, 정욕은 종교적 타락의 절정으로 치닫는다. 배를 신으로 삼는 자는 십자가의 원수다. 금식과 절제의 훈련을 통해 육신의 소욕을 제어할 때 영적 전쟁에서 승리할 수 있다.

2 하나님보다 자녀를 앞세우지 말라

엘리는 아들들의 죄를 알면서도 미온적으로 대처했다. 하나님보다 자녀를 더 소중히 여겼기 때문이다. 자녀가 악한 길로 갈 때 그것을 허용하거나 묵인하며, 부모에게 주어진 권위를 사용하지 않는 것은 하나님보다 자녀를 앞세우는 것이다. 그러나 역설적으로, 하나님을 가장 사랑할 때 자녀를 가장 사랑할 수 있다. 자녀를 하나님께 바치는 것이 오히려 자녀가 사는 길이다.

3 은총의 자격은 자격 없음을 아는 것이다

홉니와 비느하스는 자격이 있다고 여겨 눈총을 받았고, 사무엘은 타락한 환경 속에서도 은총을 받으며 자랐다. 그 차이는 하나님을 존중하는가, 여호와 앞에서 사는가 그리고 기도하는 한나가 있는가에 있었다. 은총을 받을 유일한 자격은 자격이 없다고 고백하는 것이다. 은총은 자격 없는 자에게 부어지는 하나님의 자비이기 때문이다.

소그룹 나눔 질문

- 홉니와 비느하스의 타락은 식탐에서 시작되어 정욕으로 이어지고, 종교적 부패의 절정에 이르렀습니다. 음식, 미디어, 소비 등 일상에서 절제하지 못하는 영역이 우리의 영적 생활과 관계에 어떤 영향을 미치고 있는지 구체적으로 성찰해 봅시다.

- 엘리는 자녀를 하나님보다 더 사랑하는 죄를 범했습니다. 자녀, 가족, 일, 관계 등 하나님보다 우선시하고 있는 것이 있다면 무엇인가요? 어떻게 하면 삶의 우선순위와 질서를 바로잡을 수 있을까요?

하나님 마음에 맞는 사람의 기도

거룩하신 하나님,
당신을 존중하는 자를 존중하시고,
경멸하는 자를 수치당하게 하시는
공의로우신 주님을 경외합니다.
저 또한 홉니와 비느하스처럼 될 수 있는 자임을 고백합니다.
제 안에 탐식과 탐욕과 정욕이 있습니다.
선 줄로 생각했으나 언제든 넘어질 수 있는 연약한 자입니다.
저 역시 엘리처럼 하나님보다 자녀와 가족을 더 소중히 여기고,
하나님의 영광보다 사람의 명예를 우선한 적이 있습니다.
용서하여 주소서. 이제 저를 날마다 점검하게 하소서.
육신의 소욕이 아니라 성령의 소욕을 따라,
어디에 있든지 여호와 앞에서 살게 하소서.
주님, 저는 은총을 받을 자격이 없는 자입니다.
그러나 이 고백이 은총의 자격임을 믿습니다.
한나가 겉옷을 지으며 기도했듯이,
저도 사랑하는 이들을 기도로 싸매게 하소서.
주 예수 그리스도의 이름으로 기도합니다. 아멘.

5. 어둠 속 등불로 부르시다

삼상 3:1-21

진정한 위기는 무엇인가

어떤 교회의 주일학교 아이가 묵상집으로 말씀 묵상을 하다가 이런 질문을 받았다고 한다.

“약하고 부족한 나를 하나님이 부르실 때, 어떻게 대답하면 좋을까요? 하나님의 부르심에 대해 대답할 말을 적어 보세요.”

보통은 이렇게 적을 것이다.

“저는 약하고 부족한 사람이지만, 주님이 함께하신다면 순종하겠습니다.”

그런데 이 아이는 또박또박 일곱 글자로 이렇게 썼다고 한다.

"딴 사람 시키세요."

하나님이 찾고 부르실 때에는 응답해야 한다.

지난 몇 년간 신학교 입시에서 정원 미달이 계속되었다. 최근에는 사정이 많이 나아졌지만, 여전히 많은 사람이 한국 교회가 위기라고 말한다. 그러나 다른 관점에서 근본적인 질문을 던져 보고 싶다. 과연 신학생 수가 줄어드는 것이 정말 위기일까? 물론 표면적으로는 신학교 운영에 재정적인 어려움이 생기기에, 신학교 입장에서는 위기일 수 있다. 그러나 사람이 없다고, 하나님의 부름을 받지 않았는데 신학교에 입학하고 소명 없는 이들이 교회를 맡게 된다면, 그것이야말로 진정한 위기요, 재앙일 것이다.

앞선 2장에서 보았듯이, 이스라엘의 위기는 제사장의 숫자가 줄었기 때문이 아니었다. 실로에는 엘리도 있었고, 홉니와 비느하스라는 차세대 제사장들도 이미 준비되어 있었다. 문제는 그들이 하나님을 알지 못했다는 데 있었다. 그들에게는 하나님의 말씀이 없었다. 숫자가 부족한 것이 아니라, 참으로 소명 받고 부름받은 하나님의 종들이 없었던 것이 위기였다. 그러므로 우리는 우리 삶의 진정한 위기가 무엇인지 먼저 정확히 진단해야 한다.

말씀과 환상이 드물었던 시대

어린 사무엘이 살던 이때는 주님의 말씀과 환상이 드문 시대였다.

> 어린 사무엘이 엘리 곁에서 주님을 섬기고 있을 때이다. 그때에는 주님께서 말씀을 해 주시는 일이 드물었고, 환상도 자주 나타나지 않았다(삼상 3:1).

이때는 사사기 시대다. 영적으로 흑암이 드리워진 시대였다. 그렇다면 왜 이런 영적 암흑기가 찾아왔는가? 왜 말씀과 환상이 드물어졌는가? 사람들이 자기 소견에 옳은 대로 행했기 때문이다. 하나님의 말씀에 귀 기울이며 살지 않았기 때문이다.

말씀은 빛이다. 요한복음 1장은 말씀이 육신이 되어 빛으로 오셨다고 증언한다. 말씀은 어둠을 밝히는 빛이다. 그런데 말씀이 희귀해지자 어둠은 더욱 짙어졌다. 본문 2절에 보면 '엘리의 눈이 어두워져서 잘 볼 수 없었다'고 기록되어 있다. 그러나 이 표현은 단순히 엘리에게 노안이 왔다는 뜻이 아니라, 말씀의 빛이 희미해지면서 그의 영적 분별력 또한 흐려졌다는 상징적인 표현이다.

역사적으로 볼 때, 하나님의 말씀이 희귀하고 드물게 되는 것은 심판의 징조다. 하나님이 심판하시려 하면, 그분은 말씀을 멈추신다. 침묵하신다.

> "내가 이 땅에 기근을 보내겠다. 사람들이 배고파하겠지만, 그것은 밥이 없어서 겪는 배고픔이 아니다. 사람들이 목말라하겠지만, 그것은 물이 없어서 겪는 목마름이 아니다. 주의 말씀을 듣지 못하여서, 사람들이 굶주리고 목말라할 것이다. 그때에는 사람들이 주의 말씀을 찾으려고 … 떠돌아다녀도, 그 말씀을 찾지 못할 것이다"(암 8:11-12).

말씀을 듣거나 찾지 못하는 것이 곧 심판이다. 침묵과 어둠 가운데 내버려 두시는 것이 심판이다. 이것이 바로 어린 사무엘이 살던 시대의 영적 현실이었다. 하나님의 등불이 꺼져 가던 시대였다.

아직 꺼지지 않은 등불

그렇다면 하나님께서 이스라엘을 포기하셨는가? 한국 교회를 포기하셨는가? 결코 그렇지 않다. 어둠이 짙을수록 빛은 더욱 밝게 빛난다. 하나님은 어둠의 때마다 세상을 환히 비출 등불과 같은 사람을 부르신다.

> 하나님의 등불은 아직 꺼지지 아니하였으며 사무엘은 하나님의 궤 있는 여호와의 전 안에 누웠더니(삼상 3:3, 개역개정).

보통 여호와의 전에서 하나님의 등불은 저녁부터 아침까지 켜져 있었다. 그러나 이 구절은 단순히 물리적인 등불이 꺼지지 않았다는 뜻이 아니다. 영적인 등불이 아직 꺼지지 않았다는 의미다. 하나님은 이스라엘을 포기하지 않으셨다. 또한 '아직 꺼지지 않았다'는 표현은 때가 새벽이라는 말인데, 아침은 가장 어두운 밤을 지나서야 온다. 하나님께서 이스라엘의 새날을 준비하고 계신다는 뜻이다.

그때 하나님의 궤가 있는 여호와의 전 안에 누워 있던 자는 엘리가 아니라 사무엘이었다. 본래 제사장은 하나님의 말씀에 귀 기울이기 위해 여호와의 전 안에서 자곤 했다. 그러나 엘리가 있어야 할 자리에 사무엘이 있다. 엘리는 대신 자기 처소에 누워 있다. 그는 더 이상 하나님께서 말씀하실 것이라는 기대조차 하지 않는다. 엘리의 영적 귀는 이미 닫힌 지 오래다. 그럼에도 엘리는 형식적으로나마 그 자리에 자기 대신 사무엘이 있도록 했다.

하나님이 사무엘을 부르시다

하나님은 엘리 대신 여호와의 전 안에 있던 사무엘을 부르신다.

"사무엘아!"

사무엘은 자리에 누워 있으면서도 불침번처럼 언제나 들을 준비가 되어 있었다. 밤중에 엘리가 부를 것을 대비해 언제든 달려갈 준비를 하고 있었던 것이다. 그래서 하나님의 음성을 듣고도 그것을 하나님의 음성이라 생각하지 못하고 엘리의 음성으로 여겼다. 그는 곧바로 엘리에게 달려가 말한다.

"제가 여기에 있습니다."

엘리는 말한다.

"나는 부른 적이 없다. 다시 누워라."

사무엘은 제자리로 돌아간다. 그러나 하나님께서 다시 사무엘을 부르신다. 사무엘은 또다시 엘리에게 간다. 엘리는 다시 말한다.

"나는 부른 적이 없으니 돌아가라."

이 일이 세 번이나 반복된다.

사무엘은 영적으로 순수했지만 아직 미숙했고, 경험이 없었다. 하나님의 음성과 사람의 음성을 분별하지 못했다. 이유가 무엇인가?

> 이때까지 사무엘은 주님을 알지 못하였고, 주님의 말씀이 그에게 나타난 적도 없었다(삼상 3:7).

사무엘은 하나님에 대해 들었고, 하나님 앞에서 섬겼다. 그러나 아직 개인적으로, 인격적으로 하나님과 교제한 적은 없었다. 그러니 하나님의 음성을 듣고도 그것을 하나님의 음성으로 인식하지 못했던 것이다.

우리 역시 하나님의 음성과 사람의 음성을 혼동할 수 있다. 그러므로 하나님이 어떻게 말씀하시는지를 알아야 한다. 하나님은 육성으로도 말씀하실 수 있지만, 주로는 귀로 들리는 음성이 아니라, 이미 주어진 성경 말씀과 우리 안에 계신 성령을 통해 말씀하신다.

그러므로 하나님의 음성을 듣는 훈련을 받아야 한다. 하나님의 음성을 분별하는 훈련 말이다. 그래서 세 번째 하나님께서 사무엘을 부르셨을 때, 엘리는 마침내 알아차리게 된다.

'아, 하나님이 사무엘을 부르시는구나.'

그는 사무엘에게 하나님의 음성 듣는 법을 가르쳐 준다.

> 그제야 엘리는, 주님께서 그 소년을 부르신다는 것을 깨닫고, 사무엘에게 일러 주었다. "가서 누워 있거라. 누가 너를 부르거든 '주님, 말씀하십시오. 주님의 종이 듣고 있습니다' 하고 대답하여라"(삼상 3:8b-9).

그제야 사무엘은 엘리로부터 교육을 받고, 다시 자리에 눕는다.

엘리 가문의 촛대가 옮겨진 이유

사실 이 부분은 참으로 슬픈 장면이다. 하나님께서 더 이상 엘리에게 말씀하지 않으시기 때문이다. 엘리 역시 한때는 하나님의 음성을 들었던 자다. 그 방법을 알기에 사무엘에게 알려 줄 수 있었다. 그러나 촛대는 이미 옮겨졌다. 하나님은 더 이상 엘리에게 말씀하지 않으신다. 이제는 사무엘을 부르고 그에게 말씀하신다.

엘리는 영이 잠든 종교인이 되고 말았다. 살아 있다고 하나 실상은 죽은 자가 된 것이다. 그는 말씀의 형식과 껍데기는 알고 있었지만, 그대로 살지는 않았다. 하나님의 음성 듣는 법도 알고, 제사하는 법도 알고, 율법도 알고 있었다. 오늘날로 말하면 통독도 하고, 큐티도 하고, 성경 공부도 하는 사람이었다. 그러나 그 말씀이 그의 삶으로 이어지지 않았다. 말씀과 삶 사이에 괴리가 있었다는 것이다.

다바르의 비밀: 말씀과 행위의 일치

하나님의 말씀에는 말 따로, 행위 따로가 없다. 하나님께서 "빛이 있으라" 말씀하심과 동시에 빛이 '존재'했다. 예수님께서 "네 믿음대로 될지어다" 말씀하심과 동시에 병든 자가 나음을 얻었다. 그래서 사무엘상 3장에서도 사무엘이 "주여, 말씀하소서" 할 때 사용된 히브리어 '다바르'(דָּבָר)는 '말씀'인 동시에 '행위, 행동'이라는 뜻을 지닌다.

> 주님께서 사무엘에게 말씀하셨다. "내가 이제 이스라엘에서 어떤 일(다바르)을 하려고 한다. 그것을 듣는 사람마다 무서워서 귀까지 멍멍해질 것이다"(삼상 3:11).

하나님이 말씀하신다는 것은 곧 하나님이 행동하신다는 뜻이다. 다바르에서 말씀과 행위는 분리되어 있지 않은 하나다. 바로 여기에 하나님이 등불로 사용하시는 사람의 비밀이 담겨 있다. 하나님이 쓰시는 사람은, 말씀과 행위가 일치하는 사람이다. '말한 대로 살고, 산 대로 말하는 사람', 그가 진정 말씀의 사람이며, 그 시대의 등불이다.

반면 엘리는 말과 행위가 분리된 사람이었다. 그것이 엘리의 죄였다.

> "엘리는, 자기의 아들들이 스스로 저주받을 일을 하는 줄 알면서도, 자식들을 책망하지 않았다. 그 죄를 그는 이미 알고 있다. 그래서 나는, 그의 집을 심판하여 영영 없애 버리겠다고, 그에게 알려 주었다"(삼상 3:13).

앞선 장에서 본 바와 같이, 엘리는 홉니와 비느하스를 책망했다. 꾸짖었다. 그런데 왜 하나님은 엘리가 자녀들을 책망하지 않았다고 하실까? 그의 말과 행동이 달랐기 때문이다. 엘리는 말로는 책망했지만, 행동으로는 책망하지 않았다. '삶에서 실제가 되지 않은 말', '행동으로 이어지지 않은 말'은 말이 아니라는 것이다.

엘리의 책망이 아들들의 삶에 변화를 일으키지 못했다면, 그것은 사실상 책망이 아니었다. 그의 말에는 권위가 없었다. "그렇게 하지 말아라!"라는 말은 그냥 땅에 떨어졌다. 엘리는 하나님보다 자녀를 더 사랑했기에, 말로만 책망했지 진정으로 죄에서 멀어지도록 징계하지 않았다.

또한 엘리의 말에 권위가 없었다는 것은, 그의 평소 행동과 말이 달랐음을 암시한다. "하나님보다 돈을 더 사랑하거나 의지하지 말아라"라고 아무리 외쳐도, 정작 부모가 돈 버는 일에만 혈안이 되어 있거나 하나님보다 돈을 더 의지한다면, 자녀가 그 말을 듣겠는가? 듣지 않는다. 엘리도 마찬가지였다. 그의 말과 삶에는 괴리가 있었다. 하나님은 그러한 엘리와 그의 가문을 더 이상 쓰실 수 없었다.

그래서 사무엘을 부르신 것이다.

히네니, 내가 여기 있습니다

하나님께서 네 번째로 사무엘을 부르신다. 이번에는 사무엘이 배운 대로 응답한다.

> 그런 뒤에 주님께서 다시 찾아와 곁에 서서, 조금 전처럼 "사무엘아, 사무엘아!" 하고 부르셨다. 사무엘은 "말씀하십시오. 주님의 종이 듣고 있습니다" 하고 대답하였다(삼상 3:10).

하나님이 "사무엘아, 사무엘아!" 하고 매우 다급하게 부르신다. 성경에서 하나님이 이름을 두 번 부르실 때는, 하나님께서 간절하신 것이다. 아브라함이 이삭을 바치려 할 때 "아브라함아, 아브라함아!"(창 22:11) 부르셨고, 모세를 떨기나무에서 부르실 때도 "모세야, 모세야!"(출 3:4)라고 하셨다.

하나님께서 한두 번 불렀는데 응답하지 않으면 다른 사람을 찾거나 부를 수도 있지 않은가? 그런데 왜 이렇게 간절하게 네 번이나 사무엘을 부르셨을까? 그것은 사무엘이 아니면 안 되었기 때문이다.

"사무엘아, 네가 꺼져 가는 이스라엘의 등불이다. 내가 너를 택하였다!"

이 말씀을 다른 관점에서 보면, 하나님은 결코 이스라엘을 포기할 수 없다는 뜻이기도 하다. 그런 점에서 사실상 사무엘상의 주인공은 사무엘도 아니고 다윗도 아니다. 당신의 백성을 포기하지 않고 끝까지 구원으로 인도하시는 하나님이 주인공이다. 그 하나님께서 사무엘을 당신의 동역자로 초청하시는 것이다.

"사무엘아, 네가 이 어두운 시대에 말씀으로 빛을 비출 사람이다. 나는 너를 꼭 써야겠다."

그러므로 하나님께서 정치, 경제, 사회, 문화, 교육의 영역으로 반복해서 부르실 때 거부하지 말아야 한다. 하나님은 누구나 쓰실 수 있지만, 아무나 부르시지는 않기 때문이다.

바로 여기에 하나님께서 어두운 시대의 등불로 계속 부르시는 사람의 특징이 있다. 그것은 '전적인 순종'이다. 그는 하나님의 종이기에 앞서 사람의 종이었다. 하나님은 당신의 종을 택하기 전에, 사람의 종으로서 순종한 자를 쓰신다.

사람의 종으로 순종하는가? 여기에서 먼저 순종의 테스트가 이루어지고, 검증이 되는 것이다. 본문에 등장하는 사무엘은 10대 초반으로 추정되는데, 하나님은 그를 왜 이때 부르셨을까? 이미 검증이 끝났기 때문이다. 사무엘은 엘리 제사장을 헌신적으로 섬겼다. 그가 밤중에 부르는 줄 알고 자다가도 달려갔다. 한두 번이 아니었다. 그런데도 불평 한마디 하지 않고, "제가 여기에 있습니다"(Here I am)라고 응답했다.

'제가 여기에 있습니다'는 히브리어로 '히네니'(הנני)다. 이스라엘 문화에서 이 히네니는 함부로 사용해서는 안 되는 말이다. 이 말에는 '기꺼이 자신의 몸을 바칠 준비가 되어 있으며, 완전한 쓰임이 가능하다'는 뜻이 담겨 있기 때문이다.

앞서 하나님께서 모세를 두 번이나 부르셨다고 했는데, 그때 모세가 대답한 말이 바로 이 '히네니'였다. 이사야가 하나님의 부르심을 받을 때도 역시 "히네니, 제가 여기에 있습니다"라고 응답했다. 전심으로 하나님께 자신을 드린 자들(아브라함, 모세, 사무엘, 이사야 등)을 하나님은 당신의 영광을 위해 존귀하게 사용하셨다.

바로 그 마음이다.

"하나님, 저를 마음껏 써 주십시오. 제가 여기에 있습니다!"

하나님께서 반복해서 부르시는 자들은 바로 이런 사람들이다. 하나님께서 말씀하실 때 귀 기울여 경청하고 순종하는 자들, 하나님의 말씀을 그대로 전할 자들, 하나님은 그런 사람들을 찾고 부르시는 것이다. 그들이야말로 어둠 속에서 빛을 밝히는 하나님의 등불이기 때문이다.

꺼지지 않는 등불의 약속

하나님은 어두운 시대마다 꺼지지 않는 등불을 준비하신다. 꺼지지 않는 등불은 하나님의 약속이다.

> "한 지파는 솔로몬의 아들에게 주어서 다스리게 할 것이다. 그러면 그가, 내 이름을 기리도록 내가 선택한 도성 예루살렘에서 다스릴 것이고, 내 종 다윗에게 준 불씨[등불, 니르]가 꺼지지 않을 것이다"(왕상 11:36).

이 불씨는 곧 '말씀'이며, '빛'이고, 궁극적으로는 '예수 그리스도'이시다. 자기 소견에 옳은 대로 행하던 시대에 주어진 처방전은 빛이신 말씀 앞으로, 주님께로 돌아가는 것이다. 따라서 꺼지지 않는 등불이란 하나님의 말씀에 귀 기울이고, 그대로 순종하며, 그대로 전하고, 그대로 살아 내는 사람들이다. 하나님은 그런 자들과 함께

하시며, 그들의 말이 하나도 어긋나지 않게 하신다.

> 사무엘이 자랄 때에, 주님께서 그와 함께 계셔서, 사무엘이 한 말[다바르]이 하나도 어긋나지 않고 다 이루어지게 하셨다. … 사무엘이 말을 하면, 온 이스라엘이 귀를 기울여 들었다(삼상 3:19, 4:1a).

이는 그의 말과 실제 사이에 괴리가 없도록, 말한 대로 이루어지게 하셨다는 뜻이다. 주님께서 그와 함께하셨기 때문이다. 이 은혜가 우리에게도 있기를 축복한다.

지금의 시대 역시 참으로 어둡다. 사무엘은 그 어두운 시대의 등불이었다. 그리고 그 등불은 지금도 꺼지지 않았다. 하나님은 우리를 정치, 경제, 사회, 문화, 예술, 교육의 각 영역에 등불로 부르신다. 세상이 얼마나 어두운지는 굳이 말할 필요도 없다. 세상은 원래 어두운 곳이다. 하나님은 세상이 왜 이리 어두운가에 신경을 쓰기보다, 빛을 비출 등불이 어디에 있는지를 찾으신다. 어둠은 결코 말씀의 빛을 이기지 못하기 때문이다.

> 태초에 '말씀'이 계셨다. … 그 빛이 어둠 속에서 비치니, 어둠이 그 빛을 이기지 못하였다(요 1:1a, 5).

말씀의 약속을 믿고 그 말씀에 목숨을 건 사람. 하나님은 그런 사람을 그 시대의 어둠을 밝히는 등불로 사용하신다.

존 웨슬리(John Wesley)는 18세기 어두웠던 영국 사회의 등불과 같은 존재였다. 그는 어떻게 그렇게 쓰임 받을 수 있었는가? 그는 단

한 권의 책, 곧 성경에 목숨을 걸었기 때문이다. 그는 이렇게 고백했다.

> 나는 날아가는 화살처럼, 삶을 통과해 지나가는 시간의 창조물이다. 나는 하나님으로부터 비롯된, 그래서 다시 하나님에게로 되돌아가는 영혼이다. 하나님은 은혜로우셔서 나에게 길을 가르쳐 주신다. 그분은 그것을 책으로 기록해 놓으셨다. 아, 그 책을 나에게 주소서! 아무런 대가도 없이 하나님의 책을 나에게 주셨다! 난 그것을 가졌다. 여기에는 풍족한 지혜가 있다. 나를 '한 책의 사람'이 되게 하라.*

시대는 어둡다. 그러나 시대가 아무리 어두워도 하나님은 주무시지 않으신다. 말씀이 희귀한 것 같아도 하나님은 침묵하지 않으신다. 하나님은 지금도 반복해서 부르고, 말씀하신다. 그리고 그 말씀에 귀 기울여 "히네니, 제가 여기에 있습니다"라고 응답하며 자신을 온전히 드린 자들을 이 어두운 시대의 등불로 사용하신다.

지금 하나님은 우리를 이 시대의 등불로 부르신다. 하나님의 말씀에 귀 기울이고 그대로 순종할 단 한 사람, 그 한 사람이면 충분하다. 그 한 사람이면 한국 교회는 다시 일어설 수 있고, 한국 사회는 다시 소망을 가질 수 있으며, 하나님 나라가 온전히 임한다. 이 시대의 사무엘로, 꺼지지 않는 등불로 쓰임 받기를 간절히 소망한다.

---

* 바실 밀러, 《탁월한 영적 지도자 존 웨슬리》(기독신문사), p. 179.

마음에 새길 세 가지

1 말씀과 삶이 일치하는 자가 시대의 등불이다

엘리는 하나님의 음성 듣는 법도 알고, 율법도 알고 있었지만 그 말씀이 삶으로 이어지지 않았다. 히브리어 '다바르'에서 말씀과 행위는 분리되지 않는다. 하나님이 그 시대의 등불로 쓰시는 사람은 '말한 대로 살고, 산 대로 말하는 사람'이다. 말씀과 삶 사이에 괴리가 있으면, 그 말은 땅에 떨어지고 촛대는 옮겨진다.

2 히네니, 전적인 순종이 부르심의 자격이다

하나님이 사무엘을 네 번이나 부르신 것은 그가 아니면 안 되었기 때문이다. '히네니'는 '기꺼이 자신의 몸을 바칠 준비가 되어 있으며, 완전한 쓰임이 가능하다'는 고백이다. 능력이 있어서 부르신 것이 아니다. 문제는 태도다. 하나님은 당신의 종을 택하기 전에, 사람의 종으로서 순종한 자를 사용하신다. 여호수아는 모세의 종이었고, 엘리사는 엘리야의 종이었다.

3 어둠이 짙을수록 빛은 더욱 밝게 빛난다

말씀과 환상이 드문 시대는 심판의 징조다. 그러나 하나님은 이스라엘을 포기하지 않으셨다. "하나님의 등불은 아직 꺼지지 아니하였다"는 말은 새벽이 가까웠다는 뜻이다. 하나님은 세상이 왜 어두운지를 신경 쓰시는 것이 아니라, 빛을 비출 등불이 어디 있는지를 찾으신다. 어둠은 말씀의 빛을 이길 수 없기 때문이다. 말씀에 목숨을 건 사람을 하나님은 시대의 등불로 사용하신다.

소그룹 나눔 질문

- 엘리는 하나님의 음성을 듣는 법도, 율법도 알았지만 말씀이 삶으로 이어지지 않았습니다. 머리로는 알지만 삶으로 실천하지 못하는 말씀이 있다면, 그 괴리의 원인은 무엇이며 어떻게 그 간극을 좁혀 갈 수 있을까요?

- 사무엘은 "말씀하옵소서, 주의 종이 듣겠나이다"라고 응답했습니다. 최근에 하나님께서 당신에게 말씀하신 것이 있다면 무엇이며, 그 말씀에 어떻게 응답하고 있습니까? 혹시 듣고도 순종하지 못하고 있다면, 그 이유는 무엇인가요?

하나님 마음에 맞는 사람의 기도

어둠 속에서도 등불을 꺼뜨리지 않으시는 하나님,
포기하지 않으시는 하나님을 찬양합니다.
"사무엘아, 사무엘아" 부르셨던 그 간절함으로
저를 부르시는 주님의 음성을 듣습니다.
저는 엘리처럼 과거에 머물러 있었음을 고백합니다.
"나도 한때는 뜨거웠어"라고 말하면서,
오늘은 말씀 앞에 서지 않았습니다.
말씀의 형식은 알았으나 그대로 살지 않았습니다.
용서하여 주소서. 저의 신앙이 과거의 추억으로
끝나지 않게 하시며, 어제의 만나가 아니라
오늘의 만나를 먹는 자가 되게 하소서.
이제 '히네니' 고백합니다. 제가 여기에 있습니다.
주님이 능력을 주시기에 온전한 쓰임이 가능합니다.
말한 대로 살고, 산 대로 말하는 '다바르'의 사람이 되게 하소서.
이 어두운 시대에 꺼지지 않는 등불로 쓰임 받게 하소서.
주 예수 그리스도의 이름으로 기도합니다. 아멘.

6. 이가봇에서 임마누엘로

삼상 4:1-22

하나님은 누구의 편이신가

전쟁이 일어날 때마다 사람들이 묻는 질문이 있다.

"하나님은 누구의 편을 드실까? 아무의 편도 들지 않으실까?"

보통의 신앙인들은 하나님이 우리의 편이니 전쟁에서 이기게 하실 것이라 생각한다. 그러나 하나님이 우리의 편이라고 믿는 것과 실제는 전혀 다를 수 있다.

실제로 11세기부터 13세기까지 약 200년 동안 여덟 차례에 걸쳐 진행된 십자군 전쟁이 그러했다. 이슬람 세력에 의해 성지 순례가 중단되자, 교황 우르바노 2세(Urbanus II)는 서유럽 국가들을 향해 십자군 파병을 호소했다. 그러나 사실은 이슬람과의 전쟁을 빌미로 교황의 권위를 높이고, 분열된 교회를 통합하려는 정치적 의도가 담겨 있었다.

교황의 연설을 들은 군중들은 "신이 그것을 원하신다"(Deus lo vult)라고 외치며 전쟁을 지지했다. 심지어 중세 가톨릭교회는 십자군으로 죽으면 하늘에서 불멸과 보상이 있을 것이라고 약속했다. 그러나 십자군 전쟁에 대한 역사의 평가는 분명하다. 그것은 인간의 탐욕과 욕망이 빚어 낸 전쟁이었다. 그래서 한 역사학자는 이 전쟁을 이렇게 평가했다.

"'신의 뜻'이라 쓰고, '인간의 탐욕'이라고 읽는다."

본문에도 이와 비슷한 사건이 등장한다. 바로 이스라엘의 패배다. 본문 1절은 '그 무렵에'라는 말로 시작한다. 그 무렵이란, 온 이스라엘이 사무엘의 말에 귀를 기울여 듣기 시작하던 때였다. 그러나 동시에 실로의 제사장이었던 홉니와 비느하스의 탐욕과 성적 타락이 여전히 멈추지 않았던 무렵이기도 하다. 바로 그 무렵에 블레셋 사람들이 이스라엘을 치려고 모여들었다.

블레셋이 쳐들어오자, 이스라엘도 맞서 싸우기 위해 '에벤에셀'에 진을 쳤다. 블레셋이 전열을 갖추어 공격해 왔고, 치열한 전투가 벌어졌다. 그러나 결과는 블레셋의 승리였다. 그 벌판에서 이스라엘 사람은 무려 4천 명이나 목숨을 잃었다.

패배의 원인을 제대로 깨달아야 한다

패잔병들이 진영으로 돌아오자 이스라엘의 장로들은 큰 충격을 받는다. 그리고 그들 스스로 패배의 원인을 묻고, 진단하며, 해결책까지 제시한다.

> "주님께서 오늘 우리가 블레셋 사람에게 지도록 하신 까닭이 무엇이겠느냐? 실로에 가서 주님의 언약궤를 우리에게로 모셔다가 우리 한가운데에 있게 하여, 우리를 원수의 손에서 구하여 주시도록 하자!"(삼상 4:3).

하나님이 블레셋에게 지게 하신 이유가 무엇일까? 그들의 진단은, 주님의 임재를 상징하는 언약궤가 없었기 때문이라는 것이다. 그러므로 언약궤를 한가운데 있게 하자는 것이다.

그들이 언약궤를 가져오면 원수와의 전쟁에서 이길 수 있다고 믿은 데에는 근거가 있었다. 이스라엘 역사 속에서 언약궤를 앞세웠을 때 승리한 경험이 있었기 때문이다. 가까운 예로, 여호수아서에서 제사장들이 언약궤를 메고 성을 열세 번 돌았을 때, 이스라엘은 손 하나 건드리지 않고 여리고성을 함락시켰다. 그날 이후로 언약궤는 전쟁에서 승리의 상징이 되었다.

그러나 이것은 오판이었다. 이스라엘이 패배한 이유는 언약궤가 없어서가 아니었다. 홉니와 비느하스 그리고 하나님보다 자녀를 더 사랑했던 엘리 제사장을 비롯한 지도자들이 하나님과 맺은 언약에 신실하지 못했기 때문이다. 지도자들은 언약 관계에 신실하지 않고 탐욕스러웠으며, 하나님을 알지 못했다. 이스라엘의 장로들도 마찬가지였다. 전쟁에서 패배했을 때 그들은 하나님께 물었어야 했다. 적어도 사무엘을 찾아가 물었어야 했다. 그때 그들은 하나님이 사무엘을 통해 말씀하신다는 사실을 알고 있었기 때문이다. 그러나 그들은 이 모든 과정을 생략하고, 언약궤를 마치 부적처럼 사용하려 했다.

믿음이 아니라 미신이다

이 모습은 십자군 전쟁에 나섰던 이들이 십자가만 들고 있으면 하나님께서 승리하게 해 주시리라 믿었던 것과 다르지 않다. 그것은 마치 부정직하게 사업을 운영하면서도 사무실에 성경 구절 액자나 십자가만 걸어 두면 하나님께서 지켜 주실 것이라 생각하는 것과 같다. 이것은 '믿음'이 아니라 '미신'이다.

그렇다면 왜 이스라엘의 장로들은 이렇게 미숙한 결정을 내렸을까? 첫째는 첫 패배의 충격이 컸기 때문일 것이고, 둘째는 자신들이 언약 백성이기에 질 수 없다고 믿었기 때문이다. 그래서 "우리는 승리한다! 우리는 승리해야만 한다! 승리는 우리 것이다!"라고 외치다가 어느새 하나님의 뜻은 온데간데없어지고 '우리'만 남았다. 본문 3절을 다시 보면 그들이 얼마나 "우리, 우리, 우리"를 반복하는지 알 수 있다.

"우리가 … 우리에게로 … 우리 한가운데에 … 우리를."

주도권은 하나님이 아니라 그들이 쥐고 있었다. 이것이 이스라엘 지도자들의 영적 상태였다. 하나님과의 살아 있는 관계는 사라지고, 하나님이 주시는 유익과 혜택만을 누리려 했다. 하나님을 '사랑'하기보다, 하나님을 '사용'하고 '이용'하려 했다. 이런 상태라면 언약궤가 백 개, 천 개라 해도 백전백패할 수밖에 없다.

두려운 것은, 이것이 우리의 모습일지도 모른다는 사실이다. 하나님을 두려워하거나 경외하지 않고, 날마다 말씀과 기도로 주 안에 머물러 있지 않으면 이렇게 변하는 것은 한순간이다. 사실 이스라엘이 이렇게 된 지는 오래되었다. 사사기 시대 내내 그렇게 반복해 왔다. 그래서 하나님이 패배하게 하신 것이다. 그러나 아무도 깨닫지 못했고, 누구도 그것을 말해 주지 못했다.

비참한 두 번째 패배, 언약궤의 상실

결국 언약궤가 실로에 있던 성소에서 옮겨 오는데, 홉니와 비느하스가 함께 온다. 벌써부터 무엇인가 조짐이 좋지 않다. 홉니와 비느하스에게는 이미 심판이 예고되어 있었기 때문이다. 사람들은 언약궤가 들어오자 환호성을 지른다. 지도자들의 결정이 대중적인 지지를 받았다는 뜻이다. 언약궤가 들어오자 사람들의 기뻐하는 소리가 블레셋 진영에까지 들릴 정도였다.

블레셋 사람들은 언약궤가 왔다는 소문을 듣고 두려워 떤다. 그들도 예전에 이스라엘의 신이 애굽 사람들을 쳤다는 이야기를 들어 알고 있었기 때문이다. 잠시 두려워하던 차에, 이름 없는 누군가가 블레셋 군사들의 사기를 북돋는다.

"대장부답게 힘을 내어 나가 싸우라! 그렇지 않으면 우리가 그들의 종이 된다!"

그 말에 두려움이 사라지고, 그들은 사기충천하여 쳐들어간다. 결과는 블레셋의 압승이다. 이스라엘은 또 한 번 큰 패배를 겪는다. 무려 보병 3만 명이 전사한다. 그런데 더 충격적인 소식이 있다.

> 하나님의 궤를 빼앗겼고, 엘리의 두 아들 홉니와 비느하스도 이때 전사하였다(삼상 4:11).

하나님에 대한 경외함 없이, 종교의 형식과 껍데기만 남은 상태에서 언약궤를 부적처럼 사용한 미신적 신앙의 최후다.

언약궤를 가져온 것은 잘못된 결정이었다. 그들은 회개했어야 했다. 그러나 그들은 하나님을 자신의 승리와 성공을 위한 수단으로 삼으려 했다. '자신들의 유익을 위해서 하나님을 도구화하려는 것', 이것이 곧 우상 숭배다. 이러한 세속적이고 기복적인 신앙이 바로 사사기 시대의 특징이었다.

그러나 더 불편한 사실은 이것이 오늘날의 교회와 크게 다르지 않을 수 있다는 데 있다. 세속 도시에서 살아가는 현대인들의 신앙 또한 하나님과 종교를 단지 세상에서 승리하기 위한 도구와 수단으로 삼고 있지 않은가? 이는 참으로 두려운 일이다. 지도자들의 탐욕스럽고 세속적인 욕심과 수많은 대중의 기복적 성향이 서로 공모하고 담합할 때, 개인과 공동체와 교회와 나라를 향한 하나님의 음성은 차단된다. 예수님과의 동행은 중단되고, 성령의 역사는 소멸된다.

예수님의 부모였던 요셉과 마리아가 그러했다. 그들은 당연히 아들 예수가 동행 중에 있는 줄 알았다. 그래서 자신들이 가던 길을 계속 갔다. 그러나 나중에 보니 예수는 없었다.

> 그날들을 마치고 돌아갈 때에 아이 예수는 예루살렘에 머무셨더라 그 부모는 이를 알지 못하고 동행 중에 있는 줄로 생각하고 하룻길을 간 후 친족과 아는 자 중에서 찾되 만나지 못하매 찾으면서 예루살렘에 돌아갔더니(눅 2:43-45, 개역개정).

이스라엘 백성과 장로들도 언약궤가 있으니 하나님께서 동행 중에 계신 줄로 생각하고 병사들을 전쟁터로 보냈다. 그런데 하나님이 계셨는가? 역사하셨는가? 아니다. 하나님은 우리가 "오라, 가라", "역사해 달라"고 명할 수 있는 분이 아니다. 우리가 그분의 종이다.

우리는 이 말씀을 하나님의 음성으로 들어야 한다. 이스라엘 백성의 패배와 아픔을 교훈으로, 반면교사로 삼아야 한다.

이가봇, 영광이 어디에 있느냐

전쟁터에서 살아남은 한 베냐민 사람이 티끌을 뒤집어쓴 채 충격적인 패배의 소식을 가지고 실로로 달려온다. 백성은 전쟁의 패배 소식을 듣고 슬피 울부짖는다. 언약궤를 빼앗겼을까 봐 걱정하고 있던 엘리도 뒤늦게 소식을 듣는다.

"전쟁에서 졌고, 죽은 사람이 매우 많으며, 두 아들도 죽었고, 하나님의 궤는 빼앗겼습니다."

엘리는 당시 98세로 몸이 매우 비둔했다. 그는 하나님의 궤를 빼앗겼다는 소식에 충격을 받아 의자에서 뒤로 넘어져 목이 부러져 죽는다. 그의 사사로서의 40년 사역은 그렇게 비극적으로 끝이 난다.

그때 엘리의 며느리이자 비느하스의 아내는 임신 중이었다. 그녀는 전쟁의 패배와 시아버지와 남편의 죽음에 대한 소식을 전해 듣고 갑작스러운 진통을 느끼며 출산한다. 아들을 낳았으니 걱정하지 말라는 말도 전혀 위로가 되지 않았다. 그녀는 아이의 이름을 '이가봇'이라고 짓는다.

> 그 아이의 이름을 이가봇이라고 지어 주며, "이스라엘에서 영광이 떠났다" 하는 말만을 남겼다. 하나님의 궤를 빼앗긴 데다가, 시아버지도 죽고 남편도 죽었기 때문이었다(삼상 4:21).

'이가봇'에서 '카보드'(כָּבוֹד)는 '영광'을 의미한다. 여기에 부정형 '이'(אִי)가 붙어 '영광이 없다', '영광이 떠났다'는 의미가 된다. 혹은 이 접두사를 의문형으로 해석하면, '영광이 어디에 있느냐?'라는 뜻이 된다.

40년 동안 이스라엘의 사사로 있었던 엘리가 죽고, 제사장이었던 두 아들까지 모두 죽었으니, 비느하스의 아내의 눈에는 하나님의 영광이 떠난 것처럼 보였을 것이다. 물론 가문의 입장에서 보면 세상적인 영광이 떠난 것이 맞을지도 모른다. 그러나 정말 하나님이 떠나신 것일까? 아니다. 하나님은 이스라엘을 떠나지 않으셨다. 언약궤를 빼앗겼지만, 언약궤가 곧 하나님은 아니다.

떠난 것은 하나님이 아니라 이스라엘이었다. 이스라엘이 하나님을 떠난 것이다. 떠난 것은 탕자이지, 아버지가 아니다. 아버지는 언제나 그 자리에 계셨다. 그러나 탕자가 떠났기에 마치 아버지가 없는 것처럼 느껴졌을 뿐이다. 신앙생활에서 언제나 먼저 떠나는 쪽은 우리이지, 하나님이 아니시다.

이스라엘이 바벨론 포로로 끌려갔을 때도 마찬가지다. 하나님이 떠나셔서 끌려간 것이 아니라, 그들이 하나님을 떠났기에 포로로 끌려간 것이다. 그때도 이가봇, 하나님이 떠나신 것처럼 보였다. 유다가 멸망하고 성문과 성전이 파괴되었기 때문이다. 그러나 하나님이 떠나신 것이 아니었다. 오히려 이가봇처럼 느껴지는 침묵이라는 고난을 통해, 하나님은 그들을 돌이키고 계셨다.

이가봇은 참 자녀를 향한 사랑의 매다

이가봇은 하나님이 드신 사랑의 매다. 사랑의 매는 자녀를 버리겠다는 뜻이 아니라, 자녀를 살리겠다는 뜻이다. 사랑의 매는 참 자녀에게만 들지, 남의 아이나 모르는 아이에게는 들지 않는다. 부모가 사랑의 매를 들 때, 자녀는 '부모님이 나를 미워하시나? 나는 다리 밑에서 주워 왔나?'라고 생각할지도 모른다. 그러나 정반대다. 이가봇은 하나님이 여전히 사랑하신다는 명확한 증거다. 하나님은 사랑하는 자녀만 징계하시기 때문이다.

> 징계를 받을 때에 참아 내십시오. 하나님께서는 자녀에게 대하시듯이 여러분에게 대하십니다. 아버지가 징계하지 않는 자녀가 어디에 있겠습니까? 모든 자녀가 받은 징계를 여러분이 받지 않는다고 하면, 여러분은 사생아이지, 참 자녀가 아닙니다(히 12:7-8).

참 자녀에게는 반드시 징계가 있다. 그러므로 하나님께 이스라엘은 참 자녀였고, 그들을 사랑하시기에 그들이 패하고 망하는 것이 하나님의 뜻이었다. 하나님을 멀리하고도 승승장구하며 평안하다면, 그것이야말로 사생아요, 궁극적인 심판이다. 그러나 자녀를 사랑하는 부모는, 자녀를 징계해서라도 돌이키게 한다.

그러므로 징계를 받을 때는 죄를 철저히 고백하고, 회개하며 하나님께로 돌아가야 한다. 비느하스의 아내가 외쳤던 '이가봇'을 우리도 외쳐야 한다. 우리의 죄로 인해 하나님의 영광이 가려지고 그분의 영광의 광채가 사라진 것을 애통해야 한다. 그러나 진정으로 회개할 때 주어지는 약속이 있다.

> "그러므로 너는 백성들에게 알려라. '만군의 주가 말한다. 너희는 나에게로 돌아오너라. 만군의 주가 말한다. 나도 너희에게로 돌아간다.

만군의 주가 말한다'"(슥 1:3).

회개하여 하나님께로 돌아가면, 그분도 우리에게로 돌아오신다.

이가봇은 십자가의 은혜 안에서 임마누엘이 된다

하나님은 우리를 떠나실 수 없고, 버리실 수 없다. 하나님이 죄 많은 우리를 결코 떠나지 않기 위해 하신 일이 있는데, 바로 우리에게 한 아기를 보내 주신 것이다. 그 아기의 이름은 임마누엘, 곧 하나님이 우리와 함께하신다는 뜻이다.

하나님은 우리가 하나님을 떠난 반역의 죗값을 당신의 아들, 어린양 예수 그리스도에게 모두 지우셨다. 그래서 우리가 받아야 할 버림받음을 예수님이 이미 대신 받으셨다. 십자가를 보라.

> 세 시쯤에 예수께서 큰 소리로 부르짖어 말씀하셨다. "엘리 엘리 라마 사박다니?" 그것은 "나의 하나님, 나의 하나님, 어찌하여 나를 버리셨습니까?"라는 뜻이다(마 27:46).

왜 그분은 십자가에서 하나님으로부터 버림받으셔야 했는가? 누군가는 하나님을 떠난 죄의 열매, 곧 수치와 모욕과 버림받음과 죽음을 담당해야 했기 때문이다. 주님은 우리 대신 죽음의 잔을 드셨다. 그러므로 하나님은 결코 우리를 떠나지 않으신다.

우리의 죄와 마귀는 끊임없이 "이가봇! 영광이 떠나갔다"라고 외치며 조롱하고 정죄한다. 그러나 십자가의 은혜는 "임마누엘! 하나님이 우리와 영원히 함께하신다"라고 응답한다! 하나님은 우리를 떠나실 수 없기에, 십자가라는 놀라운 사건이 일어난 것이다.

그러므로 오직 십자가의 그리스도 안에서 우리는 이가봇을 임마누엘로 읽을 수 있다. 십자가는 이가봇을 임마누엘로 반전시킨 구원과 회복의 사건이기 때문이다.

제자들은 예수님이 잡히고 십자가에서 죽으셨을 때, 어쩌면 이렇게 고백했을지도 모른다.

"이가봇 … 영광이 떠났다. 영광이 어디에 있는가? 하나님은 어디에 계시는가?"

그때 진정 하나님의 영광이 사라졌다. 실제로 예수님이 십자가 고난을 받으실 때, 낮 12시부터 어둠이 온 땅을 덮었고 세 시간 동안 지속되었다. 예수님께서 숨지셨을 때, 땅이 흔들리고 바위가 갈라졌다. 그야말로 이가봇이었다.

그러나 그날과 같이 영광스러운 날, 그날처럼 영광이 회복된 날은 없었다. 왜인가? 십자가 어린양의 보혈로 우리의 모든 죄가 완전히 사해지는 날이었기 때문이다. 그러므로 누구든지 그분을 믿고 의지하는 자는 영원히 멸망하지 않을 것이다.

> "나는 그들에게 영생을 준다. 그들은 영원토록 멸망하지 아니할 것이요, 또 아무도 그들을 내 손에서 빼앗아 가지 못할 것이다"(요 10:28).

나쁜 소식 속에 담긴 기쁜 소식

십자가 안에서 보면, 이가봇의 외침은 비극적인 소식이면서 동시에 좋은 소식이다. 이가봇은 엘리 가문에게는 비극이었다. 촛대가 옮겨졌기 때문이다. 그러나 이스라엘 전체로 보면, 그것은 새로운 소망이었다. 타락한 제사장들이 물러나고, 사무엘이라는 하나님의 정결한 사람이 세워짐으로써 이스라엘의 영적인 갱신이 일어날 것이기 때문이다. 그러므로 이가봇은 나쁜 소식 속에 담긴 기쁜 소식이다.

본문 17절에 보면 '소식을 전하는 사람'이 엘리에게 이 비극적인 소식을 전한다. 본래 '소식을 전하는 사람'(מְבַשֵּׂר, 메바세르)이라는 히브리어는 '좋은 소식을 전하는 자'라는 뜻이다. 분명 그가 전하는 소식 자체는 비극이었지만, 궁극적으로는 참으로 좋은 소식이었다. 하나님께서 이스라엘에 영적인 대수술을 행하신 것이기 때문이다.

이가봇은 절망의 상징이 아니라, 궁극적으로는 임마누엘을 암시한다. 하나님은 여전히 이스라엘을 포기하지 않으셨고, 여전히 그들과 함께하셨다. '나쁜 소식' 속에 '기쁜 소식'이 있음을 볼 수 있는 눈이 열려야 한다.

한 축구 선수가 이런 간증을 한 적이 있다. "시합 전 어떤 기도를 하시나요?"라는 질문에 그는 이렇게 대답했다.

> 하나님은 패배가 필요할 때는 패배를 주시고, 승리가 필요할 때는 승리를 주시는 분이라고 생각합니다. 오늘 패배한 사람이 내일 승리할 수도 있고, 오늘 승리한 사람이 내일 패배할 수도 있는 것이죠. 승리와 패배는 전혀 다른 의미 같지만, 다른 단어가 아니라 어쩌면 같은 단어일 수 있습니다. 하나님은 우리에게 좋은 것을 주기 원하시는데, 어떤 사람에게는 현재 성공을 주는 것이 좋은 것이고, 어떤 사람에게는 지금의 실패, 패배가 좋은 것일 수 있을 거예요. 그러니 우리 눈에는 완전히 달라 보여도 하나님 눈에는 성공이나 실패나 사실 같은 것이 아닐까요?*

---

* https://cnts.godpeople.com/p/513

이가봇은 패배를 상징한다. 그러나 이스라엘은 그 패배로 인해 하나님께 돌아온다. 그러므로 그들의 패배는 진짜 패배가 아니다. 그것은 좋은 패배요, 영혼을 살리는 패배다. 그들의 패배는 하나님께서 여전히 함께하신다는 증거다.

삶에 이가봇의 패배와 좌절이 있는가? 사업에 실패했는가? 관계의 실패, 가정의 실패가 있는가? 혹시 회개할 것은 없는지 돌아보라. 우리의 유익을 위해 하나님을 이용하려 하지는 않았는지, 십자가와 신앙을 마치 부적처럼 사용하려 하지는 않았는지 점검해야 한다.

비느하스의 아내가 외쳤던 '이가봇'을 우리도 외쳐야 한다. 우리의 죄로 인해 하나님의 영광이 가려지고, 그분의 영광의 광채가 사라진 것을 애통해야 한다. 그러나 더 나아가, 십자가의 은혜 안에서 이가봇을 해석할 수 있어야 한다. 오직 십자가 안에서만 이가봇은 임마누엘로 바뀔 수 있기 때문이다. 그때 그 패배는 패배가 아니게 되고, 실패는 실패가 아니게 된다.

우리는 십자가의 은혜 안에서 '이가봇'이라 쓰고, '임마누엘'이라 읽는다. 십자가의 그리스도 안에서 이가봇에 대한 하나님의 응답, '임마누엘'을 본다. 그러므로 우리는 이렇게 하나님을 찬양해야 한다.

"우리를 사랑하여 이가봇, 내버려 두지 않고 사랑의 매를 들어 주신 하나님, 감사합니다. 우리를 참 자녀로 삼아 주셔서, 징계하신 하나님의 사랑에 감사드립니다. 십자가에서 우리의 모든 죄를 사해 주시고, 임마누엘, 우리를 떠나지 아니하시며, 성령으로 영원히 우리와 함께하시는 주님을 찬양합니다!"

마음에 새길 세 가지

1 하나님을 사용하려 하지 말라

이스라엘은 패배의 원인을 회개가 아니라 언약궤에서 찾았다. 그들은 언약궤를 부적처럼 사용하려 했다. 하나님을 사랑하기보다 이용하려 한 것이다. 자신들의 유익을 위해 하나님을 도구화하는 것, 이것이 우상 숭배다. 이것은 믿음이 아니라 미신이다. 하나님은 우리가 "오라, 가라" 명할 수 있는 분이 아니다. 우리는 그분의 종이다.

2 이가봇은 사랑의 매다

먼저 떠나는 것은 하나님이 아니라 우리다. 떠난 것은 탕자이지 아버지가 아니다. 이가봇은 하나님이 드신 사랑의 매다. 참 자녀에게만 징계가 있다. 하나님을 멀리하고도 승승장구하고 평안하다면, 그것이야말로 사생아의 상태요, 궁극적인 심판이다. 징계를 받을 때는 죄를 철저히 고백하고 회개하여 하나님께로 돌아가야 한다. 우리가 돌아가면, 그분도 우리에게로 돌아오신다.

3 십자가 안에서 이가봇은 임마누엘이 된다

예수님은 우리 대신 버림받으셨다. 십자가에서 "나의 하나님, 나의 하나님, 어찌하여 나를 버리셨습니까?"라고 외치셨다. 그래서 우리는 더 이상 버림받지 않는다. 죄와 마귀는 "이가봇!"이라 조롱하지만, 십자가는 "임마누엘!"이라 응답한다. 오직 십자가 안에서만 패배는 승리가 되고, 이가봇은 임마누엘이 된다. 나쁜 소식 속에 담긴 기쁜 소식을 볼 수 있는 눈이 필요하다.

소그룹 나눔 질문

- 이스라엘은 언약궤를 부적처럼 사용하려 했습니다. 신앙을 성공과 유익을 위한 도구로 삼았던 경험이 있다면, 그때 당신의 마음 상태는 어떠했는지, 하나님을 '사랑'하는 것과 하나님을 '이용'하는 것의 차이는 무엇인지 그리고 나는 어느 쪽에 더 가까웠는지 솔직히 나누어 봅시다.

- 하나님이 떠나신 것 같은 '이가봇'의 시간을 경험한 적이 있다면, 그 어둠 속에서 하나님은 어떻게 일하고 계셨는지 그리고 그 경험이 어떻게 '임마누엘'(하나님이 우리와 함께 계시다)의 고백으로 이어졌는지 나누어 봅시다.

하나님 마음에 맞는 사람의 기도

이가봇 속에서 임마누엘을 보게 하시는 하나님,
참 자녀만을 징계하시는 사랑의 아버지를 찬양합니다.
저 또한 이스라엘의 장로들처럼
하나님을 사랑하기보다 사용하려 했음을 고백합니다.
저의 승리와 성공을 위해 하나님을 도구화하고,
신앙을 부적처럼 사용하려 했습니다.
탕자처럼 먼저 떠나 놓고서도 아버지가 떠나신 것처럼
원망했습니다. 용서하여 주소서.
저를 내버려 두지 않고 사랑의 매를 들어 주셔서 감사합니다.
저를 참 자녀로 삼아 주셨습니다.
이제 철저히 회개하며 주님께로 돌아갑니다.
십자가를 바라봅니다. 예수님이 저 대신 버림받으셨기에,
저는 더 이상 버림받지 않습니다.
죄와 마귀가 '이가봇!'이라 조롱해도,
십자가는 '임마누엘!'이라 응답하심을 믿고 선포합니다.
실패 속에서 임마누엘을 보게 하소서.
주 예수 그리스도의 이름으로 기도합니다. 아멘.

7. 무능한 우상, 전능한 하나님

삼상 5:1-12

무엇이 더 유능한 신인가

이스라엘은 전쟁에서 패배했다. 끔찍한 패배였다. 홉니와 비느하스를 포함하여 군사 3만 명이 죽고, 언약궤마저 빼앗겼다. 이는 하나님의 패배요, 하나님보다 더 전능한 블레셋 신의 승리처럼 보였다. 사무엘상 4장은 오늘날 기독교와 교회에 나타나는 영적 무능력을 보여 준다. 홉니와 비느하스로 대표되는 영적 지도자의 타락과 더불어, 온 이스라엘 백성의 우상 숭배는 블레셋의 승리, 곧 세상의 승리로 이어졌다.

오늘날에도 교회와 그리스도인을 향한 영적 블레셋의 공세는 계속되고 있다. 세계 곳곳에서 동성애가 합법화되고, 학교에서는 하나님이 존재하지 않는다고 가르친다. 다음 세대 아이들은 세상에서 이리저리 치이다가 주일에 하루 교회에 와서 예배를 드리고, 다시 세상으로 돌아간다. 부모님의 하나님일 뿐, 자신의 하나님으로는 만난 적이 없기에, 나중에는 '굳이 만나야 하나'라고 생각하다가 어른이 되면 신앙을 버리고 세상 속으로 들어가 버린다. 블레셋의 공격은 사무엘 시대나 지금이나 계속되고 있다. 마치 블레셋이 이기는 듯 보인다.

블레셋은 이스라엘을 상대로 두 차례 큰 승리를 거두었다. 그리고 하나님의 궤를 탈취하여, 자신들이 섬기는 다곤 신의 성전 안, 다곤 신상 곁에 세워 두었다.

> 블레셋 사람들은 하나님의 궤를 다곤 신전으로 가지고 들어가서, 다곤 신상 곁에 세워 놓았다(삼상 5:2).

다곤은 블레셋 족속의 주신이다. 곡물의 신으로서 농사를 주관하는 신으로 알려져 있다. 그들은 곡물의 신을 믿음으로써 풍요와 번영을 얻고자 했다.

다신론, 단일신론, 유일신론

흥미로운 점은 블레셋 사람들이 언약궤를 파괴하지 않고 신전에 가져다 두었다는 사실이다. 그들은 이 언약궤가 지금까지 이스라엘 민족에게 많은 승리를 가져다주었다고 믿었다. 즉 실용적인 측면에서 이 언약궤를 가지고 있으면 자신들에게도 유익할 것이라 여겼다.

블레셋을 비롯한 가나안 족속은 다신론을 믿었다. 신은 여럿이며, 다양한 신을 동시에 섬길 수 있다고 생각했다. 다신론과 달리 단일신론은 여러 신이 존재하지만, 그중 하나의 신만 섬기겠다는 입장이다. 그러나 성경은 다신론도 아니고 단일신론도 아닌 '유일신론'을 말한다.

단일신론과 유일신론의 차이는 이렇다. 단일신론은 다양한 신의 존재를 인정하면서도 그중 하나만 섬기겠다는 것이고, 유일신론은 다양한 신의 존재 자체를 인정하지 않는다. 존재하는 신은 오직 한 분뿐이라는 신앙이다.

문제는 이스라엘 백성이 겉으로는 유일신 신앙이었으나, 실제로는 유일하신 하나님만 섬기지 않았다는 데 있다. 그들은 하나님을 여러 신 가운데 하나로 여겼다. 사실상 다신론자였다. 사무엘상 7장에 보면 사무엘이 이스라엘 가운데 남아 있는 우상을 없애 버리라고 명령한다.

> 사무엘이 이스라엘 온 족속에게 말하였다. "여러분이 온전한 마음으로 주님께 돌아오려거든, 이방의 신들과 아스다롯 여신상들을 없애 버리고, 주님께만 마음을 두고 그분만을 섬기십시오. 그러면 주님께서 여러분을 블레셋 사람의 손에서 건져 주실 것입니다"(삼상 7:3).

전쟁에서 1차 패배했을 때, 이스라엘 장로들은 패배의 원인을 제대로 파악하지 못했다. 언약궤를 가지고 오지 않아서 졌다고 생각했다. 그러나 사무엘은 패배의 원인을 정확히 꿰뚫고 있었다. 패배의 원인은 '백성이 온전한 마음으로 주님만을 섬기지 않았기 때문'이었다. 이 말은 그들이 하나님을 버렸거나 믿지 않았다는 뜻이 아니다. 그들은 이방 신과 아스다롯 여신을 섬기면서, 동시에 하나님도 섬기는 혼합 신앙이었다.

이 사실을 반드시 기억해야 한다. 하나님이 이스라엘을 떠나서 패한 것이 아니라, 그들이 하나님을 떠났기에 패한 것이다. 그렇다면 오늘날 젊은 세대가 교회를 떠나는 이유도 세상이라는 블레셋이 너무 강해서일까? 넷플릭스가 너무 자극적이고 매력적이어서 다음 세대가 신앙을 버리는 것일까? 아니다. 세상은 언제나 그렇게 다음 세대를 공격해 왔다. 늘 쾌락과 유흥으로 유혹해 왔다. 예전이나 지금이나 세상은 변한 것이 없다. 변질되고 변한 쪽은 교회요, 하나님의 백성이다. 하나님의 백성이 백성답게 살지 못하고, 교회가 교회답지 못하기 때문이다.

십계명의 '다른 신들'이란 무엇인가

하나님께서는 애굽에서 종살이하던 이스라엘 백성을 건져 주셨다. 그리고 시내산에 이르렀을 때 모세를 통해 십계명을 주셨다. 십계명에 대해 마르틴 루터(Martin Luther)는 "십계명을 온전히 아는 사람은 성경 전체를 아는 것이다"라고 말했다. 십계명은 하나님을 어떻게 사랑하고, 이웃을 어떻게 사랑해야 하는지를 가르치는 하나님의 명령이기 때문이다. 또한 이 십계명은 세상과 다르게 살아간다는 것이 무엇인지를 보여 주는 삶의 방식이기도 했다. 그중에서도 가장 중요한 첫 번째 계명이 이것이다.

"너희는 내 앞에서 다른 신들을 섬기지 못한다"(출 20:3).

이 구절을 읽을 때 반드시 가져야 할 질문이 있다. 바로 '다른 신들'이라는 표현이다. 하나님께서도 '다른 신들'의 존재를 인정하고 계신 것은 아닐까? 다곤 신이나 바알 신, 아스다롯 여신의 존재를 인정하시는 것은 아닐까? 그런 뉘앙스를 풍기기 때문이다. 이 질문을 이렇게 바꿀 수 있다.

"다른 신들은 그 무엇(something)인가, 아니면 아무것도 아닌(nothing) 것인가?"

정답은 분명하다. 우상은 아무것도 아니다. 성경은 분명히 우상이란 아무것도 아니라고 증언한다.

"그것들[우상들]은 논에 세운 허수아비와 같아서, 말을 하지 못한다. 걸어 다닐 수도 없으니, 늘 누가 메고 다녀야 한다. 그것들은 사람에게 재앙을 내릴 수도 없고, 복도 내릴 수가 없으니, 너희는 그것들을 두려워하지 말아라"(렘 10:5).

말도 못 하고, 걷지도 못하며, 누군가 메고 다녀야 움직일 수 있다. 이것이 무슨 신인가? 사도 바울도 우상에게 바쳐진 고기를 먹는 문제를 설명하며 이렇게 말한다.

우상에게 바친 고기를 먹는 일을 두고 말하면, 우리가 알기로는, 세상에 우상이란 것은 아무것도 아니고[an idol is nothing], 오직 하나님 한 분밖에는 신이 없습니다(고전 8:4, NIV).

그렇다면 왜 블레셋 사람들은 다곤을 섬겼고, 이스라엘 사람들은 바알과 아스다롯 여신을 섬겼는가? 그것은 그 우상들이 '아무것도 아닌 것이 아닌 것처럼 보였기 때문'이다. 하나님과 비교하면 우상은 아무것도 아니지만, 우상을 섬기는 자의 눈에는 그 어떤 것, 그 무엇(something)처럼 보였다.

살다 보면 돈이 급하게 필요할 때가 있다. 그 금액이 5천만 원이 아니라 5억, 50억 원이라고 생각해 보라. 그 돈이 문제를 해결해 줄 신처럼 보일 것이다. 그래서 예수님은 돈에 영적 힘이 있음을 알고 그것을 '맘몬', 곧 돈의 신이라 부르셨다. 돈은 선한 것도 아니고 악한 것도 아니지만, 힘이 있기에 신처럼 여겨진다.

어떤 사람이 부동산에 관심이 많아 여기저기서 대출을 받아 부동산을 매입했다. 많은 이익도 누렸지만, 부동산 침체와 대출 이자 폭등으로 한 달에 이자만 1천만 원 이상 나가는 상황이 되었다. 가진 부동산을 팔려고 내놓았지만 팔리지도 않고, 이자 압박에 시달리게 되었다. 나중에 그는 이렇게 고백했다.

"그동안 부동산을 우상으로 섬기며 살아온 지난 삶을 회개하고, 믿음으로 살기를 결단합니다."

하나님께서 십계명의 첫 계명에서 '다른 신들'이라고 말씀하신 이유가 바로 이것이다. 사람에게는 마치 신처럼 여겨질 수 있기 때문이다. 그러므로 우상은 아무것도 아니지만, 동시에 사람에게는 그 무엇이 되기도 한다.

애굽에 열 가지 재앙이 내려진 까닭

애굽에 살던 이스라엘 백성에게 애굽은 결코 이길 수 없는 강대국이었다. 그들 스스로의 힘으로는 절대로 노예의 삶에서 빠져나올 수 없었다. 당시에는 그 어떤 나라도 애굽을 이길 수 없었다. 그런 상황에서 노예였던 히브리 민족이 느꼈을 감정은 무엇이었을까? 애굽의 신은 아무것도 아닌 것이 아니라, 그들에게는 강력한 '무엇'으로 여겨졌을 것이다. 애굽의 풍성한 곡식을 가져다주는 태양, 비옥한 땅, 나일강을 통해 흘러들어오는 물 그리고 애굽의 강력한 군사력. 노예로 살던 백성에게 이 모든 것은 그들의 경험 속에서 애굽을 지키는 신적 실체가 존재하는 것처럼 느껴졌을 것이다.

이 말에는 근거가 없지 않다. 왜냐하면 출애굽 당시 하나님은 모세와 이스라엘 백성을 그냥 데리고 나오지 않으셨기 때문이다. 하나님은 열 가지 재앙을 내리셨다. 왜 열 가지 재앙이었는가? 그 재앙들은 바로 애굽의 거짓 신들에 대한 심판이었다. 신처럼 여겨졌던 우상들이 실상은 아무 힘도 없는 nothing임을 보여 주시기 위함이었다. 그것을 모두 보여 주신 뒤 하나님은 "오직 여호와만이 유일한 신이다! 나만을 섬기라!"라고 선언하신다.

다곤의 무능함을 드러내시다

본문에서 하나님께서 보여 주시는 것이 정확히 이것이다. 앞선 4장이 블레셋의 공격 앞에서 영적으로 부패한 이스라엘, 타락한 교회의 모습을 보여 준다면, 5장은 하나님께서 거짓 우상에 대해 무엇을 하실 수 있는지, 어떤 일을 행하시는지를 보여 준다.

블레셋이 믿던 다곤 신의 실체는 무엇인가? 겉보기에는 대단해 보이지만, 실상은 아무것도 아니라는 것이다. 다곤 신상 곁에 하나님의 궤가 놓였는데, 이튿날 아침에 가 보니 다곤이 엎어져 있었다.

그다음 날 아스돗 사람들이 아침에 일찍 일어나서 보니, 다곤이 주님의 궤 앞에 엎어져 땅바닥에 얼굴을 박고 있었다. 그들은 다곤을 들어서 세운 다음에, 제자리에 다시 가져다 놓았다(삼상 5:3).

다곤은 주님의 궤 앞에서 얼굴을 땅에 박고 절하는 모습이었다. 다곤은 스스로 일어날 수도 없다. 사람이 일으켜 세워 주어야 한다. 이것이 신인가? 하나님의 유머요, 우상에 대한 풍자다. 그런데 그다음 날 아침에 가 보니 또다시 그렇게 엎어져 있었다.

그다음 날도 그들이 아침 일찍 일어나서 가 보니, 다곤이 또 주님의 궤 앞에 엎어져서 땅바닥에 얼굴을 박고 있었다. 다곤의 머리와 두 팔목이 부러져서 문지방 위에 나뒹굴었고, 다곤은 몸통만 남아 있었다(삼상 5:4).

다곤의 머리와 두 팔목이 부러졌다는 표현은 고대 근동에서 적의 머리와 손을 잘라 전리품으로 챙겼던 관습을 반영한다. 이는 하나님의 손이 우상의 머리와 손을 치셨다는 뜻이다. 하나님께서 승리하셨다. 하나님은 다곤 우상이 마치 무엇이 된 것처럼 높임을 받을 때, 신처럼 추앙받을 때, 그것이 사실상 아무것도 아님을 심판으로 보여 주셨다.

우상 숭배자를 심판하시다

하나님의 손은 우상을 섬기던 자들도 치신다.

여호와의 손이 아스돗 사람에게 엄중히 더하사 독한 종기의 재앙으로 아스돗과 그 지역을 쳐서 망하게 하니(삼상 5:6, 개역개정).

주님께서는 우상을 섬기던 아스돗 사람들도 치셨다. 사람들이 두려워하여 언약궤를 가드라는 다른 도시로 옮겼다. 그런데 거기서도 하나님은 사람들을 쳐서 악성 종양이 생기게 하셨다. 이 종양은 주로 배를 타고 들어온 쥐를 통해 번지곤 했는데, 아마도 페스트, 곧 흑사병으로 보인다. 그래서 가드에서 에그론으로 옮겼더니, 그곳에서도 비슷한 일이 반복된다.

이 말씀은 모든 우상 숭배자, 거짓 신을 섬기는 자들에 대한 하나님의 심판에 대한 경고다. 성경이 말하는 가장 큰 죄는 사실 우상 숭배다. '모든 우상 숭배의 뿌리는 교만으로서, 인간이 왕이신 하나님의 궁극적인 주권과 권위를 거부하는 것이기 때문'이다. 본문에 등장하는 심판은 마지막 날 우상 숭배자들에게 임할 궁극적인 심판의 맛보기다.

그러므로 하나님께서 우상 숭배자들에게 행하시는 일이 있다. 모든 것이 잘되고 있다고 생각할 때, 그들의 삶을 뒤흔드신다. 블레셋은 이스라엘에 두 번이나 큰 승리를 거두었고, 언약궤도 탈취했다. 이제 블레셋을 이길 적은 없을 것이라고 자축했을 것이다. 그러나 갑자기 다곤은 쓰러지고, 다곤 신상의 머리와 팔은 부러져 몸통만 남는다. 그들의 건강에도 이상이 생긴다. 하나님은 그들이 의지하던 우상을 뒤흔들고 계신다. 왜인가? 블레셋 역시 잃어버린 하나님의 백성이기 때문이다. 하나님은 그들 또한 우상을 버리고 하나님을 믿어, 당신의 백성이 되기를 원하신다.

역사 속에서 다곤을 쓰러뜨리시다

그러므로 하나님은 그들을 당신에게 돌아오게 하시기 위해, 번영이나 권력과 같은 우상을 숭배하는 자들의 삶을 뒤흔드신다. 역사는 언제나 그래 왔다.

19세기 계몽주의 시대를 지나며 사람들은 이제 신은 필요 없다고 말하기 시작했다. 인간의 이성, 과학, 교육으로 유토피아를 세울 수 있다고 여겼다. 그런데 제1차 세계대전이 터졌다. 인간의 악한 본성은 하나도 변하지 않았다. 인간의 이성이라는 다곤이 쓰러진 것이다.

전쟁 이후 세계 경제는 대부흥기를 맞이했다. 이 시기는 '광란의 20년'이라 불리기도 한다. 인간은 자신이 쌓은 부와 재력으로 무엇이든 할 수 있다고 믿었다. 그러나 1929년 10월 29일, 월스트리트 뉴욕증권시장에서 주가가 대폭락했다. '검은 화요일'로 알려진 날이다. 미국 역사상 가장 큰 주식 대폭락으로, 그 영향이 가장 컸던 사건이다. 이로 인해 12년간 서구권 전체에 대공황 사태가 시작되었다. 하나님께서 다시 한번 다곤을 쓰러뜨리셨다.

시간이 흘러 냉전 시대도 끝나고, 그야말로 세계화가 일어나며 세계 경제가 다시 성장했다. 그러나 또다시 2007년, 미국의 서브프라임 모기지 사태로 부동산이 폭락했다. 수많은 사람이 한순간에 부를 잃었다. 사람들에게 부동산과 땅이 신처럼 여겨질 때, 하나님은 번영이라는 다곤의 목과 손을 부러뜨리셨다. 맘몬의 얼굴을 땅에 처박히게 하셨다.

왜 하나님께서 이렇게 하실까? 다곤이라는 우상을 쓰러뜨림으로 누가 참된 신인지 보여 주시는 것이다. 하나님은 홀로 블레셋 땅에서 하나님의 하나님 되심을 드러내며 선교하고 계신다.

"회개하고 내게로 돌아오라. 나를 믿으라. 나를 의지하라!"

사탄은 창세기 3장에서 하와를 유혹하며 "네가 하나님과 같이 될 수 있다"고 말했다(창 3:5). 마치 창조주와 피조물 사이에 아무런 차이가 없는 것처럼 말이다. 그러나 하나님은 오늘날에도 창조주와 피조물의 차이가 무엇인지 분명히 보여 주신다. 우상의 무능함을 드러내신다. 이는 허무한 피조물을 섬기던 우상 숭배를 버리고, 참된 신이신 창조주 하나님께만 영광을 돌리는 피조물로 회복시키시기 위함이다.

마찬가지로, 하나님은 사랑하는 당신의 백성인 우리가 하나님도 섬기고 우상도 섬길 때에도 그렇게 하신다. 때로는 세상에서 블레셋에게 패배하도록 내버려두신다. 우리가 계획한 일을 어그러뜨리고, 때로는 엉망으로 만드신다. 하나님은 우리가 결코 하나님을 떠나 살거나, 혼합주의적인 신앙 상태로 살도록 놔두지 않으신다.

하나님은 살아 계신 분이다. 전능하고 거룩하신 분이다. 그러므로 다른 신을 곁에 두는 것을 결코 용납하지 않으신다.

우리가 할 일

하나님의 백성인 우리가 할 일은 단순히 블레셋의 신 다곤을 쫓아내는 것만이 아니다. 우리가 할 일은 세상의 우상 숭배를 거절하고, 하나님만을 섬기며 마음 다해 사랑하는 것이다. 그러면 다음 세대도 그러한 부모 세대를 본받아 돌아온다. 따라온다.

블레셋이 너무 강해서, 세상의 유혹이 너무 강해서 진 것이 아니다. 부모 세대가 하나님을 잊었기 때문이다. 하나님께 전적으로 의

존하지 않았기 때문이다. 세상으로 상징되는 블레셋의 권력은 우리보다 강할 수 있어도, 하나님보다 강하지는 않다. 이것을 기억해야 한다.

> 자녀들아 너희는 하나님께 속하였고 또 그들을 이기었나니 이는 너희 안에 계신 이가 세상에 있는 자보다 크심이라(요일 4:4, 개역개정).

하나님은 우상 숭배자인 우리를 위해, 우리의 죄를 위해 예수님께서 대신 죗값을 치르게 하셨다. 포기하지 않겠다, 떠나지 않겠다는 것이다. 임마누엘 하나님이시다. 그러므로 우리 안에 계신 이가 세상에 있는 자보다 크심을 믿어야 한다.

마음에 새길 세 가지

1 우상은 아무것도 아니지만(nothing), 무엇(something)처럼 보인다

성경은 우상이 아무것도 아니라고 분명히 말씀한다. 말도 못 하고, 걷지도 못하며, 사람이 메고 다녀야 움직이는 것이 무슨 신인가? 그러나 우상을 숭배하는 자의 눈에는 그것이 무엇처럼 보인다. 돈, 권력, 부동산, 명예가 신처럼 보이기 때문이다. 그래서 예수님은 돈에 '맘몬'이라는 신의 이름을 붙이셨다. 하나님께서 '다른 신들'이라고 말씀하신 이유는, 그것들이 사람에게 신처럼 여겨지기 때문이다.

2 하나님은 다곤을 쓰러뜨리신다

다곤은 주님의 궤 앞에서 얼굴을 땅에 박고 엎어져 있었다. 스스로 일어날 수 없어 사람이 세워 주어야 했다. 다음 날에는 머리와 팔목이 부러져 몸통만 남았다. 하나님은 우상이 신처럼 추앙받을 때, 그것이 아무것도 아님을 심판하고 보여 주신다. 역사 속에서 하나님은 인간 이성의 우상, 경제 번영의 우상을 반복해서 쓰러뜨리셨다. 이는 회개하고 돌아오라는 하나님의 선교적 메시지다.

3 패배 원인은 블레셋이 강해서가 아니다

이스라엘이 패한 이유는 블레셋이 너무 강했기 때문이 아니다. 원수가 강해서도 아니다. 영적 초점이 흐려졌기 때문이다. 하나님도 섬기고 우상도 섬기는 혼합 신앙이 패배의 원인이었다. 다음 세대가 떠나는 이유 또한 세상이 너무 강해서가 아니다. 부모 세대가 하나님을 잊었기 때문이다. 우리 안에 계신 이가 세상에 있는 자보다 크시다. 하나님만을 섬기며 마음 다해 사랑할 때, 다음 세대도 반드시 따라온다.

소그룹 나눔 질문

- 우상은 아무것도 아니지만(nothing), 섬기는 자에게는 무엇(something)처럼 보입니다. 돈, 권력, 명예, 인정, 안정 등 당신에게 '신'처럼 여겨지며 마음의 자리를 차지하고 있는 것은 무엇이며, 그것이 나의 결정과 감정에 어떤 영향을 미치고 있나요?

- 다곤은 하나님 앞에서 쓰러져 머리와 손이 끊어졌습니다. 나의 삶에서 무너져야 할 '다곤'이 있다면 무엇이며, 그것을 내려놓기 위해 구체적으로 어떤 결단과 행동이 필요할까요?

하나님 마음에 맞는 사람의 기도

다곤을 쓰러뜨린 전능하신 하나님,
유일한 참 신이신 주님을 찬양합니다.
저는 유일신을 믿는다 하면서도
다신론자처럼 살았음을 고백합니다.
하나님도 섬기고 우상도 섬기는 혼합 신앙이었습니다.
돈과 권력과 명예가 신처럼 보였고, 맘몬 앞에 무릎을 꿇었습니다.
블레셋이 강해서 졌다고 핑계했지만,
진짜 원인은 하나님을 잊고 전적으로 의존하지 않은
제 안에 있었습니다. 용서하여 주소서.
다곤이 쓰러지는 것을 보여 주셔서 감사합니다.
우상을 뒤흔드신 것은 돌아오라는 사랑의 메시지임을 압니다.
주님께서 확실히 살아 계심을 날마다 고백하게 하소서.
우상은 아무것도 아님을 선포합니다.
참된 신은 오직 하나님뿐이십니다.
하나님만을 섬기며 마음 다해 사랑하겠습니다.
주 예수 그리스도의 이름으로 기도합니다. 아멘.

8. 말씀이 제자리에 있게 하라

삼상 6:1-21

말씀이 제자리에 있는가

> 블레셋 사람들이 제사장들과 점쟁이들을 불러 놓고 물었다. "우리가 이스라엘 신의 궤를 어떻게 해야 좋겠습니까? 우리가 그것을 어떤 방법으로 제자리에 돌려보내야 하는지 알려 주십시오"(삼상 6:2).

하나님의 궤는 여전히 블레셋 땅에 머물러 있었다. 벌써 7개월이 지났다. 그러나 가는 곳마다 악성 종양과 독종 같은 전염병이 퍼졌다. 말씀으로 상징되는 언약궤가 있어야 할 자리에 있지 않고, 말씀을 경외함으로 대하지 않을 때 문제가 발생한 것이다. 그래서 블레셋 사람들은 다시 말씀의 언약궤를 제자리로 돌려보내고 싶어 했다.

이 구절은 이렇게 들린다.

'과연 우리 삶에는 말씀이 제자리에 있는가?'

이 모든 재앙의 시작은 이스라엘이 실로의 성소에 있던 언약궤를 전쟁터로 가지고 나오면서부터였다. 언약궤를 마치 부적처럼 사용하여 전쟁에서 승리하고자 했던 잘못된 동기에서 비롯된 일이었다. 그러나 더 깊이 들어가 보면, 근본 문제는 말씀이 그들의 삶에서 제자리에 있지 않았다는 데 있다.

말씀이 제자리에 있어야 한다는 것은 하나님의 말씀을 경외한다는 뜻이며, 그 말씀을 삶의 중심으로 삼아 순종하며 산다는 의미다. 이스라엘이 블레셋과의 전쟁에서 패배한 이유는 궁극적으로 그들이 자기 소견에 옳은 대로 살았을 뿐, 하나님의 말씀 앞에 순종하며 살지 않았기 때문이다. 다시 말해, 말씀이 그들 삶의 중심에, 제자리에 있지 않았다. 삶의 가장 우선순위에 말씀이 없었다. 말씀에 귀 기울이지 않았다.

성경이 진단하는 인간의 모든 불행의 원인은 하나님이 저주하셨기 때문이 아니다. 하나님과 인간의 관계가 깨어지고 어그러졌기 때문이다. 우리가 하나님의 말씀 앞에 순종하며 살지 못하기 때문이다. 아담과 하와가 하나님의 말씀을 어기고 선과 악을 알게 하는 나무의 열매를 먹었다. 그때 하나님께서 그들을 찾으셨다.

"아담아, 네가 어디에 있느냐?"

이 질문을 달리 말하면 이렇다.

"아담아, 왜 내 말씀의 자리에서 벗어났느냐? 왜 너의 삶에서 말씀을 제자리에 두지 않았느냐?"

인류의 불행과 악은 모두 하나님의 말씀을 제자리에 두지 않은 데서 시작되었다. 하나님의 말씀을 제자리에 두지 않는 일은 시대를 거쳐 오늘날까지 계속 반복되고 있다.

말씀을 밀어내는 시대

오늘날 많은 교단이 성경의 가르침을 세상의 흐름과 트렌드에 맞추어 바꾸려 한다. 결혼의 정의를 바꾸고, 성경이 말하는 바를 수정하려 한다. 교회마저도 말씀보다 인간의 경험을 더 위에 두려 한다. 말씀의 권위를 약화시키는 것이다.

그러나 성경이 말하는 바를 지키려는 교회들도 있다. 미국의 한 교회는 성 소수자 이슈에 대한 공식 입장을 이렇게 발표했다.

> 교회는 시대의 변화에 따라 성경이 말하는 바를 바꿀 수 없습니다. 하나님이 정하신 결혼은 한 남자와 한 여자 사이의 평생 결합입니다(창 2:18; 마 19:4-9; 엡 5:31-33). 결혼, 성, 성별에 대한 하나님의 뜻을 변경, 수정하려는 결정은 인간의 타락의 일부이며 절망으로 이어집니다(롬 1:21-22; 약 1:14-16). 그러므로 우리는 성경이 진리라고 말하는 바를 굳게 붙잡아야 합니다. 진리는 시대와 문화의 시험을 견디며, 하나님의 백성은 모든 시대와 모든 문화 속에서 그분과 함께합니다.*

이 입장 때문에 그 교회에서는 약 3천 명의 성도가 떠났다. 말씀

* https://www.watermark.org/blog/what-the-church-gets-wrong-about-the-lgbtq-conversation

을 제자리에 있게 하려 했을 때, 큰 대가를 치른 것이다. 그러나 이후 하나님께서는 그만큼의 새로운 성도를 보내 주셨고, 지금도 계속해서 사람이 몰려오고 있다. 이렇게 교회 역사는 하나님과 그분의 말씀을 제자리에 두느냐, 그렇지 않느냐의 역사다.

당신의 백성을 포기하지 않으시는 하나님

그러나 하나님은 당신의 백성을 포기하지 않으신다. 하나님은 계속해서 당신의 백성에게 다가가신다. 그 증거가 본문에 등장하는 벧세메스로 가는 암소다.

블레셋 사람들은 하나님을 잘 알지 못했지만, 어떻게든 하나님의 궤를 돌려보내고 싶어 했다. 다만 그들은 언약궤를 보내기 전에 마지막으로 한 가지를 확인하고 싶었다. 최근에 일어난 악성 종양과 독종이 정말 이스라엘의 하나님께서 하신 일이 맞는가? 아니면 우연인가?

그래서 그들이 짜낸 아이디어가 이것이다. 첫째, 새 수레를 만들어 수레를 전혀 끌어 본 적이 없는 소에게 메게 한다. 둘째, 그냥 소가 아니라 젖 먹는 송아지를 둔 암소를 사용하고, 그 송아지는 집에 가둔다. 셋째, 한 마리가 아니라 두 마리를 사용한다.

상식적으로 수레를 끌어 본 적 없는 소가 멍에를 메고 수레를 끌 리가 없다. 또한 젖 먹는 새끼를 둔 암소가 새끼를 버리고 갈 리도 없다. 설령 그렇다 하더라도 한 마리는 그럴 수 있지만, 두 마리가 모두 갈 리는 없다. 다시 말해, 정상적인 상황이라면 이 수레는 벧세메스로 갈 수 없다. 그들은 벧세메스로 갈 수 없는 조건을 세 가지나 만들어 놓은 것이다.

이 상태에서 만일 두 암소가 언약궤를 실은 수레를 끌고 가까운 이스라엘 성읍 벧세메스로 간다면, 지금까지의 재앙은 하나님이 내리신 것이고, 그렇지 않다면 재앙은 우연히 생긴 것이었다. 과연 그 소들이 갈까?

놀랍게도 그 소들은 이스라엘 땅 벧세메스로 갔다.

> 그 암소들은 벳세메스 쪽으로 가는 길로 곧장 걸어갔다. 그 소들은 큰 길에서 오른쪽으로나 왼쪽으로나 벗어나지 않고, 울음소리를 내면서 똑바로 길만 따라서 갔고(삼상 6:12).

이 암소들은 큰길에서 오른쪽으로나 왼쪽으로 벗어나지 않았다. 울음소리를 내며 갔다. 왜 울었을까? 새끼 때문이다. 새끼를 두고 갈 수 없기 때문이다. 그래서 우는 것이다. 그러나 울면서도 똑바로 갔다. 한쪽으로 치우치지도 않았고, 머뭇거리지도 않았다.

교회 역사를 보면, 이 벧세메스로 가는 암소들은 종종 그리스도인이 따라야 할 모범으로 해석되곤 했다. 예수님은 당신보다 더 사랑하는 누군가가 있어서는 안 된다고 말씀하셨다.

> 나보다 아버지나 어머니를 더 사랑하는 사람은 내게 적합하지 않고, 나보다 아들이나 딸을 더 사랑하는 사람도 내게 적합하지 않다(마 10:37).

제자도에는 반드시 치러야 할 대가가 있다. 모든 사람이 똑같은 대가를 치르지는 않지만, 각자가 져야 할 십자가가 있다. 십자가에는 세 가지 방면이 있다. '나의 죄가 처리된 십자가', '나의 자아가 죽은 십자가' 그리고 '내가 져야 할 십자가'다. 자기 십자가를 지고 주를 따라야 한다. 이것이 바로 제자로서 치러야 할 대가다. 하나님과 그분의 말씀을 제자리에 두기 위해서는 때로 희생과 박해를 감내해야 한다. 그렇다면 지금 우리는 말씀을 제자리에 두고 순종하기 위해 어떤 대가를 치르고 있으며, 어떤 십자가를 지고 있는가?

이 암소들은 자신의 감정과 의지를 꺾고, 그저 하나님의 인도하심을 따라 울면서 벧세메스로 간다. 이것이 보여 주는 바는 하나님께 온전히 순종하지 못하고 있는 이스라엘 백성에 대한 풍자다. 짐승도 하나님의 강권하심과 말씀에 순종하여 말씀을 제자리에 두는데, 어찌 사람이 말씀에 불순종하며 제멋대로 살 수 있느냐는 것이다. 이 본문을 묵상하다 보면 사실 부끄럽다. 과연 우리의 순종은 이 암소들보다 나은가?

이 벧세메스의 암소들과 비견되는 또 다른 동물이 있다. 바로 민수기에 등장하는 '나귀'다. 민수기 22장을 보면 발람 선지자가 뇌물을 받고 이스라엘을 저주하러 간다. 발람이 나귀를 타고 가는데, 이상하게도 나귀가 가던 길을 자꾸 벗어나 밭으로 들어간다. 나귀는 가는 길을 가로막고 있던 주님의 천사를 보았기 때문이다. 그런데 정작 발람은 그 천사를 보지 못하고 길을 벗어나는 나귀를 계속 때린다. 이런 일이 세 번이나 반복된다. 그러자 마침내 천사가 발람을 꾸짖는다.

> 주님의 천사가 그에게 물었다. "너는 왜 너의 나귀를 이렇게 세 번씩이나 때리느냐? 네가 가서는 안 될 길이기에 너를 막으려고 이렇게 왔다. 나귀는 나를 보고, 나에게서 세 번이나 비켜섰다. 다행히 나귀가

비켜섰기에 망정이지, 그렇지 않았더라면 내가, 나귀는 살렸겠지만, 너는 분명히 죽였을 것이다"(민 22:32-33).

발람이 가서는 안 될 길이었기에 막아섰다는 것이다. 가지 말라는 신호였다. 그러나 발람은 알아듣지 못했고, 보지도 못했다. 이것이 바로 우리의 모습 아닌가? 하나님이 가라 하시는 곳에는 가지 않고, 가지 말라 하시는 곳에는 가는 것이 바로 우리 아닌가? 왜 이런 일이 벌어지는가? 하나님의 말씀이 삶의 자리, 제자리에 있지 않기 때문이다.

하나님은 당신의 백성이 생명의 길로 가기를 원하신다. 그래서 말씀을 주시는 것이다. 우리가 예배하는 이유도 바로 그분의 말씀에 귀 기울이기 위함이다.

말씀에 무지한 자가 치르는 대가

마침내 하나님의 궤는 암소들을 통해 벧세메스에 도착한다. 이로써 블레셋에 일어났던 재앙은 하나님이 내리신 것임이 분명해졌다. 하나님의 궤가 들어오는 모습을 본 벧세메스 사람들은 기뻐했다.

'벧세메스'라는 이름은 '태양의 집'이라는 뜻이며, 이곳은 제사장의 도시다. 여호수아 21장 16절에 따르면, 레위인에게 분배된 성읍이 바로 벧세메스다. 그렇다면 레위인이라면 하나님의 말씀을 잘 알고 있어야 하지 않겠는가? 그래야 했지만, 사사기 시대였다. 이들은 말씀을 알기도 했지만, 동시에 무지하기도 했다.

하나님의 궤는 거룩하기에 함부로 열거나 들여다보아서는 안 된다. 그러나 사람들은 그것을 모르고 궤 안을 들여다보기 시작했고, 그 결과 사람이 죽었다. 그 언약궤는 7개월 전까지만 해도 실로의 성소에 안치되어 있던 신성한 물건이었다. 벧세메스 사람들은 하나님의 궤가 멈춘 자리를 거룩히 구별하고, 제사장이 그 궤를 지켰어야 했다. 그러나 말씀을 얼마나 몰랐으면 제사장의 마을에서 이런 일이 벌어졌겠는가? 말씀대로 살지 않았을 때, 그들은 큰 대가를 치러야 했다. 이처럼 말씀이 제자리에 있게 하기 위해 치러야 할 대가가 있는가 하면, 말씀이 제자리에 있지 못하여 치르는 대가도 있다.

이 시대는 레위인이라는 하나님의 사람마저도 말씀의 기준에서 벗어나 있었다. 그리고 그때와 지금은 크게 다르지 않다. 오늘날은 교회와 교단이 앞장서서 기준을 바꾸려는 시대다. 하나님이 너무 거룩하시기에, 그 말씀을 계속해서 밀어내려는 시대다. 벧세메스 사람들이 뭐라 하는가?

> 벳세메스 사람들이 말하였다. "이렇게 거룩하신 주 하나님을 누가 감히 모실 수 있겠는가? 이 궤를 어디로 보내어 우리에게서 떠나가게 할까?"(삼상 6:20).

참으로 기가 막힌 말이다. 하나님이 너무 거룩하시니, 그렇게 살 수 없다는 것이다. 그러니 하나님과 그분의 말씀을 우리에게서 떠나가게 하자는 것이다. 지금 시대가 바로 그렇지 않은가? 성경이 말하는 대로 살 수 없다고 말한다. 성경대로 가르치면 사람이 떠난다고 한다. 누가 교회에 오겠느냐고 말한다. 그래서 사람이 교회에

올 수 있도록 말씀을 바꾸자고 한다.

우리는 지금 하나님의 말씀을 제자리에서 다른 곳으로 떠나보내려는 시대에 살고 있다. 그러나 하나님의 뜻은 무엇인가? 말씀을 떠나보내지 말고, 회개하고 말씀을 삶의 중심에 모시라는 것이다.

백성에게로 오시는 하나님의 열심

그렇다면 말씀이 있어야 할 자리, 제자리는 어디인가? 바로 백성의 삶의 중심이다. 그러나 사무엘상 5장과 6장을 보면, 사람은 계속해서 언약궤를 떠나보내려 한다. 하지만 이 가운데서도 하나님께서 은혜 가운데 역사하심을 볼 수 있어야 한다. 그럼에도 불구하고 하나님은 계속해서 당신의 백성에게로 돌아오신다.

아무리 시대가 악하고 어두워도 하나님은 당신의 백성을 포기하지 않으신다. 그래서 하나님의 말씀은 계속해서 백성의 삶의 중심에, 제자리에 임한다.

다시 벧세메스의 암소들을 보라. 이 소들은 좌우로 치우치지 않고 어디로 향하는가? 이스라엘 땅으로 향한다. 사실 이 본문의 주인공은 벧세메스로 가는 암소들이 아니다. 그 암소들을 붙잡고 계속해서 이끌어 가시는, 보이지 않는 하나님의 손이다.

하나님은 멍에를 메어 본 적도 없고, 새끼를 둔 암소라는 불가능한 조건을 통해서라도 말씀으로 상징되는 당신의 언약궤를 벧세메스로, 이스라엘 땅으로, 당신의 백성에게로 보내신다. 이것이 놀라운 은혜다. 우리는 말씀을 밀쳐 내려 하지만, 하나님은 끊임없이 다가오신다.

하나님의 백성은 끊임없이 반복적으로 하나님과 그분의 말씀을 무시하고 불순종했다. 그러나 하나님은 두 암소를 통해서라도 계속해서 당신의 백성에게 찾아오신다. 암소들이 울면서 갔다고 했다. 하나님도 마찬가지다.

"너희만 새끼를 보고 싶은 것이 아니다. 나도 내 자녀가 보고 싶어 가야겠다!"

우리는 벧세메스로 돌아오는 언약궤를 보며, 여전히 우리를 잊거나 포기하지 않으시는 하나님을 묵상해야 한다. 하나님은 당신 자신과 그분의 말씀이 우리 삶에서 제자리에 있기를 원하신다. 하나님과 그분의 말씀이 제자리에 있을 때 부흥이 시작된다. 하나님은 벧세메스의 암소들을 통해서라도 우리 삶 속에 오기를 원하신다. 하나님은 끊임없이 말씀으로 다가오신다.

우리 삶에서 언약궤는 지금 어디에 있는가? 엉뚱한 블레셋 진영에 가 있지는 않은가? 하나님과 그분의 말씀을 삶의 중심에 모셔야 한다. 이미 성령으로 우리에게 와 계신, 말씀이신 예수님을 따라 살아야 한다. 그것이 바로 부흥의 시작이다.

마음에 새길 세 가지

1 말씀이 제자리에 있을 때 부흥이 시작된다

모든 재앙의 시작은 말씀이 제자리에 있지 않은 데서 비롯되었다. 이스라엘이 블레셋에 패배한 이유는 적이 강해서가 아니라, 말씀이 삶의 중심에 없었기 때문이다. 인류의 모든 불행과 악은 하나님의 말씀을 제자리에 두지 않은 데서 시작되었다. 그러나 말씀이 우리 삶의 중심으로 돌아올 때, 그때 부흥이 시작된다. 말씀을 밀어내지 말고, 회개하여 말씀을 중심에 모셔야 한다.

2 말씀을 제자리에 두기 위해 치러야 할 대가가 있다

벧세메스의 암소들은 새끼를 두고 울면서도 하나님의 인도하심을 따라 똑바로 갔다. 제자도에는 반드시 치러야 할 대가가 있다. '나의 죄가 처리된 십자가', '나의 자아가 죽은 십자가' 그리고 '내가 져야 할 십자가'다. 하나님과 그분의 말씀을 제자리에 두기 위해서는 때로 희생과 박해를 감내해야 한다. 동시에 말씀이 제자리에 있지 못하여 치르는 대가도 있다. 벧세메스의 레위인들은 말씀에 무지하여 큰 대가를 치렀다.

3 하나님은 당신의 백성을 포기하지 않으신다

우리는 말씀을 밀쳐 내려 하지만, 하나님은 끊임없이 다가오신다. 벧세메스로 가는 암소들의 이야기에서 주인공은 암소들이 아니라, 그들을 붙잡고 이끌어 가시는 보이지 않는 하나님의 손이다. "어머니가 어찌 제 젖먹이를 잊겠느냐?" 하나님은 결코 우리를 떠나거나 버리지 않으신다. 아무리 시대가 악하고 어두워도, 하나님은 계속해서 당신의 백성을 찾아오신다.

소그룹 나눔 질문

- 모든 재앙의 시작은 말씀이 제자리에 있지 않은 데서 비롯되었습니다. 현재 나의 삶에서 하나님의 말씀은 어느 위치에 있습니까? 만일 말씀이 중심에서 밀려났다면, 그 자리를 무엇이 대신 차지하고 있는지, 그 이유는 무엇인지 나누어 봅시다.

- 우리는 종종 말씀을 밀쳐 내려 하지만, 하나님은 끊임없이 다가오십니다. 벧세메스로 향한 암소들의 이야기에서 진짜 주인공은 보이지 않는 하나님의 손이었습니다. 하나님을 멀리했던 시간에도 하나님께서 포기하지 않고 찾아오셨던 경험이 있다면 나누어 봅시다.

하나님 마음에 맞는 사람의 기도

말씀을 제자리에 두기 원하시는 하나님,
끊임없이 당신의 백성에게 다가오시는 주님을 찬양합니다.
저는 말씀을 삶의 중심에 두지 않았음을 고백합니다.
언약궤를 부적처럼 사용하려 했던 이스라엘처럼,
저 또한 하나님을 도구처럼 사용하려 했습니다.
말씀보다 제 경험과 세상의 기준을 앞세웠습니다.
용서하여 주소서. 벧세메스의 암소들을 통해서라도
제게 오시려는 하나님의 열심을 인하여 감사합니다.
저는 말씀을 밀쳐 내려 했지만,
하나님은 끊임없이 다가오셨습니다.
포기하지 않으시는 사랑에 감사드립니다.
이제 말씀을 제자리에, 제 삶의 중심에 두기로 결단합니다.
새끼를 두고 울면서도 똑바로 갔던 암소들처럼,
제 감정과 의지를 꺾고 주님의 인도하심을 따르겠습니다.
제 삶에 부흥이 시작되게 하소서.
주 예수 그리스도의 이름으로 기도합니다. 아멘.

9. 에벤에셀, 여기까지 도우신 하나님

삼상 7:2-17

에벤에셀, 도움의 돌

감사할 때 부르는 찬송가가 있다. 새찬송가 28장 〈복의 근원 강림하사〉 2절의 내용은 이렇다.

> 주의 크신 도움 받아 이때까지 왔으니
> 이와 같이 천국에도 이르기를 바라네

또 하나 있다면, 새찬송가 301장 〈지금까지 지내온 것〉이다.

지금까지 지내온 것 주의 크신 은혜라
한이 없는 주의 사랑 어찌 이루 말하랴
자나 깨나 주의 손이 항상 살펴 주시고
모든 일을 주 안에서 형통하게 하시네

바로 이 찬송가의 모티브가 된 구절이 본문 12절이다.

사무엘이 돌을 하나 가져다가 미스바와 센 사이에 놓고 "우리가 여기에 이르기까지 주님께서 우리를 도와주셨다!" 하고 말하면서, 그 돌의 이름을 에벤에셀이라고 지었다(삼상 7:12).

에벤에셀에서 '에벤'은 돌이고, '에셀'은 도움이라는 뜻이다. 그래서 에벤에셀은 '도움의 돌'이라는 의미다. 여기까지 하나님이 우리를 도우셨다는 고백이다.

주님을 사모한 이스라엘

그러나 누군가에게는 이러한 에벤에셀의 하나님이 멀게만 느껴질 때가 있다. 바로 이스라엘 백성이 그러했다. 사무엘상 7장을 보면, 이스라엘은 지난 20년 동안 에벤에셀의 하나님을 경험하지 못한 것처럼 느끼고 있었다. 하나님의 도우심의 손길이 사라진 것 같았고, 도움의 돌이 무너진 것처럼 보였다. 그 표현이 바로 본문 2절에 나온다.

궤가 기럇여아림에 머문 날로부터 약 스무 해 동안, 오랜 세월이 지났다. 이 기간에 이스라엘의 온 족속은 주님을 사모하였다(삼상 7:2).

하나님의 궤가 기럇여아림이라는 이스라엘 땅에 머문 지 20년이 되었다. 그러나 여전히 블레셋의 압제는 사라지지 않았고, 그들에게는 진정한 자유가 없었다. 그래서 이스라엘이 느끼기에는 하나님의 도우심이 사라진 것처럼 보였다.

그래서 그들은 주님을 사모했다. '사모하다'의 원어(נָהָה, 나하)에는 '슬피 울다, 애도하다'(lament)라는 뜻이 있다. 무슨 말인가? 그들이 주를 향해 품은 사모함 안에는, 만나고 싶으나 만나지 못하는 구슬픈 현실의 애환이 담겨 있었다는 뜻이다.

사무엘의 숨겨진 사역

사무엘상이 시작된 이후, 이스라엘 백성은 이런 사모함과 애통함을 품은 적이 없었다. 그런데 어떻게 이렇게 되었을까? 보이지 않는 도움의 손길이 있었기 때문이다. 하나님의 은혜의 손길이 사무엘을 통해 역사하고 있었다.

눈치챘겠지만, 앞선 4장 1절 이후로 사무엘은 단 한 번도 등장하지 않는다. 언약궤가 블레셋 진영에 머무는 동안에도, 다시 기럇여아림으로 돌아온 이후 20년 동안에도 사무엘은 등장하지 않는다. 이상하지 않은가? 사무엘은 도대체 어디에서 무엇을 하고 있었던 것일까?

사무엘은 지난 20년 동안 자신이 부름받은 자리에서 묵묵히 하나님의 말씀을 경청하고 있었다.

주님께서는 실로에서 계속하여 자신을 나타내셨다. 거기에서 주님께서는 사무엘에게 나타나셔서 말씀하셨다(삼상 3:21).

하나님은 사무엘에게 나타나 말씀하셨고, 사무엘은 경청했다. 그리고 거기서 끝나지 않고, 들은 말씀을 백성에게 전했다.

사무엘이 말을 하면, 온 이스라엘이 귀를 기울여 들었다(삼상 4:1a).

사무엘은 그저 하나님의 말씀을 그대로 전했을 뿐, 누가 알아주든 말든 누가 주목하든 말든 상관하지 않았다. 중요한 것은 하나님의 말씀을 경청하고, 들은 말씀을 그대로 전하는 것이었다. 이것이 지난 20년 동안 사무엘이 해 왔던 일이다. 그리고 그것이 백성의 영혼을 움직이기 시작했다.

날마다 말씀을 묵상하고 주님의 음성에 귀 기울이는 일이 별것 아닌 것처럼 느껴져도, 그렇지 않다. 그렇게 조금씩, 조금씩 우리의 굳은 마음이 제거되고, 죄가 깨달아지고, 이렇게 살면 안 되겠구나, 남은 인생은 주님이 기뻐하시는 일을 하며 살아야겠구나 하는 고백으로 변하게 된다.

매일 반복되는 이 작은 일이 이스라엘 갱신을 위한 기반이 되었다. 이것이 바로 지난 20년 동안 보이지 않는 곳에서 사무엘이 묵묵히 감당했던 사역이다. 그리고 마침내 때가 되자, 사무엘은 엘리 제사장이 죽은 지 20년 만에 공적인 자리에 등장한다. 사무엘은 주님을 사모하지만 주님을 만나지 못하고 있던 백성에게 진단과 처방전을 함께 제시한다.

사무엘이 이스라엘 온 족속에게 말하였다. "여러분이 온전한 마음으로 주님께 돌아오려거든, 이방의 신들과 아스다롯 여신상들을 없애 버리고, 주님께만 마음을 두고 그분만을 섬기십시오. 그러면 주님께서 여러분을 블레셋 사람의 손에서 건져 주실 것입니다"(삼상 7:3).

왜 그들에게 지난 20년 동안 하나님이 에벤에셀의 하나님이 아닌 것처럼 느껴졌을까? 그 이유는, 그들의 마음이 온전하지 못했기 때문이다. 마음이 둘로 나뉘어 있었다. 그들은 하나님을 부인하지는 않았지만, 동시에 이방 신과 아스다롯 여신상을 섬기고 있었다. 그것은 사실상 도우신 하나님을 부인하고 잊어버린 것이었다.

그들을 여기까지 이끌어 민족을 이루게 하고, 땅을 차지하게 하신 분은 하나님이다. 그분은 도움의 돌이며, 반석이고, 끝까지 도와주시는 하나님이기 때문이다.

도움을 잊은 자의 비극

에벤에셀에서 '에셀'은 '에제르'라는 말로, '도움'이라는 뜻이다. 모세는 둘째 아들의 이름을 '엘리에셀'이라고 지었다. '하나님은 나의 도움이시다'라는 뜻이다. 첫째 아들은 미디안 광야에서 외로울 때 낳아 '게르솜'이라 이름 지었는데, '내가 나그네, 이방인이 되었다'는 고백이 담겨 있다. 모세는 자신을 도우신 하나님을 잊지 않으려고, 아예 아들의 이름에 그 고백을 담았다. 아들을 부를 때마다 '하나님은 나의 도움이시다'를 기억했을 것이다. 반면 이스라엘 백성은 출애굽의 감격을 오래 품지 못하고 곧 불평하고 만다. 무슨 차이일까? 도우심을 기억하고 감사하며 사는가, 아니면 잊어버렸는가의 차이다.

'에제르'라는 이 단어가 성경에서 가장 처음 사용된 곳은 창세기 2장이다. 하와를 가리켜 '돕는 배필'이라 할 때 쓰였다. 여기서 '돕다'가 바로 '에제르'다. 결혼한 남편 또는 아내의 입장에서, 사랑하는 사람과 결혼할 수 있고 함께 산다는 것이 얼마나 감사한 일인가? 그런데 시간이 지나도 여전히 감사하며 사랑이 충만한가? 왜 사랑한다고 결혼했다가 이제는 갈라서겠다고 말하게 될까? 첫사랑의 감격과 사랑의 감정을 잊어버렸기 때문이다.

우리가 처음 예수님을 믿을 때, 우리를 구원해 주신 그 은혜가 얼마나 감사했는가? 그런데 시간이 흐르면서 하나님을 향한 사랑이 점점 식어 가고 있지 않은가? 이유는, 망각하기 때문이다. 하나님의 사랑과 도움을 잊은 이스라엘은 결국 영적 간음을 저지르고 말았다. 이 모든 것은 에벤에셀의 하나님을 잊었기 때문이다. 그들 생명의 시작이자 지금까지, 여기까지 도우신 하나님을 잊어버린 것이다. 이것이 지난 20년 동안 하나님이 부재하시는 것처럼 느껴졌던 영적 침체의 원인이었다.

온전한 마음으로 돌아오라

그렇다면 어떻게 돌아갈 수 있을까? 회개해야 한다. 회개는 후회가 아니다. 사무엘은 온전한 회개를 위해서는 먼저 온전한 마음, 곧 전심이 필요하다고 말한다. 여기서 말하는 온전한 마음은 지성과 감정과 의지를 모두 포함한다.

머리로는 하나님을 인정하고, 가슴으로는 하나님을 사랑하며, 의지로는 하나님이 기뻐하시는 것만을 선택하고 순종하는 것이다.

이 중에서 어느 하나라도 빠지면 전심이 아니다. 머리로는 하나님이 왕이라고 인정하면서, 가슴이 뛰는 대상은 맘몬이라면? 그것은 온전하지 못한 것이고, 마음이 나뉜 상태이며, 영적 간음이다. 지성과 감정과 의지가 모두 하나님께 전심으로 돌아와야 한다.

그리고 반드시 이방 신, 곧 바알과 아스다롯을 제거하는 일이 따라야 한다. 바알은 비바람을 관장하는 풍요의 신으로 숭배되었고, 아스다롯은 사랑과 다산의 여신이었다. 오늘날 아스다롯을 숭배한다는 것은 세상에서 욕심과 탐심과 쾌락을 추구하는 것이다. 이것이 바로 영적 간음이다.

> 간음하는 사람들이여, 세상과 벗함이 하나님과 등지는 일임을 알지 못합니까? 누구든지 세상의 친구가 되려고 하는 사람은 하나님의 원수가 되는 것입니다(약 4:4).

문맥상 여기서 말하는 간음은 영적 간음이다. 재물에 대한 욕심과 탐심, 육체적 쾌락과 만족을 추구하는 것을 가리킨다. 성경은 그것을 통틀어 '세상'이라고 표현한다. 하나님은 세상을 이처럼 사랑하셨다. 그러나 여기서 말하는 세상은 하나님을 대적하고 멀어지게 하는 세속적 세상을 뜻한다. 이러한 세상과 벗하는 것은 곧 하나님의 원수가 되는 것이다.

이스라엘 백성은 이 세속이라는 헛된 우상을 버려야 했다. 그리고 오직 하나님만 섬기고 예배해야 했다. 이것이 회개의 조건이다. 그러면 하나님은 용서하고 회복시켜 주신다.

회개하려 할 때 쳐들어오는 대적

사무엘은 백성을 미스바로 모이게 한다. 그 이유는 미스바가 지리적으로 남과 북의 중간 지점에 있었기 때문이다. 동시에 미스바는 본래 이스라엘 자손 사이의 다툼을 중재하던 장소였다. 영적으로 보자면, 하나님과 백성 사이를 중재하기에 좋은 곳이 바로 미스바였다. 미스바의 뜻은 '망대'다. 높은 곳에서 바라본다는 의미다. 이제 땅의 것만 바라보며 살던 눈을 들어 높은 곳에서, 하나님의 관점에서 바라보라는 것이다.

> 그들은 미스바에 모여서 물을 길어다가, 그것을 제물로 삼아 주님 앞에 쏟아붓고, 그날 종일 금식하였다. 그리고 거기에서 "우리가 주님을 거역하여 죄를 지었습니다!" 하고 고백하였다(삼상 7:6).

백성은 물을 길어다가 제물로 삼아 주님 앞에 부었다. 마음을 쏟아 놓는다는 행위였다. 그리고 금식했다. 육신의 소욕을 끊고, 회개하며 주님께로 돌이킨다는 표현이었다.

그런데 그들이 금식하고 있을 때, 블레셋이 이 소식을 듣고 이스라엘을 치러 올라온다. 하나님의 백성이 깨어 회개하고 주님께로 돌아오려 하면, 반드시 대적 마귀는 방해한다. 기도하지 못하게 하고, 부부와 자녀가 화해하지 못하게 한다. 성도가 회개하고 기도할 때, 가장 두려워하는 존재가 바로 대적 마귀다. 사탄은 지금도 범죄한 우리를 정죄하며 참소한다.

"네가 그러고도 하나님의 자녀냐?"

광야 미니스트리에서 제작한 뮤지컬 〈아바〉(ABBA)는 요나 이야기와 탕자 이야기를 엮은 작품이다. 그 안에 요나와 탕자의 형이 등장하는데, 놀랍게도 두 사람은 닮아 있다. 요나는 니느웨가 회개하는 것을 원치 않았고, 탕자의 형 역시 동생이 돌아온 것을 기뻐하지 않았다. 형은 동생에게 이렇게 말한다.

"네가 아버지의 유산을 달라고 했을 때, 이미 넌 아버지를 죽인 거야. 아버지도 널 잊었어. 아버지도 널 버렸어. 돌아가지 마!"

그러면서 동생에게 돈을 쥐여 주며 이것으로 만족하라고 말한다. 아버지의 마음을 알지 못한 그 형이야말로, 사실은 진정한 탕자였다. 이것이 바로 마귀가 하는 짓이다.

"하나님도 널 버렸어. 포기했어. 돌아가지 마!"

그러나 그 모든 말은 거짓이다. 혹시 죄가 너무 크고 많아서 하나님을 믿을 수 없고, 돌아갈 수 없다고 생각하는가? 사무엘은 분명히 말한다. 돌아올 수 있다고, 돌아와서 사는 것이 하나님 아버지의 뜻이라고 말이다.

중재자 사무엘, 참된 중재자 예수 그리스도

그들이 죄를 고백하고 하나님께 돌아가려고 할 때, 블레셋이 쳐들어와 백성은 다시 두려움에 사로잡힌다. 그래서 그들은 사무엘에게 기도를 요청한다.

"우리를 위해 기도해 주십시오!"

이에 사무엘은 백성을 대신하여 그들을 구원해 달라고 간절히 기도한다.

사무엘이 젖 먹는 어린양을 한 마리 가져다가 주님께 온전한 번제물로 바치고, 이스라엘을 구원하여 달라고 주님께 부르짖으니, 주님께 서 그의 기도를 들어주셨다(삼상 7:9).

여기서 '온전한 번제물'이 된 어린양은 희생 제물이신 예수 그리스도를 가리킨다. 또한 이스라엘을 대신하여 간절히 부르짖는 사무엘은 유일한 대제사장이며 중보자이신 예수 그리스도를 상징한다. 하나님과 사람 사이를 중재하며 회복시키는 중보자, 곧 중재자였다. 예수님은 하나님 아버지 앞에서 우리를 위한 중보자요, 대언자이시다.

나의 자녀들아 내가 이것을 너희에게 씀은 너희로 죄를 범하지 않게 하려 함이라 만일 누가 죄를 범하여도 아버지 앞에서 우리에게 대언자가 있으니 곧 의로우신 예수 그리스도시라 그는 우리 죄를 위한 화목 제물이니 우리만 위할 뿐 아니요 온 세상의 죄를 위하심이라(요일 2:1-2, 개역개정).

베드로가 세 번이나 예수님을 부인했을 때에도, 이미 예수님은 베드로를 위하여 기도하고 계셨다. 당신을 모른다고 부인할 그를 저주하거나 버리지 않고, 오히려 그를 위해 기도하셨다.

그러나 내가 너를 위하여 네 믿음이 떨어지지 않기를 기도하였노니 너는 돌이킨 후에 네 형제를 굳게 하라(눅 22:32, 개역개정).

예수님은 베드로가 회개할 것을 위해 기도하셨고, 회개할 것을 보셨으며, 회개한 이후에는 더욱 믿음이 든든해져 다른 형제들의 믿음을 굳게 세울 자로 성숙할 것을 미리 보셨다. 또한 예수님이 베드로를 용서하신 까닭은, 그가 죄를 짓게 된 이유가 사탄 때문임을 아셨기 때문이다.

> 시몬아, 시몬아, 보라 사탄이 너희를 밀 까부르듯 하려고 요구하였으나(눅 22:31, 개역개정).

사탄이 그를 손아귀에 넣으려 유혹했다. 베드로가 연약하여 그 유혹에 넘어간 것이다. 물론 주님을 부인한 죄는 크다. 그래서 예수님이 대신하여 죽으신 것이다. 순결한 어린양이 바쳐진 것이다. 사무엘도 이스라엘을 대신하여 중보자가 되어 하나님께 부르짖었다.

수치의 장소를 영광의 장소로 바꾸시는 하나님

그러자 하나님이 어떻게 하시는가? 사무엘의 그 부르짖음을 듣고 구원하신다. 우리가 진심으로 회개하고 죄를 고백하며 돌이킬 때, 하나님은 용서하는 분이시다. 회복시켜 주는 분이시다. 그분은 공의의 하나님이실 뿐 아니라 사랑의 하나님이시기 때문이다.

하나님은 이스라엘이 전쟁에서 이기게 하신다. 먼저, 큰 천둥소리를 일으켜 블레셋 사람들을 당황하게 하신다. 그로 인해 블레셋을 패하게 하신다. 하나님은 이스라엘이 20년 만에 블레셋을 상대로 대승을 거두게 하신다.

하나님은 그들이 잃어버렸던 것도 다시 찾게 하신다. 본문 14절에 보면, 블레셋 사람들이 빼앗아 갔던 성읍들을 되찾는다. 이것이 회개할 때, 하나님만 섬기고 사랑할 때 주어지는 은혜요, 복이다.

그래서 사무엘은 이날의 승리를 기념하기 위해 돌을 가져다가 미스바와 센 사이에 세운다.

> 사무엘이 돌을 하나 가져다가 미스바와 센 사이에 놓고 "우리가 여기에 이르기까지 주님께서 우리를 도와주셨다!" 하고 말하면서, 그 돌의 이름을 에벤에셀이라고 지었다(삼상 7:12).

"여기에 이르기까지 주님께서 우리를 도와주셨다!"

자신들을 도와주신 하나님을 기억하자는 뜻이다. 그들이 패배한 까닭은 도우신 하나님을 잊었기 때문이었다. 그러나 사무엘이 '에벤에셀'이라 이름 지은 데에는 또 다른 이유가 있다. 바로 그 에벤에셀이, 20년 전 크게 패하여 4천 명에 이어 보병 3만 명이 죽고 언약궤를 빼앗겼던 바로 그곳이었기 때문이다. 이스라엘 백성에게 에벤에셀은 수치와 패배로 기억된 장소였다.

> 그 무렵에 블레셋 사람이 이스라엘을 치려고 모여들었다. 이스라엘 사람은 블레셋 사람과 싸우려고 나가서 에벤에셀에 진을 쳤고, … 이스라엘은 이 싸움에서 블레셋에게 졌고, 그 벌판에서 죽은 이스라엘 사람은 사천 명쯤 되었다. … 이스라엘은 이때에 아주 크게 져서, 보병 삼만 명이 죽었다(삼상 4:1-2, 10b).

사무엘은 의도적으로, 20년 전 죄로 인해 무너졌던 그 수치와 패배의 장소 이름을 택했다. 그때 에벤에셀은 '도움의 돌'이라는 의미와 달리, 도움은커녕 그들을 무너뜨리는 파괴의 돌이 되고 말았다.

그러나 그들이 죄를 고백하고 우상을 제거하며 금식하고 하나님께 나아갔을 때, 하나님은 사무엘의 간절한 부르짖음을 듣고 어린양의 번제를 받으며 그들을 용서하셨다. 그리고 그 수치와 패배의 장소를 영광과 승리의 장소로 바꾸어 주셨다. 파괴의 돌은 다시 도움의 돌이 되었고, 하나님은 그들을 여기까지 도와주시는 하나님이 되셨다.

하나님은 우리가 넘어지고 패배했던 바로 그 자리에서 회복하게 하시는 분이다. 베드로가 예수님을 세 번이나 부인하던 곳에는 숯불이 피워져 있었다. 예수님은 부활 후 갈릴리 바닷가에서 다시 숯불을 피우셨다. 바로 실패의 장소로 그를 다시 초대하신 것이다. 그리고 세 번 물으셨다.

"네가 나를 사랑하느냐."

수치와 실패의 이름을 영광과 회복의 이름으로 바꾸시기 위함이었다.

부끄러움과 수치와 실패의 장소, 당신의 에벤에셀은 어디인가? 어디에서 수치를 당했고, 실패했으며, 넘어졌는가? 전심으로 주께 회개하고 돌아갈 때, 하나님은 그 실패의 에벤에셀을 승리와 회복의 에벤에셀로 바꾸어 주실 것이다.

여기까지 도우신 에벤에셀의 하나님의 은혜를 날마다 기억하라. 여기에 오기까지 당연한 것은 하나도 없었다. 모든 것이 하나님의 은혜요, 도우심의 열매다. 당연하게 여겨 온 것을 회개하고, 이렇게 날마다 기억하며 감사하라. 그러면 하나님은 여기까지만, 지금까지만 도와주시는 분이 아니라, 내일도, 앞으로도, 미래에도, 우리가 주님 앞에 서는 날까지 영원토록 임마누엘하여 에벤에셀하는 하나님이 되신다.

마음에 새길 세 가지

1 도우심을 기억하는 자와 잊은 자의 차이

이스라엘이 20년 동안 하나님이 부재하신 것처럼 느꼈던 이유는, 에벤에셀의 하나님을 잊었기 때문이다. 모세는 자신을 도우신 하나님을 잊지 않기 위해 아들의 이름을 엘리에셀, 곧 '하나님은 나의 도움이시다'라고 지었다. 그러나 이스라엘 백성은 출애굽의 감격을 오래 간직하지 못하고 곧 불평하고 말았다. 도우심을 기억하며 감사하는 삶이 있는가, 아니면 잊고 사는가? 이것이 영적 침체와 갱신의 분수령이다.

2 온전한 마음으로 돌아오라

회개는 단순한 후회가 아니다. 온전한 회개를 위해서는 온전한 마음, 곧 전심이 필요하다. 머리로는 하나님을 인정하고, 가슴으로는 하나님을 사랑하며, 의지로는 하나님이 기뻐하시는 일만 선택하여 순종하는 것이다. 지성과 감정과 의지가 모두 전심으로 하나님께 돌아와야 한다. 그리고 이방 신, 바알과 아스다롯, 곧 세상의 욕심과 탐심과 쾌락을 제거해야 한다. 이것이 회개의 조건이다.

3 수치의 장소를 영광의 장소로 바꾸시는 하나님

에벤에셀은 20년 전 이스라엘이 크게 패하여 4천 명에 이어서 보병 3만 명이 죽고, 언약궤를 빼앗긴 수치의 장소였다. 그러나 그들이 회개하고 돌아왔을 때, 하나님은 그 수치와 패배의 장소를 영광과 승리의 장소로 바꾸어 주셨다. 베드로가 예수님을 부인했던 숯불 앞에서, 예수님은 다시 숯불을 피우고 "네가 나를 사랑하느냐"라고 물으셨다. 우리가 넘어지고 패배했던 바로 그 자리에서 회복하게 하는 분이 바로 우리 하나님이시다.

소그룹 나눔 질문

- 이스라엘은 도우신 하나님을 잊었기에, 20년 동안 하나님이 부재하신 것처럼 느꼈습니다. 처음 믿음의 감격이 식어 버린 시점이 있다면 언제였으며, 그때 어떤 이유로, 무엇이 하나님을 향한 사랑을 대신하기 시작했는지 고백해 봅시다.

- 사무엘은 돌을 세워 '에벤에셀'(여기까지 도우신 하나님)이라 이름했습니다. 지금까지 하나님께서 도우신 구체적인 순간들을 기억하며, 그 은혜를 잊지 않기 위해 어떤 방법으로 기념할 수 있을지 함께 나누어 봅시다.

하나님 마음에 맞는 사람의 기도

에벤에셀의 하나님,
여기까지 도우신 주님을 찬양합니다.
그러나 여기까지 도우신 하나님을 잊었음을 고백합니다.
처음 믿을때의 그 감격과 구원의 은혜가
얼마나 감사했는지 모릅니다.
그런데 시간이 지나며 그것을 당연하게 여기고
첫사랑을 잃었습니다.
마음이 둘로 나뉘어 이방 신과 아스다롯을 함께 섬기는
영적 간음을 저질렀습니다.
용서하여 주소서.
그러나 마귀가 "하나님도 널 버렸어"라고 거짓말할 때,
주님은 "돌아올 수 있다"고 하시니 감사합니다.
베드로를 위해 미리 기도하셨듯이,
저를 위해서도 중보하고 계심을 믿습니다.
이제 결단합니다. 전심으로 주님께 돌아가겠습니다.
수치와 패배의 에벤에셀을
승리와 회복의 에벤에셀로 바꾸어 주소서.
영원토록 임마누엘하여 지금까지 인도하신 주님,
오늘도 내일도 친히 인도하여 주소서.
주 예수 그리스도의 이름으로 기도합니다. 아멘.

2부

자기 열망에 갇힌 마음의 한계

DAVID — SAMUEL — HANNAH

10. 무한한 은혜가 무지한 간구를 덮는다

삼상 8:1-22

사무엘과 달랐던 두 아들

에벤에셀, 여기까지 인도하신 하나님은 그 이후로도 계속 인도하실 하나님이다. 그 고백대로, 그 이후로 블레셋은 더 이상 이스라엘을 침공하지 못했다. 하나님은 지난 수십 년 동안 이스라엘에 평화를 주셨다.

그러나 이러한 평화에도 위기가 찾아온다. 사무엘이 늙어 가고 있었기 때문이다. 사무엘상 7장과 8장 사이에는 적어도 수십 년의 시간이 흐른다. 8장 1절에 보면 사무엘은 늙었고, 그는 아들들을 이스라엘의 사사로 세운다. 사무엘은 아들들이 하나님 앞에 신실하고 정직한 사람으로 자라기를 바랐다. 그 소망이 아들들의 이름에 담겨 있다.

> 맏아들의 이름은 요엘이요, 둘째 아들의 이름은 아비야다. 그들은 브엘세바에서 사사로 일하였다(삼상 8:2).

요엘은 '여호와는 하나님'이라는 뜻이고, 아비야는 '여호와는 내 아버지시다'라는 뜻이다. 이름만 보아도 사무엘이 아들들에게 하나님의 백성을 이끄는 무거운 짐을 짊어지게 하고자 했던 이유를 충분히 이해할 수 있다.

사실 사사직은 세습되는 직분이 아니다. 하나님은 시대마다 친히 사사를 택하고 부르셨다. 물론 자녀라고 해서 사사가 되지 말라는 법은 없다. 기드온 역시 자녀를 사사로 세웠다. 그러나 기드온의 자녀는 악한 사사의 본보기가 되었다. 안타깝지만 사무엘의 아들들도 그 길을 따라가고 만다. 엘리의 아들들만큼은 아니었지만, 사무엘의 아들들은 아버지를 닮지 않았다.

> 그러나 그 아들들은 아버지의 길을 따라 살지 않고, 돈벌이에만 정신이 팔려, 뇌물을 받고서, 치우치게 재판을 하였다(삼상 8:3).

자녀는 부모를 닮기 마련이지만, 반드시 그렇지만은 않다. 사무엘의 아들들은 아버지의 길을 따르지 않았다. 여기서 '길'이란, 사무엘이 하나님을 따라 걸어온 삶의 방향, 삶의 방식, 철학, 신앙 등 모든 것을 가리킨다. 사무엘은 뇌물을 받은 적도, 불의하게 재판한 적도 없었다. 그러나 그의 아들들은 그렇지 않았다.

엘리 제사장의 아들들에 이어 사무엘의 아들들까지, 이 연이은 부정적 사례는 하나님 나라에 헌신한 이들에게 중요한 교훈을 준다. 하나님 나라는 먼 곳에서가 아니라 가정에서부터 시작되어야 한다는 점이다. 땅끝은 생각보다 멀리 있지 않다. 오히려 가정이 땅끝이 될 수 있고, 곧 선교지가 될 수 있다.

우리에게 왕을 세워 달라

사무엘이 늙어 가고 있다는 사실과 그의 아들들이 사무엘을 닮지 않았다는 현실은 이스라엘의 영적 위기감을 증폭시킨다. 이스라엘의 모든 장로는 나라를 걱정하며 사무엘을 찾아가 대안을 마련할 것을 요청한다.

> "보십시오, 어른께서는 늙으셨고, 아드님들은 어른께서 걸어오신 그 길을 따라 살지 않습니다. 그러므로 이제 모든 이방 나라들처럼, 우리에게 왕을 세워 주셔서, 왕이 우리를 다스리게 하여 주십시오"(삼상 8:5).

장로들이 만장일치로 결의하여 요청한 것은 '왕을 세워 달라는 것'이었다. 이 요구를 들은 사무엘은 마음이 상했다. 왜인가? 이스라엘의 왕은 하나님이시기 때문이다. 하나님께서 다스리고 계셨다. 이것은 이스라엘이 다른 민족과 구별되는 독특함이자 동시에 엄청난 특권이었다. 그런데 이들의 요청은 보이지 않는 하나님이라는 왕을 거부하고, 눈에 보이는 인간 왕을 달라는 간구였다. 그래서 사무엘의 마음이 상한 것이다. 그들의 요구는 사실상 하나님을 거부하는 것이었다.

물론 이스라엘의 인간 왕을 세우려는 시도 자체가 하나님의 말씀에 완전히 위배되는 것은 아니다. 하나님은 이미 창세기에서 아브라함에게 이렇게 약속하신 적이 있기 때문이다.

> 내가 너로 심히 번성하게 하리니 내가 네게서 민족들이 나게 하며 왕들이 네게로부터 나오리라(창 17:6, 개역개정).

어찌 보면 왕의 등장은 이미 예견된 일이었다. 더 나아가 하나님은 백성이 가나안 땅에 들어가기 전, 신명기에서 모세를 통해 이미 왕을 세울 경우를 대비해 말씀을 주셨다. 다시 말해, 왕정 제도의 가능성 자체를 하나님께서도 미리 고려하고 계셨던 것이다.

> "주 당신들의 하나님이 주시는 그 땅에 들어가서 그 땅을 차지하고 살 때에, 주위의 다른 모든 민족같이 당신들도 왕을 세우고 싶다는 생각이 들거든, 당신들은 반드시 주 당신들의 하나님이 택하신 사람을 당신들 위에 왕으로 세워야 합니다"(신 17:14-15b).

하나님은 백성이 때가 되면 왕을 세워 달라고 요구할 것을 이미 알고 계셨다. 그런 점에서 인간 왕을 구한 것 자체가 죄는 아니다. 문제는 '그들이 어떠한 동기로 왕을 구하고 있는가'였다.

어떠한 동기로 구하는가

기도를 할 때, 구하는 대상이 무엇이냐보다 더 중요한 것은 어떠한 동기로 그것을 구하는가다. 우리가 간구하여도 얻지 못하는 데에는 크게 두 가지 이유가 있다.

> 여러분이 얻지 못하는 것은 구하지 않기 때문이요, 구하여도 얻지 못하는 것은 자기가 쾌락을 누리는 데에 쓰려고 잘못 구하기 때문입니다(약 4:2b-3).

얻지 못하는 것은 간청하는 기도가 없기 때문이다. 있어도 그만, 없어도 그만인 정도의 간구는 사실상 구하는 것이 아니다. 억울한 과부의 간청처럼, 밤새 매달리는 기도가 진정한 간구다. 그러나 그렇게 구해도 얻지 못한다면, 그 이유는 쾌락을 누리기 위해 잘못 구하기 때문이다.

자신의 소유와 재산, 명예와 권력을 위해 구할 때, 그것은 잘못된 간구다. 하나님의 뜻을 위한다거나 남을 위한 것이라고 말하면서도 실은 자신의 뜻을 포장하여 구할 때가 있다. 그런 경우에도 얻지 못한다. 핵심은 어떠한 동기로 간구하는가다.

그렇다면 지금 이들은 어떠한 동기로 왕을 구하는가? 그 답이 본문 5절에 나온다. '모든 이방 나라들처럼 되기 위해서'다.

본문 11절부터 보면, 사무엘은 왕이 세워질 경우 그 왕이 그들을 착취할 것이라고 경고한다. 그들의 재산도 빼앗고, 그들의 자녀도 데려다가 징병하여 전쟁에 끌고 갈 것이라고 말한다. 한마디로 사무엘은 이렇게 묻는 것이다.

"너희가 지금 간구하는 것이 무엇인지 알고 구하는 것이냐?"

우리는 너무나 자주, 우리가 무엇을 구하는지도 모른 채 구한다. 우리는 우리에게 무엇이 필요한지 안다고 생각하지만, 정말 그럴까?

너희는 구하는 것이 무엇인지 모르고 있다

마가복음 10장에 보면, 세배대의 아들 야고보와 요한이 예수님께 다가와 요청한다.

"선생님, 우리가 구하는 것은 무엇이든지 해 주시기 바랍니다."

'우리가 구하는 것'이라고 했다. 그들은 '필요한 것'이 아니라, 그들이 '원하는 것'을 달라는 것이다. 이것은 마치 어린아이가 밥은 먹지 않고 과자나 아이스크림만 달라는 것과 비슷하다.

예수님께서 물으셨다.

"너희는 내가 너희에게 무엇을 해 주기를 바라느냐?"

그때 그들이 간구한 것은 무엇이었는가?

"선생님께서 영광을 받으실 때, 하나는 선생님의 오른쪽에, 하나는 선생님의 왼쪽에 앉게 하여 주십시오."

곧, 주님이 왕위에 오르실 때 우측과 좌측에 앉게 해 달라는 것이다. 하나는 국무총리, 하나는 비서실장 자리를 달라는 요청이다. 이들은 자신들이 무엇을 구하는지 정확히 알고 있다고 생각했다. 그러나 주님은 그렇게 보지 않으셨다.

> "너희는, 너희가 구하는 것이 무엇인지를 모르고 있다. 내가 마시는 잔을 너희가 마실 수 있고, 내가 받는 세례를 너희가 받을 수 있느

냐?"(막 10:38).

지금 야고보와 요한은 자신이 어떤 기도를 하고 있는지, 어떤 간구를 드리고 있는지 모르고 있다. 그들은 잘못된 동기로 구하고 있다. 예수님의 왕권을 나누어 갖고 싶다는 마음으로 간구하고 있다. 그러나 사실 그들이 구하고 있는 것은 영광의 자리가 아니라 죽음의 잔이요, 순교의 세례다.

이중 소명을 거부하다

왕이 착취할 것이라는 사무엘의 경고에도 불구하고, 이들은 왕을 세워 달라고 반복해서 간청한다.

> 이렇게 일러 주어도 백성은, 사무엘의 말을 듣지 않고 말하였다. "그렇지 않습니다. 우리에게도 왕이 있어야 되겠습니다. 우리도 모든 이방 나라들처럼, 우리의 왕이 우리를 다스리며, 그 왕이 우리를 이끌고 나가서, 전쟁에서 싸워야 할 것입니다"(삼상 8:19-20).

'우리도 다른 이방 나라들처럼 되겠다'는 말은, 곧 자신의 정체성을 포기하겠다는 뜻이다. 그렇다면 그들의 정체성은 무엇인가? 하나님이 친히 다스리시는 언약 백성이다. 이 정체성의 핵심은 다른 나라와 같아지는 것이 아니라, 다른 나라와 다르게 되는 것, 곧 다름으로의 부르심이다.

이스라엘과 하나님 사이의 언약 핵심에는 '거룩'이 있다. 거룩은 '구별되다'라는 뜻이다. 하나님께서 특별한 목적을 위해 따로 떼어

놓으신 상태를 말한다. 하나님께서 다른 신들과 같지 않으신 것처럼, 그분의 백성 또한 다른 나라들과 달라야 했다.

그런데 이제 거룩한 나라, 거룩한 백성, 구별된 공동체가 싫다는 것이다. 지겹다는 것이다. 이제 자신들도 다른 나라처럼 되고 싶다는 것이다. 이것은 사실상 왕이신 하나님을 거부하는 행위요, 하나님에 대한 도전이다. 하나님도 이를 분명히 알고 계셨다.

> "그들이 너를 버린 것이 아니라, 나를 버려서 자기들의 왕이 되지 못하게 한 것이다. 그들은 내가 이집트에서 데리고 올라온 날부터 오늘까지, 하는 일마다 그렇게 하여, 나를 버리고 다른 신들을 섬기더니, 너에게도 그렇게 하고 있다"(삼상 8:7b-8).

지금 이들은 잘못된 동기로 구하고 있다. 무엇을 구하는지도 모른 채 구하는 '무지한' 간구다. 하나님의 백성으로서 구별되라는 이중 소명을 거부하고 있다. 혹시 이것이 우리의 모습은 아닌가? 구별되기를 창피해하고, 부끄러워하며, 남들과 같이 되기를 원하는 마음, 그것이 바로 우리의 마음은 아닌가?

미혹의 본질: 시선 분산

사실 그리스도인이 세상 안에서 세상과 동화되지 않고 구별되게 산다는 것은 쉬운 일이 아니다. 영화와 음악과 SNS 등 각종 미디어를 통해 우리의 생각과 행동, 가치관이 끊임없이 영향을 받고 세속적으로 유혹을 받기 때문이다.

그리스 신화에 보면 세이렌이 나온다. 세이렌은 바다를 항해하는 선원들을 노래로 매혹시켜 목숨을 잃게 만드는 존재다. 오디세우스는 집으로 돌아가던 길에 세이렌이 사는 섬을 지나게 된다. 그는 선원들의 귀를 밀랍으로 막게 하고, 자신의 몸은 돛대에 묶게 한다. 그리고 어떤 일이 있어도 절대로 그 줄을 풀지 말라고 부탁한다.

세이렌의 유혹은 미래에 대한 비밀을 알려 주겠다는 것, 그 노래를 들으면 더욱 현명해지고 위대해질 수 있다는 내용이었다고 한다. 그러나 선원들은 귀를 막았고, 오디세우스는 귀는 열었지만 몸을 묶었다. 그리하여 이들은 미혹되지 않고 가던 길을 따라 귀향할 수 있었다. 이 세이렌의 목소리가 바로 오늘날 그리스도인이 세상에서 매일 같이 마주하는 유혹이다.

사무엘상 8장은 왕을 세워야 한다는 미혹된 여론의 메시지를 담고 있다. '다른 나라처럼 되어야 한다'는 것이다. 이 말은 여론이 되고 다수의 의견이 되어, 마치 사이렌 소리처럼 울려 퍼진다. 그리고 그 여론이 사무엘에게 전달된다.

"우리도 다른 나라처럼 되고 싶습니다. 그래야만 합니다. 그것이 바른 길입니다."

마귀는 믿는 이를 유혹하여 하나님의 길에서 벗어나게 만드는 데 능하다. 마귀가 하는 미혹의 본질은 시선을 분산시키는 것이다. 반면 거룩은 하나만 보는 것, single focus다. 하나님만 바라보는 자가 거룩한 자요, 아내만 바라보는 남편이 거룩한 남편이다. 그러므로 거룩의 반대는 시선이 나뉘는 것, 분산되는 것, 마음이 둘로 갈라지는 것이다.

이처럼 시선을 분산시키는 것이 마귀가 하는 미혹의 본질이다. 이는 거룩한 백성을 다른 나라처럼 만들기 위한 전략이다. 마귀는 그들의 시선을 하나님에게서 사람에게로 돌린다. 지금까지 수십 년 동안 이스라엘이 평안했던 이유가 사무엘 때문인가? 물론 사무엘은 도구로 쓰임 받았다. 그러나 그가 한 것이 아니라 하나님이 하신 일이다. 마귀는 하나님을 향해 있던 시선을 다른 곳으로 돌려, 마치 사무엘이 한 것처럼 생각하게 만들었다.

두려움은 시선 분산의 결과다

사무엘이 늙어 갔을 때, 사실 이스라엘의 지도자들은 더욱 하나님을 바라보며 의지했어야 했다. 그러나 바로 이때가 마귀가 틈탈 때다. 사람들의 시선은 하나님에게서 사무엘에게로 옮겨진다. 그리고 그때 자연스럽게 일어나는 것이 두려움이다. 왜인가? 사무엘은 늙어 가고 있었기 때문이다. 나이 든 사무엘을 바라보자 자연스럽게 두려움이 일어난 것이다.

두려움은 시선을 분산시킨 마귀가 하는 미혹의 결과다. 사람이 두려워하는 이유는 하나님을 바라보던 시선이 흐트러졌기 때문이다. 또한 보이는 사람을 의지하게 되는 이유 역시 두려움 때문이다. 그러므로 본문에서 모든 장로가 다른 나라처럼 왕을 세우려는 더 근본적인 원인은 두려움이다.

'사무엘이 죽으면 어떡하지? 사무엘의 아들들은 아버지를 닮지 않았는데, 그러면 누가 우리를 인도하지?'

그들의 시선이 더 이상 하나님을 바라보지 않자, 그들 안에 두려움이 자리 잡았다. 이는 마치 마태복음 14장에서 풍랑 가운데 물 위를 걷던 베드로의 모습과 비슷하다. 베드로는 예수님을 바라볼 때 물 위를 걸었다. 그러나 그의 시선이 예수님에게서 멀어져 '[거센]

바람이 불어오는 것을 보았을 때'(마 14:30), 그는 곧바로 두려움에 사로잡히고 말았다. 이런 방식으로 마귀는 두려움을 심는다.

지금 우리가 두려운 이유가 무엇인가? 주님을 향한 시선이 흐려졌거나 분산되었기 때문이다. 우리 안에 살아 계신 주님을 온전히 주목하지 못하고 있기 때문이다. 예수님이 함께하신다는 믿음이 약해졌고, 영적 감각이 무뎌졌기 때문이다.

지금 문제는 하나님을 향한 시선이 분산되었고, 그 결과 두려움이 생겼다는 데 있다. 이에 대한 해결책은, 회개하고 돌이켜 하나님을 신뢰하는 것이다. 우리의 기도 동기가 무엇인지를 점검하고, 기도가 바뀌어야 한다. 자신의 것만 구하는 '이기적인 기도'에서 탐욕을 '이기는 기도'로, 그저 무엇인가를 '바라는 기도'에서 예수님을 '바라보는 기도'로 바뀌어야 한다.

왕의 제도를 허락하시다

비록 우리는 연약하지만, 하나님의 은혜는 우리의 연약함을 뛰어넘을 만큼 풍성하다. 왕을 세워 달라는 그들의 요구 앞에서, 놀랍게도 하나님은 이를 허락하신다.

> "그러니 너는 이제 그들의 말을 들어 주되, 엄히 경고하여, 그들을 다스릴 왕의 권한이 어떠한 것인지를 알려 주어라"(삼상 8:9).

왜 하나님은 사실상 왕이신 하나님을 거부하는 이 간구를 들어주실까? 먼저, 왕이신 하나님을 떠나 살고자 하는 완악함이 인간의 본성임을 잘 아시기 때문이다. 또한 잘못된 선택을 허용함으로써 그 잘못을 스스로 깨닫고 시행착오를 통해 배우게 하시기 위함이다. 이들은 사울왕을 택함으로 위기를 겪게 되고, 하나님은 그 과정을 통해 배우게 하신다.

그러나 더 중요한 이유가 있다. 비록 우리는 무엇을 구해야 할지 알지 못한 채 구하지만, 하나님은 아시기 때문이다. 그들은 자신들을 다스릴 인간 왕을 구했지만, 하나님은 그것을 참된 왕을 보내 달라는 간구로 받으셨다. 우리는 마땅히 기도할 바를 알지 못하나, 오직 성령께서 말할 수 없는 탄식으로 간구하신다(롬 8:26).

또한 하나님은 생선을 달라 하는데 뱀을 주실 분이 아니다.

> "너희 가운데 아버지가 된 사람으로서 아들이 생선을 달라고 하는데, 생선 대신에 뱀을 줄 사람이 어디 있으며, 달걀을 달라고 하는데 전갈을 줄 사람이 어디에 있겠느냐? 너희가 악할지라도 너희 자녀에게 좋은 것들을 줄 줄 알거든, 하물며 하늘에 계신 아버지께서야 구하는 사람에게 성령을 주시지 않겠느냐?"(눅 11:11-13).

'너희가 악할지라도', 부모는 자녀에게 좋은 것을 줄 줄 안다. 하물며 하나님은 어떠하시겠는가? 우리가 악해도, 우리가 잘못 구해도, 우리에게 가장 좋은 것을 주시는 분이 아닌가?

마가복음 10장에서 야고보와 요한은 예수님의 좌우에 앉게 해 달라는 것이 무엇을 의미하는지도 모른 채 구했다. 그들은 생선을 달라고 간구했지만, 실은 뱀을 구하고 있는지도 모른 채 구하고 있었다. 그들이 구한 것은 축배가 아니라 죽음의 잔이었고, 물 세례가 아니라 순교라는 피의 세례였다.

그러나 예수님은 그들이 구한 대로 주셨다. 야고보는 사도행전에서 가장 먼저 순교하는 사도가 되었고, 요한은 가장 마지막까지 살아 요한계시록을 기록한 뒤 순교했다. 야고보와 요한은 생선이 아니라 뱀을 구하고 있는지도 모르고 구했지만, 그들이 받은 것은 '뱀'이 아니라 '생선'이었다. 순교는 가장 영광스러운 자만이 누릴 수 있는 특권이기 때문이다. 이것이 바로 '무지한' 간구를 덮는 하나님의 '무한한' 은혜다.

참된 왕, 예수 그리스도

이스라엘이 구한 것은 인간 왕의 제도였다. 하나님은 그들이 원한 대로 사울을 주시고, 그 다음에는 다윗을 주신다. 궁극적으로 더 나은 다윗, 왕 중의 왕이신 예수 그리스도를 주신다.

구약성경의 핵심은 다윗의 아들이자 하나님의 아들로 태어나 예언을 성취할 구원자, 선한 목자, 참된 왕에 대한 약속이다. 하나님은 다윗에게 이렇게 약속하셨다.

> "네 집과 네 나라가 내 앞에서 영원히 이어 갈 것이며, 네 왕위가 영원히 튼튼하게 서 있을 것이다"(삼하 7:16).

> "그러나 너 베들레헴 에브라다야, 너는 유다의 여러 족속 가운데서 작은 족속이지만, 이스라엘을 다스릴 자가 네게서 내게로 나올 것이다. 그의 기원은 아득한 옛날, 태초에까지 거슬러 올라간다"(미 5:2).

하나님의 진정한 백성 통치 계획은 영원히 왕으로 통치할 한 사람을 세우는 것이었다. 사실 사무엘의 마지막 임무는 어린 다윗에게 기름을 붓는 일이었다. 그러나 다윗조차도 자신의 혈통에서 오실 참되고 위대한 왕의 선구자에 불과했다.

이스라엘의 왕은 백성으로부터 빼앗을 것이다. 그러나 영원한 왕, 예수 그리스도는 빼앗는 왕이 아니라 주는 왕이다. 당신의 목숨을 많은 사람의 대속물로 내어 주시는 왕이다(마 20:28).

지금 그 왕이 우리와 함께하신다. 그분은 임마누엘, 우리와 함께 하시는 왕이며, 에벤에셀, 여기까지 도우셨고 앞으로도 도우실 왕이다. 우리는 무지함과 연약함으로 잘못 구할 때가 있다. 그러므로 우리의 기도 동기를 점검해야 하며, 기도는 바뀌어야 한다. 이기적인 기도에서 정욕을 이기는 기도로, 바라기만 하는 기도에서 예수님을 바라보는 기도로 바뀌어야 한다.

그러나 우리의 연약함에도 불구하고, 우리의 무지한 간구에도 불구하고, 무한한 하나님의 은혜는 우리의 연약함을 덮고도 남는다. 우리는 뱀을 구한 줄도 모르고 구했고 뱀을 받은 줄 알았으나, 하나님은 우리에게 생선을 주셨다. 이것이 바로 예수 그리스도의 십자가 안에 주어진 하나님의 측량할 수 없는 은혜요, 자비다. 우리가 구하는 것보다 넘치도록 응답하시는 하나님을 찬양한다.

마음에 새길 세 가지

1 기도의 동기를 점검하라

기도에서 구하는 대상이 무엇이냐보다 더 중요한 것은 어떠한 동기로 구하느냐다. 이스라엘 장로들은 왕을 구했지만, 그 동기는 '다른 나라처럼 되기 위함'이었다. 야고보와 요한은 예수님의 좌우에 앉기를 구했지만, 그 동기는 권력을 나눠 갖기 위함이었다. 그들은 자신들이 무엇을 구하는지도 모르고 구하고 있었다. 이기적인 기도에서 정욕을 이기는 기도로, 바라기만 하는 기도에서 예수님을 바라보는 기도로 바뀌어야 한다.

2 시선을 분산시키는 마귀의 미혹을 경계하라

마귀가 하는 미혹의 본질은 시선을 분산시키는 것이다. 거룩은 하나만 보는 것, single focus다. 하나님만 바라보는 자가 거룩한 자다. 그렇기에 거룩의 반대는 시선이 나뉘는 것이며, 마음이 둘로 갈라지는 것이다. 마귀는 하나님을 향해 있던 시선을 다른 곳으로 돌린다. 그리고 시선이 분산될 때 자연스럽게 일어나는 것이 두려움이다. 지금 두려운 이유는 주님을 향한 시선이 흐려졌거나 분산되었기 때문이다. 회개하고 돌이켜 하나님을 신뢰하라.

3 무한한 은혜는 무지한 간구를 덮는다

우리는 무지함과 연약함으로 잘못 구할 때가 있다. 이스라엘이 고작 구한 것은 인간 왕이었지만, 하나님은 궁극적으로 왕 중의 왕, 예수 그리스도를 주셨다. 이것이 바로 '무지한 간구'보다 '무지하게' 큰 하나님의 무한한 은혜다. 우리의 연약함에도 불구하고, 하나님의 은혜는 우리의 연약함을 덮고도 남는다.

소그룹 나눔 질문

- 이스라엘 장로들은 왕을 구했지만, 동기는 '다른 나라처럼 되기 위함'이었습니다. 지금 간절히 구하는 것의 이면에 숨겨진 진짜 동기는 무엇인가요? 혹시 하나님의 뜻이라고 포장하면서 실은 내 뜻을 구하고 있는 것은 아닌지 점검하고 함께 나누어 봅시다.

- 하나님은 잘못된 요청도 허락하셨지만, 그것이 하나님의 최선은 아니었습니다. 과거에 차선이나 최악의 선택을 했음에도 불구하고 하나님께서 은혜로 인도해 주신 경험이 있다면, 그 과정에서 무엇을 깨달았는지 나누어 봅시다.

하나님 마음에 맞는 사람의 기도

무지한 간구에도 불구하고
무한한 은혜를 부어 주시는 하나님을 찬양합니다.
무엇을 구하는지도 모르면서 구했음을 고백합니다.
하나님의 뜻이라 포장했지만, 실은 저의 뜻을 구했습니다.
세상 사람들처럼 되고 싶어 했고,
구별되라는 소명을 거부했습니다. 용서하여 주소서.
그러나 저의 무지한 간구에도
주님은 가장 좋은 것을 주셨음에 감사합니다.
뱀을 구한 줄도 모르고 구했을 때에도 생선을 주셨고,
인간 왕을 구했으나 왕 중의 왕이신 예수 그리스도를 주셨습니다.
주님의 은혜는 저의 연약함을 덮고도 남습니다.
이제 결단합니다.
이기적인 기도에서 정욕을 이기는 기도로,
바라기만 하는 기도에서 예수님을 바라보는 기도로
나아가게 하소서.
임마누엘이며 에벤에셀이신 주님을 신뢰합니다.
주 예수 그리스도의 이름으로 기도합니다. 아멘.

11. 일상에 감추어진 하나님의 손길을 보라

삼상 9:1-10:1

9장부터 사울의 이야기가 시작된다. 사울은 보통 닮지 말아야 할 '반면교사'의 전형적인 인물로 알려져 있다. 다윗이 '하나님의 선택'이라면, 사울은 '사람들의 선택'이라는 것이다. 그러나 사울은 사람들이 간구하여 세워진 왕이면서도 동시에 '하나님이 선택하신 왕'이었다.

사울이 처음부터 그렇게 나쁜 사람이었는가? 인간적으로 보면 사울에게는 측은한 면이 있다. 결과적으로 사울과 다윗 중 누가 더 많은 죄를 지었는가? 솔직히 말하면 다윗이다. 다윗은 간음죄, 살인교사죄, 거짓말의 죄, 탐욕의 죄 등 셀 수 없이 많은 죄를 지었다.

반면 사울은 적어도 명백한 간음죄는 짓지 않았다. 그럼에도 다윗은 왕위를 유지한 반면, 사울은 폐위를 당한다. 왜 하나님이 그렇게 하셨는지는 뒤에서 살펴보겠다.

이처럼 겉으로만 보면 사울은 다소 '억울해 보이는 사람'이다. 그렇기 때문에 9장부터 시작되는 사울 이야기를 모두 읽을 가치가 없다고 여겨서는 안 된다. 사울의 이야기 안에도 하나님께서 오늘 우리에게 주시는 귀중한 진리와 메시지가 담겨 있기 때문이다. 본문이 바로 그중 하나다. 하나님께서 어떻게 사울과 사무엘을 만나게 하시고, 그에게 기름을 부어 왕으로 세우시는지 그 과정을 주목해 보면, 현대를 살아가는 우리에게도 주시는 말씀이 있다.

사울, 암나귀를 찾아 나서다

본문인 9장 1절은 베냐민 지파의 '기스'라는 '유력한' 사람을 소개하며 시작한다. 베냐민 지파는 사사기 19-20장에 나오는 레위인 첩 사건으로 거의 멸절당할 뻔했으나, 하나님의 은혜로 겨우 명맥을 유지할 수 있었던 지파다. 그래서 사울은 훗날 사무엘을 만났을 때 자신의 베냐민 지파를 '가장 작은 지파'라고 소개한다.

그렇다고 해서 그의 집안까지 작았다는 뜻은 아니다. 사울의 아버지 기스는 '유력한 사람'이라고 했다. 유력하다는 말은 '부유하다'는 뜻이다. 땅과 가축을 소유하고 하인을 거느린 집안이었다. 또한 이 말에는 '용맹한 전사'라는 개념이 담겨 있어, 싸움을 잘한다는 의미이기도 하다. 사울의 업적을 보면 알겠지만, 그는 전쟁에 능한 사람이었고, 그의 업적은 주로 전쟁에서 승리하는 군사적인 면에 집중되어 있다.

사울이라는 이름의 뜻은 '여호와께 구하다'이다. 사람들이 왕을 구했는데, 그 요청에 딱 맞는 이름이다. 본문 2절은 사울의 외모를 묘사하는데, '잘생긴 젊은이'다. 이스라엘에서 그보다 더 잘생긴 사람이 없었다. 키도 보통 사람보다 어깨 위만큼 더 컸다. 말하자면 '미스터 이스라엘'이었다. 그의 외모와 체격만 보면 대통령상이었기에, 분별력 있는 사무엘조차도 그의 외모에 반해 버리고 말았다.

사실 하나님은 이미 사울을 세우기로 정하셨다. 그러나 사울 자신은 그 사실을 전혀 모르고 있었다. 하나님은 사울과 사무엘의 만남을 위해 우연처럼 보이는 사건과 만남들을 엮어 가셨다. 그 가운데 하나라도 빠졌다면, 사울은 사무엘을 만나지 못했을 것이고, 왕도 되지 못했을 것이다.

본문에는 우연처럼 보이지만, 일상 속에 감추어진 하나님의 손길이 드러난다. 그 핵심 세 가지를 살펴보자.

첫째, 암나귀를 잃어버린 사건

본문 3절에 보면, 사울의 아버지 기스가 기르던 '암나귀' 몇 마리가 갑자기 사라진다. 무엇인가 소중한 재산을 잃어버린다는 것은 가슴 아픈 일이다. 아무리 부유한 집안이라 해도, 당시 암나귀는 값비싼 동물이었다. 그래서 기스는 사울에게 종과 함께 암나귀를 찾아보라고 보낸다.

사울은 아버지의 말에 순종하여 길을 나선다. 그는 에브라임 산간 지방과 살리사, 사알림 지방 수십 킬로미터를 다니며 무척 고생했을 것이다. '왜 갑자기 이런 일이 생겼을까?' 이런 생각이 들었을지도 모른다. 그러나 여기에는 일상에 감추어진 하나님의 손길이 있었다. 암나귀가 사라지지 않았다면, 사울은 길을 나서지 않았을 것이다. 사무엘과의 만남도 없었을 것이고, 왕으로 기름 부음 받는 일도 없었을 것이다.

다윗도 비슷한 일을 경험한다. 다윗이 사람들에게 알려진 결정적인 사건은 골리앗과의 전투였다. 그런데 그 만남의 계기 역시 아버지의 심부름이었다. 형들에게 곡식과 떡 열 덩이를 가져다주고, 형들이 잘 있는지 살펴보라는 일이었다. 만일 다윗이 가지 않았다면 골리앗을 만나지 못했을 것이다. 설령 갔더라도 골리앗이 하나님을 모독하지 않았다면, 다윗이 나설 이유 또한 없었을 것이다. 그런데 하필 그 순간, 다윗은 골리앗이 하나님을 욕하며 소리치는 장면을 보게 된다. 하나님의 기가 막힌 타이밍이다. 그리고 다윗은 골리앗을 쓰러뜨린다. 이 모든 일의 시작은 아버지가 시킨 심부름, 즉 일상이었다.

사울은 암나귀를 찾기 위해 애쓰지만 끝내 찾지 못한다. 하나님도 너무하시지, 잃어버린 것도 안타까운데, 이렇게 노력해도 찾지 못하게 하시다니. 그러나 사실, 하나님은 사울을 암나귀를 찾게 하려고 보내신 것이 아니었다. 하나님은 그에게 사무엘과의 만남을 예비하고 계셨고, 더 나아가 왕의 기름 부음을 준비하고 계셨다.

최근 당신이 '잃어버린 암나귀'는 무엇인가? 어떤 이에게는 말 그대로 '재산', '소유물'일 수 있고, 어떤 이에게는 '자녀', '자녀의 방황', 또는 '잃어버린 명예'일 수 있다. 그것 때문에 많이 속상할 것이다. 잃어버린 암나귀를 찾느라 여기저기 다니며 몇 날 며칠을 허비하고 있을지도 모른다. 그러나 성경은 이렇게 말씀한다.

"지금은 이해되지 않더라도, 잃어버린 암나귀 때문에 너무 좌절하지 말라."

하나님은 암나귀를 잃어버린 사건에 매몰되지 말고, 그 사건을 통해 무엇을 이루시려는지 물으며 인도를 받으라고 하신다. 어쩌면 그것이 잃어버린 암나귀를 찾는 것보다 더 중요한 문제라는 것이다. 사울은 암나귀를 잃어버린 사건을 통해 하나님의 사람을 만나고, 결국 하나님을 만난다. 그래서 사무엘은 사울에게 이렇게 말한다.

> "사흘 전에 잃어버린 암나귀들은 이미 찾았으니, 그것은 걱정하지 마십시오. 지금, 온 이스라엘 사람들의 기대가 누구에게 걸려 있는지 아십니까? 바로 그대와 그대 아버지의 온 집안입니다!"(삼상 9:20).

암나귀는 이미 찾았으니 더 이상 걱정하지 말라는 것이다. 이제 더 중요한 일이 있음을 잊지 말라는 것이다. 하나님께서 기름 부으실 일에 비하면, 잃어버린 암나귀는 작은 일이었다.

둘째, 숩 지방까지 오게 된 사건

사울은 종과 함께 에브라임 산간 지역과 여러 지역을 두루 다니지만, 끝내 암나귀를 찾지 못한다. 살리사 지방, 사알림 지방, 베냐민 지방, 이상하게도 가는 곳마다 없다. 결국 사울은 암나귀를 찾지 못한 채 실패한 상태로 숩이라는 지방에 이르게 된다.

> 그들이 숩 지방으로 들어섰을 때에, 사울이 자기가 데리고 다니던 종에게 말하였다. "그만 돌아가자. 아버지께서 암나귀들보다 오히려 우

리 걱정을 하시겠다"(삼상 9:5).

사울이 숩 지방에 이르렀다는 것은 수색 작전의 '실패'를 의미한다. 자신의 모든 노력이 실패로 돌아가고, 아무런 열매도 거두지 못한 결과를 상징하는 장소가 바로 '숩 지방'이다. 그러나 동시에, 그 숩 지방은 라마라는 성읍과 연결된 곳으로, 하나님의 사람 사무엘이 머물고 있는 지역이기도 했다.

그러자 그 종이 그에게 말하였다. "보십시오, 이 성읍에는 하나님의 사람이 한 분 계시는데, 존경받는 분이십니다. 그가 말하는 것은 모두 틀림없이 이루어진다고 합니다. 그러니 이제 그리로 가 보시는 것이 어떨는지요? 혹시 그가 우리에게, 우리가 가야 할 길을 알려 줄지도 모릅니다"(삼상 9:6).

한마디로 말해, 숩 지방은 우리가 노력했던 일의 실패의 장소이자, 동시에 하나님이 예비하신 만남의 장소, 곧 새로운 기회의 장소였다.

지난 몇 주간, 아니 몇 달간 실패를 경험했는가? 열심히, 최선을 다했는데도 결과가 좋지 않았는가? 그래서 이제는 포기하고 싶은가? 지난 수고가 모두 수포로 돌아갔다고 느껴지는가? 바로 그 자리에 하나님은 새로운 만남을 예비하고 계신다. 하나님은 바로 그 실패의 자리에 새로운 길로 나아가는 문을 준비해 두신다. 실패가 아니었다면 결코 가지 않았을 그곳이, 하나님이 마련하신 길로 들어가는 관문이라는 사실이다.

모세는 애굽에서 자신의 힘으로 동족을 구하겠다고 나섰다가 살인자로 몰려 도망자가 된다. 그가 도망쳐서 간 곳이 '미디안 광야'다. 미디안 광야는 모세가 실패의 결과로 가게 된 장소였다. 그런데 그 광야에 '호렙산'이 있었고, 어느 날 그는 그 산에서 불타는 떨기나무를 보게 된다. 바로 그 자리에서 하나님의 부르심을 받는다. 미디안 광야가 바로 모세의 '숩 지방'이었다.

실패 때문에 하나님을 떠나는 사람도 있고, 실패 때문에 하나님을 만나는 사람도 있다. 하나님을 만난 사람들의 이야기를 들어 보면, 이전에도 교회는 다녔지만 사실은 인간관계를 위해 다녔을 뿐이었다고 고백한다. 그런데 실패하고 나서야, 자신에게 믿음이 없었다는 사실을 깨닫게 된다. 그리고 믿음을 다시 회복하며 새로운 출발을 하는 이들이 있다. 실패하지 않았다면 절대로 가지 않았을 곳, 그러나 하나님의 사람과 하나님의 은혜를 만나는 곳, 그곳이 바로 '숩 지방'이다.

어쩌면 실패의 자리, 별것 없어 보이는 바로 그곳이 하나님이 예비하신 자리일 수 있다. 사울이 숩 지방까지 오게 된 것은 우연처럼 보이지만, 하나님의 손길에 인도된 것이었다. 지금의 삶의 자리가 숩 지방처럼 보잘것없어 보여도, 그곳에 하나님의 손길이 있음을 믿어야 한다.

셋째, 무명의 종과 물 긷는 처녀들과의 만남

본문의 이야기에는 무명의 사람들이 등장한다. 먼저는 사울과 함께했던 무명의 종이다. 사실 숩 지방에 이르렀을 때, 모든 수색이 실패로 끝났을 때 사울은 돌아가려 했다. 그러나 그런 사울을 포기하지 않도록 붙잡아 준 이는 그의 종이었다. 그는 숩 지방에 하나님의 사람, 사무엘이 있다는 사실을 알고 사울에게 그를 소개한다. 포기하지 말자는 것이다. 하나님의 사람을 만나 하나님의 은혜를 구하자는 것이다.

비슷한 만남이 또 등장한다. 사울과 그 종이 성읍으로 가는 비탈길을 올라가다가 물을 길으러 내려오는 처녀들을 우연히 만난다. 그들에게 "선견자께서 성읍에 계십니까?"라고 묻자, 방금 사무엘이 앞서 갔다며, 서둘러 가면 따라가서 만날 수 있다고 한다. 그러면서 사무엘을 어떻게, 언제 만날 수 있는지 자세히 설명해 준다.

> "그러니까 두 분께서 성읍으로 들어가시면, 그분이 식사하러 산당으로 올라가시기 전에, 틀림없이 그분을 만날 것입니다. 그분이 도착할 때까지는 아무도 먹지 않습니다. 그분이 제물을 축사한 다음에야 초대받은 사람들이 먹기 때문입니다. 그러니 지금 올라가시면, 그분을 만날 수 있습니다"(삼상 9:13).

묻지도 않은 내용까지 상세하게 말해 준다. 마치 사무엘 선견자를 절대로 놓치면 안 된다는 것처럼, 꼭 만나야 한다는 것처럼 말이다.

> 그들이 성읍으로 올라가 성읍 안으로 들어가서 보니, 사무엘이 마침 산당으로 올라가려고 맞은쪽에서 나오고 있었다(삼상 9:14).

물을 길으러 내려오던 처녀들이 알려 준 그대로였다. 수많은 우연처럼 보이지만, 이는 하나님의 필연이요, 섭리였다. 바로 이 무명의 처녀들이 그 섭리에 쓰임 받은 것이다. 하나님은 사울이 사무엘을 만나도록, 적재적소에 도울 자들을 미리 준비해 두셨다.

열왕기하 5장의 나아만 장군에게도 이러한 여종이 있었다. 그는 큰 용사였지만 나병 환자였다. 고칠 방법이 없었다. 그러나 그 곁에는 예전에 이스라엘 땅에서 사로잡아 온 어린 소녀가 있었다. 그 여종이 여주인에게 말한다.

"우리 주인이 사마리아에 계신 선지자 앞에 계셨으면 좋겠습니다. 그가 나병을 고칠 수 있습니다."

그 말로 인해 나아만은 사마리아로 가게 되고, 결국 하나님의 사람 엘리사를 만나 고침을 받는다.

사울의 종과 나아만의 여종의 공통점은 아무런 힘이 없는 무명의 평범한 사람이었다는 점이다. 또 하나의 공통점은, 이미 그들이 사울과 나아만 곁에 있었다는 점이다. 하나님은 사울이 포기하지 않고 나아가도록 믿음 있고 지혜로운 무명의 종을 미리 붙여 주셨다. 하나님은 나아만이 병을 치료받고 하나님을 만날 수 있도록 역시 믿음 있는 여종을 붙여 주셨다. 이들이 바로 숨겨져 있던 '하나님의 마음에 맞는 사람들'이다. 이것이 우리의 일상에 감추어진 하나님의 손길이다.

주위를 둘러보라. 이미 우리 곁에 있는 하나님이 예비하신 사람을 알아볼 수 있어야 한다. 일상에 감추어진 하나님의 손길을 알아차려야 한다.

하나님이 보내시다

결국 사울은 사무엘을 만난다. 사무엘은 그가 오기 전부터 이미 모든 것을 알고 있었다. 하나님이 하루 전에 미리 말씀해 주셨기 때문이다.

> 사울이 오기 하루 전에 주님께서 사무엘에게 알리셨다. "내일 이맘때에 내가 베냐민 땅에서 온 한 사람을 너에게 보낼 것이니, 너는 그에게 기름을 부어 나의 백성, 이스라엘의 영도자로 세워라. 그가 나의 백성을 블레셋 사람의 손에서 구해 낼 것이다. 나의 백성이 겪는 고난을 내가 보았고, 나의 백성이 살려 달라고 울부짖는 소리를 내가 들었다" (삼상 9:15-16).

사울은 이름의 뜻 그대로, 사람들이 여호와께 구한 왕이었다. 그러나 동시에, 그는 고난 속에 울부짖는 백성을 긍휼히 여기신 하나님의 선택이기도 했다. 하나님은 사람들의 요청에 응답하며 사람을 찾으셨고, 사울을 택하셨다. 그리고 사울이 사무엘을 만날 수 있도록 인도하고, 기름을 부으셨다.

> 사무엘이 기름병을 가져다가 사울의 머리에 붓고, 그에게 입을 맞춘 다음에, 이렇게 말하였다. "주님께서 그대에게 기름을 부으시어, 주님의 소유이신 이 백성을 다스릴 영도자로 세우셨습니다"(삼상 10:1).

이스라엘 초대 왕의 탄생이다. 궁극적으로 기름 부음 받으신 분은 예수 그리스도이시다. 그러므로 비록 사울이 연약한 자이지만, 그의 삶 속에서도 예수 그리스도의 흔적을 발견할 수 있다. 우리 역시 아무런 자격 없는 연약한 존재이지만, 우리를 통해서도 예수 그리스도의 흔적이 드러날 수 있다는 것이다. 이것이 본문에 숨겨진 또 하나의 은혜다.

이제 결론이다. 본문 16절을 다시 보라.

> 내일 이맘때에 내가 베냐민 땅에서 한 사람을 네게로 보내리니 너는 그에게 기름을 부어 내 백성 이스라엘의 지도자로 삼으라(삼상 9:16a, 개역개정).

사울이 사무엘을 만난 것이 하나님이 보내신 결과인가? 9장 1절부터 사울이 사무엘을 만나기까지, 하나님이 사울에게 나타나신 적이 있는가? 아니다. 그런데 하나님은 분명히 말씀하신다.

"내가 베냐민 땅에서 한 사람을 네게로 보내겠다."

주체는 '하나님'이시다. 하나님이 보내신 것이다. 언제 그렇게 하셨는가?

1. 사울의 아버지 기스의 암나귀가 사라졌을 때(문제) - 누가 사라지게 하셨는가?
2. 사울이 종과 함께 찾아 나섰으나 찾지 못했을 때(실패) - 누가 실패하게 하셨는가?
3. 사울은 '숩 지방'에 와서 포기하고 돌아가려 했으나, 그의 종이 해답을 제시했을 때(실마리)
4. 가던 길에 물 긷는 처녀들을 만나 그들의 말대로 가서 사무엘을 만났을 때(해결)

이 모든 과정에서 하나님은 단 한 번도 가시적으로 나타나지 않으셨지만, 하나님은 어느 한순간도 계시지 않은 적이 없었다.

"내가 사울을 너에게로 보내겠다."

우리의 일상에서 벌어지는 우연한 사건과 만남 뒤에는, 한 치의 오차도 없는 하나님의 보이지 않는 섭리의 손길이 있다. 하나님은 일상의 사건과 그리 대단해 보이지 않는 평범한 사람들, 섭리적인 만남을 통해 역사하신다. 하나님의 섭리와 주권을 믿는 그리스도인은 사소한 일에도 우연이 없음을 믿는다. 하나님은 구원의 역사 속에서 작은 일을 통해서도 우리가 생각하지 못한 영광의 길로 인도하시기 때문이다.

우리의 삶 역시 하나님의 손안에 있다. 암나귀를 잃어버리는 당황스러운 일조차도 하나님은 모르지 않으신다. 하나님은 이미 무명의 종과 같은 만남을, 또 사무엘과 같은 새로운 만남을 예비해 두셨다. 사울은 암나귀를 찾으러 나섰지만, 하나님은 그가 구하지도 않은 왕관과 기름 부음을 주셨다. 이것이 은혜다.

그러므로 우리의 삶에 깊숙이 개입하시는 하나님의 손길을 알아차릴 수 있기를 바란다. 그 눈이 활짝 열려 아무것도 염려하지 말고, 하나님 나라와 그분의 의를 구하며 주님과 동행하는 삶이 되기를 축원한다.

마음에 새길 세 가지

1 잃어버린 암나귀에 매몰되지 말라

사울은 잃어버린 암나귀를 찾으러 나섰고, 그 과정에서 사무엘을 만나 왕으로 기름 부음을 받았다. 암나귀가 사라지지 않았다면 사무엘과의 만남도 없었을 것이다. 그러므로 잃어버린 암나귀 때문에 너무 좌절하지 말라. 하나님은 그 사건에 매몰되지 말라고 하신다. 하나님의 기름 부음에 비하면 잃어버린 암나귀는 작은 일이다. 그러므로 먼저 하나님 나라와 그분의 의를 구하라. 그리하면 이 모든 것을 더하여 주실 것이다.

2 실패의 장소가 새로운 기회의 장소다

숩 지방은 사울의 모든 노력이 실패로 돌아간 장소였다. 그러나 그곳은 하나님의 사람 사무엘이 머물던 곳이기도 했다. 숩 지방은 우리가 노력했던 일의 실패의 장소이면서, 동시에 하나님이 예비하신 만남의 장소요, 새로운 기회의 장소다. 모세에게 미디안 광야가 그러했듯이, 실패의 자리, 별것 아닌 것처럼 보이는 바로 그곳이 하나님이 예비하신 자리다. 지금 우리의 삶의 자리가 숩 지방처럼 보잘것없어 보여도, 그곳에 하나님의 손길이 있음을 믿어야 한다.

3 일상에 감추어진 하나님의 손길을 알아차리라

하나님은 사울이 사무엘을 만나도록 무명의 사람들을 적재적소에 준비하셨다. 이들은 평범하지만, 이미 사울 곁에 있었던 자들이었다. 이들이 바로 숨겨져 있던 '하나님의 마음에 맞는 사람들'이다. 하나님은 단 한 번도 가시적으로 나타나지 않으셨지만, 어느 한순간도 계시지 않은 적이 없었다. 일상의 사건과 섭리적인 만남의 배후에는 언제나 하나님의 보이지 않는 섭리의 손길이 있다.

소그룹 나눔 질문

- 사울은 잃어버린 암나귀를 찾다가 왕으로 기름 부음을 받았습니다. 당시에는 우연이나 불행처럼 보였지만 나중에 하나님의 섭리였음을 깨달은 경험이 있다면, 그 과정에서 하나님이 무엇을 가르쳐 주셨는지 나누어 봅시다.

- 숩 지방은 사울의 모든 노력이 실패로 돌아간 장소였지만, 동시에 하나님의 사람 사무엘을 만난 곳이기도 했습니다. 별것 없어 보이거나 실패처럼 느껴졌던 자리에서 하나님이 예비하신 만남이나 기회를 발견한 경험이 있다면 나누어 봅시다.

하나님 마음에 맞는 사람의 기도

일상에 감추어진 손길로 인도하시는 하나님을 찬양합니다.
그동안 저는 잃어버린 '암나귀'에 매몰되어 있었음을 고백합니다.
소중한 것을 잃어버렸을 때 좌절하고 원망했으며,
그 사건을 통해 의도하신 뜻을 묻지 않았습니다.
하나님 나라와 의보다 내일 일을 걱정하며
이방 사람처럼 구했습니다. 용서하여 주소서.
그러나 주님께서 실패의 장소를 기회의 장소로
바꾸어 주셨음에 감사합니다.
실패가 아니었다면 가지 않았을 그곳이
하나님이 마련하신 관문이었습니다.
구하지도 않은 왕관과 기름 부음을 주셨습니다.
전적인 은혜입니다.
이제 결단합니다. 잃어버린 암나귀에 매몰되지 않고,
먼저 하나님 나라와 의를 구하겠습니다.
사소한 일에도 우연이 없음을 믿고,
작은 일을 통해 영광의 길로 인도하시는 하나님을 신뢰합니다.
주 예수 그리스도의 이름으로 기도합니다. 아멘.

12. 차선에서 최선으로 인도하시는 하나님

삼상 10:1-27

최선과 차선 사이

최선의 적은 '최악'이 아니라 '차선'이다. 가장 좋은 것을 알지 못하기에 덜 좋은 것을 놓지 못한다. 최선과 최악은 비교적 분별하기 쉽지만, 최선과 차선을 구별하는 일은 결코 쉽지 않다. 우리의 삶은 단순하지 않고 매우 복잡하며 유동적이다. 그 가운데서 최선을 찾아내기 위해서는 민감하면서도 탁월한 분별력과 지혜가 필요하다.

사도 바울은 빌립보교회 성도들을 위해 바로 이러한 분별력을 구했다.

> 내가 기도하는 것은 여러분의 사랑이 지식과 모든 통찰력으로 더욱더 풍성하게 되어서, 여러분이 가장 좋은 것이 무엇인가를 분별할 줄 알게 되는 것입니다. 그리하여 여러분이 그리스도의 날까지 순결하고 흠이 없이 지내며, 예수 그리스도께서 주시는 의의 열매로 가득 차서 하나님께 영광과 찬양을 드리게 되기를, 나는 기도합니다(빌 1:9-11).

사랑이 지식과 통찰력으로 풍성해져 가장 좋은 것을 분별하게 될 때, 우리는 그리스도의 날까지 순결하고 흠 없이 지내는 것이 가능해진다.

사울은 '차선'의 대표적인 인물이라 할 수 있다. 이스라엘의 왕정 제도는 하나님의 최선이 아니었기 때문이다. 하나님의 뜻은 친히 이스라엘 백성을 다스리는 것이었다. 그러나 백성은 다른 나라들처럼 인간 왕을 원했고, 하나님은 그들의 요구를 허락하여 사울을 왕으로 세우신다.

그러나 '하나님의 허락'과 '하나님의 최선'은 다르다. 하나님이 허락하셨다고 해서 그것이 반드시 최선은 아니다. 하나님은 우리가 고집을 부릴 때, 차선을 허용하시기도 한다.

그렇다면 하나님은 차선의 상징과도 같은 사울을 어떻게 인도하시는가? 우리가 최선이 아니라 차선을 선택했을 때에도 하나님은 여전히 우리를 인도하시는가? 이것이 바로 이 장의 주제다.

미스바에 다시 모인 백성

사무엘은 사울을 공식적인 왕으로 세우기 위해 이스라엘 백성을 미스바에 다시 모은다. 그러나 그는 하나님의 말씀을 직접 인용하며, 왕정 제도가 그들을 애굽에서 구원해 내신 하나님을 버린 행위였음을 분명히 지적한다.

> "그러나 오늘날 너희는, 너희를 모든 환난과 고난 속에서 건져 낸 너희 하나님을 버리고, 너희에게 왕을 세워 달라고 나에게 요구하였다. 좋다, 이제 너희는 지파와 집안별로, 나 주 앞에 나와 서거라!"(삼상 10:19).

하나님을 버리고 왕을 세워 달라고 한 것은 반역이요, 죄였다. 그럼에도 하나님이 그 요구를 허락하신 이유는, 백성이 하나님의 '최선'을 최선으로 받아들일 수 없는 영적 상태에 있었기 때문이다. 그들은 덜 좋은 것을 최선이라 여기며 구했다. 그러므로 하나님의 허락하심을 곧바로 하나님의 뜻이라고 단정해서는 안 된다.

요나는 니느웨로 가라는 하나님의 명령을 받았다. 그것이 하나님의 최선이었다. 그러나 요나는 반대 방향으로 갔다. 욥바에서 마침 다시스로 떠나는 배를 만났고, 뱃삯을 낸 후 그 배에 올랐다. 문이 열리고 길이 뚫린다고 해서 그것이 하나님의 최선이라고 쉽게 결론 내려서는 안 된다. 그렇게 하면 그 뒤에는 풍랑이 기다리고 있기 때문이다.

아브라함과 롯이 갈라설 때도 마찬가지다. 롯은 요단 동편 땅, 소알 지역을 보고 한눈에 반했다. 약속의 땅은 요단 서편이지 동편이 아니었다. 그러나 롯이 소돔과 고모라 지역으로 이주할 때 아무런 방해도 없었다. 그것은 하나님의 최선이 아니라, 하나님의 허락하심일 뿐이었다. 롯은 그곳에서 부자가 되고 지역 유지가 되었으나,

그 도시는 곧 멸망할 곳이었다.

여기서 분명히 짚고 넘어가야 할 점이 있다. 하나님은 우리에게 자유 의지를 주셔서 우리를 로봇처럼 대하거나 강제하지 않으신다. 우리의 선택을 존중하신다. 그러나 동시에 하나님은 다양한 방법(말씀, 기도, 성령, 사람, 환경 등)을 통해 우리가 가야 할 최선의 길이 무엇인지를 알려 주신다.

> 네 마음을 다해 여호와를 믿고 네 지식을 의지하지 마라. 네가 하는 모든 일에서 그분을 인정하여라. 그러면 그분이 네 갈 길을 알려 줄 것이다(잠 3:5-6, 우리말성경).

마음을 다해 하나님을 믿고 범사에 그분을 인정할 때, 하나님은 우리의 길을 인도하신다. 그러므로 지혜를 구하고, 분별력과 통찰력을 구하라. 꾸짖지 않고 후히 주시는 하나님께서 반드시 분별의 지혜를 주실 것이다. 그러나 우리가 하나님을 인정하거나 의지하지 않을 때, 우리는 최선이 아니라 차선을, 때로는 최악을 선택하게 된다.

차선을 택하면 어떻게 되는가

최선이 아니라 차선을 택할 때 벌어지는 일을 보여 주는 인물이 바로 사울이다. 그렇다면 차선을 대표하는 사울의 인생에는 하나님의 은혜가 없었는가? 그렇지 않다. 하나님의 차선에도 최선으로 이끄는 인도하심이 있다. 이것이 본문이 말하는 주제다.

사무엘상 10장의 대부분을 차지하는 내용은 이것이다. 하나님께서 세 가지 징조를 통해 사울이 하나님이 선택하신 왕임을 드러내며, 하나님이 그와 함께하고 그를 인도하신다는 사실이다. 이는 매우 놀라운 일이다. 우리는 늘 차선은 최선의 적이라고 배워 왔기 때문이다. 물론 그렇다. 우리는 언제나 하나님이 우리에게 원하시는 가장 좋은 것이 무엇인지를 분별해야 하고, 지혜를 구해야 한다. 하나님의 얼굴을 구하며 그분께 나아가 묻고, 의논하고, 아뢰고, 들어야 한다.

차선과 최선은 분명 다르다. 그렇기에 우리는 주님의 뜻이 무엇인지 깨닫기 위해 모든 힘을 쏟아야 한다. 게으름 때문에 최선 대신 차선을 택해서는 안 된다. 때가 악하고, 사탄은 우리를 속여 덫에 빠뜨리기 위해 끊임없이 유혹하기 때문이다.

그러나 동시에 우리가 신뢰해야 할 것은, 우리의 무지함보다 크신 '하나님의 섭리'다. 하나님은 당신을 사랑하는 자들을 위해 모든 것을 합력하여 선을 이루시는 분이기 때문이다. 우리는 연약하여 늘 최선을 택하기가 어렵다. 실수하고 넘어지며, 잘못 선택하기도 하고 속아 넘어가기도 한다. 그러나 모든 것을 합력하여 선을 이루시는 하나님이 계시기에, 우리의 차선에도 불구하고 하나님은 그 차선을 통해 다음 길을 인도하신다.

하나님이 함께하신다는 세 가지 증거

사무엘은 사울에게 기름을 부은 후, 세 가지 증거가 나타날 것이라고 말한다. 그것은 첫째, 사울이 라헬의 무덤 근처에서 잃어버린 나귀들을 이미 찾았다는 소식을 전하는 두 사람을 만나게 될 것이다. 둘째, 다볼의 상수리나무에 이르면 하나님을 뵈려고 올라가는 세 사람을 만날 것인데, 그들이 주님께 드리기 위해 준비한 빵의 일부를 사울에게 줄 것이다. 하나님의 예물을 사울에게 준다는 것은 그가 기름 부음 받은 자임을 보여 주는 증거다. 셋째, 예언자 무리를 만나게 될 때 주님의 영이 사울에게 임하여, 그가 전혀 다른 사람으로 변하게 될 것이다.

사무엘이 말한 그대로, 사울은 바로 그날 이 세 가지 증거를 모두 경험한다.

> 사울이 사무엘에게서 떠나려고 몸을 돌이켰을 때에, 하나님이 사울에게 새 마음을 주셨다. 그리고 사무엘이 말한 그 모든 증거들이 그날로 다 나타났다. 사울이 종과 함께 산에 이르자, 예언자의 무리가 그를 맞아 주었다. 그때에 하나님의 영이 그에게 세차게 내리니, 사울이 그들과 함께, 춤추며 소리를 지르면서 예언을 하였다(삼상 10:9-10).

사울이 하나님의 영으로 인해 예언을 하자, 그를 알던 사람들이 깜짝 놀란다. 그만큼 사울은 전혀 '다른 사람'이 되어 있었다.

물론 여기서 하나님이 새 마음을 주시고 당신의 영을 부어 주셨다는 사실을, 그가 위로부터 거듭났다고 해석하기에는 무리가 있다. 사사기의 기드온이나 삼손의 경우, 하나님의 영이 임했을 때 성품 자체가 바뀌었다기보다, 사사직을 감당할 기능적인 은사가 부어진 것이었다. 특정 기간, 특정 직분을 감당할 수 있도록 하나님께서 능력을 부어 주신 것이다. 사울 역시 하나님의 영으로 말미암아 왕의 직분을 감당할 은사가 부어진 경우라 이해해야 한다.

그렇다면 사울에게 나타난 이 세 가지 징표는 무엇을 의미하는가? 비록 과거에는 차선을 택했을지라도, 오늘 이후로는 하나님께서 최선으로 인도하신다는 뜻이다. 하나님은 어떻게 해서든 백성이 택한 사울에게 새 마음과 당신의 영을 부어 줌으로써, 하나님께서 사울과 함께하며 그를 인도하고 계심을 보여 주신다. 바로 이것이 사무엘이 사울에게 전한 말씀에 담겨 있다.

> "그러면 그대에게도 주님의 영이 강하게 내리어, … 그대는 전혀 딴 사람으로 변할 것입니다. 이런 일들이 그대에게 나타나거든, 하나님이 함께 계시는 증거이니, 하나님이 인도하시는 대로 따라 하십시오"(삼상 10:6-7).

하나님은 사울과 함께하신다. 하나님께서 사울을 친히 인도하신다. 비록 우리가 지혜가 부족하여 최선이 아니라 차선을 택할지라도, 하나님은 우리가 그다음 길을 최선으로 나아갈 수 있도록 함께하신다.

차선에서 머무르는 사울

그러나 안타깝게도 사울은 몇 가지 불순종을 보인다. 사무엘은 사울에게 자신보다 앞서 길갈로 가 있으라고 했지만, 사울은 길갈로 가지 않는다. 더 나아가 그는 여전히 자신이 왕으로 부름받았다는 사실을 믿지 못한다. 자신이 왕이 되었다는 사실을 받아들이지 못하고 있는 것이다.

바로 이 점이 아쉬운 대목이다. 비록 백성이 하나님의 최선을 알지 못한 채 차선을 택했을지라도, 하나님은 그 차선인 사울을 최선으로 인도하려 하신다. 그러나 정작 사울은 믿지 못하고, 순종하지 못하며, 여전히 머뭇거린다. 그렇게 차선에 머무려고 한다.

하나님은 사무엘을 통해 백성을 다시 불러 모으고, 사울이 그들의 왕으로 선택되었음을 보여 주신다. 지파별로 제비를 뽑자 베냐민 지파가 뽑히고, 마드리 집안이 뽑히며, 마침내 기스의 아들 사울이 뽑힌다. 수많은 사람 가운데서 제비를 뽑았는데, 사울이 뽑힐 확률이 얼마나 되겠는가? 그런데 바로 그 사울이 뽑힌 것이다.

> 사무엘이 온 백성에게 말하였다. "주님께서 뽑으신 이 사람을 보아라. 온 백성 가운데 이만한 인물이 없다." 그러자 온 백성이 환호성을 지르며 "임금님 만세!" 하고 외쳤다(삼상 10:24).

사무엘상 10장 전체는 하나님이 사울과 함께하며 그를 인도하고 계심을 보여 준다. 비록 왕정 제도는 백성이 택할 수 있는 최선이 아니었지만, 하나님은 그럼에도 불구하고 함께하며 그 차선 안에서 최선으로 인도해 가신다. 차선을 최선으로 인도하시는 것은 하나님의 역할이고, 그 하나님께 순종하는 것은 우리의 역할이다.

차선 속에서 최선을 이루시는 하나님

이제 룻기에 나오는 나오미를 살펴보자. 나오미가 살던 때에 베들레헴에 기근이 들었다. 기근이 드니 어떻게 버티겠는가? 나오미와 남편 엘리멜렉은 모압 지방으로 가서 살려고 임시로 길을 떠났다. 그러나 그 선택 앞에 하나님의 인도하심을 구했다는 기록은 없다. 기근이 찾아오니 자연스럽게 피한 것 같다. 아브라함이 흉년이 들었을 때 하나님께 묻지 않고 애굽으로 내려갔던 장면과 비슷하다.

그런데 이 선택은 최선이 아니라 차선이었고, 결과적으로는 손에 꼽히는 최악의 선택이 되고 말았다. 모압 땅에서 남편이 죽고, 두 아들마저 그곳에서 모두 죽고 말았기 때문이다. 그러나 이 최악의 상황 속에서도 한 가지 희망은, 바로 그 모압 땅에서 룻이라는 며느리를 얻게 된 것이다. 룻은 시어머니 나오미와 함께 베들레헴으로 돌아오고, 그곳에서 보아스를 만난다. 결국 두 사람은 결혼하고 오벳이라는 아들을 낳는데, 이 오벳이 다윗의 친할아버지이며, 그 다윗의 혈통을 통해 예수 그리스도께서 이 땅에 오신다.

하나님께서 최악의 선택을 바꾸어 최선으로 인도하신 결과가 바로 다윗이며, 예수 그리스도다. 여기에는 룻의 믿음의 응답, 시어머니의 하나님을 자신의 하나님으로 택한 믿음의 결단이 있었다. 그리고 하나님은 이 모든 것을 합력하여 선을 이루셨다. 이것이 하나님의 섭리다.

오늘부터 최선의 길로

과거의 잘못된 선택, 최선이 아니라 차선을 택했던 것을 회개하라.

"하나님, 제 마음대로 선택하고 말았습니다. 왕이신 하나님을 거절하고, 제가 왕이 되어 선택했습니다."

그러나 회개했다면, 더 이상 후회에 머물지 말라. 어제까지는 차선이었을지라도, 오늘부터 하나님께서 여전히 함께하며 최선의 길, 곧 여호와께서 보시기에 가장 좋은 길로 인도하실 것이다. 그때 순종하며 따라가면 된다. 이것이 그때 하나님께서 사울에게 기대하셨던 것이며, 오늘 우리에게도 기대하시는 것이다.

우리의 차선과 심지어 최악마저도 최선으로 인도하시는 하나님을 신뢰하라. 여전히 함께하며 이끄시는 주님을 따라 순종함으로 나아가라.

마음에 새길 세 가지

1 하나님의 허락과 하나님의 최선은 다르다

문이 열리고 길이 뚫린다고 해서 그것이 곧 하나님의 최선이라고 쉽게 결론 내려서는 안 된다. 하나님은 우리의 선택을 존중하시지만, 그 허락이 반드시 최선을 의미하지는 않는다. 그러므로 마음을 다해 하나님을 믿고, 범사에 그분을 인정하며 지혜와 분별력을 구해야 한다. 우리의 지식을 의지하지 않고 하나님의 인도하심을 구할 때, 그분이 우리가 갈 길을 알려 주신다.

2 차선 가운데서도 최선으로 인도하시는 하나님이 계신다

하나님은 당신을 사랑하는 자들을 위해 모든 것을 합력하여 선을 이루시는 분이다. 우리가 과거에 차선을 택했을지라도, 하나님은 그 차선을 통해 다음 길을 인도하신다. 하나님은 차선과 최악의 자리에서 은혜를 베풀며 최선을 향해 이끄신다. 과거는 바꿀 수 없지만, 현재부터는 바꿀 수 있다.

3 차선을 최선으로 바꾸는 것은 하나님의 역할, 순종은 우리의 역할이다

하나님께서 함께하고 인도하실 때, 작은 것부터 순종하라. 사울은 하나님이 새 마음과 당신의 영을 부어 주셨음에도 불구하고 믿거나 순종하지 못한 채 머뭇거렸다. 후회는 인생을 바꾸지 못한다. 회개하고 오늘부터 하나님의 인도하심에 순종하며 따라갈 때, 하나님이 우리의 차선을 최선으로 바꾸어 주신다.

소그룹 나눔 질문

- 문이 열리고 길이 뚫렸다고 해서 그것이 곧 하나님의 최선은 아닙니다. 하나님은 우리의 선택을 존중하시지만, 그 허락이 반드시 최선을 의미하지는 않습니다. 과거에 '허락'을 '최선'으로 착각하고 나아갔던 경험이 있다면, 그 과정에서 무엇을 배웠고 이제는 어떻게 하나님의 인도하심을 분별하려고 노력하고 있는지 나누어 봅시다.

- 사울은 왕으로 기름 부음을 받았지만 '짐보따리들' 사이에 숨어 있었습니다. 하나님께서 부르시는데도 두려움이나 자격지심 때문에 뒷걸음질 쳤던 경험이 있다면, 그 두려움의 뿌리는 무엇이었으며 어떻게 극복할 수 있었는지 나누어 봅시다.

하나님 마음에 맞는 사람의 기도

차선임에도 최선으로 인도하시는 하나님,
저의 과거 선택들을 돌아봅니다.
주님의 최선을 알지 못했고,
때로는 알면서도 차선을 택했습니다.
왕이신 하나님을 거절하고, 제가 왕이 되어
제 뜻대로 선택했던 죄를 회개하오니 용서하여 주소서.
그러나 저의 차선과 최악에도 불구하고
버리지 않으신 주님께 감사합니다.
모든 것을 합력하여 선을 이루시는 주님의 섭리를 찬양합니다.
이제 지혜와 분별력을 주소서.
제 지식을 의지하지 않고 마음을 다해
주님을 신뢰하게 하소서.
작은 것부터 믿음으로 응답하게 하소서.
주님께서 최선의 길로 인도하심을 믿게 하소서.
어제까지는 차선이었으나, 오늘부터는 주님과 함께
최선의 길을 걷게 하소서.
주 예수 그리스도의 이름으로 기도합니다. 아멘.

13. 하나님의 선교적 부르심에 응답하라

삼상 11:1-15

선교의 동력이 식어 가는 시대

예수님은 제자들을 부르고 그들을 세상으로 파송하셨다. "가서 제자를 삼으라"고 명하셨다. 우리는 이것을 지상대위임령, 혹은 '위대한 사명'이라 부른다. 그러나 최근 선교의 동력이 점점 약해지고 있다는 소식이 들려온다. 그 이유는 첫째, 선교를 '옵션'으로 여기는 생각 때문이다. 어차피 구원받을 사람은 하나님께서 구원하실 텐데, 무엇 하러 선교를 하느냐는 것이다. 그러나 전하는 사람이 없으면 복음을 들을 수 없고, 들을 수 없으면 구원받지 못한다. 둘째는, '종교다원주의' 사상 때문이다. 모든 종교는 결국 같은 산 정상에서 만나고, 지류는 달라도 큰 강에서 합류하니 선교할 이유가 없다는 것이다. 그러나 그렇지 않다. 하나님께 가는 유일한 길은 예수 그리스도다.

> 예수께서 이르시되 내가 곧 길이요 진리요 생명이니 나로 말미암지 않고는 아버지께로 올 자가 없느니라(요 14:6, 개역개정).

> 다른 이로써는 구원을 받을 수 없나니 천하 사람 중에 구원을 받을 만한 다른 이름을 우리에게 주신 일이 없음이라 하였더라(행 4:12, 개역개정).

구원에 있어서 예수 그리스도의 유일성, 그분만이 유일한 길이라는 진리가 바로 선교의 근거다. 선교가 존재하는 이유는, 그곳에 하나님을 향한 예배가 없기 때문이다.

사울 역시 하나님의 선교적 부르심 앞에서 수동적인 모습을 보인다. 그는 이스라엘의 초대 왕으로 세워졌지만, 왕으로 추대된 이후 자신의 고향 '기브아'로 돌아가 밭을 갈며 다시 농부의 일상으로 돌아간다. 어떤 사람들은 이를 겸손하고 서민적인 모습으로 해석할지 모른다. 그러나 사울이 밭을 간 이유는 겸손해서가 아니라, 왕으로서 무엇을 해야 할지 몰랐기 때문이다. 하나님은 그를 농사를 더 잘 짓게 하려고 부르신 것이 아니었다.

나하스의 침략과 영적 의미

바로 그때, 한 사건이 터진다. 요단 동편에 거하던 암몬 사람 나하스가 이스라엘 땅 길르앗 야베스까지 쳐들어와 그들을 포위한 것이다. 암몬을 이길 수 없었던 길르앗 야베스 사람들이 조약을 맺고 암몬을 섬기겠다고 하자, 나하스는 끔찍하고도 모욕적인 조건을 내건다.

> 그러나 암몬 사람 나하스는 "내가 너희의 오른쪽 눈을 모조리 빼겠다. 온 이스라엘을 이같이 모욕하는 조건에서만 너희와 조약을 맺겠다" 하고 대답하였다(삼상 11:2).

고대 근동에서는 죄수의 눈을 멀게 하는 형벌이 있었다. 삼손도 블레셋에게 잡혔을 때 눈이 뽑힌 채 맷돌을 돌려야 했고, 남유다의 마지막 왕 시드기야 역시 바벨론 포로가 되어 눈이 뽑힌 채 끌려갔다. 전쟁에서 포로의 오른쪽 눈을 빼는 행위는 평형 감각과 원근 감각을 상실하게 하여 전투 능력을 완전히 제거하는 것이었다. 나하스의 제안은 오른쪽 눈을 없애 그들을 전쟁 수행 능력이 없는 노예로 삼고, 동시에 공개적으로 조롱하고 모욕하겠다는 뜻이었다.

여기서 '나하스'라는 이름이 지닌 영적 의미를 살펴볼 필요가 있다. 암몬은 하나님의 백성을 끊임없이 괴롭히고 공격하며 조롱하는 족속이었다. 놀랍게도 암몬 족속의 지도자 나하스라는 이름의 뜻은 '뱀'이다. 성경에서 옛 뱀, 도둑으로 불리는 마귀는 오직 훔치고, 죽이고, 파괴하려고 온다(요 10:10). 청교도 신학자 토머스 왓슨(Thomas Watson)은 이렇게 말했다.

"마귀는 사람들의 왼쪽 눈(세상일에 대한 지식)만 남겨 놓고 오른쪽 눈을 빼 버려 경건의 비밀을 이해하지 못하게 만들었다."

세상 지식과 일에 대해서는 박사이면서 삼위일체 하나님과 하나님 나라, 복음의 영광에 대해서는 무지하다면, 그것은 나하스에게 공격당했기 때문이다. 뱀으로 불리는 마귀는 사람들의 마음을 혼미하게 하여 복음의 빛을 보지 못하게 만든다.

> 이 세상의 신[마귀]이 믿지 않는 자들의 마음을 어둡게 하여서, 하나님의 형상이신 그리스도의 영광을 선포하는 복음의 빛을 보지 못하게 한 것입니다(고후 4:4).

길르앗 야베스 사람들이 처한 위기는 곧 오늘날 많은 그리스도인이 처한 위기이기도 하다. 나하스는 그리스도인들이 영적 전쟁을 치르지 못하도록 속이며, 보고도 보지 못하게 영적인 눈을 뽑으려 한다. 이것이 바벨론 포로로 끌려가기 직전 유다 백성의 영적 상태였다.

> "이 어리석고 깨달을 줄 모르는 백성아, 눈이 있어도 볼 수가 없고, 귀가 있어도 들을 수가 없는 백성아, 너희는 이제 내가 하는 말을 잘 들어라"(렘 5:21).

믿음의 눈으로 보지 못하고 육신의 눈으로만 세상과 인생을 보려 한다면, 그것이 오늘날 그리스도인들이 처한 위기임을 알아야 한다. 더 나아가 이것은 여전히 복음을 듣지 못한 채 살아가는 사람들에게 이미 벌어지고 있는 일이기도 하다. 토속 신앙과 미신, 각종 우상 숭배를 통해 나하스, 곧 옛 뱀이 사람들의 눈과 귀를 가리고 속이고 있기 때문이다.

선하고 거룩한 분노

나하스가 오른쪽 눈을 뽑아 버리겠다고 위협하자, 길르앗 야베스의 장로들은 나하스에게 한 가지를 제안한다. 자신들에게 7일의 시간을 달라는 것이다. 끔찍한 폭력과 억압의 위기에 처한 야베스 사람들은 자신들을 구원할 자를 찾고 있다. 그들을 구원할 자는 누구인가? 여호와 하나님이시다.

야베스 사람들의 구원 요청에 하나님은 어떻게 응답하시는가? 하나님은 사울을 부르신다. 야베스의 전령들이 사울이 살고 있는 기브아로 가서 이 소식을 전하며 울부짖는다. 길르앗 야베스와 사울이 속한 베냐민 지파는 특별한 관계에 있다. 사사기 시대, 베냐민 지파가 다른 모든 지파의 연합 공격으로 멸절 위기에 놓였을 때, 길르앗 야베스의 처녀들이 베냐민 지파 남자들과 결혼함으로써 그 지파의 명맥이 이어졌기 때문이다. 그들은 어찌 보면 사돈이요, 가족과도 같은 관계였다.

나하스의 협박을 들은 사울에게 놀라운 일이 일어난다.

> 이 말을 듣고 있을 때에, 사울에게 하나님의 영이 세차게 내리니, 그가 무섭게 분노를 터뜨렸다(삼상 11:6).

여기서 한 가지 질문이 생긴다. 하나님의 영이 임했는데 왜 무섭게 분노를 터뜨렸을까? 하나님의 영과 분노가 공존할 수 있는가? 분노는 죄가 아닌가? 일반적으로 분노는 죄가 맞다. 성경은 분노가 하나님의 의를 이루지 못한다고 말씀한다. 분노는 사람의 영혼을 잠식하여 파멸시킬 수 있는 무서운 죄다. 그러나 모든 분노가 죄는 아니다. 선하고 거룩하며 의로운 분노도 있다.

분노는 불과 같다. 부엌에 있으면 음식을 익히는 도구가 되지만, 부엌 바깥으로 나오면 집을 태운다. 악과 불의에 대한 분노는 하나님의 공의라는 성품에서 비롯된 것이다.

> (하나님께서) 이기심에 사로잡혀서 진리를 거스르고 불의를 따르는 사람에게는 진노와 분노를 쏟으실 것입니다(롬 2:8).

하나님의 분노는 불의에 대한 심판의 분노다. 오히려 불의 앞에서 분노하지 못할 때, 즉 '분노의 부재'가 문제가 될 수 있다. 불의에 대해 분노하지 못하면 공의와 정의가 세워질 수 없기 때문이다. 그런 점에서 선하고 거룩한 분노는 무기력하게 억압받고 폭력을 당하는 이들의 권리를 지키며, 하나님의 은혜가 구현되는 통로가 될 수 있다.

하나님의 영이 사울에게 임했을 때 그가 무섭게 분노한 이유는 나하스, 곧 뱀으로 상징되는 불의에 대한 분노였다. 불의에 대한 분노는 정의를 행하게 하는 원동력이 된다.

미쉬파트: 정의를 행하라

미가 6장에 보면, 하나님께서 우리에게 구하시는 것이 있다.

> 사람아 주께서 선한 것이 무엇임을 네게 보이셨나니 여호와께서 네게 구하시는 것은 오직 정의를 행하며(do justice) 인자를 사랑하며 겸손하게 네 하나님과 함께 행하는 것(walk humbly with your God)이 아니냐(미 6:8, 개역개정/NASB).

하나님이 원하시는 것은 하나님과 동행하는 것이다. 주님과 친밀히 교제하며, 그분이 원하시는 일에 귀를 기울이고 마음을 쏟는 것이다. 그러나 그 이전에, 하나님은 정의를 행하고 인자, 곧 은혜와 긍휼을 사랑하는 것을 원한다고 말씀하신다.

여기서 '정의'라는 말은 히브리어로 '미쉬파트'(מִשְׁפָּט)인데, 이 단어에는 기본적으로 '사람을 공평하게 대한다'는 뜻이 담겨 있다. 사회적 지위나 인종, 배경과 상관없이 각 사람에게 주어진 고유한 권리를 지켜 주라는 의미다. 특별히 하나님은 억압받고 고통당하는 이들을 돌보시는 분이다.

> 여호와께서 이와 같이 말씀하시되 너희가 정의와 공의를 행하여 탈취당한 자를 압박하는 자의 손에서 건지고 이방인과 고아와 과부를 압제하거나 학대하지 말며 이곳에서 무죄한 피를 흘리지 말라(렘 22:3, 개역개정).

이 말씀이 바로 사울에게 하나님의 영이 임한 이유를 설명해 준다. 하나님은 사울이 억압받고 고통당하는 길르앗 야베스 사람들을 위해 긍휼의 마음을 가지고 일어나기를 원하셨다. 탈취당한 자들을 압박하는 자의 손에서 건져 내는 것이 하나님이 사울에게 원하시는 것이었다.

만일 우리가 하나님을 믿는다고 하면서도 억압받는 이들의 울부짖음과 외침을 외면한다면, 그것은 세상으로 하여금 하나님이 어떤 분이신지, 하나님의 긍휼과 공의를 보지 못하도록 그들의 눈을 가리는 행위와 다를 바가 없다. 야베스 사람들이 눈이 뽑히기 직전

인데도 모른 척하고 밭이나 갈고 있는 것이 하나님의 뜻이겠는가? 아니다.

하나님은 바로 이 위기의 순간을 위해 사울에게 미리 기름을 부으신 것이다. 이때를 통해 하나님이 어떤 분이신지, 얼마나 긍휼이 크고 공의로운 분이신지를 세상이 알게 하기 위해 당신의 영을 사울에게 부어 주신 것이다.

우리는 하나님의 사랑을 받았기에 사랑하기 위해 선교한다고 고백한다. 그러나 불의를 기뻐하지 않는 것 또한 선교의 중요한 동력이다. 고린도전서 13장은 사랑이 불의를 기뻐하지 않는다고 말씀한다. 사랑은 억압받는 자를 위해 공의를 행하는 것이며, 공의를 행하는 것이 곧 사랑이다.

사울에게 임한 하나님의 영은 그로 하여금 미쉬파트, 곧 공의를 행함으로 사랑을 구현하고, 하나님의 살아 계심을 그들 가운데 드러내게 하려는 것이었다. 이것이 바로 선교다.

사울, 암몬을 물리치다

사울에게 하나님의 영이 임하자 거룩한 분노가 일어난다. 그는 자기가 몰던 소 두 마리를 여러 토막으로 내어 이스라엘의 모든 지역으로 보낸다. 사울과 사무엘을 따르지 않으면 이런 꼴을 당할 것이라고 선포하며 군대를 소집한다. 베섹이라는 곳에 이스라엘에서 30만 명, 유다에서 3만 명, 총 33만 명이 모인다. 엄청난 숫자의 군대다. 성령께서 분열되어 있던 이스라엘을 하나 되게 하신 것이다. 외부의 적과의 전쟁에서 승리하려면 먼저 하나가 되어야 한다. 성령은 하나 되게 하시는 분이다.

사울은 다음 날 새벽, 군대를 세 부대로 나누어 적진 한복판으로 침투한다. 새벽 기습 작전, 이른바 '길르앗 여명 작전'이었고, 이것은 대성공을 거둔다.

> 다음날 아침 일찍 사울은 군인들을 세 부대로 나누어 가지고, 새벽녘에 적진 한복판으로 들어가서, 날이 한창 뜨거울 때까지 암몬 사람들을 쳐서 죽였다. 살아남은 사람들은 다 흩어져서, 두 사람도 함께 있는 일이 없었다(삼상 11:11).

사울의 첫 전투는 대승리로 끝났다. 억압받던 길르앗 야베스 사람들은 자유를 얻었고, 포위에서 풀려났다. 그들은 오른쪽 눈을 잃고 평생 종으로 살 뻔했으나, 마침내 풀려나 하나님의 위대하심을 보게 되었다.

영적 전쟁터에 있는 하나님의 백성

사울이 암몬의 나하스를 상대로 거둔 승리가 주는 메시지가 있다. 우리의 삶이 겉으로 어떠해 보이든지, 영적인 차원에서 하나님의 백성은 여전히 전쟁터에 있다는 사실이다. 나하스는 끊임없이 우리의 오른쪽 눈을 뽑거나 가려서, 경건의 비밀과 복음의 영광을 깨닫지 못하게 하려 한다.

> 우리의 씨름은 혈과 육을 상대하는 것이 아니요 통치자들과 권세들과 이 어둠의 세상 주관자들과 하늘에 있는 악의 영들을 상대함이라(엡 6:12, 개역개정).

지금도 악한 영들에 사로잡혀 있는 사람이 얼마나 많은가? 그래서 하나님은 우리를 기도의 중보자로, 복음의 선포자로 부르신다. 사울에게 하나님의 영이 임했던 것처럼, 우리 역시 성령으로 충만해야 한다. 그래야만 악한 영들을 상대로 이길 수 있다. 승리는 오직 주님께서 주시는 것이기 때문이다.

선교의 동력은 영혼에 대한 사랑이다. 그러나 동시에 악한 영에 대한 거룩한 분노이기도 하다. 한 영혼과 한 가정을 파괴하고 멸하려 하는 악한 영에 대한 선한 분노가 있어야 한다. 동시에 주님께서 이미 구원하셨음을 믿고, 예수 그리스도의 보혈을 담대히 선포해야 한다. 이미 승리는 우리의 것이기 때문이다.

한 가정의 이야기가 있다. 남편은 젊은 시절 어머니를 스스로 목숨을 끊는 방식으로 잃었다. 그 후 아버지는 도박과 유흥에 빠져 가정을 버렸고, 남편과 여동생만 남았다. 남편은 살아오는 동안 여러 차례 교통사고로 죽을 고비를 넘겼으나, 그때마다 하나님이 살려 주셨다. 여동생 역시 죽을 수밖에 없던 상황을 기적처럼 벗어나 지금까지 살아왔다. 마귀는 한 가정을 파멸시키려고 집요하게 공격했다. 그러나 하나님은 구원의 역사를 시작하셨다. 남편은 교회에서 양육을 받고 세례를 받았다. 이제 남은 한 사람, 여동생이었다.

어느 날 여동생이 형부의 아내에게 전화해 울면서 물었다.

"나도 하나님을 믿어야 하나?"

당연히 "예수님을 믿어야 해"라고 복음을 전했다. 그 순간 여동생이 아닌 그 안의 악한 영이 말하기 시작했다. 옆에 있던 남편에게 "너, 왜 세례 받았어? 얘는 내 거야!"

악한 영이 정체를 드러낸 것은 두려움 때문이다. 예수 그리스도를 두려워하고, 자기가 노예 삼은 자를 빼앗길까 두려워한 것이다.

남편과 아내는 목사를 찾아가 기도 지원을 요청했다. 금요성령 집회 때 내게 와서 안수기도를 부탁했다. 나하스에게 사로잡힌 길르앗 야베스 같은 여동생을 구하러 지방으로 내려가는 길이었다. 엄청난 전투를 앞두고 지원을 요청하며 연합군을 형성하는 일은 지혜로운 선택이다. 그분들을 축복하며 기도하면서 말했다.

"우리 안에 계신 주님이 악한 영보다 강하십니다. 두려워 마십시오. 담대하십시오."

그렇게 파송되어 갔다. 여동생이 있는 곳으로 가려 하자 악한 영이 알고 오지 말라고 했다. 그래도 갔다. 다시 교회에 지원을 요청하고 갔다. 저녁부터 새벽까지 사투를 벌였다. 그리고 새벽에 여동생이 예수님을 영접했다. 할렐루야!

남편과 아내와 교회가 연합군이 되어 나아갔을 때, 나하스에게 사로잡혔던 가족이 풀려났다. 선교의 동력은 그 영혼을 향한 사랑이다. 그러나 동시에 악한 영을 향한 거룩한 분노다. 한 영혼과 한 가정을 파괴하며 멸하려는 악한 영에 대한 선한 분노가 있어야 한다. 동시에 주님의 구원을 믿고 예수 그리스도의 보혈을 선포해야 한다. 이미 승리는 우리 것이기 때문이다.

사울은 이날의 승리의 공로를 오직 하나님께 돌린다.

"오늘은 주님께서 이스라엘 백성을 구원하여 주신 날이오"(삼상 11:13).

이날은 다른 이로써는 구원을 받을 수 없고, 오직 주님만이 구원이심을 드러낸 날이다.

선교적 부르심에 응답하라

하나님께서 당신의 선교적 군대를 일으키신다. 나하스로 상징되는 뱀에게 속고 억압당하는 이들을 구원하라고 우리를 부르신다. 성령이 임하면 영혼에 대한 사랑이 부어지고, 동시에 악한 영에 대한 거룩한 분노가 일어난다.

우리 모두가 세상으로 보냄 받은 사람들, 선교적 공동체가 되어 예수님의 위대한 사명에 순종하고, 우리에게 맡겨진 하나님 나라를 회복하는 은혜를 누리게 되기를 기도한다.

마음에 새길 세 가지

1 나하스는 오른쪽 눈을 빼려 하고, 하나님은 영적 눈을 열어 주신다

'나하스'는 '뱀'이라는 뜻으로, 옛 뱀 마귀를 상징한다. 마귀는 사람들의 왼쪽 눈(세상 지식)은 남겨두고 오른쪽 눈을 빼앗아 경건의 비밀과 복음의 영광을 보지 못하게 한다. 세상일에는 밝으면서 하나님 나라와 복음에는 무지하다면, 이미 영적 공격을 받은 것이다. 그러나 하나님은 우리의 영적 눈을 열어 복음의 빛을 보게 하신다.

2 선하고 거룩한 분노가 정의를 행하게 한다

모든 분노가 죄는 아니다. 분노는 불과 같아서 부엌에 있으면 음식을 요리하지만, 바깥으로 나오면 집을 불태운다. 악과 불의에 대한 분노는 하나님의 공의라는 성품에서 비롯된 것이다. 오히려 '분노의 부재'가 문제가 될 수 있다. 선하고 거룩한 분노는 억압받는 이들의 권리를 지켜 주고, 하나님의 은혜가 구현되는 통로가 된다. 미쉬파트(정의)를 행하는 것이 곧 사랑이다.

3 선교의 동력은 사랑과 거룩한 분노다

우리는 하나님의 사랑을 받았기에 사랑하기 위해 선교한다. 그러나 동시에 불의를 기뻐하지 않는 것도 선교의 중요한 동력이다. 영혼에 대한 사랑과 악한 영에 대한 거룩한 분노가 함께할 때, 우리는 하나님의 선교적 부르심에 온전히 응답할 수 있다. 성령이 임하면 영혼에 대한 사랑이 부어지고, 동시에 악한 영에 대한 거룩한 분노가 일어난다.

소그룹 나눔 질문

- 나하스'(뱀)는 사람들의 영적 눈을 빼앗아 복음의 영광을 보지 못하게 합니다. 세상일에는 밝지만 하나님 나라와 복음에는 둔감한 영역이 있다면, 그것은 무엇입니까? 또한 전에는 보이지 않던 하나님의 은혜나 복음의 진리가 어느 순간 눈이 열리듯 깨달아진 경험이 있다면 나누어 봅시다.

- 사울은 불의를 보고 거룩한 분노를 느꼈고, 그 분노는 정의로운 행동으로 이어졌습니다. 세상의 불의나 영적 압제를 보며 의분을 느낀 적이 있다면 언제입니까? 그 분노를 하나님 나라를 위한 선교적 행동으로 어떻게 연결할 수 있을까요?

하나님 마음에 맞는 사람의 기도

사명자로 부르시는 하나님,
선교가 옵션이 아니라 왕의 명령임을 깨닫게 하소서.
예수 그리스도만이 유일한 길이요, 진리요, 생명이심을 믿습니다.
아직 복음을 듣지 못한 이들,
'나하스'에게 영적 눈이 가려진 이들에게
주님의 마음을 증거하게 하소서.
주님, 저에게 선하고 거룩한 분노를 주소서.
악과 불의 앞에서 무감각하지 않게 하시고,
억압받는 이들의 울부짖음을 외면하거나 침묵하지 않게 하소서.
미쉬파트, 정의를 행하는 것이 곧 사랑임을 알게 하시고,
공의를 행함으로 하나님의 살아 계심을 드러내게 하소서.
성령으로 충만하게 하사,
밭이나 가는 수동적인 삶에서 벗어나,
선교적 부르심에 담대히 응답하게 하소서.
승리는 오직 주님께서 주심을 믿고 나아갑니다.
주 예수 그리스도의 이름으로 기도합니다. 아멘.

14. 사무엘처럼, 중보의 사명을 멈추지 말라

삼상 12:1-25

하나님을 잊은 백성

> 지혜가 전쟁 무기보다 더 낫지만, 죄인 하나가 많은 선한 것을 망칠 수 있다(전 9:18).

자신의 지혜를 의지하면, 그 어리석은 계획 하나가 많은 선한 것을 망칠 수 있다. 이스라엘 백성은 바로 이 진리를 깨닫지 못했다. 그들이 짜낸 지혜란, 하나님이라는 왕으로는 충분하지 않다고 여기고 인간 왕을 요구한 일이었다.

사무엘상 12장은 흔히 사무엘의 고별사로 알려져 있다. 그러나 엄밀히 말하면 사무엘이 완전히 은퇴하는 것은 아니다. 백성을 다스리는 직책을 사울에게 넘긴다는 점에서는 은퇴처럼 보일 수 있으나, 사무엘은 19장에 이르기까지 계속 등장한다. 오히려 그는 자신의 사역을 새롭게 재정의한다. 앞으로는 기도하는 일과 가르치는 일에 집중하겠다는 것이다.

사무엘은 지난 역사를 회고하며, 하나님이 왕이신데도 불구하고 인간 왕을 요구하며 의지한 일이 하나님께 대한 큰 죄였음을 지적한다. 이러한 영적 패턴은 출애굽 이후부터 계속되어 온 것이었다. 하나님께서는 애굽에서 종살이하던 이스라엘 백성의 부르짖음을 듣고 모세와 아론을 보내어 그들을 건져 내셨으며, 가나안 땅에 정착하게 하셨다. 그러나 화장실에 들어갈 때와 나올 때가 다르듯, 그들은 주 하나님을 잊어버리고 말았다.

> "그런데도 백성은 주 그들의 하나님을 잊어버리고 말았습니다. 그래서 주님께서는 조상들을 블레셋 사람과 모압 왕과 하솔 왕 야빈의 군사령관인 시스라에게 넘기시고, 우리 조상들을 쳐서 정복하게 하셨습니다"(삼상 12:9).

이스라엘의 문제는 블레셋이나 모압 왕, 하솔 왕과 같은 주변 나라들이 강했기 때문이 아니다. 이스라엘의 진짜 문제는 지금까지 인도하신 에벤에셀의 하나님을 잊어버린 데 있었다. 그래서 하나님께서 주변 나라들을 들어 이스라엘을 치게 하신 것이다.

사사기 시대의 영적 사이클

사사기 시대에는 네 단계의 영적 사이클이 있었다. 이 네 단계는 모두 'S'로 시작하는데, 1단계는 Sin, '죄'다. 백성은 바알과 아스다롯과 같은 우상들을 섬기며 죄를 범한다. 2단계는 Suffering, '고통'이다. 이 고통은 죄로 인한 것이다. 주변 나라가 강해서가 아니라, 이스라엘이 범죄했기 때문에 하나님께서 징계하시는 것이다. 이때 이스라엘은 다른 민족들의 침략을 받아 종이 된다. 3단계는 Supplication, '간구'다. 백성이 하나님께 살려 달라고 부르짖는 단계다. 4단계는 Salvation, '구원'이다. 하나님께서 그들의 간구를 듣고 평화를 되찾게 해 주신다.

여기서 질문이 하나 생긴다. 이 사이클이 반복되지 않게 하거나 늦추는 것이 가능할까? 이 사이클이 반복되는 이유는 4단계 구원과 1단계 죄 사이에 있다. 바로 영적 망각 때문이다. 아무 문제가 없는 평화로운 시기가 도래하면, 사람들은 하나님을 잊어버리는 경향이 있다. 이것이 약해진 믿음, 병든 믿음이다.

믿음이 병들다

로마서 4장 19절에서 바울은 아브라함의 믿음을 이렇게 기록한다.

> 그는 나이가 백 세가 되어서, 자기 몸이 (이미) 죽은 것이나 다름없고, 또한 사라의 태도 죽은 것이나 다름없는 줄 알면서도, 그는 믿음이 약해지지 않았습니다.

여기서 '약해지지 않았다'는 표현에 쓰인 단어가 '아스세네오'(ἀσθενέω)인데, 원래 뜻은 '병들다'(sick, diseased)이다. 아브라함이 육체적으로는 늙고 약해졌지만, 믿음은 병들지 않았다는 뜻이다. 그러나 많은 사람이 서서히 믿음이 약해지면서 결국 믿음에 병이 든다. 그리고 결국 주님을 잊는다.

질병에 전조 증상이 있듯이, 영적 망각과 병들어 가는 믿음에도 분명한 증상들이 있다. 먼저 기도의 시간이 점점 줄어든다. 새벽 기도나 아침 기도, 정오 기도, 저녁 기도가 점차 사라진다. 성경을 읽던 습관은 일주일에 두세 번으로 줄거나 불규칙해진다. 예배에 정기적으로 참석하던 사람이 한 달에 한두 번으로 줄어든다. 혹은 정기적으로 참석은 하지만 갈망이 사라지고 열정이 식어 간다.

하루를 감사와 찬양으로 시작하던 입술이 어느새 불평과 불만이 가득한 입술로 바뀌어 있다. 예전에는 문제가 생기면 성전으로 달려가 기도하고 금식했는데, 이제는 조금만 힘든 일이 생겨도 자신의 힘으로 해결하려 하거나 의지할 만한 사람을 찾는다. 이것이 바로 영적 기억상실증, 믿음이 약해지는 전조 증상들이다. 만일 이러한 증상들이 나타나고 있다면, 지금 우리는 4단계 사이클에서 1단계 죄로 넘어가고 있거나, 이미 1단계 죄로 넘어가 2단계 고난이 시작되기 직전에 있는 것이다.

하나님께서는 가나안 땅에 들어가기 전에 이미 모세를 통해 '당신을 잊지 말라'고 경고하셨다.

"오늘 … 주 당신들의 하나님을 잊지 않도록 하십시오. 당신들이 배불리 먹으며, 좋은 집을 짓고 거기에서 살지라도, 또 … 은과 금이 많아져서 당신들의 재산이 늘어날지라도, 혹시라도 교만한 마음이 생겨

> 서, 당신들을 이집트 땅 종살이하던 집에서 이끌어 내신 주 당신들의 하나님을 잊어버리는 일이 없도록 하십시오"(신 8:11-14).

하나님을 잊는 것은 단순히 물건을 잃어버리는 것과 다르다. 하나님을 잊는 것은 곧 죽음으로 향하는 길이다. 하나님을 잊으면, 사람은 하나님 대신 우상을 의지하게 되기 때문이다.

제도가 아니라 믿음의 문제

사무엘은 사사기 시대에 반복되었던 영적 망각의 역사를 주목하면서, 사실 왕정 제도 자체가 문제는 아니라고 말한다. 왕정이 세워진다 해도, 왕과 백성 모두가 하나님을 두려워하고 그분만을 섬긴다면 아무 문제가 없다는 것이다.

> "만일 당신들이 주님을 두려워하여 그분만을 섬기며, 그분에게 순종하여 주님의 명령을 거역하지 않으며, 당신들이나 당신들을 다스리는 왕이 다 같이 주 하나님을 따라 산다면, 모든 일이 잘될 것입니다"(삼상 12:14).

사울왕과 백성이 함께 하나님이 진정한 왕이심을 믿고 경외하며 순종한다면, 모든 일은 형통할 것이다. 하나님께서 왕정 제도를 폐지하지 않고, 훗날 당신의 마음에 맞는 다윗을 세워 왕의 제도를 계속 이어 가신 이유가 여기에 있다. 문제는 제도가 아니라, 하나님을 잊고 그분을 떠나는 연약하고 병든 믿음이다.

사무엘은 전부이신 하나님을 두고 다른 왕을 요구한 일이 얼마나 큰 죄악이었는지를 드러내며, 백성에게 회개를 요청한다. 그리고 하나님이 왜 전부이신지를 보여 주기 위해 한 표징이 나타난다. 추수 때인 건기에 갑자기 천둥과 비가 내린 것이다. 이는 하나님이 건기에도 비를 내리시는 분, 곧 날씨와 생업까지도 주관하시는 분임을 시각적·청각적 효과를 통해 보여 주신 것이었다. 비를 내리는 이는 바알이 아니라 여호와 하나님이시다.

> 모든 백성이 사무엘에게 간청하였다. "종들을 생각하시고 주 하나님께 기도하셔서, 우리가 죽지 않게 해 주십시오. 우리가 우리의 모든 죄에 왕을 구하는 악을 더하였습니다"(삼상 12:19).

하나님은 우리가 "하나님만으로는 충분하지 않다"고 했던 죄를 자백하고 회개하며 돌아설 때, 우리를 기꺼이 용서하신다. 하나님은 우리를 고통스럽게 하시려는 분이 아니다. 자녀가 잘되기를 바라며 부모가 훈계하는 것처럼, 우리를 살리기 위해 훈계하시는 분이다. 하나님보다 더 기뻐하고, 하나님보다 더 의지하는 대상이 있다면 회개해야 한다. 그러면 주님께서 용서해 주실 것이다.

사무엘의 가장 중요한 사명, 중보 기도

이스라엘 백성이 회개하자, 자신들을 위해 기도해 달라는 요청에 사무엘이 그들을 격려하며 약속의 말씀을 전한다.

> "주님께서는 당신들을 기꺼이 자기의 백성으로 삼아 도와주시기로 하셨기 때문에, 주님께서는 자기의 귀한 명예를 지키기 위해서라도, 자

기의 백성을 버리지 않으실 것입니다"(삼상 12:22).

그리고 사무엘은 은퇴 이후 자신의 가장 중요한 사명에 집중하기로 한다. 그것은 바로 중보 기도다. 사무엘은 어머니 한나의 기도로 태어난 사람이었고, 기도로 살아온 사람이었다. 그는 은퇴한 이후에 기도와 가르치는 사역에만 집중하겠다고 결단한다.

"나는 당신들이 잘되도록 기도할 것입니다. 내가 기도하는 일을 그친다면, 그것은 내가 하나님께 죄를 짓는 것입니다. 그런 일은 없을 것입니다. 오히려 나는, 당신들이 가장 선하고 가장 바른길로 가도록 가르치겠습니다"(삼상 12:23).

사무엘의 중보 기도의 대상은 누구인가? 현재의 세대도 포함되지만, 바로 '다음 세대'다. 이미 자신과 함께 나이 든 세대는 인생을 거의 다 살았다. 이제 사무엘이 기도하겠다고 하는 대상은, 앞으로 사울과 함께 나라를 이끌어 갈 다음 세대다.

왜 사무엘은 기도하는 일을 그치는 것이 하나님께 죄를 짓는 일이라고 말하는가? 바로 영적 사이클 때문이다. 이 사이클은 한 세대 안에서도 반복되지만, 특히 한 세대가 지나 다음 세대로 넘어갈 때 주로 영적 망각이 발생한다. 부모 세대는 하나님을 잊으면 안 된다는 교훈을 몸으로 배웠지만, 다음 세대는 모른다. 그렇게 평화로운 시기를 보내다 보면, 어느새 하나님을 모르는 '다른 세대'가 등장하게 된다. 거기서 다시 1단계 죄가 시작되는 것이다.

이 반복되는 사이클의 핵심 문제는 신앙이 다음 세대로 이어지지 않는 데 있다. 그러므로 사무엘은 다음 세대가 하나님을 모르는 무지한 세대, 전혀 다른 세대가 되지 않도록 깨어 기도하겠다는 것이다. 이 기도를 쉬게 되면 그들이 하나님을 잊고 범죄하게 될 것이기에, 기도를 쉬는 것은 곧 하나님께 죄를 짓는 일이 된다.

참된 사무엘이신 예수 그리스도

백성이 가장 선하고 바른 길로 가도록 기도하며 가르치겠다는 사무엘은 참된 진리이신 예수 그리스도를 가리킨다. 예수님께서 바로 그렇게 기도하셨기 때문이다. 죄를 지었다고 버리시는 분이 아니라, 가장 바른 길로 돌아가도록, 믿음이 떨어지지 않도록 기도하는 분이 주님이시다. 예수님은 시몬 베드로가 당신을 세 번이나 부인할 것을 이미 알고 계셨다. 그러나 주님은 그를 배신자나 변절자라 욕하지 않으셨다. 오히려 범죄할 베드로를 위해 미리 기도하셨다.

> "시몬아, 시몬아, 보아라. 사탄이 밀처럼 너희를 체질하려고 너희를 손아귀에 넣기를 요구하였다. 그러나 나는 네 믿음이 꺾이지 않도록, 너를 위하여 기도하였다"(눅 22:31-32a).

꺾이지 않는 믿음보다 더 중요한 것은 꺾이지 않는 기도다. 꺾이지 않는 믿음, 병들지 않는 믿음은 꺾이지 않는 중보 기도가 있기에 존재하기 때문이다. 예수님은 베드로의 세 번 부인에도 불구하고, 베드로를 향한 중보 기도를 결코 꺾지 않으셨다. 그래서 베드로는 커다란 실패 이후에도 다시 믿음을 회복할 수 있었다. 주님은 지금도 우리의 믿음이 꺾이지 않도록, 꺾이지 않는 중보 기도를 계속하고 계신다.

> 그러므로 예수께서는 자신을 통해서 하나님께 나아오는 사람들을 온전히 구원하실 수 있습니다. 그는 항상 살아 계셔서 그들을 위해 중보기도를 하십니다(히 7:25, 우리말성경).

우리는 예수님의 끊임없는 중보 기도를 통해 사는 자들이다. 그러므로 우리 또한 사무엘처럼 누군가를 위해, 배우자를 위해, 자녀를 위해, 성도들을 위해 그리고 나라를 위해 중보의 사명을 멈추지 말아야 한다. 그러면 하나님은 기도를 듣고 응답하신다.

한 가정의 자녀가 대학에 진학한 후, 처음에는 교회를 다니다가 상처를 받고 교회를 다니지 않기 시작했다. 그 후로는 기독교와 교회에 대해 부정적인 말들을 쏟아 놓기 시작했다. 그 부모가 얼마나 낙심했는지 모른다. 좋은 대학에 들어갔지만, 믿음을 잃어버린 것이다.

그 어머니는 본래 새벽 기도를 다니던 사람이었는데, 그 일 이후로는 거의 빠지지 않고 새벽마다 기도의 자리에 나왔다. 금요 집회에도 빠지지 않고 참석해 기도했다. 주일 말씀 원고를 자녀에게 보내 달라고 부탁해, 자녀가 보든 말든 매주 전했다. 그렇게 3년이 넘는 시간이 흘렀다.

그러던 어느 날, 소식이 들려왔다. 자녀의 믿음이 회복되었다는 소식이었다.

“엄마, 나 다시 교회에 나가요. 친구들이랑 같이 모여서 성경 읽고, 성경 공부도 해요.”

그렇게 학기를 마치고 돌아온 자녀와 함께 기쁨으로 가정 예배를 드렸다고 한다.

그 부모가 그 자녀를 위해 얼마나 기도했겠는가. 그러나 그 기도는 단지 부모의 기도만이 아니었다. 바로 선한 목자 되신 주님의 중보 기도였다.

중보의 사명을 멈추지 말라

기도가 되지 않고 낙심이 되는가? 주님만으로 충분하지 않다고 느껴지는가? 그때 사무엘은 이것을 기억하라고 말한다.

> "당신들은 주님만을 두려워하며, 마음을 다 바쳐서 진실하게 그분만을 섬기십시오. 주님께서 당신들을 생각하시고 얼마나 놀라운 일들을 하셨는가를 기억하십시오"(삼상 12:24).

기도가 막힐 때마다, 하나님께서 과거에 얼마나 놀라운 일들을 행하셨는지를 떠올려 보라. 그러면 어제나 오늘이나 변함없으신 주님께서 과거에 구원과 은혜를 베풀어 주신 것처럼, 오늘도, 내일도 그렇게 하시리라는 믿음이 주어진다. 그러므로 중보의 사명을 멈추지 말라.

사무엘이라는 이름의 뜻은 '하나님이 들으셨다'이다. 기도는 그의 삶이었고, 그의 삶은 기도였다. 그의 어머니 한나가 가장 슬플 때 가장 많이 기도했듯이, 사무엘도 백성의 죄로 인해 가장 슬플 때 가장 많이, 간절히 기도했다. 자식과도 같은 이스라엘 백성이 하나님을 제쳐 두고 왕을 구하는 큰 죄를 범했을 때, 그의 마음은 찢어질 듯 아팠다. 그럼에도 그는 선언한다.

"나는 너희를 위해 기도를 쉬는 죄를 범하지 않겠다. 중보의 사명을 멈추는 죄를 짓지 않겠다! 나는 기도로 태어났고, 지금까지 기도로 살았으며, 은퇴 이후에도 기도를 쉬지 않겠다!"

하나님은 기도에 귀 기울이시는 분이다. 그러므로 중보의 사명을 멈추지 말라. 주님은 언제나 우리를 위해 중보하신다. 그러므로 어떤 순간에도 낙심하지 말라. 왕을 구하는 큰 죄를 범했을지라도 회개하라. 우리가 영적 망각에 빠졌을지라도, 회개하고 주님께 돌아가면 주님은 우리의 죄를 잊고 병든 믿음을 치유하신다.

> 내 법을 그들의 생각에 두고 그들의 마음에 이것을 기록하리라 나는 그들에게 하나님이 되고 그들은 내게 백성이 되리라 … 내가 그들의 불의를 긍휼히 여기고 그들의 죄를 다시 기억하지 아니하리라 하셨느니라(히 8:10b, 12, 개역개정).

이것이 십자가의 놀라운 은혜다. 우리는 이 은혜를 근거로 언제나 담대히 은혜의 보좌 앞에 나아갈 수 있다. 그러므로 사무엘처럼 중보의 사명을 멈추지 말라. 깨어 기도할 때, 연약하고 병든 믿음은 치유될 것이다. 무엇보다 더 나은 사무엘이신 예수님께서 지금도 우리를 위해 중보하고 계심을 믿으라. 주님은 결코 당신의 백성을 버리지 않으시기 때문이다.

마음에 새길 세 가지

1 영적 망각은 믿음을 병들게 한다

사사기 시대에 영적 사이클(죄-고통-간구-구원)이 반복된 이유는 영적 망각 때문이다. 평화로운 시기가 도래하면 사람들은 하나님을 잊어버리는 경향이 있다. 기도 시간이 줄어들고, 성경 읽는 습관이 불규칙해지며, 예배에 대한 갈망이 사라지는 것은 믿음이 병들어 가는 전조 증상이다. 하나님을 잊는 것은 단순히 물건을 잃어버리는 것과 다르다. 하나님을 잊는 것은 죽음으로 향하는 길이다.

2 꺾이지 않는 믿음보다 중요한 것은 꺾이지 않는 기도다

사무엘은 기도를 쉬는 것을 하나님 앞에서의 죄라고 선언한다. 신앙이 다음 세대로 이어지지 않는 것이 영적 사이클 반복의 핵심 문제이기 때문이다. 예수님도 베드로가 세 번 부인할 것을 알면서 그의 믿음이 꺾이지 않도록 중보하셨다. 꺾이지 않는 믿음, 병들지 않는 믿음은 꺾이지 않는 중보 기도가 있기에 존재한다.

3 더 나은 사무엘이신 예수님이 우리를 위해 중보하신다

예수님은 지금도 살아 계셔서 하나님께 나아오는 자들을 위해 중보하신다. 우리는 그 끊임없는 중보 기도로 사는 사람들이다. 그러므로 회개하고 돌아갈 때, 주님은 우리의 죄를 잊고 병든 믿음을 치유하신다. 이것이 십자가의 은혜다. 주님은 결코 당신의 백성을 버리지 않으신다.

소그룹 나눔 질문

- 사무엘은 "기도하기를 쉬는 것은 하나님께 죄를 짓는 것"이라고 선언했습니다. 누군가를 위한 중보 기도를 멈추거나 소홀히 한 적이 있다면 그 이유는 무엇이었으며, 다시 그 기도의 자리로 돌아가기 위해 오늘 무엇을 결단해야 할까요?

- 영적 사이클(죄-고통-간구-구원)이 반복되는 이유는 영적 망각 때문입니다. 평화롭고 편안한 시기에 기도가 줄어들고, 말씀이 멀어지며, 예배에 대한 갈망이 식어 버린 경험이 있다면, 그 '망각'의 사이클을 깨뜨리기 위해 어떤 영적 습관과 루틴이 필요한지 함께 나누어 봅시다(소그룹 성경 통독, 말씀 묵상, 새벽 기도, 예수 동행 일기 등).

하나님 마음에 맞는 사람의 기도

자비와 긍휼이 풍성하신 하나님,
주님만으로 충분하지 않다고 여겼던 죄를 회개합니다.
주님을 잊고 다른 것에서 만족을 찾으려 했던
영적 망각의 죄를 자복합니다.
기도 시간이 줄어들고, 말씀에 대한 갈망이 식어 가던
전조 증상들을 외면했습니다. 용서하여 주소서.
주님, 사무엘처럼 중보의 사명을 멈추지 않게 하소서.
기도를 쉬는 것이 죄임을 깨닫게 하시고,
배우자와 자녀와 다음 세대와 나라와 민족을 위해
끊임없이 기도하게 하소서.
주님을 모르거나 믿음에서 떠난 이들을 위해
포기하지 않고 중보하게 하소서.
더 나은 사무엘이신 예수님께서
지금도 저를 위해 중보하고 계심을 믿습니다.
주님의 끊임없는 중보로 인해
제 믿음이 꺾이지 않음을 믿고 감사드립니다.
과거에 행하신 일들을 기억하며,
오늘도 내일도 함께하실 것을 신뢰합니다.
주 예수 그리스도의 이름으로 기도합니다. 아멘.

15. 사울의 실패에서 이것을 배우라

삼상 13:1-23

역사는 운율을 맞춘다

《톰 소여의 모험》을 쓴 미국의 소설가 마크 트웨인(Mark Twain)은 이런 말을 했다.

"역사는 똑같이 반복(repeat)하지 않는다. 그러나 역사는 운율(rhyme)을 맞춘다."

그래서 "역사에서 배우지 못하는 사람들은 역사를 되풀이하게 된다"는 말이 있다. 그러나 인간은 쉽게 잊어버리고, 쉽게 망각한다. 이 점을 통찰한 독일의 철학자 헤겔(Georg Wilhelm Friedrich Hegel)은 이렇게 말했다.

"인간은 역사로부터 아무것도 배우지 못한다는 것을 역사로부터 배웠다."

사울의 삶을 통해 이스라엘 실패의 역사가 고스란히 되풀이된다. 더 두려운 것은, 사울의 실패가 그대로 우리에게도 반복될 수 있다는 사실이다. 안타깝고 무거운 주제지만, 반드시 새겨야 할 경고의 말씀이다.

> 이런 일들이 그들에게 일어난 것은 본보기〔examples〕가 되게 하려는 것이며, 그것들이 기록된 것은 말세를 만난 우리에게 경고〔warnings〕가 되게 하려는 것입니다(고전 10:11, NIV).

하나님은 사무엘상 13장을 통해서도 우리에게 본보기와 사례를 제시하며 경고하신다. 우리의 삶이 사울과 같이 되어서는 안 된다. 이 장의 본문은 왜 사울의 왕권이 지속되지 못하고 다윗에게로 넘어가게 되었는지를 보여 주는 결정적인 두 번의 에피소드 중 첫 번째 이야기다.

블레셋과의 전쟁, 사울이 직접 번제를 드리다

사울은 왕이 된 뒤 암몬과의 전쟁에서 큰 승리를 거두었다. 시간이 지난 후, 그는 이스라엘에서 3천 명의 군사를 뽑아 2천 명은 자신과 함께 베델 산지에 있게 하고, 1천 명은 아들 요나단과 함께 기브아 지역에 머물게 했다. 그때 요나단이 게바에 있던 블레셋 수비대를 선제공격한다. 이 담대한 공격으로 본격적인 전쟁이 시작된다.

문제는 블레셋 군대의 규모가 엄청났다는 점이다. 병거가 3만대, 기마가 6천에 이르렀고, 보병은 바닷가의 모래알처럼 많아 셀 수조차 없었다. 이 블레셋 군대가 사울이 있던 믹마스로 올라와 진을 쳤다. 이스라엘은 사방에서 밀려드는 적군에 의해 포위되었다. 이스라엘 백성은 사태의 심각성을 깨닫고 저마다 굴과 숲과 바위 틈과 구덩이에 숨기 시작했다. 이스라엘의 사기는 전쟁을 시작하기도 전에 바닥으로 떨어졌다.

그럼에도 불구하고 사울은 도망하지 않고 길갈에 그대로 남아 있었다. 여기서 사울에게 칭찬할 만한 점이 있다면, 말씀대로 사무엘을 기다렸다는 사실이다. 사무엘상 10장에서 사무엘은 사울에게 길갈로 먼저 내려가 이레 동안 기다리라고 말했었다.

> "그대는 나보다 먼저 길갈로 내려가십시오. 그러면 나도 뒤따라 그대에게 내려가서 번제와 화목 제물을 드릴 것이니, 내가 갈 때까지 이레 동안 기다려 주십시오. 그때에 가서 하셔야 할 일을 알려 드리겠습니다"(삼상 10:8).

사울이 말씀대로 지키고자 힘썼다는 점을 보여 주는 대목이다. 그러나 일곱째 날이 되었는데도 사무엘은 길갈에 나타나지 않았다. 군사들은 계속 탈영하고 있었다. 그러한 상황에서 사울은 이렇게 생각했을 것이다.

'무엇이라도 해서 사기를 올려야 하지 않겠는가? 예배라도 드려 하나님의 호의를 받아야 하지 않겠는가?'

결국 사울은 자신이 직접 번제를 드리기로 결정한다. 그러나 이 선택은 그의 인생을 바꾸는 어리석은 결정이 되고 만다.

사울은 사람들을 시켜 번제물과 화목 제물을 가지고 오라고 한 다음에, 자신이 직접 번제를 올렸다(삼상 13:9).

사울이 막 번제를 마치자마자 사무엘이 도착한다. 참으로 기가 막힌 타이밍이다. 사울은 그 잠깐을 기다리지 못한 것이다. 조금만 기다리면 되었는데, 끝내 참지 못했다. 사무엘은 사울을 꾸짖는다.

"임금님, 어찌하여 이런 일을 하셨습니까?"

사울은 자신이 왜 직접 번제를 드릴 수밖에 없었는지 세 가지 합리적인 이유를 들어 설명한다. 첫째는, 백성이 자신에게서 떠나 흩어지고 있다는 것이었다. 기업으로 말하면 고객이 떠나고, 계약이 안 되며, 매출이 줄어드는 상황이다. 이런 상황에서 가만히 있으면 무능한 지도자라는 말을 듣지 않겠는가? 둘째는, 제사장 사무엘이 약속한 날짜에 오지 않았다는 것이다. 셋째는, 가장 중요한 이유인데, 블레셋이 길갈로 내려와 공격할 수도 있다는 것이었다. 만일 그들이 내려와 공격한다면 이스라엘은 사실상 몰살당할 수 있는 상황이었다.

사울의 논리는 상당히 합리적이었고, 사회적·세상적 관점에서 보면 충분히 공감할 수 있는 결정이었다. 사울이 이스라엘의 왕이 아니었다면 전혀 문제가 되지 않았을 것이다. 다른 나라의 왕들도 이런 형편에서는 누구나 그렇게 했을 것이기 때문이다.

문제는 그가 하나님을 섬기는 나라의 왕이었다는 점이다. 하나님의 백성은 세상 속에 살지만, 세상과 달라야 한다. 바로 이것이 사울이 책망받게 되는 지점이다. 사울의 문제는 잘못된 정체성이었다. 그는 자신을 무엇이든 할 수 있고, 무엇이든 해도 되는 다른 나라의 '왕'과 같은 존재로 착각하고 있었다.

사무엘이 사울에게 이르되 왕이 망령되이 행하였도다(삼상 13:13a, 개역개정).

"주 하나님이 명하신 것을 임금님이 지키지 않으셨습니다. 명령을 어기지 않으셨더라면, 임금님과 임금님의 자손이 언제까지나 이스라엘을 다스리도록 주님께서 영원토록 굳게 세워 주셨을 것입니다"(삼상 13:13b).

'망령되다'라는 말은 '나이가 들거나 정신이 흐려져 말이나 행동이 정상을 벗어난 데가 있다'는 뜻이다. 더 나아가 인생의 큰 전환점을 가져오는 어리석은 행위를 가리킨다. 누군가의 인생을 바꿔놓을 정도로 치명적일 수 있는 선택이다. 사울의 '어리석은 결정'은 하나님의 명령에 대한 불순종이었다.

사울이 왕이었던 것이 아니라, 하나님이 왕이셨다. 왕이라고 해서 무엇이든 할 수 있는 것은 아니다. 사울 위에 참된 왕인 하나님이 계셨기에, 그는 하나님의 말씀에 절대적으로 순종해야 했다. 그러나 사울의 불순종은 원인이 아니라 결과였다. 그가 불순종하게 한 원인은 따로 있었다. 사울의 눈에 믹마스에 몰려든 블레셋의 군대가 왕이신 하나님보다 훨씬 더 크게 보였기 때문이다. 그가 마주한 현실이 보이지 않는 하나님보다 훨씬 더 실제적으로 느껴졌기 때문이다. 결국 사울의 불순종의 원인은 믿음의 실패였고, 그 믿음의 실패가 불순종이라는 결과로 드러난 것이다.

불순종은 믿음의 결핍의 결과다

신앙생활에서 나타나는 불순종의 원인은 악화된 상황이나 환경 그 자체에 있지 않다. 표면적으로 보면, 사울이 초조해져 불순종하게 된 이유는 '흩어지고 줄어드는 군대'였다. 우리 역시 인생에서 '영적 믹마스'의 포위 상황에 직면할 수 있다. 사업을 하는데 고객이 줄고, 매출이 감소하며, 직원들이 퇴사하고, 전체적인 사기가 떨어지면 마음이 어떻겠는가? 조급하고 두려운 마음이 들 것이다. '이러다가 망하는 것 아닌가?'라는 생각이 들 수 있다.

사울은 줄어드는 군대를 우려했다. 그러나 그 우려가 이미 그의 믿음의 결핍을 드러낸 것이었다. 그렇다고 믿음이 전혀 없었던 것은 아니다. 만일 믿음이 전혀 없었다면, 그는 기다리지도 않았을 것이고 번제도 드리지 않았을 것이다. 그가 7일을 기다렸다는 사실은, 적어도 그의 마음이 하나님의 존재를 인정하고 있음을 보여 준다. 그는 하나님께 제사를 드리는 것의 중요성 또한 알고 있었던 것으로 보인다. 문제는 믿음의 대상이었다. 그의 믿음이 온전히 주님께 향해 있지 않았던 것이다. 사실상 사울의 믿음의 대상은 하나님보다도 강력하고 수많아 보이는 인재들, 곧 군대였다.

믿음의 결핍은 결국 불순종을 낳는다. 믿음이 완벽한 사람이 어디 있겠는가? 우리 모두는 믿음의 결핍을 경험한다. 그러나 왜 이러한 결핍이 발생하는지를 아는 것이 중요하다. 그 원인은 영적 기억상실증이다. 사사기에 반복되던 '네 가지 사이클'이 이제 사울의 삶에서도 반복되기 시작한다.

사울은 길르앗 야베스 사람들을 구하기 위한 암몬과의 전투에서 대승을 거두었다. 그러나 시간이 흐르자, 그는 그 승리의 원인과 이유를 잊어버리고 말았다. 그 전쟁에서의 승리는 군사의 수가 많아서 얻은 결과가 아니었다. 하나님의 영이 사울에게 부어졌고, 하나님이 이기게 하셨기 때문이다. 그러나 사울은 이번 전쟁에서 마치 군대의 숫자에 따라 승패가 결정되는 것처럼 행동하고 있다. 그는 하나님의 영으로 충만했던 사람이지만, 그 충만함은 어느새 과거의 일이 되고 말았다.

사울에게 벌어진 이 위기 상황은 마치 '선악과'의 시험과 같았다. 아무리 상황이 불안하게 전개되어도 오직 주님만을 믿고 기다릴 것인가, 아니면 자신의 방식과 방법으로 문제를 해결하려 나설 것인가? 이것이 바로 '길갈의 선악과 시험'이다. 이 시험의 쟁점은 분명하다. 사울이 하나님 아래에서 왕으로 남을 것인가, 아니면 하나님을 대신하는 왕이 될 것인가의 문제였다.

우리 역시 일상 속에서 이 시험을 치르지 않는가? 하나님을 대신하여 우리 자신이 왕이 되고 싶어지는 '유혹'과 '시험' 말이다. 결국 사울은 직접 번제를 드림으로써 선악과를 따 먹는다. 그는 말씀에 순종하지 않아도 원수들과 전쟁을 치를 수 있다고 생각했다. 이것이 바로 망령되고 어리석은 생각이었다. 그 직접적인 원인은 믿음의 결핍이었고, 그 결핍의 더 깊은 원인은 망각이었다.

영적 믹마스가 찾아올 때, 위기 상황과 압박은 곧 믿음의 시험 기간임을 기억하라. 불순종은 결핍된 믿음의 결과다. 우리 믿음이 어디에 놓여 있는지 시험받을 때, 오직 주를 향한 믿음과 순종으로 이 시험을 이기고 통과해야 한다.

믿음의 결핍은 예배의 변질에서 온다

믿음의 결핍은 망각에서 오고, 그 망각은 곧 '예배의 변질'에서 비롯된다. 여기서 말하는 예배는 단지 주일에 드리는 예배나 수요·금요 예배만을 의미하지 않는다. 예배의 본질은 하나님을 가장 존귀한 분으로 고백하며 경배하고 찬양하는 데 있다. 하나님이 가장 존귀한 분이며, 삶의 이유가 되신다는 고백이 참된 예배다.

그런데 이 예배가 왜곡되거나 변질될 때, 믿음의 결핍이 시작된다. 사울의 예배에는 분명한 왜곡과 변질이 있었다. 그의 예배의 대상과 목적이 하나님이 아니었기 때문이다. 사울의 예배는 사실상 사울 자신을 위한 것이었다. 그는 전쟁에서 승리하기 위해 예배를 드렸다. 하나님이 필요했기 때문이다. 물론 예배를 통해 하나님의 도우심을 구할 수 있다. 그러나 그것은 예배가 주는 부차적인 유익일 뿐, 예배의 본질은 아니다. 이것이 사무엘이 사울을 그토록 책망한 이유다.

사울은 제사장이 아님에도 불구하고 직접 번제를 드렸다. 율법적으로 그것은 금지된 행위였다. 사무엘상 14장 3절을 보면, 당시 사울 곁에는 에봇을 입은 아히야 제사장이 함께 있었다. 그럼에도 사울은 제사장을 두고 자신이 직접 번제를 드렸다. 신명기 17장은 왕권에 대한 분명한 규정을 제시한다. 왕의 역할과 제사장의 역할은 다르다. 아무나 하나님께 제사를 드려서는 안 되며, 아무렇게나 드려서도 안 되었다. 그러나 사울은 그 권한을 넘어섰다. 이는 그가 '하나님의 권한'마저 넘볼 수 있는 자라는 뜻이다.

그러므로 사울의 문제는 단순히 사무엘의 권한을 넘어 직접 번제를 드렸다는 데에만 있지 않다. 그는 결과를 얻기 위해 과정을 생략하고, 수단과 방법을 가리지 않을 수 있는 사람이었다. 사울은 예배를 하나님을 '사랑'하기보다 하나님을 '사용'하기 위한 수단으로 삼았다. 이것이 바로 예배의 변질이며 왜곡이다.

역사는 되풀이된다. 사무엘상 2장에서 엘리의 아들 홉니와 비느하스는 전쟁에서 이기기 위해 '언약궤'를 메고 전장으로 나갔다. 하나님을 경외했기 때문이 아니라, 전쟁에서 이기기 위해 언약궤를 마치 부적처럼 사용한 것이었다. 결과는 참담한 패배였다.

우리는 사울의 실패를 통해 교훈을 얻어야 한다. 하나님을 하나님 되시게 참되게 예배하라. 사울의 실패를 다시 반복해서는 안 된다.

하나님은 마음에 맞는 자를 찾으신다

하나님은 승리보다 '순종'을, 결과보다 '과정'을 더 중요하게 보신다. 하나님과 사울이 중요하게 여기는 부분이 달랐다. 결국 하나님과 사울의 마음은 맞지 않았다. 사울은 전쟁에서 지면 안 되고, 반드시 이겨야 한다고 생각했다.

그러나 하나님이 사울에게 바라신 것은 단지 '승리'나 눈에 보이는 대단한 성과가 아니었다. 그 승리를 누가 주시는가? 주님이 주시기 때문이다. 하나님이 무엇이 부족하신가? 하나님께 무엇이 필요하신가? 오히려 부족하고 필요한 쪽은 우리다. 그런데 우리가 무슨 하나님을 '위해' 대단한 일을 하겠는가?

창세기에서 하나님은 완전하고 부족함 없는 에덴동산을 아담과 하와에게 주셨다. 하나님이 진정한 왕이 되실 때 어떤 일이 일어나는지를 보여 주신 것이다. 아담과 하와가 하나님을 위해 해야 할 일은 없었다. 단 하나 있다면, 하나님과의 친밀한 교제와 사귐

(fellowship)이었다. 하나님은 그것을 원하셨다.

그러나 아담은 먹지 말라고 하신 선악과를 먹었다. 선악을 알게 하는 나무는, 아담이 최종적인 권위자가 아니라 그 위에 하나님이 계심을 상기시키는 나무였다. 그런데 그 열매를 먹었다는 것은, 하나님의 자리, 왕의 자리를 찬탈하겠다는 뜻이었다. 그 결과 아담은 모든 것을 잃었다. 실낙원. 이것이 세상이 고통받는 이유이며, 인간의 결핍과 고난의 원인이다. 나무가 뿌리째 뽑힌 것이고, 물고기가 물 밖으로 나온 것이며, 노트북의 전원 배터리가 뽑힌 상태와 같다. 이것이 인류가 처한 현실이다.

그런데 예수님이 오셔서 하나님과 사람 사이를 다시 이어 주셨다. 그것이 십자가다. 십자가를 통해 우리의 반역의 죄를 사하고, 우리 안에 새로운 영을 주셨다. 무엇보다 하나님과의 사귐을 회복시켜 주셨다.

> 우리는 여러분도 우리와 서로 사귐을 가지기를 바라는 것입니다. 우리의 사귐은 아버지와 또 그의 아들 예수 그리스도와 함께하는 사귐입니다(요일 1:3b).

이 사귐은 이 땅에서 시작되어 죽음 이후에도 영원히 이어진다. 이것이 구원이며, 이것이 회복이다. 하나님과 사람 사이, 사람과 사람 사이, 사람과 자연 사이의 관계가 회복된 상태, 그것이 완전한 하나님 나라다. 이 관계와 사귐을 하나님은 사울에게 원하셨고, 지금 우리에게도 원하신다.

이 사귐이 곧 예배다. 공적인 예배만이 아니라 삶의 예배요, 일상의 예배다. 바로 이러한 예배자가 하나님의 마음에 맞는 사람이다.

> "그러나 이제는 임금님의 왕조가 더 이상 계속되지 못할 것입니다. 주님께서 임금님께 명하신 것을 임금님이 지키지 않으셨기 때문에, 주님께서는 달리 마음에 맞는 사람을 찾아서, 그를, 당신의 백성을 다스릴 영도자로 세우셨습니다"(삼상 13:14).

결국 사울의 왕조는 다른 사람으로 교체된다. 그는 주님의 마음에 맞는 사람이었다. 하나님은 대단한 결과나 성취를 바라시는 것이 아니다. 다만 하나님의 마음이 어디에 있는지를 묻고, 그 마음을 좇는 사람을 원하신다. 순종이 곧 예배다.

이것을 잘 보여 주는 구절이 다윗의 시편 27편 4절이다.

> 주님, 나에게 단 하나의 소원이 있습니다. 나는 오직 그 하나만 구하겠습니다. 그것은 한평생 주님의 집에 살면서 주님의 자비로우신 모습을 보는 것과, 성전에서 주님과 의논하면서 살아가는 것입니다.

다윗은 오직 주님과의 교제와 사귐, 주를 바라보는 이 한 가지만을 구했다. 그는 자신이 진정한 왕이 아님을 알았기에 늘 주님께 묻고 의논했다. 묻고 듣고 순종하는 것, 여기까지가 우리의 역할이다. 그다음은 하나님이 역사하신다. 이러한 사람이 하나님의 마음에 맞는 사람이다. 이것이 사울에서 다윗으로 촛대가 옮겨진 이유다.

주님은 대단한 업적이나 승리를 바라시는 것이 아니라, 친밀한 사귐을 원하신다. 사울의 실패를 통해 우리는 세 가지 교훈을 배워야 한다. 첫째, 불순종은 믿음의 결핍의 결과라는 것, 둘째, 믿음의 결핍은 예배의 변질에서 온다는 것, 셋째, 하나님은 마음에 맞는 자를 찾으신다는 것이다. 이 교훈을 배워, 하나님의 마음에 맞는 자로 살아가기를 간절히 축원한다.

마음에 새길 세 가지

1 불순종은 믿음의 결핍의 결과다

사울의 불순종은 단순히 상황이 악화되었기 때문이 아니었다. 그 원인은 믿음의 결핍이었고, 그 결핍의 원인은 영적 망각이었다. 암몬 전쟁에서 하나님이 이기게 하셨던 은혜를 잊어버리자, 블레셋 군대가 하나님보다 더 크게 보였다. 위기 상황은 곧 '길갈의 선악과 시험'이다. 하나님 아래서 주의 종으로 살 것인가, 아니면 하나님을 대신하는 왕이 될 것인가를 시험받는 것이다.

2 믿음의 결핍은 예배의 변질에서 온다

예배의 본질은 하나님을 가장 존귀한 분으로 경배하는 데 있다. 그러나 사울은 예배를 하나님을 '사랑'하기보다 하나님을 '사용'하기 위한 수단으로 삼았다. 전쟁에서 이기려고 예배를 드린 것이다. 홉니와 비느하스가 언약궤를 부적처럼 사용했다가 대패한 역사가 사울에게서 그대로 반복되었다. 예배가 왜곡되면 믿음이 결핍되고, 믿음이 결핍되면 불순종하게 된다.

3 하나님은 마음에 맞는 자를 찾으신다

하나님은 승리보다 순종을, 결과보다 과정을 더 중요하게 보신다. 하나님이 원하시는 것은 대단한 성과가 아니라 친밀한 교제와 사귐이다. 다윗처럼 '한평생 주님의 집에 살면서 주님의 자비로우신 모습을 보는 것'을 구하는 사람, 주님께 묻고 의논하며 순종하는 사람이 하나님의 마음에 맞는 사람이다. 순종이 곧 예배다.

소그룹 나눔 질문

- 사울의 불순종은 믿음의 결핍에서 비롯되었고, 그 결핍은 과거에 하나님께서 이기게 하신 은혜를 잊어버린 영적 망각에서 시작되었습니다. 위기 앞에서 하나님보다 문제가 더 크게 보였던 경험이 있다면 언제였습니까? 그때 어떻게 극복했는지 나누어 봅시다.

- 하나님은 대단한 성과보다 친밀한 교제를, 승리보다 순종을 원하십니다. 결과보다 과정 속에서 하나님과 동행하며 순종하는 기쁨을 경험한 적이 있다면 나누어 봅시다.

하나님 마음에 맞는 사람의 기도

은혜와 진리의 하나님,
사울의 실패가 저에게 주시는 경고임을 깨닫습니다.
불순종했던 죄를 회개합니다.
눈앞의 위기가 주님보다 더 크게 보였던
믿음의 결핍을 자복합니다.
과거에 베풀어 주신 은혜를 잊어버린
영적 기억상실증을 용서해 주소서.
주님, 예배를 하나님을 '사용'하는 수단으로 삼았던
죄를 회개합니다.
결과를 얻기 위해 주님을 '이용'하려 했던
변질된 예배에서 돌이키게 하소서.
오직 하나님을 하나님 되시도록
참되게 예배하는 자가 되게 하소서.
저를 하나님의 마음에 맞는 자로 빚어 주소서.
대단한 성과가 아니라 주님과의 친밀한 사귐을 구하게 하소서.
다윗처럼 오직 한 가지, 한평생 주님의 집에 살며
주님의 자비로우신 모습을 보기만 구하게 하소서.
묻고 순종하는 것이 저의 역할임을 깨닫게 하소서.
주 예수 그리스도의 이름으로 기도합니다. 아멘.

16. 믿음의 한 사람이 판세를 바꾼다

삼상 14:1-23

성경에는 주요 인물에 가려진 믿음의 사람들이 등장한다. 대표적인 인물이 갈렙이다. 갈렙은 여호수아의 그늘에 가려 크게 주목받지 못했지만, 그의 믿음은 여호수아에 조금도 뒤지지 않았다. 사무엘서에서는 요나단이 그러하다. 그는 다윗 못지않게 믿음이 좋은 인물임에도, 실제보다 저평가된 사람이다.

요나단이라는 이름의 뜻은 '여호와께서 주셨다'이다. 사울의 아들이자 다윗을 돕는 조력자로 등장하는 그는, 직·간접적으로 다윗에게 선한 영향을 끼친 인물이다. 요나단은 그리스도인의 모델이며, 하나님 나라의 대의를 위해 담대한 용기를 보여 준 사람이다.

사면초가의 상황

사무엘상 13장에서 사울은 사무엘을 기다리지 못하고 번제를 드렸다가 책망을 받는다. 그 결과, 왕조가 더 이상 지속되지 못할 것이라는 충격적인 말씀을 듣게 된다. 그리고 전쟁의 판세는 크게 달라지지 않은 채 14장으로 이어진다.

14장에서 이스라엘의 상황은 크게 불리하다. 이유는 세 가지다. 첫째, 병사들의 사기가 바닥을 쳤다. 둘째, 블레셋의 병력은 이스라엘을 압도하며 사울이 머물던 지역을 바깥에서 포위하고 있었다. 셋째, 이스라엘의 무기는 블레셋에 비해 열등했다. 당시 이스라엘 땅에는 대장장이가 한 명도 없었다. 블레셋이 무기 만드는 것을 허용하지 않았기 때문이다. 전쟁이 벌어졌을 때, 사울과 요나단 외에는 군인들의 손에 칼이나 창조차 없었다.

경영 용어 중에 '경쟁 우위'라는 개념이 있다. 한 기업이 경쟁사에 비해 어떤 영역에서 우위를 선점하고 있는 상태를 가리킨다. 그런데 이스라엘은 블레셋에 비해 사기나 병력이나 무기, 그 어느 것 하나 경쟁 우위를 가진 요소가 없었다.

그렇다면 사울은 무엇을 하고 있었는가? 2절을 보면, 그는 전투에 나설 엄두를 내지 못한 채 석류나무 아래에 머물러 있었다. 두려워하고 있는 왕의 모습이다. 왕이 그러하니, 병사들은 더 말할 것도 없다.

그렇다면 '영적 우위'라도 가지고 있었을까? 사무엘이 이미 떠난 상태에서, 사울 곁에는 제사장 한 사람이 있었다. 그의 이름은 아히야였고, 에봇을 입고 있었다.

아히야가 에봇을 입고 제사장 일을 맡고 있었는데, 그의 아버지는 이가봇의 형제인 아히둡이고, 할아버지는 비느하스이고, 그 윗대는 실로에서 주님을 모시던 제사장 엘리이다(삼상 14:3).

아히야는 '하나님의 영광이 떠나갔다'는 뜻을 지닌 이가봇의 형제요, 영적으로 어두웠던 엘리 제사장의 손자다. 성경은 왜 아히야의 출신 배경을 상세히 기록하고 있는가? 잉크가 남아돌아서가 아니다. 현재 사울의 영적인 입지를 보여 주기 위함이다. 왕의 영광을 잃어버린 사울이, 하나님의 영광이 떠났음을 상징하는 가문의 제사장과 함께 석류나무 아래 처량하게 앉아 있는 모습을 의도적으로 강조하고 있는 것이다.

당시 아히야는 에봇을 입고 있었다. 에봇은 제사장들이 입는 옷으로서, 하나님께 묻기 위해 사용하던 도구였다. 그러나 하나님의 영광이 떠난 제사장으로부터 무슨 응답을 들을 수 있겠는가? 성경은 이스라엘이 블레셋에 대해 가질 수 있었던 '영적 우위'마저 없었음을 보여 주고 있다.

왜 사태가 이 지경에 이르렀는가? 블레셋을 치라는 명령은 사무엘이 하나님으로부터 받아 사울에게 전한 것이었다. 전쟁의 명분이 있었다. 그래서 사울은 군사를 모았다. 그러나 블레셋을 격분시켜 지금의 포위 상황까지 몰고 온 직접적인 계기는 요나단의 습격이었다. 요나단이 블레셋의 수비대를 치자, 이스라엘이 블레셋의 미움을 사게 된 것이다. 블레셋은 엄청난 군대를 몰고 나왔고, 사태는 급변했다.

사울은 나름대로 전쟁에서 이겨 보려 했으나, 결코 넘어서는 안 될 선을 넘었다. 요나단 역시 잘해 보려 한 것인데, 결과적으로는 벌집을 건드린 꼴이 되고 말았다.

사기는 바닥이고, 병력과 무기는 열세이며, 영적 우위도 선점하지 못했다. 다시 말해, 이 상황에서 이스라엘이 이길 만한 실제적인 요인은 단 하나도 없었다. 블레셋이 금방이라도 산에서 내려와 협곡을 지나 공격해 온다면, 죽을 수밖에 없는 상황이었다.

우리의 사면초가

이 이야기가 자신의 상황과 흡사하다고 느끼는 이들이 있을 것이다. 믿음이 없는 가정에서 홀로 신앙을 지키며 영적 공격에 시달리는 이, 사업의 실패로 큰 재정적 손실을 입은 이, 세속적인 환경에 둘러싸여 영적 압박을 받는 이들이다. 이들의 공통점은 사면초가, 곧 포위된 상황에 놓여 있다는 것이다.

관계가 멀어지고, 재정이 끊어지고, 영적으로 눌려 있으면 하나님께 더 나아가야 하는데, 너무 힘들면 기도조차 잘되지 않는다. 믿음이 있어야 기도도 하고, 기도가 응답되어야 믿음도 생길 것 같은데, 절망적인 상황에 짓눌린다. 그때 들려오는 소리가 있다.

"판세가 기울었다."

그러나 속지 말라. 포기하지 말라. 끝날 때까지 끝난 것이 아니다. 왜인가? 살아 있기 때문이다. 하나님이 살게 하신 데에는 이유가 있다. 크레이그 그로쉘(Craig Groeschel)은 이렇게 말했다.

"우리가 살아 있다는 것은, 당신을 향한 하나님의 계획이 아직 끝나지 않았다는 뜻이다."

당신이 줄 수 있는 사랑이 남아 있고, 시작해야 할 사역이 있으며, 사람들에게 전해야 할 소망이 있다. 친구가 되어 주어야 할 사람들도 아직 남아 있다. 아무리 어려워도, 우리를 향한 하나님의 계획은 아직 끝나지 않았다.

요나단의 담대한 행동

사울은 위기 상황에서 석류나무 아래에 무기력하게 머물러 있었다. 그러나 요나단은 이대로 포기하지 않았다. 그는 자신이 시작한 일을 마무리 짓기 위해 발걸음을 내디뎠다. 그는 블레셋 군대의 전초 부대가 있는 곳으로 건너가기로 결단한다.

그러나 그곳으로 가려면 보세스와 세네라는 거대한 바위 사이에 형성된 협곡을 지나야 했다. 지형이 워낙 험했기에 블레셋도 이스라엘을 공격하지 않고 포위하는 데 만족했던 것이다. 그런 상황에서 요나단이 무기를 든 병사 한 명과 함께 적진까지 간다는 것은 무모한 일이었다. 그러나 이것은 무모함이 아니었다. 담대한 믿음에서 나온 용기였다.

요나단이 이러한 선택을 하게 된 데에는 근거가 있었다. 그는 이렇게 말한다.

> "저 할례받지 않은 이방인의 전초 부대로 건너가자. 주님께서 도와주시면 승리를 거둘 수도 있다. 주님께서 허락하시는 승리는 군대의 수가 많고 적음에 달려 있지 않다"(삼상 14:6).

자신의 지혜와 능력을 의지했다면 분명 무모한 행동이었을 것이다. 그러나 요나단의 행동은 하나님의 어떠하심, 곧 그분의 성품에 자신의 생명과 운명을 건 믿음의 선택이었다. 주님께서 도와주시면 이길 수 있고, 주님께서 허락하시는 승리는 군대의 많고 적음에 달려 있지 않다는 것이었다. 대담한 행동의 배경에는 언제나 단순하고도 확고한 믿음이 있기 마련이다.

요나단은 구원이 오직 하나님의 은혜와 능력으로 이루어진다는 사실을 알았으며, 그것을 믿고 있었다. 그의 시선은 불리한 상황에서 돌이켜 '하나님'과 그분의 '능력'을 바라보았다. 그렇다면 이러한 요나단의 담대한 믿음은 어디에서 비롯된 것일까?

출애굽 이후 사사기 시대를 거쳐 이어진 이스라엘 역사에 대한 기록, 곧 하나님의 말씀이 그의 믿음을 형성한 것이다. 주님의 구원이 사람의 많고 적음에 달려 있지 않음을 보여 주는 대표적인 이야기가 바로 사사기의 기드온 이야기다. 당시 미디안의 압제 아래 있던 이스라엘의 처지는, 현재 블레셋의 압제 아래 있는 이스라엘의 상황과 매우 흡사했다. 당시 이스라엘 백성은 산과 동굴과 요새에 숨어 살아야 했고, 기드온 역시 두려움이 많았던 사람이라 밤에 몰래 타작을 해야 했다. 그러나 성령이 임하자 그는 전혀 다른 사람이 된다. 그가 전령을 보내자 이스라엘 전역에서 3만 2천 명이 모였다. 그때 주님께서 기드온에게 말씀하신다.

"네가 거느린 군대의 수가 너무 많다"(삿 7:2a).

당시 미디안 군대는 13만 5천 명이었다. 그에 비해 3만 2천 명이 많은 것인가? 상대방의 4분의 1 수준인데 너무 많다니? 왜 하나님은 이렇게 말씀하시는가?

"이대로는 내가 미디안 사람들을 네가 거느린 군대의 손에 넘겨주지 않겠다. 이스라엘 백성이 나를 제쳐놓고서, 제가 힘이 세어서 이긴 줄 알고 스스로 자랑할까 염려된다"(삿 7:2b).

전쟁의 승리가 우리의 힘이 아니라 하나님께 달려 있음을 가르치시기 위함이었다. 이것을 배우고 경험하게 하려고 의도적으로 군사의 수를 줄이신 것이다. 우리 군대가 강해서, 실력이 있어서, 병력이나 무기의 우위로 이겼다고 한마디도 하지 못하게 하시려는 것이다. 결국 기드온은 두려워 떠는 자 2만 2천 명을 돌려보낸다. 그리고 1만 명이 남는다. 그러나 1만 명도 많다고 하셔서 결국 300명만 남는다.

이 300명은 최고 정예 부대였는가? 그들에게는 특전사들만 받는 최첨단 무기가 주어졌는가? 아니다. 그들이 받은 것은 최첨단 '무기'가 아니라 식량과 '나팔'이었다(삿 7:8).

기드온과 300 용사는 최고 정예 부대, 특전사가 아니라 '군악대'였다. 그들이 해야 할 일은 적진에 들어가 '나팔을 부는 것'뿐이었다. 그런데 놀랍게도, 그들이 밤중에 침투해 나팔을 불자, 미디안 군대는 저희끼리 칼로 치고받으며 자멸했다(삿 7:22).

이스라엘은 그날 대승을 거두었다. 이것이 기드온과 300 용사의 승리 이야기이며, 역사이고, 살아 계신 하나님의 말씀이다. 요나단은 이 말씀을 알고 있었기에 이 말씀에 운명을 걸었다. 또한 지금 자신들이 처한 상황이 기드온 당시의 상황과 너무나 흡사하다는 것도 알고 있었다. 포위된 상황, 병력의 열세, 열등한 무기. 아니, 사실상 무기가 없는 상황까지도 비슷했다. 그러나 똑같은 것이 하나 더 있었다. 바로 어제나 오늘이나 변치 않으시는 하나님이다.

요나단은 알았다. 하나님의 말씀에 순종한 기드온을 통해 구원을 이루신 하나님께서, 오늘도 판세를 바꿀 믿음의 한 사람을 찾고 계신다는 것을 말이다. 그래서 그는 이 말씀에 목숨을 건 것이다.

그렇다면 우리의 믿음은 어떻게 강해질 수 있는가? 우리가 처한 상황과 성경에 나오는 상황을 비교하며 묵상해 보라. 그리고 하나님께서 어떻게 당신의 백성을 구원하셨는지, 어떻게 인도하셨는지를 기억하라. 그것만으로도 믿음은 자란다. 그러나 더 나아가, 그 말씀에 순종해 보라. 말씀을 경험할 때 믿음은 성장한다. 한 사람의 믿음은 결국 말씀을 경험할 때 성숙해진다.

> 이는 젖을 먹는 자마다 어린아이니 의의 말씀을 경험하지 못한 자요 (히 5:13, 개역개정).

영적 어린아이는 의의 말씀을 경험해 보지 못한 자다. 그러나 경험하는 자는 믿음이 굳건해진다. 흔들릴지언정 넘어지지 않는다. 아이와 어른의 차이는 성경의 상황과 자신의 상황을 비교하여 믿고 적용했는가, 주님과 함께 믿음의 실험, 믿음의 모험을 감행하고 그 말씀을 경험했는가에 달려 있다.

요나단은 크고 작은 의의 말씀을 이미 경험한 사람이었다. 그렇기에 이 위기 속에서 "주님께서 허락하시는 승리는 군대의 수가 많고 적음에 달려 있지 않다"는 말씀을 붙잡을 수 있었다. 이 고백은 머리에서, 지식에서 나온 말이 아니다. 하나님과 그 말씀을 경험했기 때문에 나오는 고백이다. 그래서 그는 이 한 말씀을 붙들고 담대한 행동을 취할 수 있었다. 약속의 말씀을 붙들라. 그리고 그 말씀에 순종해 보라.

요나단의 전략은 험한 지형을 통과해 블레셋에게 자신들을 드러내 보이는 것이었다. 만일 그들이 내려와 공격하겠다고 하면 후퇴하고, 오히려 '올라오라'고 하면 그것을 주님께서 그들을 넘겨주셨다는 징조로 보자는 것이었다.

> "그러나 그들이 우리를 자기들에게로 올라오라고 하면, 우리는 올라간다. 이것을, 주님께서 그들을 우리에게 넘겨주셨다는 징조로 알자"(삼상 14:10).

기드온도 하나님의 은혜를 받은 표징을 양털 기도로 분별했다. 마찬가지로 요나단 역시 징조를 구하며 하나님의 세밀한 인도하심을 받았다. 그리고 놀랍게도 블레셋 전초 기지의 병사가 요나단과 병사를 보더니 "올라오라"고 소리쳤다. 무슨 징조인가? 주님께서 그들을 넘겨주셨다는 징조였다.

요나단과 무기를 든 병사는 올라가서 전초 기지에서 망을 보던 블레셋 군사 스무 명을 죽였다. 스무 명을 죽인 것이 그리 대단한 성과는 아니다. 그러나 이 소식은 3킬로미터 이상 떨어진 블레셋의 주요 진지까지 급속히 퍼졌고, 그 소식은 그들에게 공포로 다가왔다.

> 이때에 블레셋 군인들은, 진 안에 있는 군인들이나 싸움터에 있는 군인들이나 전초 부대의 군인들이나 특공대의 군인들이나, 모두가 공포에 떨고 있었다. 땅마저 흔들렸다. 하나님이 보내신 크나큰 공포가 그

들을 휘감았다(삼상 14:15).

당시 고대 근동에는 그 땅을 지배하는 신이 있다는 인식이 있었다. 블레셋은 두 명에 의해 학살당한 이 사건을 자신들의 신이 이 전쟁에서 함께하지 않는다는 징조로 받아들였다. 패배의 공포가 전 군대에 확산된 것이다. 이것은 하나님이 보내신 큰 공포였다. 순식간에 공포가 임하자, 결국 그들은 자기들끼리 칼을 뽑아 들고 싸우기 시작했다. 사울은 적진에서 아우성치는 소리를 듣고 마침내 싸움터로 달려 나갔다.

사울과 그를 따르는 온 백성이 함께 함성을 지르며 싸움터로 달려가 보니, 블레셋 군인들이 칼을 뽑아 들고 저희끼리 서로 정신없이 쳐 죽이고 있었다(삼상 14:20).

무슨 상황인가? 기드온과 300 용사 때와 같은 일이 다시 벌어진 것이다. 블레셋 군사 중에는 포로로 끌려갔던 일부 히브리 사람들이 있었다. 바로 이들이 적진에서 용기를 얻고 블레셋 군사들을 치기 시작한 것이다. 결국 블레셋 군사들은 도망가게 된다.

그날 주님께서 이렇게 이스라엘을 구원하셨다(삼상 14:23).

믿음의 한 사람이 판세를 바꾼다. 주님은 믿음의 한 사람을 통해 구원하신다. 그 한 사람이 하나님의 구원이 임하는 통로가 되기 때문이다. 그 믿음의 사람으로 인해 배우자가 살고, 자녀가 살고, 가정이 살고, 가문이 살고, 교회와 나라가 산다.

그러나 이 이야기 속에는 믿음의 인물이 또 한 사람 숨어 있다. 바로 요나단과 함께했던 병사다. 요나단이 가자고 했을 때, 그는 마지못해 간 것이 아니었다. 믿음으로 담대하게 반응했다.

> 무기를 든 자가 그에게 이르되 당신의 마음에 있는 대로 다 행하여 앞서가소서 내가 당신과 마음을 같이하여 따르리이다(삼상 14:7, 개역개정).

바람직한 어려움이 믿음의 한 사람을 세운다

이러한 믿음의 동역자를 만나게 되기를 축복한다. 그는 숨겨진 믿음의 영웅이다. 끝날 때까지 끝난 것이 아니다. 오히려 사면초가의 상황이야말로 하나님의 역사를 깊이 경험하는 '기회'다. 하나님은 당신의 하나님 되심을 드러내기 위해, 인간적으로는 불가능해 보이는 상황, 막다른 골목, 재정과 관계와 영적인 영역에서 포위된 상황을 허락하신다. 그리고 그곳에서 믿음의 한 사람을 찾으신다. 그 한 사람이 말씀을 붙잡을 때, 하나님은 바로 그를 통해 판세를 바꾸신다.

말콤 글래드웰(Malcolm Gladwell)은 '바람직한 어려움'(desirable difficulty)이라는 개념을 소개한다. 엄청난 난관을 극복한 많은 사람에게는 공통점이 있다는 것이다. 그들에게는 혹독한 환경이 걸림돌이 아니라 사실상 성장할 기회가 되었다는 점이다. 그래서 그는 장애나 불리한 환경을 극복한 사람들을 두고, "그들은 불리한 환경에도 '불구하고' 성공한 것이 아니라, 불리한 환경 '때문에' 성공한 것 같다"고 주장한다.

요나단 역시 불리한 상황에도 '불구하고' 믿음을 지킨 사람이 아니었다. 오히려 불리한 상황 '때문에' 그의 믿음은 더욱 굳건해졌다. 불리한 상황 때문에 여전히 살아 계신 하나님을 만났고, 의의 말씀을 경험하게 되었다. 이것이 바로 '바람직한 어려움'이다.

그러나 우리는 대체로 바람직한 어려움보다 '바람직하지 않고 유익하지 않은 편안함'을 더 원하는 경향이 있다. 지구에 중력이 사라지면 저항이 줄어들고, 그 결과 근육이 줄게 되어 인간은 살아갈 수 없게 된다. 마찬가지로, 우리의 삶이 늘 쉽고 편하기만 하다면 믿음의 근육이 자랄 수 있을까? 하나님을 의지하게 될까? 하나님은 우리를 너무도 잘 아신다. 우리의 형편을 알고, 삶의 중력이 너무 무겁거나 가볍지 않도록 상황을 안배하신다.

하나님은 때로 어떤 이에게 '바람직한 평안함'을 주어 위로하고 격려하신다. 그러나 또 다른 이에게는 '바람직한 어려움'을 주어 믿음을 견고하게 하고, 믿음의 근육을 단련하신다. 그리하여 그 믿음의 한 사람을 통해, 하나님은 판세를 바꾸는 역사를 이루신다.

믿음의 한 사람, 곧 하나님의 마음에 맞는 사람 한 명이면 충분하다. 그들이 판세를 바꾼다. 그들이 바로 '요나단'이었고, '다윗'이었으며, '에스더'였다. 그리고 스코틀랜드의 종교 개혁가 존 녹스(John Knox)도 그러한 사람이었다. 그는 사람을 두려워하지 않고 담대히 말씀을 전하여 '하나님의 나팔수'라는 별명으로 불렸다. 그는 이런 말을 남겼다.

"하나님과 함께하는 한 사람은 언제나 다수다."

하나님은 당신의 마음에 맞는 사람으로 우리를 빚어 가기 위해, 때로 바람직한 어려움을 허락하신다. 왜냐하면 우리를 이 세상의 판세를 바꿀 믿음의 한 사람으로 세워서, 오직 주님만이 세상의 주권자이며 구원자임을 증언하게 하시기 위함이다. 그렇기에 우리는 환난과 시험을 당할 때에도 기뻐할 수 있다.

> 내 형제들아 너희가 여러 가지 시험을 당하거든 온전히 기쁘게 여기라 이는 너희 믿음의 시련이 인내를 만들어 내는 줄 너희가 앎이라 인내를 온전히 이루라 이는 너희로 온전하고 구비하여 조금도 부족함이 없게 하려 함이라(약 1:2-4, 개역개정).

바람직한 어려움, 곧 믿음의 시련을 통해 인내를 이루고, 온전하며 조금도 부족함이 없는 복된 믿음의 한 사람으로 세워지기를 소망한다.

마음에 새길 세 가지

1　믿음의 한 사람이 판세를 바꾼다

주님은 믿음의 한 사람을 통해 구원하신다. 믿음의 한 사람은 하나님의 구원이 임하는 통로가 된다. 그 한 사람 때문에 배우자가 살고, 자녀가 살고, 가정이 살고, 가문이 살고, 교회와 나라가 산다. 하나님과 함께하는 한 사람은 언제나 다수다.

2　말씀을 경험할 때 믿음이 자란다

요나단의 담대한 믿음은 기드온의 이야기, 곧 하나님의 말씀에서 형성되었다. 현재 처한 상황과 성경의 상황을 비교하며 묵상하고, 하나님께서 어떻게 백성을 구원하셨는지를 기억하라. 그 말씀에 순종하여 실제로 경험할 때 믿음은 자란다. 영적 어린아이와 성숙한 어른의 차이는 의의 말씀을 경험했는가에 달려 있다.

3　바람직한 어려움이 믿음의 한 사람을 세운다

사면초가의 상황은 하나님의 역사를 경험하는 '기회'다. 요나단은 불리한 상황 '때문에' 믿음이 더욱 굳건해졌다. 하나님은 때로는 '바람직한 평안함'을, 때로는 '바람직한 어려움'을 허락하여 믿음의 근육을 단련하신다. 그리고 이 세상의 판세를 바꿀 믿음의 한 사람으로 세우신다.

소그룹 나눔 질문

- 요나단은 "주님께서 허락하시는 승리는 군대의 수가 많고 적음에 달려 있지 않다"고 고백했습니다. 사면초가의 상황에서 이 고백을 붙들고 나아간 경험이 있다면, 그때 하나님께서 어떻게 역사하셨는지 나누어 봅시다.

- 하나님은 때로 '바람직한 평안함'을, 때로 '바람직한 어려움'을 허락하여 믿음의 근육을 단련하십니다. 요나단은 불리한 상황 때문에 오히려 믿음이 더욱 굳건해졌습니다. 어려운 상황이 믿음의 근육을 자라게 했던 경험이 있다면 나누어 봅시다.

하나님 마음에 맞는 사람의 기도

군대의 많고 적음에 상관없이
승리를 허락하시는 하나님을 찬양합니다.
사면초가의 상황 앞에서 무기력했던 것을 회개합니다.
석류나무 아래 앉아 두려워하던 사울처럼,
판세가 기울었다는 거짓말에 속아
포기하려 했던 죄를 자복합니다.
주님, 요나단과 같은 담대한 믿음을 주소서.
승리는 군대의 많고 적음에 달려 있지 않다는
말씀을 붙잡게 하소서.
기드온의 300 용사에게 역사하신 하나님이
오늘도 살아 계심을 믿습니다.
저의 불리한 상황이 저에게 '바람직한 어려움'이 되게 하소서.
어려움 때문에 오히려 믿음이 굳건해지게 하소서.
저를 이 세상의 판세를 바꿀 믿음의 한 사람으로 세워 주소서.
하나님과 함께하는 한 사람이 항상 다수임을 믿으며,
오직 주님만이 주권자요, 구원자이심을 증언하게 하소서.
주 예수 그리스도의 이름으로 기도합니다. 아멘.

17. 사울의 촛대가 옮겨진 이유

삼상 15:1-31

한결같음의 비결

박찬일의 《노포의 장사법》(인플루엔셜)이라는 책이 있다. '노포'(老鋪)란 '사람처럼 늙어 가는 가게'라는 뜻으로, 한 입 베어 물면 한 시대가 들어오는 듯한 맛이 있어 평균 50년 이상 지속된 식당을 가리킨다. 오래 지속되는 위대한 장사의 비결은 무엇일까? 맛은 기본이다. 그러나 그 외에 가장 중요한 요소는 '한결같음'이라고 한다. 어떤 사명감으로 음식을 대하는 주인장의 진심이 변하지 않는 것이다. 하지만 적지 않은 가게들이 시간이 흐르면서 이 진심이 변하고, 첫 마음이 변질된다.

사울은 이스라엘의 초대 왕으로 기름 부음을 받았다. 성령이 임했고, 전쟁에서도 승리를 경험했다. 그러나 그는 이 기름 부음을 한결같이 유지하지 못했다. 앞선 13장에서, 사울은 기다리라는 하나님의 말씀에 순종하지 못하고 스스로 번제를 드렸다. 그 불순종의 결과로 그는 '왕조'를 잃었다. 그의 자손이 대를 이어 나라를 통치하지 못하게 된다는 뜻이다.

그렇다면 사울은 이 실패를 통해 교훈을 얻었을까? 그렇지 않다. 그는 실패를 반복한다. 그리고 15장에서, 사실상 '왕권'을 잃게 된다. 이전에는 왕조를 잃었다면, 이번에는 왕권을 잃는다. 사울의 촛대가 다른 이에게로 옮겨진 것이다.

'촛대가 옮겨진다'는 말은 특정 시대, 특정 사람에게 맡겨졌던 하나님의 사명이 다른 사람, 다른 기관으로 넘어간다는 뜻이다. 이 표현은 요한계시록 2장 5절에도 등장한다. 예수님께서 에베소교회를 향해 하신 말씀이다.

> "그러므로 네가 어디에서 떨어졌는지를 생각해 내서 회개하고, 처음에 하던 일을 하여라. 네가 그렇게 하지 않고, 회개하지 않으면, 내가 가서 네 촛대를 그 자리에서 옮기겠다."

촛대는 교회를 상징한다. 주님은 에베소교회의 수고와 인내, 주의 이름을 위하여 고난을 견뎌 낸 일을 칭찬하신다. 그러나 동시에 그들이 '처음 사랑'을 버린 것을 책망하신다. 처음에는 그렇지 않았지만, 시간이 흐르면서 주를 향한 사랑이 식어 버렸다. 오래 지속되는 노포와 달리, 그들은 '한결같음'을 유지하지 못하고 변질되었다.

그래서 회개하지 않으면 첫사랑을 회복하지 않으면 촛대를 옮기겠다고 하신다. 더 이상 그 교회를 사용하지 않으시겠다는 선언이다. 하나님의 임재와 영광을 다른 교회로 옮기시겠다는 말씀이다.

촛대가 옮겨지는 대상은 '가게'나 '교회'만이 아니다. '사람'도 마찬가지다. 사울 역시 한 세대를 넘기지 못하고, 그의 시대에서 하나님의 영광이 떠나고 만다. 하나님께서 사울의 촛대를 옮기셨기 때문이다. 하나님이 더 이상 그를 쓰실 수 없게 되었다는 뜻이다. 그렇다면 하나님은 왜 사울의 촛대를 옮기셨으며, 그 원인은 무엇인가?

선택적인 순종: 아각을 사로잡고 짐승을 살려 두다

블레셋과의 전쟁에서 승리한 이후, 사무엘은 사울에게 하나님의 말씀을 전한다. '아말렉을 치라'는 명령이다. 아말렉은 에서의 손자 '아말렉'의 후손으로, 출애굽하던 이스라엘 백성의 후미에서 기습 공격을 감행하여 전투 능력을 갖추지 못한 민간인, 즉 여자와 어린아이, 약자들을 공격했던 야비한 민족이다. 이는 하나님의 약속과 계획을 의도적으로 방해하고 대적하는 행위였다. 그래서 하나님은 사울을 통해 아말렉을 심판하고자 하셨다.

그러나 조건이 있었다. 본문 3절에 등장하는 '헤렘'(חֵרֶם), 곧 '그들에게 속한 모든 것을 진멸하는 일'이었다. 아말렉은 영적으로 '하나님을 대적하는 자'를 상징했기 때문이다. 사울은 하나님의 명령대로 전쟁에 나가 아말렉을 치기 시작한다.

문제는 9절이다. 사울은 아각왕을 사로잡고, 살찐 짐승들을 남겨 둔다. 하나님은 분명 '다 진멸하라'고 하셨는데, 사울은 자기 눈에 아까워 보이는 것을 살려 두었다. 이것이 순종인가? 아니다. 이를 '선택적 순종', '부분적 순종'이라 부른다. 그러나 하나님은 선택적 순종을 순종으로 여기지 않으신다.

나함(נָחַם): 하나님도 후회하시는가

사울이 이러한 선택적 순종을 했을 때, 하나님께서 사무엘에게 매우 충격적인 말씀을 하신다.

> "사울을 왕으로 세운 것이 후회된다. 그가 나에게서 등을 돌리고, 나의 명령을 따르지 않는다." 그래서 사무엘은 괴로운 마음으로 밤새도록 주님께 부르짖었다(삼상 15:11).

하나님께서 '후회'한다고 말씀하신다. 그렇다면 하나님도 후회하는 분이신가? 만일 하나님이 후회하신다면, 하나님도 미래를 모르셨다는 뜻이 아닌가? 하나님이 그런 식으로 후회하신다면 이사야 46장 10절 말씀을 어떻게 이해해야 하는가?

> "처음부터 내가 장차 일어날 일들을 예고하였고, 내가, 이미 오래전에, 아직 이루어지지 않은 일들을 미리 알렸다. '나의 뜻이 반드시 성취될 것이며, 내가 하고자 하는 것은 내가 반드시 이룬다'고 말하였다."

하나님은 모든 것을 주권 가운데 통치하시는 분이다. 하나님은 사람처럼 실수하거나 후회하시는 분이 아니다.

그렇다면 하나님이 후회하신다는 이 표현을 어떻게 이해해야 하는가? 하나님의 후회는 하나님께서 당신이 잘못하셨음을 인정하신다는 뜻이 아니다. 그것은 인간의 죄를 향한 하나님의 아픈 심정을 표현한 말씀이다.

'후회하다'로 번역된 히브리어 동사 '나함'은 동사 변형에 따라 다양하게 번역된다. 본문에 사용된 니팔형(나함티)은 '어떤 일이 행해지거나 행해지지 않은 것에 대해 슬퍼하거나 아파하다'라는 뜻을 지닌다. 어떤 결과를 미리 알고 있다고 해서 슬픔과 고통이 사라지는 것은 아니다.

누가복음 19장 41절을 보라. 예수님은 예루살렘이 주후 70년 티투스 장군에 의해 멸망할 것을 알면서도 그 성을 보며 눈물을 흘리셨다. 예루살렘 백성이 예수님을 거부하고 멸망을 자초할 것을 미리 아셨던 것과는 별개로, 백성과 도시에 대한 사랑과 슬픔이 매우 크셨기 때문이다. 부모가 자녀의 죄성을 미리 안다 해도, 실제로 자녀가 죄를 범할 때 어찌 슬프지 않겠는가. 그래서 동일한 단어가 창세기 6장 6절에서는 '한탄'으로 번역되었다.

땅 위에 사람 지으셨음을 한탄하사 마음에 근심하시고(개역개정).

하나님은 예지력이 부족하여 실수했다고 혼란스러워하신 것이 아니라, 왕이신 하나님께 순종하지 않는 사울로 인해 슬퍼하신 것이다. 그러나 사울은 이 하나님의 마음을 알지 못한다. 그는 자신의 불순종조차 깨닫지 못한 채 한 걸음 더 나아간다. 전쟁의 승리를 자축하며 자신을 위한 기념비를 세운다.

사무엘이 사울을 만나려고 아침에 일찍이 일어났더니 어떤 사람이 사무엘에게 말하여 이르되 사울이 갈멜에 이르러 자기를 위하여 기념비를 세우고 발길을 돌려 길갈로 내려갔다 하는지라(삼상 15:12, 개역개정).

자기를 위한 기념비는 하나님께 돌려야 할 영광을 자신에게 돌린 행위였다. 사울은 진멸하라는 하나님의 명령을 부분적으로만 순종했을 뿐 아니라, 하나님께 드려야 할 영광까지 자신이 취했다. 왜 그랬을까? 그것은 당시 이방 왕들의 전형적인 문화였기 때문이다. 사울은 당시 트렌드에 민감했던 사람이다. 전쟁에서 승리한 왕이 기념비를 세우는 일은 당시의 보편적 관행이었다. 아각왕을 잡아 온 일도 패잔국 왕을 포로로 삼아 조롱하는 당시의 문화를 따른 것이었다. 즉, 사울은 하나님을 믿지 않는 '이방 나라들처럼' 하고 싶었던 것이다. 그리고 바로 그것이 이스라엘 백성이 원하던 왕의 모습이었다. 기억하는가? 백성이 사무엘에게 왕을 세워 달라고 요구하며 반복했던 표현이 있다. '모든 이방 나라들처럼'이다(삼상 8:5).

사울의 행동은 백성의 기대에 정확히 부응한다. 그것은 모든 이방 나라들처럼, 세속 국가들처럼 되려는 강력한 유혹이었다. 그런데 '이방 나라들처럼' 되고 싶은 유혹이 오늘날 그리스도인이 받는 유혹 아닌가? 자녀 교육에서는 세속적 기준에 맞추어야 세상에서 성공할 수 있다는 유혹이 있고, 기업 운영에서는 정직과 성실보다는 편법과 관행을 따라야 한다는 유혹이 있다. 경쟁에서 이기고 승진하려면 신앙생활은 포기해야 한다는 유혹도 있다. 심지어 교회조차 성장하려면 세상의 경영 방식을 따라야 한다는 유혹을 받고 있다. '모든 이방 나라들처럼' 되고 싶은 이 유혹이 얼마나 강렬한지 모른다. 사울의 이러한 모습은, 세상 사람들과 구별 없이 살아가는 세속적 그리스도인의 모습이다.

순종이 제사보다 낫다

사울은 결국 '모든 이방 나라들처럼' 되고 싶은 유혹에 넘어갔고, 그 결과 불순종했다. 그것은 하나님이 원하시는 바가 아니었다. 바로 그때 사무엘이 사울에게 와서 호통을 친다.

> 사무엘이 사울을 꾸짖었다. … "주님께서는 … 저 못된 아말렉 사람들을 진멸하고, 그들을 진멸할 때까지 그들과 싸우라고 하셨습니다. 그런데 어찌하여 주님께 순종하지 아니하고, 약탈하는 데만 마음을 쏟으면서, 주님께서 보시는 앞에서 악한 일을 하셨습니까?"(삼상 15:16, 18-19).

하나님을 대적하는 세력과 싸워 진멸하지 않고 주님께 불순종한 것은 '악한 일'이다. 그러나 사울은 사무엘의 책망 앞에서 회개하기는커녕 변명하기에 급급하다. 그가 좋은 동물들을 살려 둔 이유는 하나님께 제물을 드리기 위해서, 곧 '예배하기 위해서'였다고 주장한다. 분명 제물과 예물을 드리는 일은 예배의 한 요소다. 그러나 본질은 아니다. 하나님이 기뻐하시는 예배는 '순종의 예배'다. 하나님은 말씀에 순종하는 삶의 예배를 받으신다. 이 점이 훨씬 더 중요하다.

> 사무엘이 나무랐다. "주님께서 어느 것을 더 좋아하시겠습니까? 주님의 말씀에 순종하는 것이겠습니까? 아니면, 번제나 화목제를 드리는 것이겠습니까? 잘 들으십시오. 순종이 제사보다 낫고, 말씀을 따르는

것이 숫양의 기름보다 낫습니다"(삼상 15:22).

순종하는 삶이 없는 예배는, 아무리 좋은 예물과 많은 제사를 드린다 해도 주님이 기뻐하지 않으신다. 더 나아가, 온전하지 않은 순종은 '반역의 죄'다. 이것이 바로 사울의 촛대가 옮겨진 이유다. 그는 거역하고 고집을 부려 결국 반역죄를 저지른다.

"거역하는 것은 점을 치는 죄와 같고, 고집을 부리는 것은 우상을 섬기는 죄와 같습니다. 임금님이 주님의 말씀을 버리셨기 때문에, 주님께서도 임금님을 버려 왕이 되지 못하게 하셨습니다"(삼상 15:23).

주님의 말씀을 거부하는 것은 곧 주님을 거부하는 일이다. 고집을 부리는 것은 하나님의 왕권을 거부하고 다른 왕, 곧 우상을 섬기는 죄다. 그런데 우리는 왜 그렇게 고집을 부리는가? 자신이 인생의 주인, 곧 왕이라고 생각하기 때문이다.

멜렉(왕)이 아니라 나기드(대리 통치자)다

사울은 자신이 왕이라고 착각했다. 인생의 주인이 자신이라고 여겼다. 그러나 그는 왕이 아니다. 하나님이 왕이시다. 최종 권위는 사울에게 있지 않고, 하나님께 있었다. 그러므로 그는 하나님의 말씀에 순종해야 했다.

사무엘상 13장으로 돌아가 보면, 사무엘은 의도적으로 사울 다음에 세워질 사람을 '왕'이라 부르지 않고 '지도자'라고 부른다.

지금은 왕의 나라가 길지 못할 것이라 여호와께서 왕에게 명령하신 바를 왕이 지키지 아니하였으므로 여호와께서 그의 마음에 맞는 사람을 구하여 여호와께서 그를 그의 백성의 지도자[נָגִיד, 나기드]로 삼으셨느니라 하고(삼상 13:14, 개역개정).

히브리어에서 왕은 보통 '멜렉'(מֶלֶךְ)이라 부른다. 그러나 여기서는 '멜렉'이 아니라 '나기드', 곧 '대리 통치자'라는 표현을 사용한다. 왜인가? 참된 왕, 멜렉은 하나님이시고, 인간 왕은 하나님을 대리하여 세워진 통치자, 나기드이기 때문이다.

하나님께서 자녀를 맡기셨다면 우리는 나기드다. 가게나 기업도 마찬가지다. 그러므로 우리는 멜렉, 곧 왕이신 하나님의 말씀에 순종해야 한다. 그렇지 않으면 촛대가 옮겨질 수 있다.

거역하여 반역한 죄, 이것이 사울의 촛대가 옮겨진 이유였다. 그러나 사울은 처음부터 불순종한 사람이 아니었다. 사무엘은 본문 17절에서 그 점을 지적한다.

사무엘이 말하였다. "임금님이 스스로를 하찮은 사람이라고 생각하시던 그 무렵에, 주님께서 임금님께 기름을 부어 이스라엘의 왕으로 세우셨습니다. 그래서 임금님이 이스라엘 모든 지파의 어른이 되신 것이 아닙니까?"(삼상 15:17).

사울은 처음에 겸손했고, 스스로를 작게 여겼다. 그래서 크신 하나님을 붙잡을 수밖에 없었고, 그분의 말씀에 귀 기울여 듣고 순종했다. 그러나 시간이 흐르면서 전쟁에서 이기고 또 이기고, 사람들이 그를 왕이라 칭송하자 어떻게 되었는가? '한결같음'이 사라졌다. 처음 마음과 처음 행위가 무너졌다.

사울은 '스스로 작게' 여기기보다 이미 무엇이 된 줄로 알았다. 그 결과 그는 하나님의 말씀을 자신의 기준에 맞게 변개했고, 순종의 수준을 낮추어 버렸다. 자신이 하나님과 그 말씀 위에 있다고 여긴 것이다.

그렇다면 조금 더 깊이 들어가 보자. 사울은 언제, 왜 이렇게 변했는가? 그는 점점 하나님의 말씀을 듣기보다, 세상과 사람의 소리에 더 귀를 기울이기 시작했기 때문이다.

> 사무엘이 사울에게 이르되 여호와께서 나를 보내어 왕에게 기름을 부어 그의 백성 이스라엘 위에 왕으로 삼으셨은즉 이제 왕은 여호와의 말씀을 들으소서[쉐마](삼상 15:1, 개역개정).

왕의 가장 중요한 일은 '쉐마'(שְׁמַע), 곧 하나님의 말씀을 듣고 경청하는 것이었다. 그러나 사울이 실제로 들은 것은 말씀이 아니라 동물의 소리였다. 본문 14절을 보면, 사울은 하나님의 말씀이 아니라 수많은 동물 소리에 둘러싸여 있다. 하나님이 진멸하라고 명하신 동물들을 살려 둔 결과, 하나님의 말씀이 동물의 소리에 묻혀 버리고 만 것이다.

> 사무엘이 이르되 그러면 내 귀에 들려오는 이 양의 소리와 내게 들리는 소의 소리는 어찌 됨이니이까 하니라(삼상 15:14, 개역개정).

양과 소의 소리는 사울의 불순종이 낳은 세상의 소리다. 우리가 말씀에 불순종할수록, 세상 소리는 더 많아지고 더 커진다. 그리고 그 소리에 점점 익숙해진다. 사울에게는 지금 이 동물의 소리가 너무도 익숙하고 자연스러워서 소음으로 들리지 않을 정도였다. 그러나 사무엘의 귀에는 대번에 이 소리가 '영혼을 혼탁하게 하는 잡음'으로 들렸다. 사무엘처럼 영혼이 깨어 있는 사람은 불순종의 소리, 세상의 소리를 금세 알아차린다.

더 나아가, 사울은 하나님의 말씀보다 사람의 요청에 더 마음을 쏟은 사람이었다.

> 사울이 사무엘에게 이르되 내가 범죄하였나이다 내가 여호와의 명령과 당신의 말씀을 어긴 것은 내가 백성을 두려워하여 그들의 말을 청종하였음이니이다(삼상 15:24, 개역개정).

그는 백성을 두려워하여 하나님의 말씀을 어기고 거역했다. 사실 이와 비슷한 일은 과거에도 있었다. 출애굽기에서 모세가 시내산에 올라간 사이, 불평하는 백성의 소리에 못 이겨 아론은 금송아지를 만들었고, 그 우상을 하나님이라 부르는 우상 숭배를 범했다. 역사가 반복된 것이다.

이 세상에서 하나님께 순종하며 살아가려면 '미움받을 용기'가 필요하다. 사람으로부터 '인기 없는 행동'을 감수할 담대함이 필요하다. 이 용기와 담대함은 어디에서 오는가? 주님을 향한 '믿음'에서 온다. 그렇다면 이 '믿음'은 어디에서 오는가? 로마서 10장의 말씀대로, 믿음은 '들음'에서, 곧 말씀을 '경청함'에서 온다. 사울은 이 부분이 매우 약했다. 말씀을 경청하는 삶, 그것은 그의 영적 루틴이 아니었다.

회개하여 처음 행위를 가지라

불순종과 거역으로 인해 교회도, 기업도, 가게도, 사람도 촛대가 옮겨질 수 있다는 준엄한 경고의 말씀이다. 그렇다면 우리는 어떻게 해야 하는가? 회개하여, 처음 행위를 가져야 한다.

> 그러므로 어디서 떨어졌는지를 생각하고 회개하여 처음 행위를 가지라 만일 그리하지 아니하고 회개하지 아니하면 내가 네게 가서 네 촛대를 그 자리에서 옮기리라(계 2:5, 개역개정).

'처음 행위'를 회복하는 일이 곧 회개다. 에베소교회에게 처음 행위는 '첫사랑'이었다. 많은 사역과 일이 아니라, 주님을 순수하게 갈망하며 사모하던 사랑이었다. 그렇다면 사울이 회복했어야 할 처음 행위는 무엇이었을까? 사무엘은 이렇게 말한다.

"임금님이 스스로를 하찮은 사람이라고 생각하시던 그 무렵에 왕이 되셨습니다."

스스로를 아무것도 아닌 사람으로, 하찮은 자로 작게 여기는 마음, 그것이 사울의 '처음 행위'였다. 순종은 스스로를 종이라 여기고 낮추는 자만이 할 수 있다. 자신을 크다고 여기는 자는 결코 주님께 순종할 수 없다.

안타깝게도 사울은 진정한 회개에 이르지 못한 채, 자신의 명예와 체면을 지키는 데 급급했다. 진정한 회개와 변화, 이것이 사울과 다윗의 큰 차이다. 사울은 회개하지 않았고, 그 이후로 오히려 더 교만하고 악해졌다. 결국 촛대는 사울에게서 다윗에게로 옮겨진다. 그러나 사울과 달리, 다윗의 왕조는 촛대가 옮겨지지 않고 영원히 이어진다. 전적인 하나님의 택하심이요, 은혜다.

사실 다윗에게는 사울에게 없는 중요한 한 가지가 있었다.

> 그는 한결같은 마음(integrity of heart)으로 그들을 기르고, 슬기로운 손길로 그들을 인도하였다(시 78:72).

무엇인가? '한결같은 마음'이다. 그 마음은 주님을 향한 한결같은 사랑의 마음이었고, 동시에 양 떼와 백성을 향한 한결같은 목자의 마음이었다. 그래서 다윗의 왕조는 촛대가 옮겨지지 않고 영원히 이어졌다. 영원하신 왕, 예수 그리스도를 통해 영원한 왕조가 성취되었기 때문이다.

하나님을 경외함으로 말씀을 경청하며, 거역하거나 고집부리지 말고 순종하는 자가 되자. 그리하여 촛대가 옮겨지는 인생이 아니라, 세대와 세대를 이어 주님께 존귀하게 쓰임 받는 삶을 살기를 축복한다.

마음에 새길 세 가지

1 선택적 순종은 순종이 아니다

사울은 하나님의 명령대로 아말렉을 진멸하지 않고, 자신이 보기에 아까운 것은 남겨 두었다. 이것이 '선택적 순종'이요, '부분적 순종'이다. 그러나 하나님은 이를 순종으로 여기지 않으셨다. 순종이 제사보다 낫고, 말씀을 따르는 것이 숫양의 기름보다 낫다. 온전하지 않은 순종은 결국 반역죄다.

2 우리는 멜렉(왕)이 아니라 나기드(대리 통치자)다

사울은 자신이 왕이라고 착각했다. 그러나 참된 왕, 멜렉은 하나님이시고, 사람은 하나님을 대리하여 세워진 통치자, 곧 나기드다. 자녀를 맡기셨다면, 기업을 맡기셨다면 우리는 나기드다. 그러므로 왕이신 하나님의 말씀에 순종해야 한다. 고집은 하나님의 왕권을 거부하고 다른 왕, 곧 우상을 섬기는 죄다.

3 한결같은 마음이 촛대를 지킨다

사울은 처음에는 스스로를 작게 여겼으나, 시간이 지나며 그 '한결같음'을 잃어버렸다. 반면 다윗은 '한결같은 마음'(integrity of heart)으로 백성을 기르고 인도했다. 그래서 다윗의 왕조는 촛대가 옮겨지지 않고 영원히 이어졌다. 회개하여 처음 행위를 가지라. 스스로를 작게 여기는 마음, 그것이 처음 행위다.

소그룹 나눔 질문

- 사울은 하나님의 명령대로 진멸하지 않고, 자기 눈에 아까운 것들은 남겨 두었습니다. 하나님의 말씀에 순종한다고 하면서도 '이것만은' 하고 남겨 두는 부분적인 순종의 영역이 있다면, 그것은 무엇이며 왜 내려놓기 어려운지, 또 어떻게 극복할 수 있을지 나누어 봅시다.

- 사울은 처음에는 스스로를 작게 여겼으나, 시간이 지나며 '한결같음'을 잃어버렸습니다. 반면 다윗은 '한결같은 마음'(시 78:72)으로 끝까지 하나님의 대리 통치자(나기드)로 살았습니다. 처음 믿음의 겸손과 열심을 잃어버린 영역이 있다면, 그 '처음 행위'로 돌아가기 위해 무엇이 필요할지 나누어 봅시다.

하나님 마음에 맞는 사람의 기도

순종을 제사보다 더 기뻐하시는 하나님을 찬양합니다.
선택적 순종으로 결국 불순종했던 죄를 회개합니다.
모든 이방 나라들처럼 되고 싶어 했던
유혹에 넘어간 세속적인 마음을 자복합니다.
사람을 두려워하여 하나님의 말씀을 거역했던
죄를 용서해 주소서.
주님, 제가 '멜렉'이 아니라 '나기드'임을 깨닫게 하소서.
자녀와 가정과 기업을 맡기셨으나,
최종 권위는 오직 하나님께 있음을 고백합니다.
스스로 왕이라 착각하며 고집부렸던 교만을 버리게 하소서.
처음 행위를 회복하게 하소서.
스스로를 작게 여기던 그 겸손한 마음,
크신 하나님을 붙잡을 수밖에 없었던 그 마음을 되찾게 하소서.
다윗처럼 한결같은 마음으로 주를 사랑하며 살게 하소서.
촛대가 옮겨지지 않고, 세대와 세대를 이어 쓰임 받게 하소서.
주 예수 그리스도의 이름으로 기도합니다. 아멘.

3부

광야 학교에서 참된 왕으로 빚어지는 마음

DAVID

SAMUEL

HANNAH

18. 왜 다윗인가

삼상 16:1-13

촛대가 옮겨진 사울을 살펴보았다. 그 이유는 거역함, 곧 불순종 때문이었다. 어떤 사람은 이렇게 질문한다.

"신실하신 하나님께서 어떻게 사울을 버리실 수 있는가?"

그러나 하나님은 신실하시기에 사울의 촛대를 옮기신 것이다. 선한 목자 되신 주님께 하나님의 양 떼는 소중하기 때문이다. 하나님은 당신의 양 떼가 당신의 뜻을 거역하는 자에 의해 사망의 길로 가는 것을 원치 않으신다. 그러므로 하나님이 신실하지 않으셔서 사울의 촛대를 옮기신 것이 아니라, 하나님이 너무나 그 백성을 사랑하고 언약에 끝까지 신실하시기에 촛대를 옮기신 것이다. 그리고 하나님은 '한 사람'을 찾으셨고, 마침내 찾아내셨다. 그가 바로 다윗이다.

"나는 내 종 다윗을 찾아서, 내 거룩한 기름을 부어 주었다. 내 손이 그를 붙들어 주고, 내 팔이 그를 강하게 할 것이다. 원수들이 그를 이겨내지 못하며, 악한 무리가 그를 괴롭히지 못할 것이다"(시 89:20-22).

사울은 하나님의 말씀에 불순종하고 거역했다. 그러나 하나님은 다윗을 가리켜 '내 종'이라 부르신다. 곧 주인의 말씀에 순종하는 자라는 뜻이다. 하나님은 그런 다윗을 찾아내셨다. 같은 표현이 사도행전에도 등장한다.

"그다음에 하나님께서는 사울을 물리치시고서, 다윗을 그들의 왕으로 세우시고, 증언하여 말씀하시기를 '내가 이새의 아들 다윗을 찾아냈으니, 그는 내 마음에 드는 사람이다. 그가 내 뜻을 다 행할 것이다' 하셨습니다"(행 13:22).

하나님은 다윗을 의도적으로 찾아내셨다. 다윗은 하나님의 마음에 들었고, 하나님의 마음에 합했으며, 하나님의 마음에 맞는 사람이었다. 그 말은, 하나님께서 다윗의 어떤 점을 보셨다는 뜻이다. 그렇다면 하나님은 다윗의 무엇을 보셨을까?

사무엘이 사울로 인해 슬퍼하며 괴로워할 때, 하나님은 "언제까지 사울 때문에 괴로워할 것이냐?" 하며 그를 책망하신다. 이미 촛대는 옮겨졌다. 그리고 하나님은 사무엘에게 말씀하신다.

가라 내가 너를 베들레헴 사람 이새에게로 보내리니 이는 내가 그의 아들 중에서 한 왕을 보았느니라 하시는지라(삼상 16:1b, 개역개정).

여기서 '보았다'라는 동사 '라아'(רָאָה)는 단순히 스치듯 본 것이 아니다. '주의 깊게 살펴보았다'(examine), '샅샅이 조사해 보았다'(inspect)는 것이며, 그 결과 '내가 선택했다, 골라 놓았다'는 의미를 담고 있다. 더 나아가, 본문에는 번역에서 빠진 단어가 있는데 '나를 위해서'다. 곧 하나님 당신을 위해 섬길 왕을 이미 선택해 두셨다는 뜻이다. 하나님은 한 소년의 감추어진 잠재력을 보셨다.

이 장의 핵심 단어이자 핵심 동사는 '보다'이다. 문제는 이것이다.

"하나님은 무엇을 주목해 보시는가?"

사람이 보는 것과 하나님이 보시는 것은 다르다

하나님의 명령에 따라 베들레헴 이새의 집으로 간 사무엘은 이새의 아들들을 하나씩 앞에 세웠다. 가장 먼저 사무엘 앞에 선 자는 첫째요, 장남인 엘리압이었다. 사무엘은 엘리압을 보자마자 그가 왕이 될 사람이라고 느꼈다. 사울을 찾아냈을 때의 그 감동이 다시 밀려왔다.

그들이 왔을 때에 사무엘은 엘리압을 보고, 속으로 '주님께서 기름 부어 세우시려는 사람이 정말 주님 앞에 나와 섰구나' 하고 생각하였다(삼상 16:6).

사무엘은 엘리압의 잘생긴 용모와 큰 키를 '보고' 큰 감동을 받았다. 보기 좋은 떡이 먹기도 좋고, 같은 값이면 다홍치마이며, 속마음도 좋고 외모도 좋으면 금상첨화다. 그러나 겉이 곱다고 해서 속까지 반드시 고운 것은 아니다. 지금 엘리압은 또 다른 사울, 다른 버전의 사울일 뿐이다. 겉은 크고 준수하지만, 하나님의 마음을 가진 사람은 아니었다.

사람은 외적 조건을 본다. 그러나 하나님이 보시는 것은 다르다.

> 그러나 주님께서 사무엘에게 이르셨다. "너는 그의 준수한 겉모습과 큰 키만을 보아서는 안 된다. 그는 내가 세운 사람이 아니다"(삼상 16:7a).

이 말씀은 준수한 외모나 큰 키 자체가 문제라는 뜻이 아니다. 만일 외모가 문제라면, 다윗도 문제다. 다윗의 외모도 준수하기 때문이다. 성경은 "그[다윗]는 눈이 아름답고 외모도 준수한 홍안의 소년이었다"(삼상 16:12)라고 증언한다. 엘리압은 잘생겨서 탈락한 것이 아니다. 또한 다윗은 겉사람은 형편없고 속사람만 훌륭해서 선택된 것도 아니다. 하나님이 사람을 보고 판단하시는 방식 자체가 다르다.

> "나는 사람이 판단하는 것처럼 그렇게 판단하지는 않는다. 사람은 겉모습만을 따라 판단하지만, 나 주는 중심을 본다"(삼상 16:7b).

여기서 '겉모습'으로 번역된 단어는 본래 '두 눈'이라는 뜻이다. 겉모습은 의역한 단어다. 즉 사람은 자신의 '두 눈'으로 보는 것으로 사람을 판단하지만, 하나님은 영이기에 그렇게 판단하지 않으신다. 하나님은 당신의 심장으로 그 사람의 마음을 보신다. 하나님이 보시는 '대상'과 '방식'은, 사람이 보는 대상과 방식과는 근본적으로 다르다.

그러나 대부분의 사람은 여전히 사람이 보는 방식대로 대상을 본다. 외모와 키, 인종과 옷차림, 경제력에 따라 사람을 판단한다. 그래서 마틴 루터 킹(Martin Luther King Jr.) 목사의 유명한 연설이 나왔다.

"나에게는 꿈이 있습니다"(I have a dream).

> 나에게는 꿈이 있습니다. 저의 네 명의 어린 자식이 피부색이 아니라(not by the color of their skin) 인격에 따라 평가받는(judged by the content of the character) 나라에 살게 되는 날이 오리라는 꿈입니다.

안타깝게도 겉모습으로 판단하는 데에는 사무엘도 예외가 아니었다. 영적으로 민감하고 분별력이 뛰어난 사무엘조차도, 엘리압의 큰 키와 준수한 외모를 보고 그가 기름 부음 받을 왕이라고 착각했다. 사람을 보는 문제 앞에서는 사무엘조차 연약했다. 하나님께서는 사무엘을 가르치기 위해 이 과정을 겪게 하시는 것이다.

하나님은 사무엘에게 곧바로 "다윗을 찾아서 기름 부어라!"라고 하실 수도 있었다. 그러나 그렇게 하지 않으셨다. "내가 한 왕을 보았다"라고만 말씀하셨다. 그러나 사무엘은 보지 못했다.

"그리고 이새를 제사에 초청하여라. 그다음에 해야 할 일은, 내가 거기에서 너에게 일러 주겠다. 너는 내가 거기에서 일러 주는 사람에게 기름을 부어라"(삼상 16:3).

'다윗'이라고 하지 않고 굳이 "거기에서 내가 일러 주겠다"라고 하신 이유는 무엇인가? 사무엘조차도 여전히 하나님이 보시는 방식과 대상을 알지 못했기 때문이다. 하나님은 사무엘이 같은 실수를 반복하지 않도록 그리고 다음 세대까지 가르치고자 하시는 것이다. 주님은 아둔한 우리의 시야를 넓히고, 편견과 선입견을 제거하며, 당신의 눈으로 보는 법을 가르치기를 원하신다.

어떤 일이 더 이상 진행되지 않는가? '관점'이 바뀌지 않으면 그 다음은 진행되지 않는다. 하나님은 이 과정을 통해 사무엘을 가르치셨고, 동시에 오늘 우리도 가르치고 계신다. 바뀌어야 할 관점은 이것이다. 두 눈으로 외적 조건만 보는 관점에서, 하나님의 눈으로 사람의 '중심'을 보는 관점으로 바뀌는 것이다.

이새의 아들 일곱을 다 보았지만, 하나님은 모두 아니라고 하신다. 그때 사무엘이 묻는다.

사무엘이 이새에게 "아들들이 다 온 겁니까?" 하고 물으니, 이새가 대답하였다. "막내가 남아 있기는 합니다만, 지금 양 떼를 치러 나가고 없습니다." 사무엘이 이새에게 말하였다. "어서 사람을 보내어 데려오시오. 그가 이곳에 오기 전에는 제물을 바치지 않겠소"(삼상 16:11).

"막내가 있긴 합니다만…."

이 말에는 굳이 볼 필요가 없다는 뉘앙스가 담겨 있다. '막내'라는 원어 '하카톤'(הַקָּטֹן)은 '가장 작은 자'라는 뜻으로, 왕이 될 가능성이 거의 없다는 의미다. 게다가 그는 양 떼를 치는 목자였다. 당시 목자는 3D 업종이었다. 동물과 늘 함께해야 했기에, 더럽고 냄새나는 직업이었다. 사회적으로도 천한 계층 가운데 하나였다.

아버지 이새의 눈에 그 아이는 볼 필요가 없었다. 그래서 부르지도 않았다. 다윗을 부르지 않은 이유는 양을 돌볼 사람이 없어서가 아니었다. 사무엘상 17장 20절을 보면, 다윗은 양 떼를 '다른 양치기'에게 맡기고 집을 떠난다. 양을 치는 다른 종이 있었다. 이새는 의도적으로 다윗을 '배제'했다. 아버지조차 아들의 겉모습만 본 것이다. 다윗은 집안에서도 인정받지 못한 아들이었다.

> 내 부모는 나를 버렸으나 여호와는 나를 영접하시리이다(시 27:10, 개역개정).

부모의 눈에 다윗은 평생 목동으로 살다 끝날 평범한 아이, 그 이하로 보였다. 그러나 자녀를 부모의 좁은 관점으로 한정 짓지 말라. 부모도 자녀를 다 알지 못한다. 오직 하나님만이 온전히 아신다. 자녀를 지나치게 과대평가해서도 안 되지만, 과소평가해서도 안 된다.

왜 다윗인가 (1): 돌보는 목자의 마음

아버지 이새는 다윗이 양을 지키는 비천한 아이이므로 볼 필요도 없다고 생각했다. 그러나 오히려 하나님이 보시기에 그는 이미 선택된 사람이었다. 양을 지키는 목동이기에 볼 필요도 없다는 그 다윗이 바로 하나님께서 찾고 계시던 사람이었다. 왜인가? 이스라엘 양 떼, 하나님의 백성을 돌보는 일에 있어 '목자'보다 더 이상적인 왕이 어디 있겠는가? 아브라함도, 모세도, 요셉도 모두 목자였다. 이것이 바로 본문 7절에서 말씀하신 "나는 사람이 판단하는 것처럼 그렇게 판단하지는 않는다"의 의미다.

이새의 눈에 목자는 왕이 될 자격이 없는 자였다. 그러나 하나님은 오히려 목자야말로 가장 이상적인 왕의 기준이라고 판단하셨다. 하나님이 보시는 기준은 사람과 같지 않다.

왜 다윗인가? 그 이유는 사람들이 무시했던 성품, 곧 돌보는 목자의 마음을 가졌기 때문이다. 목자는 양 떼를 돌보고, 보호하고, 병든 자를 고치며, 상한 자를 싸매고, 쫓겨난 자를 다시 돌아오게 하는 사람이다. 이것이 바로 '선한 목자' 되신 주님의 마음이다. 그리고 이 목자의 사명은 하나님의 양 떼를 맡은 대리 통치자의 사명과 동일하다.

> 또 그의 종 다윗을 택하시되 양의 우리에서 취하시며 젖 양을 지키는 중에서 그를 이끌어 내사 그의 백성인 야곱, 그의 소유인 이스라엘을 기르게 하셨더니(시 78:70-71, 개역개정).

양을 먹이고 지키던 목자에서 이스라엘을 기르는 목자가 되게 하셨다. 목자와 이스라엘의 통치자는 본질적으로 같았다. 돌보고, 보호하고, 고치고, 먹인다는 점에서 동일한 일이기 때문이다. 아버지와 형제들은 다윗이 냄새나는 양 떼를 돌보고 있었기에 부적격자라 판단했다. 그러나 아니었다. 오히려 그는 하나님이 택하신 통치자가 되기 위해 특별히 준비되고 있었다.

다윗은 남들이 보지 않는 들판에서 사자와 곰으로부터 양 떼를 지키며 훈련받았다. 그 목자의 훈련이 있었기에 골리앗과의 전투에서도 이길 수 있었다. 부모도, 세상도 자신을 버렸다고 생각할 그때, 그 환경 속에서, 하나님은 오히려 다윗을 당신의 마음에 맞는 사람으로 만들어 가고 계셨다.

혹시 아무도 알아주지 않는 것 같은가? 인생이 들판에서 낭비되고 있다고 느껴지는가? 냄새나는 양이나 치며 버려졌다고 생각하는가? 세상은 그렇게 판단할지 모르나, 하나님은 전혀 다르게 판단하신다. 당신을 사랑하는 자에게 하나님은 모든 것을 합력하여 선을 이루시는 분이다. 조건은 단 하나, 하나님을 사랑하는가이다.

다윗은 하나님을 전심으로 사랑했다. 그분이면 충분했다. 그래서 세상 기준으로는 왕과 전혀 어울리지 않아 보이는 목자라는 위치가, 하나님 보시기에는 가장 적합한 자리였다. 왜 다윗인가? 그는 이스라엘을 돌보는 목자로 훈련받았기 때문이다. 그는 선한 목자의 마음을 닮은 자로 준비되고 있었기 때문이다.

왜 다윗인가 (2): 순전한 마음

두 번째 이유는 순전한 마음이다. 둘로 나뉘지 않은 마음이다. 하나님께서 사람의 중심을 보신다고 할 때, 그것은 그 사람의 숨은 동기와 의도를 보신다는 뜻이다. 이 사람이 하나님의 영광을 추구하는지, 아니면 자신의 영광을 구하는지를 보신다. 또한 한마음으로 하나님만 바라보는지, 아니면 우상도 바라보며 두 마음으로 나뉘어 있는지를 보신다.

성경에서 '중심'은 직역하면 '심장', 곧 '마음'이다. 그 마음에는 지성, 의지, 감정이 담겨 있다. 이 사람이 하나님을 사랑하는지, 하나님의 뜻대로 살고자 하는 의지가 있는지, 하나님을 아는 지식을 갈망하는지를 보신다. 하나님은 다윗이 들판에 있을 때 이미 그 마음을 보셨다. 순결하고 온전한 마음을 보셨다. 이 사실을 증언하는 장면이 있다. 다윗이 죽음을 앞두고 아들 솔로몬에게 유언을 남기는 장면이다.

"나의 아들 솔로몬아, 너는 네 아버지의 하나님을 바로 알고, 온전한 마음과 기쁜 마음으로, 정성을 다하여 섬기도록 하여라. 주님께서는 모든 사람의 마음을 살피시고, 모든 생각과 의도를 헤아리신다. 네가 그를 찾으면 너를 만나 주시겠지만, 네가 그를 버리면 그도 너를 영원히 버리실 것이다"(대상 28:9).

하나님은 우리의 마음을 감찰하는 분이시다. 우리의 생각과 의도를 정확히 아시며, 결코 말과 행동에 속지 않으신다. 어떤 동기로, 어떤 목적을 가지고 행하는지를 꿰뚫어 보신다. 그래서 하나님은 두 주인을 섬기지 말고, 온전하고 순결한 마음으로 당신을 섬기라고 하신다.

다윗이 바라는 것은 단 하나(one thing)였다.

주님, 나에게 단 하나의 소원이 있습니다. 나는 오직 그 하나만 구하겠습니다. 그것은 한평생 주님의 집에 살면서 주님의 자비로우신 모습을 보는 것과, 성전에서 주님과 의논하면서 살아가는 것입니다(시 27:4).

다윗의 마음은 단순하고 순결하며 순전했다. 그의 단 하나의 소원은 주님과 더욱 친밀해지는 것, 오직 주님과 함께하는 삶이었다. 왜 다윗인가? 하나님은 다윗의 이 '온전한 마음'을 보신 것이다.

왜 다윗인가 (3): 순종하는 마음

그러나 이것만이 전부는 아니다. 본문 12절에서 이새가 막내아들을 데려온다. 주님께서 그를 보자마자 말씀하신다.

> 그래서 이새가 사람을 보내어 막내아들을 데려왔다. 그는 눈이 아름답고 외모도 준수한 홍안의 소년이었다. 주님께서 말씀하셨다. "바로 이 사람이다. 어서 그에게 기름을 부어라!"(삼상 16:12).

"바로 이 사람이다!" 이는 곧 '내가 점찍어 둔 바로 그 사람이다!'라는 뜻이다. 하나님께서 무엇을 보았기에 이렇게 말씀하셨는지는 본문에 나오지 않는다. 그러나 우리는 이미 답을 알고 있다. '왜 다윗인가?'의 답은 '왜 사울이 아니었는가?'에 있기 때문이다. 왜 사울이 아니었는가? 사울이 버림받은 이유는 거역과 불순종이었다. 그렇다면 왜 다윗일까? 다윗이 선택받은 이유는 그의 온유함과 순종하려는 마음 때문이었다.

하나님은 이미 사무엘에게 말씀하셨다.

> "그러나 이제는 임금님의 왕조가 더 이상 계속되지 못할 것입니다. 주님께서 임금님께 명하신 것을 임금님이 지키지 않으셨기 때문에, 주님께서는 달리 마음에 맞는 사람(after his own heart)을 찾아서, 그를, 당

신의 백성을 다스릴 영도자로 세우셨습니다"(삼상 13:14).

하나님은 당신의 말씀에 기꺼이 가르침을 받으려는 온유한 사람, 아멘으로 응답하며 순종하려는 사람을 찾으신다. 다윗이 바로 그런 사람이었다. 그래서 하나님은 다윗의 중심을 보고, "내가 한 왕을 보았느니라"라고 말씀하신 것이다. 하나님은 순종하고 복종하는 자에게 성령을 부어 주신다.

"우리는 이 모든 일의 증인이며, 하나님께서 자기에게 복종하는 사람들에게 주신 성령도 그러하십니다"(행 5:32).

순종하는 것이 제사보다 낫다는 것을 이미 들판에서 경험한 다윗에게, 하나님은 성령의 기름을 부어 주신다.

"바로 이 사람이다! 어서 그에게 기름을 부어라!"

사무엘이 기름이 담긴 뿔병을 들고, 그의 형들이 둘러선 가운데서 다윗에게 기름을 부었다. 그러자 주님의 영이 그날부터 계속 다윗을 감동시켰다. 사무엘은 거기에서 떠나, 라마로 돌아갔다(삼상 16:13).

이 뿔병은 이미 한나의 예언적인 기도 속에 등장했다. "뿔을 높이시리로다"(삼상 2:10, 개역개정). 하나님이 기름 부어 쓰시는 종은 순종하는 자다. 성령께서는 순종하는 자를 친히 인도하며 세밀하게 가르쳐 주신다. 그리고 성령을 통해 그 사람은 점점 더 그리스도의 형상으로 변화된다.

하나님은 다윗의 온유하고 순종하려는 마음을 보셨다. 그는 하나님의 마음에 맞는 사람이었다.

참된 다윗, 예수 그리스도

그러나 한 가지가 더 있다. 그는 '죄인'이었기 때문이다. 성경은 "의인은 없다. 한 사람도 없다"(롬 3:10)라고 분명히 말씀한다. 다윗도 예외가 아니다. 그가 주님을 사랑하고, 목자의 마음으로 양 떼를 돌보며, 순전하고 순종하려는 마음을 가질 수 있었던 것은 결코 타고난 성품 때문이 아니었다.

> 실로, 나는 죄 중에 태어났고, 어머니의 태 속에 있을 때부터 죄인이었습니다(시 51:5).

다윗은 완전한 사람이 아니었다. 그는 추악한 죄인이었고, 죄 중에 잉태되어 태어난 자였다. 태 속에 있을 때부터 죄인이었던 사람이 어떻게 '목자의 마음'과 '순전한 마음', '순종하는 마음'을 가질 수 있었을까? 이유는 하나다. 전적인 하나님의 은혜가 그에게 부어졌기 때문이다. 그것은 타고난 마음이 아니었다. 다윗에게 선한 것은 단 하나도 없었다. 다윗의 다윗 됨은 전부 하나님의 은혜였다.

그러므로 초점은 다윗이 아니라, 그러한 죄인이었던 다윗을 변화시키신 주님께 있어야 한다. 주님만이 영광을 받으셔야 한다. 그렇다면 어떻게 해야 하는가? 우리 삶 속에 이미 계신 '진정한 왕'을 보아야 한다. 다윗은 궁극적으로 '참된 다윗'이신 우리의 왕 예수 그리스도를 가리킨다.

결코 세상 기준에 따라 외적인 아름다움과 성공, 자격과 재능, 화려함에 속아 이새처럼, 형들처럼 우리 삶에서 참된 왕이신 예수 그리스도를 알아보지 못하고 놓치는 일은 없어야 한다. 이 모든 외적 기준과 우리가 붙드는 모든 것은 결국 낡아지고, 죽음 앞에서 사라진다. 영원히 변치 않으시는 분은 오직 주님뿐이다.

예수님은 세상 눈에 초라하고 보잘것없는 목자처럼 보일지 모른다. 그러나 예수님만이 우리의 생명이며, 영원한 생명의 길로 인도하는 선한 목자이시다. 주님의 성령이 기름 부어져 우리를 지키고, 보호하며, 살게 하신다.

마음에 새길 세 가지

1 하나님은 외모가 아닌 중심을 보신다

사람은 겉모습을 보지만, 하나님은 중심을 보신다. 사람은 '두 눈'으로 외적 조건을 판단하지만, 하나님은 영이므로 당신의 심장으로 그 마음을 보신다. 하나님이 보시는 '대상'과 '방식'은 사람과 다르다. 부모조차도 자녀를 겉모습으로 판단할 수 있다. 그러나 한 사람의 감추어진 잠재력을 온전히 보시는 분은 하나님뿐이다. 관점이 바뀌지 않으면 그다음은 진행되지 않는다.

2 하나님은 목자의 마음, 순전한 마음, 순종하는 마음을 찾으신다

하나님이 다윗을 선택하신 이유는 분명하다. 첫째, 돌보는 목자의 마음이다. 양 떼를 돌보고 보호하며, 병든 자를 고치고 상한 자를 싸매는 선한 목자의 마음을 가졌다. 둘째, 순전한 마음이다. 둘로 나뉘지 않고 오직 하나님만 바라보는 온전한 마음을 가졌다. 셋째, 순종하는 마음이다. 하나님의 말씀에 기꺼이 가르침을 받고 "아멘"으로 응답하는 마음을 가졌다.

3 다윗의 다윗 됨은 전적인 하나님의 은혜다

다윗은 태어날 때부터 죄인이었다. 그가 가진 목자의 마음, 순전한 마음, 순종하는 마음은 타고난 것이 아니라 전적인 하나님의 은혜로 부어진 것이다. 그러므로 우리의 초점은 다윗이 아니라, 죄인 다윗을 변화시키신 주님이어야 한다. 다윗은 '더 나은 다윗'이신 예수 그리스도를 가리킨다. 우리는 우리 삶의 참된 왕이신 예수 그리스도를 알아보고, 그분께만 영광을 돌려야 한다.

소그룹 나눔 질문

- 사람은 외모를 보지만 하나님은 중심을 보십니다. 타인의 겉모습만 보고 섣부른 판단을 했던 적이 있습니까? 또한 다른 사람에게는 인정받지 못했거나 겉으로 드러나지 않았지만, 하나님만은 알아주셨다고 느꼈던 순간이 있다면 나누어 봅시다.

- 하나님은 다윗에게서 돌보는 목자의 마음, 오직 하나님만 바라보는 순전한 마음, 말씀에 순종하는 마음을 보셨습니다. 이 세 가지 가운데 지금 내게 가장 자라나야 할 마음은 무엇이며, 그 마음을 키워 가기 위해 어떤 훈련이 필요할까요?

하나님 마음에 맞는 사람의 기도

사람의 중심을 보시는 하나님을 찬양합니다.
외모와 키, 경제력과 스펙으로 사람을 판단했던 죄를 회개합니다.
좁은 시야와 편견으로 저 자신과 자녀와 이웃을 겉모습으로만
판단했던 어리석음을 용서해 주소서.
주님, 주님 눈으로 보는 법을 가르쳐 주소서.
관점을 바꾸어 주소서.
다윗처럼 돌보는 목자의 마음을 주소서.
병든 자를 고치고 상한 자를 싸매는 선한 목자의 마음을 주소서.
둘로 나뉘지 않고 오직 주님만 바라보는 순전한 마음을 주소서.
말씀에 기꺼이 아멘 하며 순종하는 마음을 주소서.
제 안에 선한 것이 하나도 없음을 고백합니다.
'나의 나 된 것'은 오직 주님의 은혜입니다.
저를 변화시키신 주님께 영광을 돌립니다.
참된 다윗이신 예수 그리스도,
참된 왕이며 선한 목자 되신 주님만을 섬기게 하소서.
주 예수 그리스도의 이름으로 기도합니다. 아멘.

19. 인생의 골리앗을 만났을 때

삼상 17:1-30

다윗과 골리앗 이야기는 성경을 모르는 사람도 알 만큼 널리 알려진 '위대한 이야기'다. 위대한 이야기에는 공통된 특징이 있다. 내용은 단순하지만 인생의 근본을 알려 주고, 시간이 흐를수록 각자의 상황에 맞게 새로운 통찰을 선사한다는 점이다.

그런 의미에서 우리는 다시 이 이야기에 귀를 기울여야 한다. 여전히 이 세상에는 골리앗이 존재하기 때문이다. 이 이야기는 세상 현실에 묻혀 살아가는 이들에게 무엇이 참된 현실(true reality)인지를 분명히 보여 준다.

이 이야기는 세상 물정 모르고 겁 없이 거인에게 덤벼드는 한 소년의 도전담이 아니다. 오히려 정반대다. 다윗이 세상을 모르는 것이 아니라, 세상이 그분(Him)을 모르는 것이다. 그분이야말로 세상을 통치하고 다스리시는 분임을 담대히 선포하는 이야기가 바로 다윗과 골리앗 이야기다. 그러므로 우리는 이 이야기에 전율을 느껴야 한다. 골리앗이라는 거인이 득세하는 세상 속에서 누가 진정한 거인인지, 누가 참으로 위대하신 분인지를 말씀을 통해 경험해야 한다.

하나님의 영이 사울을 떠나다

본격적인 이야기에 앞서 반드시 짚고 넘어가야 할 부분이 있다. 바로 '하나님의 영'이 사울을 떠났다는 사실이다. 하나님께 고의적으로 불순종하고 그분의 말씀을 거부하는 자에게 더 이상 하나님은 역사하실 수 없다. 그것은 성령을 소멸하는 일이기 때문이다.

> 여호와의 영이 사울에게서 떠나고(삼상 16:14a, 개역개정).

다윗에게는 하나님의 영이 충만히 부어졌으나, 반대로 그 영은 사울을 떠났다. 이후 악한 영이 사울을 괴롭혔고, 그때마다 다윗은 궁중 악사가 되어 음악으로 그 악한 영을 물리치곤 했다. 바로 이 상황에서 블레셋이 이스라엘을 향해 전쟁을 일으켰다.

골리앗이 이스라엘을 모욕하다

블레셋은 '에베스담밈'에 진을 쳤고, 사울과 이스라엘 군대는 맞은편 '엘라' 평지에 진을 쳤다. 양쪽 군대가 대등했는지 서로 대치한 채 시간이 흐른 후, 블레셋의 '가드' 출신 골리앗이 앞으로 나와 싸움을 걸었다. 다 싸울 것 없이, 양쪽 챔피언끼리 일대일로 붙자는 것이었다. 진 쪽은 이긴 쪽의 종이 되어 섬겨야 한다는 조건이었다.

문제는 이스라엘이 상대해야 할 골리앗이 무시무시한 거인이었다는 데 있다. 그는 거인 족속 아낙 자손이 살던 가드 출신이었다. 민수기에서 가나안을 정탐했던 자들이 보고 두려워 떨었던, 키 크고 강대한 네피림의 후손이 바로 그 지역에 있었다. 성경은 그의 키가 여섯 규빗, 약 3미터에 달했다고 기록한다. 오늘날 기네스북에 등재된 세계 최고 장신은 튀르키예의 술탄 쾨센(Sultan Kösen)으로, 2.51미터다. 따라서 골리앗의 키가 3미터라는 기록은 결코 과장이 아니다.

골리앗은 놋으로 만든 투구를 쓰고, 온몸을 비늘 갑옷으로 두르고 있었다. 그 갑옷 무게만 해도 5천 세겔, 약 57킬로그램이었다. 웬만한 사람은 들 수도 없는 무게였다. 그는 굵은 창자루를 들었고, 한 사람이 따로 들고 나올 만큼 크고 무거운 방패를 앞세웠다.

이런 골리앗이 이스라엘을 조롱하고 모욕하기 시작했다. 그러나 누구도 나설 엄두를 내지 못했다. 두려움이 사울왕을 비롯해 온 이스라엘 진영을 덮쳤기 때문이다.

> 사울과 온 이스라엘이 블레셋 사람의 이 말을 듣고 놀라 크게 두려워하니라(삼상 17:11, 개역개정).

인생의 악한 날

우리 인생에도 '골리앗'을 만나는 순간이 있다. 그것은 단순히 인생에서 마주하는 어려움 정도가 아니다. 여러 두려움 가운데서도 특히 어렵고 두려운 일, 성경이 말하는 '악한 날'이라 할 수 있다. 에베소서는 그러한 날이 우리에게 찾아온다고 분명히 말씀한다.

> 그러므로 하나님이 주시는 무기로 완전히 무장하십시오. 그래야만 여러분이 악한 날에 이 적대자들을 대항할 수 있으며 모든 일을 끝낸 뒤에 설 수 있을 것입니다(엡 6:13).

우리의 삶은 늘 치열한 영적 전쟁터다. 그러나 유독 하나님과 그분의 백성을 '모욕'하고 '대적'하는 악한 날이 있다. 성경은 그날에 하나님이 주시는 무기로 완전히 무장해야만 적대자를 대항할 수 있으며, 그 이후에 넘어지지 않고 '설 수 있다'고 말씀한다. 이스라엘에게는 골리앗을 만난 이때가 바로 그 '악한 날'이었다.

지금 이 책을 읽는 이들 가운데도 그 악한 날, 인생의 골리앗을 만난 사람이 있을 것이다. 재정 악화와 사업 실패라는 골리앗, 오랜 우울증과 불면증이라는 골리앗, 자녀의 방황과 불치병이라는 골리앗, 혹은 도무지 이길 수 없어 보이는 말기 암이라는 골리앗 앞에서 있는 이도 있을 것이다.

우리는 스스로 믿음이 있다고 여겼고, 하나님을 안다고 생각해 왔다. 그러나 인생의 골리앗을 만나고 나면 사울과 온 이스라엘처럼 몹시 놀라 떨며 두려워하곤 한다. 지금까지 의지하고 믿었던 것들이 어느 하나 도움이 되지 않는다는 사실을 깨닫는다. 그리고 급작스러운 '현실 자각'이 찾아온다. 그 순간, 힘이 빠지고 마음에 두려움이 밀려오기 시작한다.

스펙으로는 골리앗을 이길 수 없다

사울이 누구인가? 다른 사람보다 머리 하나 정도 키가 더 큰 자였다. 큰 키와 준수한 외모, 왕으로서 완벽한 '스펙'을 갖춘 사람이었다. 백성은 다른 나라 왕들처럼 전쟁터에 나가 자신들을 위기로부터 구원해 줄 왕을 요구했고, 그 요구에 따라 세워진 왕이 바로 사울이었다. 그는 과거 암몬과의 전쟁에서도 큰 승리를 거두었다. 그런데 지금, 그러한 사울이 몹시 떨고 있다.

사울도 키로 말했을 때 둘째가라면 서러울 사람이었다. 그러나 그의 자랑이었던 '큰 키'가 골리앗 앞에 서니 한없이 작은 자가 되었다. 이것은 무엇을 말해 주는가? 사람이 가진 재능과 스펙으로는 인생의 골리앗을 이길 수 없다는 사실이다. 왜인가? 세상에는 언제나 더 크고, 더 뛰어나고, 더 화려한 학력과 스펙, 더 많은 돈을 가진 골리앗이 있기 때문이다.

그러므로 타고난 그 무엇을 의지하거나 자랑하지 말라. 그렇다고 이미 가진 자를 부러워할 필요도 없다. 하나님께서 공부하게 하시는 사람이 있다. 다니엘은 바벨론의 모든 학문을 배웠고, 사도 바울은 가말리엘의 제자로서 철저한 바리새인이 되었으며, 히브리어와 헬라어, 헬라 철학에도 능통했다. 그러나 그들은 그러한 스펙 때문에 쓰임 받은 것이 아니었다. 하나님의 영이 임했기 때문이다. 세상에서 자랑할 만한 모든 것을 배설물로 여기고 오직 주님만 의지하고 자랑했기 때문에 쓰임 받은 것이다.

타고난 재능을 단련하고 공부하며 다양한 경험을 쌓되, 그것을 의지하지는 말라. 그것을 의지하는 순간, 우리는 반드시 더 크고 탁월해 보이는 골리앗을 만나게 된다. 그 앞에 서면 몹시 떨며 두려워할 수밖에 없다.

심부름을 나선 다윗, 골리앗을 만나다

사울과 온 이스라엘이 골리앗 앞에서 떨고 있을 때, 장면은 '베들레헴'으로 전환된다. 다윗의 아버지 이새가 그에게 심부름을 시킨다. 전쟁터에 나간 세 형, 엘리압과 아비나답과 삼마에게 볶은 곡식과 빵을 가져다주고, 형제들의 안부를 살펴 잘 있다는 증거물을 가져오라는 것이다. 다윗은 양 떼를 다른 목자에게 맡기고 길을 나선다.

아버지의 심부름, 어디서 본 장면이 아닌가? 사울 역시 아버지 기스가 잃어버린 나귀를 찾아오라고 심부름을 시켰었다. 그는 '잃어버린 나귀'를 찾으러 갔다가 '이스라엘의 왕관'을 찾아 돌아왔다. 일상 속에 감추어진 하나님의 섭리였다.

비슷한 사건이 다시 반복된다. 본문에도 아버지의 심부름이 등장한다. 우리는 이미 알고 있다. 하나님께서 다윗을 세상에 등판시키시는 날이 바로 이날이라는 것을. 다윗과 골리앗이라는 위대한 이야기를 펼치시는 날이 바로 이날이라는 것을. 그러나 정작 다윗은 전혀 몰랐다. 하나님은 그에게 아무 말씀도 하지 않으셨다. "다윗아, 오늘은 네 인생에서 결코 잊을 수 없는 날이 될 것이다! 가라, 나의 챔피언이여!" 그런 말씀은 없었다. 다윗은 자신의 인생을 바꿀 결정적 사건이 불과 몇 시간 앞으로 다가왔다는 사실을 전혀 알지 못했다.

바로 이것이 우리가 쉬지 않고 기도해야 하는 이유다. 오늘이 하나님 나라와 그분의 의를 위해 크게 쓰임 받을 날일 수도 있고, 반대로 골리앗과 같은 대적이 삶과 영혼을 공격하며 조롱하고 유혹하는 날

일 수도 있기 때문이다. 그러므로 우리는 매일 깨어 기도해야 한다.

"주님, 제가 이 일을 통해 무엇을 배우기를 원하십니까?"

"주님, 제가 무엇을 하기를 원하십니까?"

"주님, 저를 멀리하지 마시고, 주님께서 예비하신 모든 것을 허락해 주십시오."

사울과 다윗의 인생이 바뀌는 사건의 시작은 아버지의 심부름, 곧 잃어버린 소유물 찾기와 음식 배달이었다는 사실을 잊지 말라. 작아 보이는 그 일에 충성하는 자에게 주님은 더 큰 것을 맡기신다. 언제나 '심부름꾼'이라는 종의 정체성을 잊지 않는 자를 통해 하나님은 당신의 계획을 이루신다.

40일, 실패와 승리의 상징

다윗이 전장에 도착했을 때는 골리앗이 싸움을 걸어 온 지 이미 40일이 지난 후였다. 성경에서 40은 상징적인 숫자다. 이스라엘이 실패한 40년 광야를 떠올리게 하고, 동시에 예수님께서 광야에서 마귀의 유혹을 이기신 40일을 떠올리게 한다. 이스라엘이 실패했던 바로 그 자리에, 예수 그리스도를 예표하는 다윗이 도착한 것이다.

다윗은 도착하자마자 골리앗이 이스라엘을 모욕하는 소리를 듣는다. 골리앗을 죽이면 큰 포상이 약속되어 있었다. 많은 재물과 함께 '왕의 사위'가 되고, '모든 세금'을 면제받는 특권이었다. 그러나 자기 목숨을 잃는다면 그 상이 무슨 의미가 있겠는가? 골리앗은 40일 동안 조롱했고, 이스라엘 백성은 여전히 그를 보며 두려워 떨었다.

인생의 골리앗은 오늘도 그리스도인을 위협하고 조롱한다. 한 선교사의 사모님이 암 진단을 받았다. 아무런 증상이 없었기에 당황할 수밖에 없었다. 그때 골리앗이 조롱하기 시작했다.

"너, 선교사라며? 너의 하나님은 어디 있느냐? 하나님이 네 아내의 건강 하나도 지켜 주지 못하느냐?"

"항상 기뻐하고 범사에 감사하라고 설교했지? 지금도 기뻐할 수 있느냐? 지금도 찬양할 수 있느냐? 지금도 감사할 수 있느냐?"

인생의 골리앗은 오늘도 그리스도인을 위협하고 조롱한다.

다윗에게 분노하는 엘리압

설상가상으로 우리가 상대해야 하는 것은 외부의 적, 골리앗과 그의 조롱만이 아니다. 다윗이 골리앗을 보고 거룩한 분노를 품고 있을 때, 다윗을 향해 분노하며 경멸의 시선을 보내는 자가 있었다. 바로 그의 맏형 엘리압이다.

> 다윗이 군인들과 이렇게 이야기하는 것을 맏형 엘리압이 듣고, 다윗에게 화를 내며 꾸짖었다. "너는 어쩌자고 여기까지 내려왔느냐? … 이 건방지고 고집 센 녀석아, 네가 전쟁 구경을 하려고 내려온 것을, 누가 모를 줄 아느냐?"(삼상 17:28).

마귀의 전략은 언제나 자중지란(自中之亂)임을 잊지 말아야 한다. 지금 다윗은 중요한 전투를 앞두고 있다. 그런데 마귀는 내부를 먼저 무너뜨리려 한다. 갑자기 형 엘리압이 다윗을 책망하며 그의 사기를 꺾으려 한다. 여기 있지 말고 가서 양이나 치라는 것이다. 엘리압은 다윗이 교만하고 마음이 완악하여 주제넘는 짓을 한다고 판단했다.

그러나 그렇지 않다. 다윗이 싸우려는 동기는 분명했다. 골리앗이 이스라엘, 곧 살아 계신 하나님을 섬기는 그분의 군대를 모욕했기 때문이다. 사실 사울이나 이스라엘의 모습을 보면 모욕을 당할 만하다. 오늘날 한국 교회를 보아도 그러한 때가 있다. 그럼에도 불구하고 교회는 주님의 몸이며, 하나님께서 피 값으로 사신 주님의 소유다. 누군가가 하나님과 그분을 섬기는 자들을 모욕한다면, 마땅히 거룩한 분노를 품어야 한다.

다윗의 동기는 순수했다. 그렇다면 왜 엘리압은 이렇게까지 분노하는 것일까? 다윗이 적인가? 아니다. 그렇다면 왜 그럴까? 그 이유는 '시기심' 때문이다. 장남인 자신이 기름 부음을 받았어야 했는데, 막내 다윗이 받았다. 그는 화가 나고 또 다윗이 미운 것이다. 그는 다윗이 보상과 출세에 욕심이 있다고 보았다. 그러나 정작 누구의 눈에는 뭐만 보인다고 엘리압 자신에게 바로 그 출세욕이 있었다. 그래서 공을 세워 보려고 전쟁터에 나온 것이다. 그런데 지금 그는 무엇을 하고 있는가? 골리앗을 구경하고 있다. 하나님은 이미 엘리압의 그 중심을 보셨다. 그래서 그를 사용하지 않으신 것이다.

신앙인은 인생의 골리앗으로부터 도전을 받을 뿐 아니라, 순수한 믿음으로 나아갈 때 비방을 퍼붓는 가족과 친구로부터도 공격을 받기 마련이다. 그때마다 반드시 기억해야 한다. 우리의 대적은 마귀이지, 가족이나 사람이 아니다. 그들을 미워하지 말라. 오히려 불쌍히 여기라. 다윗은 엘리압의 공격을 받았지만, 한마디만 하고 더 이상 대꾸하지 않는다. 왜인가? 형은 적이 아니기 때문이다. 가족이나 같은 성도는 적이 아니기 때문이다. 대적은 마귀다. 다윗은 자신이 싸워야 할 대상을 분명히 알고 있었다. 그의 대적은 골리앗이었다.

살아 계신 하나님

사울과 온 이스라엘은 골리앗을 보자 두려움에 떨었다. 바로 그때 다윗이 나타난다. 하나님의 군대를 모욕하는 골리앗을 보며 그의 안에 거룩한 분노가 일어난다. 완전한 패배의식에 사로잡혀 있던 그들에게 다윗은 살아 계신 하나님을 고백한다.

> "저 할례도 받지 않은 블레셋 녀석이 무엇이기에, 살아 계시는 하나님을 섬기는 군인들을 이렇게 모욕하는 것입니까?"(삼상 17:26).

사울과 이스라엘에게 하나님은 마치 죽은 하나님, 계시지 않은 하나님처럼 느껴졌다. 그래서 그들은 골리앗 앞에서 두려워 떨었다. 그러나 다윗에게 하나님은 '살아 계시는 하나님'이었다. 그는 들판에서 양을 칠 때 이미 살아 계신 하나님을 셀 수 없이 경험했다. 다윗은 사울 앞에서 이렇게 고백한다.

> "사자의 발톱이나 곰의 발톱에서 저를 살려 주신 주님께서, 저 블레셋 사람의 손에서도 틀림없이 저를 살려 주실 것입니다"(삼상 17:37).

다윗에게는 살아 계신 하나님, 곧 사자의 발톱과 곰의 발톱에서 자신을 살려 주신 주님에 대한 '경험'이 있었다. 그는 이미 일상 속에서 살아 역사하시는 하나님을 만났다. 하나님의 관점에서 보니 골리앗은 거인이 아니라 '난쟁이'였다. 그러나 사울과 이스라엘의 눈에는 하나님이 보이지 않았기에, 골리앗이 너무도 두려운 거인으로 보였던 것이다.

여기에 다윗이 담대한 이유가 하나 더 있다. 그는 성령의 기름부음을 받은 자였다. 하나님의 영이 그와 함께하고 계셨다. 그래서 담대할 수 있었던 것이다. 이것이 다윗이 사울이나 엘리압과 근본적으로 달랐던 이유다.

스펙(spec), 스토리(story), 스피릿(spirit)

엘리압에게는 키 크고 잘생긴 스펙(spec)은 있었으나, 하나님과 함께한 경험, 곧 스토리(story)가 없었다. 더 나아가 하나님의 영, 스피릿(the Spirit)도 없었다.

사울에게는 키와 외모라는 스펙도 있었고, 하나님의 능력을 맛본 일부의 경험, 곧 스토리도 있었다. 그러나 그것은 과거일 뿐, 현재는 아니었다. 하나님의 영, 스피릿이 그에게서 떠났기 때문이다. 사울은 '과거의 사람'이지 '오늘과 내일의 사람'은 아니었다.

그러나 다윗을 보라. 그는 키도 작고, 스펙으로 내세울 만한 것도 별로 없었다. 그러나 매일 하나님과 함께한 경험, 스토리들이 있었다. 게다가 그에게는 스피릿, 하나님의 영이 함께하고 계셨다. 그래서 다윗에게 하나님은 주무시다 돌아가신 하나님이 아니라, 사자의 발톱에서 자신을 살려 주신 살아 계신 하나님이었다. 이것이 '참된 현실'이었다. 기억하라. 골리앗이라는 거인이 참된 현실이요, 실상이 아니라, 살아 계신 하나님이 참된 현실이다. 우리는 이 참된 현실을 기준으로 우리의 인생을, 곧 우리의 인생이라는 악기를 조율해야 한다.

이것이 엘리압과 사울과 다윗의 차이다. '스토리'가 '스펙'을 이기고, '스피릿'이 매일 하나님과의 '스토리'를 만들어 간다. 그러니 스펙이 조금 모자라도 괜찮다. 스펙보다 더 중요한 것은 하나님과 동행하며 쌓아 온 스토리들 그리고 그 스토리를 만들어 가시는 성령, 스피릿이다. 그러므로 성령 충만이면 충분하다. 예수님이면 충분하다.

대진표를 바꾸라

인생의 골리앗을 만났을 때가 바로 우리의 믿음이 진정으로 점검되는 순간이다. 인생의 골리앗 앞에서야 비로소 우리가 엘리압인지, 사울인지, 다윗인지가 드러난다.

"하나님이 계신데 왜 인생에 골리앗이 나타나느냐"고 물을 수 있다. 그러나 그렇지 않다. 하나님이 계시기에 골리앗이 나타나는 것이다. 왜인가? 마귀는 살아 계시고 역사하시는 하나님의 존재가 세상에 드러나는 것을 두려워하기 때문이다. 그래서 믿는 자를 겁주고 '조롱'하려는 것이다. 바로 이때가 우리의 믿음이 증명되는 때다. 여러 가지 시험을 만날 때를 온전히 기쁘게 여기라.

> 내 형제들아 너희가 여러 가지 시험을 당하거든 온전히 기쁘게 여기라 이는 너희 믿음의 시련이 인내를 만들어 내는 줄 너희가 앎이라 인내를 온전히 이루라 이는 너희로 온전하고 구비하여 조금도 부족함이 없게 하려 함이라(약 1:2-4, 개역개정).

암을 진단받은 한 선교사의 사모님이 이렇게 말씀하셨다.

"목사님, 저 괜찮아요. 정말 괜찮아요. 주님이 살아 계시잖아요."

그분에게는 진행된 암보다 살아 계신 하나님이 참된 현실이었다.

암 투병 중이던 유정옥 사모님의 책《울고 있는 사람과 함께 울 수 있어서 행복하다》(소중한사람들)에는 '대진표 선수 이름 바꾸기'라는 제목의 글이 있다.

> 다윗도 그 경기의 대진표 이름을 바꿀 수 있었기에 그렇게 담대할 수 있었다. 소년 다윗과 장군 골리앗이 싸우면 … 누가 보아도 다윗이 진다. 그러나 하나님과 골리앗이 싸우면 … 누가 보아도 골리앗이 진다.
> 나는 요즘 내 삶의 대진표를 다시 짜고 있다. 내 이름을 빼내고, 하나님의 이름으로 바꾸는 일이다. 예를 들면 유정옥과 말기 암이 싸우면 … 누가 봐도 유정옥이 진다. 그러나 하나님과 말기 암이 싸우면 … 누가 봐도 말기 암이 진다.
> 나는 하루 종일 내 삶을 힘들게 하는 모든 문제와 나 혼자 끙끙대면서 맞섰던 일에 하나님의 이름을 함께 놓는, 대진표 선수 이름 바꾸기 작업을 한다.
> 그러면 나에게 맹수처럼 달려오던 그 많은 두려움이 사라지고, 꼭 이기고 말겠다는 안달도 없어지고, 오히려 적수가 안 되는 상대방 선수에게 '차'나 '포'를 떼어 주는 여유와 넉넉한 인심과 사랑을 베풀게 된다. 그 후에 오는 것은 당연히 부전승임을 확실히 믿고 있기 때문이다.

이스라엘은 출애굽 이후 광야 40년 동안 실패했다. 이스라엘은 또다시 40일 동안 골리앗의 조롱 앞에서 무기력했고, 두려움에 사로잡혀 있었다. 맞다. 우리 힘으로는 인생의 골리앗을 결코 이길 수 없다. 우리는 너무나 무기력하다. 그러나 '더 나은 다윗'이신 예수님께서 우리가 실패했던 그 광야에서 말씀으로 마귀를 물리치셨고, 골고다 언덕 십자가에서 사망의 권세를 이기셨다. 그러므로 인생의 골리앗을 만났을 때 대진표의 이름을 내가 아닌 하나님으로 바꾸라. 다윗이 '살아 계신 하나님'을 바라보았던 것처럼, 그분을 항상 바라보며 의지하라. 이미 승리는 주님의 것이다. 우리는 그저 '부전승'의 은혜를 누릴 뿐이다.

마음에 새길 세 가지

1 스펙이 아닌 스피릿이 승리를 가져온다

사울은 키와 외모라는 완벽한 스펙(spec)을 가졌으나 골리앗 앞에서 떨었다. 엘리압은 장남으로서 풍채도 좋았으나 하나님의 선택을 받지 못했다. 반면 다윗은 내세울 만한 스펙은 없었으나 성령의 기름 부음을 받았고, 매일 하나님과 동행한 스토리(story)가 있었다. 세상의 조건이 아무리 화려해도, 하나님의 영(the Spirit) 없이는 인생의 골리앗을 이길 수 없다. 그러나 성령 충만이면 충분하다. 예수님이면 충분하다.

2 참된 현실은 골리앗이 아니라 살아 계신 하나님이다

사울과 이스라엘 눈에는 하나님이 보이지 않았기에 골리앗이 두려운 거인이었다. 그러나 다윗의 눈에는 살아 계신 하나님이 보였기에 골리앗은 난쟁이에 불과했다. 우리가 무엇을 참된 현실로 바라보느냐에 따라 두려움에 사로잡힐 수도 있고, 담대히 나아갈 수도 있다. 일상에서 사자와 곰의 발톱에서 건져 주신 하나님을 경험한 자에게 골리앗은 위협이 되지 못한다.

3 대진표를 바꾸면 부전승의 은혜를 누린다

소년 다윗과 장군 골리앗이 싸우면 다윗이 진다. 그러나 하나님과 골리앗이 싸우면 골리앗이 진다. 인생의 모든 문제 앞에서 당신의 이름을 빼고 하나님의 이름을 넣는 '대진표 선수 이름 바꾸기'를 하라. 그러면 맹수처럼 달려오던 두려움이 사라지고, 승리를 향한 조바심도 없어진다. 이미 승리는 주님의 것이기 때문이다. 우리는 그저 '부전승'의 은혜를 누릴 뿐이다.

소그룹 나눔 질문

- 사울은 완벽한 스펙을 가졌으나 골리앗 앞에서 떨었고, 다윗은 내세울 것이 없었으나 담대했습니다. 다윗에게 있고 사울에게 없었던 것은 무엇이며, 지금 내게 있는 것은 무엇입니까? 당신은 인생의 골리앗 앞에서 무엇을 의지하고 있습니까?

- 다윗에게는 매일 하나님과 동행하며 사자와 곰에게서 건져 주신 경험이 있었습니다. 일상에서 하나님이 건져 주시는 '작은 승리'를 경험하며 동행하려면, 지금 내가 순종해야 할 일은 무엇일까요?

하나님 마음에 맞는 사람의 기도

살아 계셔서 사자와 곰의 발톱에서
건져 주시는 하나님을 찬양합니다.
제 앞에 골리앗처럼 버티고 선 두려움과 문제를 봅니다.
제 스펙(spec)과 능력으로는 도저히 이길 수 없는 거인입니다.
그러나 골리앗이 참된 현실이 아니라
주님이 참된 현실이심을 고백합니다.
세상이 그분을 모르는 것이지,
그분이 세상을 모르시는 것이 아닙니다.
오늘 제 인생의 대진표를 바꿉니다.
제 이름을 빼고 하나님의 이름을 넣습니다.
이제 저와 골리앗의 싸움이 아니라,
하나님과 골리앗의 싸움입니다.
이미 승리는 주님의 것이니, 믿음으로 부전승의
은혜를 누리게 하소서. 성령(the Spirit)으로 충만케 하시고,
매일 주님과 동행하는 스토리(story)를 만들어 가게 하소서.
작은 심부름에도 충성하여,
더 큰일을 감당하는 주님의 일꾼이 되게 하소서.
주 예수 그리스도의 이름으로 기도합니다. 아멘.

20. 하나님의 방법으로 골리앗과 싸우라

삼상 17:31-54

한 조사*에 따르면, 한국인 응답자 절반이 '장기 울분 상태'에 있으며, 거의 10퍼센트는 '심각한 수준의 울분'을 겪고 있다고 한다. 여기서 '울분'이란 "부당함과 모욕 등 스트레스 경험에 대해 분노뿐만 아니라 깊은 좌절과 무력감이 동반되는 감정 반응"으로 규정된다. 즉 울분은 '억울함이 누적된 결과'다. 그리고 그 울분을 토로할 곳이 없다면 결국 '우울'로 귀결될 수밖에 없다.

이것이 우리가 살아가는 사회의 단면이다. 그런데 놀랍게도 이것이 이스라엘이 겪고 있던 상황이기도 했다. 그들은 40일 동안 블레

* https://www.donga.com/news/Society/article/all/20250507/131554687/2

셋의 챔피언 골리앗으로부터 온갖 모욕을 당하고 있었기 때문이다.

> 그 블레셋 사람은 … 자기 신들의 이름으로 다윗을 저주하였다. … "어서 내 앞으로 오너라. 내가 너의 살점을 공중의 새와 들짐승의 밥으로 만들어 주마"(삼상 17:43-44).

하나하나가 모두 끔찍한 저주다. 다윗은 이 말을 이날 처음 들었겠지만, 이스라엘 사람들은 40일 내내 들어야 했다. 그러니 이스라엘 군대 전체가 울분 상태에 빠져 있지 않았겠는가? 그들은 조롱과 저주와 모욕을 당했지만, 그렇다고 골리앗 앞에 나설 수는 없었기에 깊은 좌절과 무력감이 동반되는 감정을 느꼈을 것이 분명하다.

'골리앗'은 하나님의 백성을 모욕하며 조롱하는 '사탄'을 상징한다. 많은 이가 이 골리앗에게 시달린다.

"너는 이길 수 없어. 이번 생애에는 글렀어. 지금 상황에서 절대로 빠져나올 수 없어."

그러나 이것은 거짓된 속삭임이다. 우리는 이미 지난 장에서 '인생의 골리앗을 만났을 때' 대진표 선수 이름을 바꾸어야 한다는 것을 배웠다. 이것이 영적 전쟁의 기본 원칙이다. 우리 힘으로는 싸울 수 없기 때문이다. 그러나 이것이 우리가 아무것도 하지 않고 가만히 있어도 된다는 뜻은 아니다. '우리의 역할'이 있고, '하나님의 역할'이 있다. '우리가 해야 할 일'이 있고, '우리가 하지 말아야 할 일'이 있다.

다윗을 낙담시키는 사울

골리앗이 하나님과 그분의 군대를 모욕하는 것에 거룩한 분노를 느낀 다윗은, 사울에게 자신이 나가서 블레셋 사람과 싸우겠다고 자원한다. 그러나 이때 다윗은 형 엘리압에 이어 두 번째 저항을 받게 된다. 그것은 다윗을 낙담시키는 사울의 말이었다.

> 그러나 사울은 다윗을 말렸다. "그만두어라. 네가 어떻게 저자와 싸운단 말이냐? 저자는 평생 군대에서 뼈가 굵은 자이지만, 너는 아직 어린 소년이 아니냐?"(삼상 17:33).

"그만두어라! 네가 뭘 하겠느냐?"

이것은 매우 낙심되는 말이지만, 객관적으로는 맞는 말이다. 골리앗은 평생 전장에서 뼈가 굵은 전사다. 그러나 다윗은 그저 어린 소년에 불과하다. 스펙과 경험에서 둘은 비교가 되지 않는다.

사람은 보통 부모로부터 모든 사람이 소중하고 평등하게 대우받아야 한다고 배운다. 그러나 학교에 그리고 세상에 나가면 '성적'에 따라 차별을 받고, 사는 '지역'에 따라 계층이 나뉘며, '인맥'으로 '취업'에 성공하는 모습을 보게 된다. 그 과정에서 배운 것과 현실 사이의 '인지 부조화'를 겪는다.

다윗과 골리앗의 대비가 보여 주는 의미 가운데 하나는, '세상은 평등하지도, 공평하지도 않다'는 사실이다. 한 사람은 키 작은 무명의 목동 소년이고, 다른 한 사람은 거인의 유전자를 갖고 태어나 전쟁터에서 뼈가 굵은 유명한 용사다. 전투력에 있어서 둘은 비교 대상이 되지 않는다.

그렇다. 세상은 평등하지도 않고, 공평하지도 않다. 왜인가? 죄로 인해 깨어진 세상이기 때문이다. 공중의 권세 잡은 악한 영이 지배하는 세상이기 때문이다. 이것이 바로 골리앗이 상징하는 것이다. 지금 다윗은 그 앞에 서 있다. 그리고 세상에서 보기에 너무 작아 보이는 그리스도인 또한, 다윗이 골리앗 앞에 섰던 것과 유사한 경험을 하며 살아간다.

골리앗과 싸우는 첫 번째 방법: 사울의 갑옷을 벗으라

그렇다면 대안은 무엇인가? 어떻게 골리앗과 싸울 수 있는가? 본문이 제시하는 첫 번째 대안은 사울의 놋투구와 갑옷을 벗는 것이다.

다윗이 들판에서 사자와 곰을 물리친 경험을 이야기하자, 사울은 마침내 주님께서 함께하시기를 바란다며 다윗이 나가는 것을 허락한다. 동시에 그는 자신의 군장비를 다윗에게 입혀 준다.

> 사울은 자기의 군장비로 다윗을 무장시켜 주었다. 머리에는 놋투구를 씌워 주고, 몸에는 갑옷을 입혀 주었다(삼상 17:38).

그러나 소년이었던 다윗에게 큰 키였던 사울의 갑옷이 맞겠는가? 게다가 평생 양을 치던 목동이 무거운 갑옷을 입고 제대로 움직일 수 있겠는가? 당연히 맞지 않는다.

> 다윗은, 허리에 사울의 칼까지 차고, 시험 삼아 몇 걸음 걸어 본 다음에, 사울에게 "이런 무장에는 제가 익숙하지 못합니다. 이렇게 무장을 한 채로는 걸어갈 수도 없습니다" 하고는 그것을 다 벗었다. 그렇게 무장을 해 본 일이 없었기 때문이다(삼상 17:39).

다윗은 사울의 투구와 갑옷을 벗어 버린다. 왜인가? 자기 몸에 맞지 않았기 때문이다. 무엇보다 그것은 '다윗의 방식'이 아니었다. 그것은 사울의 방식이었고, 세상의 방식이었다.

'사울의 갑옷'은 그리스도인이 세상 기준에 맞추어 대응하려는 헛된 시도를 상징한다. 하나님만으로는 충분하지 않은 것 같아 세속적 방법을 덧붙이는 것이다. 결국 하나님보다 자신의 힘으로 승리하려는 신념의 결과가 '사울의 갑옷'이다. 세상은 끊임없이 자기네 기준, 곧 돈과 스펙과 능력에 맞추라고 유혹하고 강요한다. 바로 골리앗의 칼과 갑옷이라는 기준에 상응하여 만들어진 결과가 '사울의 갑옷'이다.

그러나 그것이 무슨 소용인가? 골리앗의 갑옷에 비하면 사울의 갑옷은 너무 초라하다. 더구나 그 갑옷을 다윗이 입는다고 해서 무엇이 달라지겠는가? 세상의 기준에 맞추라는 강압적 요구를 단호히 거절할 수 있어야 한다.

'사울의 갑옷을 벗어 버리라'는 메시지를 뒷받침하는 대표적인 말씀은 로마서 12장 2절이다.

> 여러분은 이 시대의 풍조를 본받지 말고.

이 말씀을 필립스성경은 이렇게 번역했다.

> 여러분을 둘러싸고 있는 세상의 틀(pattern)에 억지로 맞추지 말고 … 하나님이 새로 만드시는 사람이 되어 마음의 태도를 전부 바꾸십시오. 그러면 하나님이 인정하는 선하고 완전한 뜻을 여러분은 실제로

입증할 것입니다.

세상의 틀과 규격에 억지로 맞추려 하지 말라. 우리를 둘러싼 세상에는 성공하고 이기기 위한 공식과 패턴이 있다. 세상은 끊임없이 우리를 그 틀에 맞추려 한다. 결국 그리스도인조차 골리앗의 칼과 갑옷의 틀과 패턴에 순응한 결과가 바로 '사울의 갑옷'이다. 그러나 그것은 '하나님의 자녀'요, 예수 그리스도의 제자라는 '정체성'에 어울리지 않는 도구다.

다윗은 사울의 갑옷을 던져 버리며, 골리앗이 요구하는 전투 방식과 패턴을 거부했다. 세상의 틀에 맞추려 애쓰거나, 세상의 기준과 방식에 기웃거리며 굽신거리지 말라.

하나님이 새로 만드시는 사람

대신 어떻게 하라고 했는가? 세상의 기준과 틀이 아니라, '하나님이 새로 만드시는 사람이 되라'고 했다. 세상의 규격화된 방식과 관례를 벗어난 사람이 되라는 의미다.

골리앗은 전형적으로 자기 힘을 의지하고 과시하는 인물이다. 사울은 하나님을 믿는다고 하면서도 세상의 틀에 억지로 자신을 맞추려 한 인물이다. 그러나 다윗은 하나님이 새로 만드시는 사람, 하나님의 새로운 피조물이었다. 어떻게 그렇게 될 수 있었는가? 성령과 말씀으로 말미암아 마음의 태도가 바뀌었기 때문이다.

여기서 '마음'은 영어로 mind, 곧 지성, 사고방식이며 세상을 이해하는 방식, 즉 세계관을 뜻한다. 이 세상을 만드신 창조주요, 주인이 하나님이시며, 하나님의 영원한 나라가 있고, 세상을 이길 힘과 능력을 주시는 분도 하나님이심을 아는 '분별력'이다.

다윗은 아무리 골리앗이 위협하고 모욕해도 그것이 실제가 아님을 아는 '분별력'이 있었다. 그의 지성이 성령과 말씀으로 새롭게 되어 있었기에, 골리앗이 아무리 대단해 보여도 텅 빈 깡통임을 간파할 수 있었다. 그러나 이 새롭게 된 마음이 없으면, 사람은 골리앗의 싸움 방식과 틀에 맞추어야 한다고 생각하게 된다.

세상의 틀에 맞추려 하면 화가 나고 울분이 쌓이며, 우울해지거나 두려워지기도 한다. 왜인가? 우리는 골리앗처럼 될 수 없고, 골리앗을 이길 수 없다고 느끼기 때문이다. 아이러니하게도 우리는 골리앗을 미워하면서도, 골리앗처럼 되지 못해 조바심을 내고 힘겨워하는 '모순'을 경험한다. 이 모순 속에서 결국은 '사울의 갑옷'을 입으려 한다. 그러나 다윗은 단호하게 그 갑옷을 벗어 버렸다.

세속 권력과 사울의 갑옷

'사울의 갑옷'을 정치 문제로도 적용해 볼 수 있다. 교회가 세속 정치 권력을 장악하여 세속적 의제를 방어해야 한다고 주장할 수 있다. 물론 신실한 기독 정치인은 필요하다. 정치, 경제, 사회, 문화, 교육 등 모든 영역은 하나님의 영역이며, 하나님 나라가 임하도록 요셉과 다니엘 같은 이들이 세워져야 한다. 그러나 교회가 정치적 당을 만들거나 세속 정치와 결탁해야만 세상을 바꿀 수 있다고 생각한다면, 그것이야말로 '사울의 갑옷'이 될 수 있다. 왜인가? 정치적 이슈가 발생할 때마다 결국 하나님보다 정치 권력을 더 의지하게 되기 때문이다.

만일 교회와 정치가 긴밀히 결탁해야 했다면, 왜 예수님은 로

마의 정치 권력을 통해 하나님 나라를 세우지 않으셨는가? 왜 어리석게도 힘없는 어린양으로 죽으셨는가? 하나님 나라는 세속적 권력과 힘으로 오지 않는다.

태어나자마자 모두가 그리스도인이 되는 나라가 된다면 좋겠다고 생각할 수 있다. 그런 시대가 바로 18세기 영국, 존 웨슬리(John Wesley)가 태어났던 시기다. 그러나 그 시기는 영적으로 어두운 시대 중 하나였다. 거듭남 없는 명목상의 그리스도인들로 가득했고, 하나님이 계심은 믿지만 삶에 간섭하는 분은 아니라고 믿는 이신론(Deism)이 팽배해 있었다. 고난이 없는 환경이 반드시 신앙에 좋은 것은 아니다. 교회 역사를 보면, 교회는 오히려 박해받을 때 더욱 강력하고 순수했다. 세상과 똑같이 숫자와 규모와 재정으로 대항하려는 시도가 바로 '사울의 갑옷'이다. 우리의 싸움은 혈과 육의 싸움이 아님을 알아야 한다. 우리의 무기는 말씀과 기도이며, 하나님이 우리의 강력한 무기다. 그러므로 다윗처럼 '사울의 갑옷'을 거절해야 한다.

골리앗과 싸우는 두 번째 방법: 하나님이 주신 고유한 강점으로 싸우라

다윗은 사울의 갑옷을 거절하고, 하나님께서 자신을 고유하게 준비시키신 강점을 취한다. 그는 양을 돌보며 사자와 곰으로부터 자신을 건져 주신 분이 주님이심을 일상에서 수차례 경험한 사람이었다.

"임금님의 종인 저는 아버지의 양 떼를 지켜 왔습니다. 사자나 곰이 양 떼에 달려들어 한 마리라도 물어가면, 저는 곧바로 뒤쫓아가서 그 놈을 쳐 죽이고, 그 입에서 양을 꺼내어 살려 내곤 하였습니다. 그 짐승이 저에게 덤벼들면, 그 턱수염을 붙잡고 때려죽였습니다"(삼상 17:34-35).

'살려 내곤 했다'는 표현은 단 한 번이 아니라 반복된 경험을 뜻한다. 그는 일상에서 하나님과 동행하며 크고 작은 승리를 경험했다. 그러나 다윗은 사자와 곰도 이겨 봤으니 골리앗도 이길 수 있다고 말하는 것이 아니다. 사자와 곰을 쳐 죽일 수 있었던 것은 그가 아니라, 주님께서 살려 주시고 이기게 하셨기 때문이다.

다윗은 말을 계속하였다. "사자의 발톱이나 곰의 발톱에서 저를 살려 주신 주님께서, 저 블레셋 사람의 손에서도 틀림없이 저를 살려 주실 것입니다"(삼상 17:37).

"주님께서 살려 주셨다"는 이 고백은 사고방식과 마음이 새롭게 변화된 사람만이 할 수 있다. 주어는 언제나 '나'가 아니라 '주님'이다. 그렇기에 그는 사울의 갑옷을 내려놓고, 목동의 지팡이와 자신이 사용하던 물맷돌을 들고 나아간다.

그런 다음에, 다윗은 목동의 지팡이를 들고, 시냇가에서 돌 다섯 개를 골라서, 자기가 메고 다니던 목동의 도구인 주머니에 집어넣은 다음, 자기가 쓰던 무릿매를 손에 들고, 그 블레셋 사람에게 가까이 나아갔다(삼상 17:40).

여기서 반복되는 표현은 '자기가 쓰던' 주머니, '자기가 쓰던' 무릿매다. 하나님께서 그에게 주신 고유한 강점의 무기를 가지고 나아가는 것이다. 이것이 바로 골리앗과 싸우는 두 번째 방법, 하나님이 주신 고유한 정체성과 강점으로 싸우는 것이다.

투석병 다윗의 전략

고대 병사는 '보병'과 '기마병' 그리고 '궁수 및 투석병'으로 구분된다. 골리앗은 보병이고, 다윗은 투석병인 셈이다. 그렇다면 보병과 투석병이 붙으면 누가 이기는가? 근접전에서는 당연히 보병이 유리하다. 그러나 원거리 전투라면 이야기가 달라진다. 사사기에는 투석병이 얼마나 무서운지가 기록되어 있다.

> 그때에 그 성읍들로부터 나온 베냐민 자손의 수는 칼을 빼는 자가 모두 이만 육천 명이요 그 외에 기브아 주민 중 택한 자가 칠백 명인데 이 모든 백성 중에서 택한 칠백 명은 다 왼손잡이라 물매로 돌을 던지면 조금도 틀림이 없는 자들이더라(삿 20:15-16, 개역개정).

'물매로 돌을 던지면 조금도 틀림이 없다'는 말은 곧 백발백중이었다는 뜻이다. 다윗에게는 갑옷과 칼과 방패는 없었지만, 대신 속도와 기동력이 있었다. 그는 약 90미터 떨어진 거리에서도 물매로 돌을 던질 수 있었다. 반면 골리앗은 60킬로그램에 가까운 무거운 갑옷을 입고 있었고, 키가 컸기에 상대적으로 다윗보다 훨씬 느릴 수밖에 없었다. 사자와 같이 빠른 짐승도 물매로 맞혀 죽일 정도였는데, 상대적으로 더 크고 느린 골리앗을 맞히는 것이 어렵겠는가?

다윗은 일대일 결투를 칼과 방패, 즉 힘의 대결로 치르자는 골리앗의 방식을 따를 생각이 전혀 없었다. 성령과 말씀으로 마음을 새롭게 함으로 변화된 사람, 하나님이 새로 만드시는 사람은 다윗처럼 세상의 틀과 패턴을 와해시킨다. 곧 와해성 혁신(disruptive innovation)과 창조를 일으킨다. 다윗은 세상의 틀을 거부하고, 하나님이 자신을 지금까지 훈련시키신 강점, 곧 '사격 전사'로서 골리앗과 맞섰다.

자기 목소리로 싸우라

우리는 자주 다른 누군가가 되고 싶어 한다. 끊임없이 누군가처럼 되기 위해 발버둥치기도 한다. 그러나 그것은 우리에게 딱 맞는 옷이 아닐 때가 많다. 하나님은 우리를 고유하게 만드셨다. 우리는 사울도 아니고, 골리앗도 아니다. 심지어 다윗이 될 필요도 없다. 우리는 우리 자신이지, 다른 누군가가 아니다.

왜 울분과 우울에 빠지는가? 그 이유 가운데 하나는 다른 누군가처럼 되고 싶은데, 그렇게 되지 못하기 때문일지도 모른다. SNS를 보며 "난 왜 저렇게 못 될까?"라고 자책한다. 아니다. 우리는 누구인가?

> 우리는 하나님의 작품입니다. 선한 일을 하게 하시려고, 하나님께서 그리스도 예수 안에서 우리를 만드셨습니다. 하나님께서 이렇게 미리 준비하신 것은, 우리가 선한 일을 하며 살아가게 하시려는 것입니다(엡 2:10).

우리는 하나님에 의해 만들어진 유일한 작품이다. 믿는가? 우리는 '하나님의 고유한 작품'이라는 '건강한 자존감'을 가져야 한다. 다윗은 골리앗과 비교하며 비교의식에 빠지지 않았다. 오히려 사울의 갑옷을 벗어 버리고, 하나님이 주신 고유한 정체성과 강점으로 싸웠다. 그것이 바로 다윗의 물맷돌이다. 당신의 물맷돌로 싸우라.

골리앗과 싸우는 세 번째 방법:
주님을 온전히 의지함으로 싸우라

세 번째지만 가장 중요한 방법이다. 이것이 없으면 첫 번째와 두 번째 방법은 아무 소용이 없기 때문이다. 이유는 분명하다. 전쟁에서 이기고 지는 것은 오직 주님께 달려 있기 때문이다.

> "또 주님께서는 칼이나 창 따위를 쓰셔서 구원하시는 것이 아니라는 것을, 여기에 모인 이 온 무리가 알게 하겠다. 전쟁에서 이기고 지는 것은 주님께 달린 것이다. 주님께서 너희를 모조리 우리 손에 넘겨주실 것이다"(삼상 17:47).

다윗은 자신의 물맷돌 실력으로 이기는 것이 아님을 분명히 했다. 자신이 해야 할 일은 분명히 하지만, 주님이 함께하지 않으시면 자신은 아무것도 아니며 결코 이길 수 없음을 선포한 것이다.

본문 40절을 보면, 다윗은 골리앗에게 나아갈 때 물맷돌만이 아니라 '목자의 지팡이'도 가지고 나아갔다. 왜 지팡이를 들고 갔을까? 그것으로 골리앗을 때려 주려 한 것일까? 아니다. 그것은 자신을 보살피시는 주님의 지팡이였기 때문이다.

내가 비록 죽음의 그늘 골짜기로 다닐지라도, 주님께서 나와 함께 계시고, 주님의 막대기와 지팡이로 나를 보살펴 주시니, 내게는 두려움이 없습니다(시 23:4).

다윗은 '선한 목자 되신 주님이 자신과 함께하신다는 믿음의 증거'로 지팡이를 들고 나아갔다. 그의 믿음대로 주님은 다윗을 지켜주셨고, 이기게 하셨다.

교만의 대가

다윗과 골리앗의 대결에서 주님이 이기게 하셨다는 근거가 무엇인지 아는가? 아무리 다윗이 기동력을 가지고 물매로 돌을 던진다 해도, 골리앗이 '방패'로 막았다면 아무 소용이 없었을 것이다. 본문 41절에는 골리앗 앞에 방패를 든 사람이 있었다고 분명히 기록되어 있다.

만일 골리앗이 돌이 날아와 자기 이마에 박힐 줄 알았다면 방패 뒤에 숨었을 것이다. 그러나 그는 거만하고 교만했다. 방패가 필요 없다고 생각했다. 그 교만이 결국 골리앗의 이마에 돌이 박히게 만들었다.

교만에는 멸망이 따르고, 거만에는 파멸이 따른다(잠 16:18).

골리앗이 교만해진 이유는 다윗의 외모와 겉모습만 보았기 때문이다. 무엇보다 그는 교만했기에 다윗과 함께하시는 하나님을 보지 못했다. 그러나 다윗은 겸손히 주님과 그분의 이름을 의지했다.

그는 자신과 함께하시는 하나님을 보았다.

> 그러자 다윗이 그 블레셋 사람에게 말하였다. "너는 칼을 차고 창을 메고 투창을 들고 나에게로 나왔으나, 나는 네가 모욕하는 이스라엘 군대의 하나님 곧 만군의 주님의 이름을 의지하고 너에게로 나왔다"(삼상 17:45).

그날은 골리앗의 마지막 날이요, 심판의 날이었다. 세상은 이런 사람을 감당할 수 없다. 이 세상을 이기는 것은 갈보리 언덕에서 사망이라는 '골리앗'을 이기신 주 예수를 믿는 믿음이기 때문이다.

> 하나님에게서 태어난 사람은 다 세상을 이기기 때문입니다. 세상을 이긴 승리는 이것이니, 곧 우리의 믿음입니다(요일 5:4).

골리앗과 싸우되 '사울의 갑옷'을 벗어 버리라. 하나님이 주신 고유한 강점으로 싸우라. 그러나 무엇보다 중요한 것은, 주님 없이는 우리가 아무것도 아니라는 믿음이다. 주님만 함께하시면 승리는 이미 우리의 것이다.

마음에 새길 세 가지

1 사울의 갑옷을 벗어야 한다

'사울의 갑옷'은 하나님으로 충분하지 않다 여기며 세속적인 방법을 덧붙이려는 태도, 세상 기준에 자신을 맞추려는 헛된 시도를 상징한다. 골리앗이 갑옷과 칼로 무장했다고 해서 우리도 그 틀에 맞출 필요는 없다. 성령과 말씀으로 마음이 새롭게 되면, 세상의 패턴을 따르지 않고도 하나님이 인정하시는 선하고 완전한 뜻을 입증할 수 있다. 세상의 틀에 억지로 맞추려 할 때 울분과 우울이 찾아온다.

2 하나님이 주신 고유한 강점으로 싸워야 한다

다윗은 '자기가 쓰던' 물맷돌과 '자기가 쓰던' 주머니를 들고 나아갔다. 우리는 자주 다른 누군가가 되고 싶어 하지만, 하나님은 우리를 고유하게 만드셨다. 에베소서는 우리가 '하나님의 작품'이라 선언한다. 비교의식에 빠지지 말고, 하나님이 우리를 훈련시키신 고유한 정체성과 강점으로 싸워야 한다. 당신의 물맷돌로 싸우라.

3 주님을 온전히 의지해야 한다

다윗은 물맷돌만 들고 간 것이 아니라 '목자의 지팡이'도 들고 나아갔다. 그것은 선한 목자 되신 주님이 함께하신다는 믿음의 증거였다. 전쟁에서 이기고 지는 것은 주님께 달려 있다. 골리앗은 교만하여 방패 뒤에 숨지 않았고, 그 교만이 패망의 선봉이 되었다. 반면 다윗은 만군의 주님의 이름을 의지하고 나아갔다. 주님만 함께하시면 승리는 이미 우리의 것이다.

소그룹 나눔 질문

- 다윗은 사울의 갑옷을 벗었습니다. 골리앗이 갑옷과 칼로 무장했다고 해서 같은 방식으로 맞설 필요는 없었습니다. 세상의 방식이나 기준에 당신을 억지로 맞추려다 답답함과 우울을 경험한 적이 있습니까? 내게 맞지 않는, 벗어던져야 할 '사울의 갑옷'은 무엇입니까?

- 다윗은 '자기가 쓰던' 물맷돌과 '자기가 쓰던' 주머니를 들고 나아갔습니다. 하나님은 우리 각자를 고유한 작품으로 만드셨습니다. 하나님께서 내게 주신 고유한 강점과 경험은 무엇이며, 그것으로 어떻게 하나님 나라를 위해 싸울 수 있을까요?

하나님 마음에 맞는 사람의 기도

세상의 틀을 깨고 새로운 피조물로 만드시는
하나님을 찬양합니다.
제가 입고 있던 사울의 갑옷을 고백합니다.
하나님으로 충분치 못하다 여기고,
세상 기준에 맞추려 했습니다.
더 좋은 스펙, 더 많은 재정, 더 큰 권력으로
골리앗과 싸우려 했습니다. 이제 그 헛된 갑옷을 벗어 버립니다.
저를 고유하게 지으신 주님, 제가 하나님의 작품임을 믿습니다.
다른 누군가가 되려는 조바심을 내려놓고,
주님이 주신 고유한 강점으로 싸우겠습니다.
제 물맷돌이 무엇인지, 주님이 저를 어떻게 훈련하셨는지
깨닫게 하소서. 무엇보다 전쟁의 승패가
오직 주님께 달렸음을 고백합니다.
주님 없이는 저는 아무것도 아닙니다.
선한 목자의 지팡이를 붙들고,
만군의 주님의 이름을 의지하여 나아가게 하소서.
주 예수 그리스도의 이름으로 기도합니다. 아멘.

21. 복음으로 시기심을 이기라

삼상 18:1-30

철학자 쇼펜하우어(Arthur Schopenhauer)가 성찰한 인간 본성의 가장 나쁜 특징은 바로 '시기심'이다. 독일어 '샤덴프로이데'(schadenfreude)는 '악의적인 기쁨', 곧 '남의 불행을 보았을 때 기쁨을 느끼는 심리'를 뜻한다. 시기는 남이 잘되는 것을 보고 한탄하게 만들 뿐 아니라, 자신에게 있는 좋은 점마저 한탄하게 만든다.

삼위일체론의 신학적 기반을 세운 갑바도기아의 세 신학자 가운데 한 사람인 가이사랴의 성 바질(St. Basil)은 이렇게 말했다.

"사람의 영혼에 뿌리내린 시기심보다 해로운 악덕은 없으며, 시기는 그 사람의 활력을 갉아먹고 결국 그를 다 태우는 질병이다."

시기는 '교만이라는 동전의 뒷면'이기에, 교만과 평생을 함께하는 나쁜 친구다. 사탄은 왜 악마가 되었는가? 교만 때문이지만, 동시에 하나님을 시기했기 때문이다. 시기심은 끊임없이 이렇게 속삭인다.

"나는 지금보다 더 나은 대우를 받을 자격이 있어."

그래서 시기는 영혼을 파괴하는 일곱 가지 죄 가운데서도 가장 치명적인 영혼의 질병에 속한다.

이제 시기심이 한 사람의 인생과 영혼을 어떻게 파멸시킬 수 있는지 살펴보자. 사울을 통해서 말이다. 또한 시기심에 대한 다윗의 반응을 살펴보며, 말씀을 통해 어떻게 이길 수 있는지도 함께 살펴보고자 한다.

여인들의 노래

사무엘상 17장에서 하나님은 다윗을 세상에 공식적으로 등판시키셨다. 물론 그는 선발 투수가 아니라 구원 투수였다. 다윗이 하나님의 선발 투수가 되기까지는 아직 훈련받아야 할 부분이 많았다. 사무엘상 후반부는 바로 그 과정을 다룬다. 그러나 분명 다윗은 블레셋의 챔피언을 쓰러뜨린 영웅이 되었다.

다윗이 블레셋 사람을 쳐 죽이고 군인들과 함께 돌아올 때, 이스라엘의 모든 성읍에서 여인들이 소구와 꽹과리를 들고 나와 노래하며 환호성을 질렀다.

> 이스라엘의 모든 성읍에서 여인들이 소구와 꽹과리를 들고 나와서, 노래하고 춤추고 환호성을 지르면서 사울왕을 환영하였다. 이때에 여인들이 춤을 추면서 노래를 불렀다. "사울은 수천 명을 죽이고, 다윗

은 수만 명을 죽였다”(삼상 18:6-7).

그런데 이 노래가 사울의 심기를 건드렸다. 사울은 이 말에 몹시 언짢아졌고, 생각할수록 화가 났다. 자신보다 다윗을 더 높여 칭송했기 때문이다.

본래 여인들의 의도는 사울과 다윗을 비교하려던 것이 아니었던 듯하다. 6절 후반부를 보면, 분명 그들은 “사울왕을 환영하였다”라고 기록되어 있다. 즉 사울이나 다윗이나 모두 한편이다. 사울이 수천이고 다윗이 수만이라면, 이스라엘이 수만 수천을 이긴 것이다. 개인의 승리가 아니라 우리의 승리요, 나라의 승리다.

그러나 여인들의 노래에 문제가 전혀 없었던 것은 아니다. 굳이 사울과 다윗을 비교하며 노래했기 때문이다. 그 점에서 여인들의 노래는 지혜롭지 못했다. 더구나 적을 이길 수 있었던 것은 궁극적으로 주님이 하신 일이지, 다윗이 한 일이 아니었다. 그럼에도 불구하고 사울의 심기는 불편해지기 시작했고, 그 불편함은 곧 분노로 이어졌다.

이 말에 사울은 몹시 언짢았다. 생각할수록 화가 치밀어올랐다. “사람들이 다윗에게는 수만 명을 돌리고, 나에게는 수천 명만을 돌렸으니, 이제 그에게 더 돌아갈 것은 이 왕의 자리밖에 없겠군!” 하고 투덜거렸다(삼상 18:8).

여기서 ‘왕의 자리’라고 번역된 단어는 ‘왕권’(kingship)이다. 사울은 자기 왕권을 빼앗길까 봐 두려워하기 시작했다. 그러나 사울은 알지 못했다. 그가 아말렉과의 전쟁에서 불순종했던 그날, 주님께서는 이미 왕권을 다윗에게 넘기셨다는 사실을 말이다.

> 사무엘이 그에게 말하였다. "주님께서 오늘 이스라엘 나라를 이 옷자락처럼 찢어서 임금님에게서 빼앗아, 임금님보다 더 나은 다른 사람에게 주셨습니다"(삼상 15:28).

사람이 권력을 붙들려 해도 그것은 붙들 수 있는 것이 아니다. 그것은 권력의 근원이며 궁극적 권력이 되시는 주님께서 주신다.

> "위에서 주지 않으셨더라면, 당신에게는 나를 어찌할 아무런 권한도 없을 것이오"(요 19:11).

권력과 권한은 위로부터, 왕이신 하나님으로부터 온다.

시기심이 드러내는 우상

사울의 마음속에는 어느새 왕이신 하나님의 자리를 대신해 '왕의 자리', 즉 '권력'이라는 우상이 자리 잡았다. 우상이란 무엇인가? '우리 삶에서 하나님 자리를 대신하는 모든 것', '우리 인생에 가장 큰 무게와 가치를 부여하는 그 어떤 것'이다.

우리 안에 무엇이 우상인지 알아보는 방법이 있다. 첫째, 우리를 가장 기쁘게 하는 것은 무엇인가? 둘째, 우리를 가장 슬프게 하거나 염려하고 걱정하게 하는 것은 무엇인가? 셋째, 우리의 시기심을 일으키는 것은 무엇인가?

놀랍게도 우리가 누군가를 시기할 때, 그 시기심은 우리 안의 우상이 무엇인지를 드러내 준다. 그것이 외모든, 지위든, 재산이든, 자녀든, 학벌이든, 인기든, 칭찬이든 말이다. 지금 사울은 몹시 언짢아하며 분노하고 있다. 그리고 마침내 시기심이 드러난다.

그날부터 사울은 다윗을 시기하고 의심하기 시작하였다(삼상 18:9).

그렇다면 사울의 우상은 무엇인가? 바로 '왕권', 곧 '권력'이다. 놀랍게도 '우상'과 '시기심'은 함께 간다. 자신이 바라는 우상을 다른 사람이 가졌거나 그것을 빼앗길 것 같을 때, 그 사람을 악한 눈으로 보게 된다. 시기는 이글이글 타오르는 '악한 시선'이다. 그래서 누군가가 시기하는지 아닌지는 눈빛을 보면 알 수 있다. 악한 시선에서는 마치 레이저와 같은 광선이 나간다.

'저놈이 내 자리를 빼앗아 갈지도 몰라.'

'내가 갖고 싶어 하는 것을 가졌어.'

그 악한 시선은 시야가 좁아졌기 때문이다. 다윗과 사울은 하나님 나라의 한편이다. 그러나 시선이 좁아지면 동료가 적으로 보인다. 그러므로 시기심이란 결국 '좁아진 시선'이다.

사울의 창

두려운 것은, 시기심이 발전하면 단지 '악한 시선'으로 그치지 않는다는 점이다. 사울의 시기심은 결국 악한 영이 그를 사로잡도록 만든다.

그 이튿날 하나님께서 부리시는 악령이 사울에게 힘 있게 내리매(삼상

18:10a, 개역개정).

많은 사람이 묻는다.

"어떻게 하나님께서 악령을 보내실 수 있는가?"

그러나 원문에는 하나님께서 사울에게 적극적으로 악령을 '보내셨다'는 동사가 없다. 단지 악령이 사울에게 내렸다고만 기록되어 있다. '하나님께서 부리시는 악령'이라는 표현은, 하나님의 주권이 악령까지도 통제한다는 것을 뜻한다. 하나님은 빛도 어둠도 통제하시는 분이다. 하나님과 사탄이 대등한 존재라고 생각한다면 오산이다. 사탄은 하나님의 상대가 되지 않는다. 악조차도 하나님의 절대 주권 아래 있다.

비유하자면 이렇다. 어둠은 어떻게 오는가? 빛이 사라지면 된다. 어둠은 '빛의 부재'요, 추위는 '열의 부재'다. 하나님의 은혜와 보호하시는 손길이 거두어지면, 악령은 사람을 사로잡는다. 또 파리가 몰려오게 하려면 어떻게 해야 하는가? 파리를 잡아 올 필요가 없다. 쓰레기를 치우지 않고 방치하면 된다. 그러면 파리는 몰려오게 되어 있다.

사울에게 악령이 내리게 된 원인은 우상 숭배였고, 그 핵심은 다윗에 대한 '시기심'이었다. 그가 악한 시선으로 시기하게 된 이유는, 그의 시선이 주님이 아니라 권력이라는 우상을 향하고 있었기 때문이다. 그의 생명, 그의 왕권, 그가 가진 모든 것이 '주님'으로부터 왔지만, 시선이 주님이 아니라 왕권이라는 우상을 주목하는 순간 비극은 시작되었다. 결국 사울은 시기하기 시작했고, 악령에 사로잡히기 시작했으며, 마침내 다윗을 벽에 박아 버리겠다고 창을 던지는 지경까지 이르게 되었다.

> 그가 갑자기 다윗을 벽에 박아 버리겠다고 하면서, 다윗에게 창을 던졌다. 다윗은 사울 앞에서 두 번이나 몸을 피하였다(삼상 18:11).

'사울의 갑옷'에 이어 '사울의 창' 역시 부정적인 은유로 사용된다. '사울의 창'은 인간 내면에 있는 시기심이 외적으로, 폭력적으로 드러난 것을 상징한다. 영적으로 볼 때, '사울의 창'은 하나님의 뜻에 맞서려는 어리석은 인간의 몸부림을 의미한다. 하나님은 이미 다윗을 왕으로 택하셨다. 그러나 사울은 하나님의 계획과 뜻을 인정하지 않는다. 그는 자신의 불순종을 회개해야 했지만, 오히려 하나님의 뜻을 거슬러 자기 의지를 관철하려 한다.

성경에서 '사울의 창'과 유사한 상징이 창세기 37장에 등장한다. 요셉을 시기하던 형들이 판 구덩이다. 형들은 요셉을 구덩이에 던지며 "이 녀석의 꿈이 어떻게 되나 보자"고 말한다. 이 구덩이는 인간 내면에 있는 시기심이 외적으로 표출된 것이며, 동시에 하나님의 뜻에 맞서려는 어리석은 반항을 상징한다. 그러나 그것은 악한 행위로 기록될 뿐, 하나님의 뜻은 그대로 성취된다. '사울의 창'도 마찬가지다. 사울은 악인으로 기록될 뿐이며, 그 창을 통해 다윗은 오히려 정금같이 연단된다.

그러므로 '사울의 창'을 드는 자가 되지 말라. 구덩이를 파는 악인이 될 필요도 없다. '하나님의 뜻'을 거스르려 하지도 말라. 우리는 하나님께서 징계하실 때 회개해야 한다. 사울은 불순종을 돌이켜야 했다. 또한 하나님께서 낮추실 때 바싹 엎드려야 한다. 사울처럼 창을 쥐고 반항해서는 안 된다.

시기심을 가만히 놔두면 악한 영에 사로잡히게 되고, 결국 '사울의 창'으로 경쟁자를 제거하려 한다. 심지어 하나님을 원망하게 된다. 참으로 무섭고 두려운 일이다. 오늘날도 얼마나 많은 사람이 '사울의 창'으로 하나님의 사람을 박해하고 제거하려 하는가.

그렇다면 이 '사울의 창'은 주로 누가 쥘까? 문화심리학자 김정운 교수는 이렇게 분석한다.

"시기심은 철없는 어린아이만 느끼는 미성숙한 감정이 아니라, 시기심과 상관이 없어 보이는 사람일수록(예를 들어 지식인, 문화예술인, 심지어 종교인), 시기심이 더 적나라하다."

누가 교수직에 임용될 것인가? 누가 차세대 성악가가 될 것인가? 누가 국회의원이 될 것인가? 수많은 '사울의 창'이 던져지고, 벽에 박히며, 사람의 심령에 꽂힌다.

우리의 시선이 주님에게서 벗어나, 주님이 계셔야 할 자리에 권력과 돈과 명예와 인기라는 '우상'을 두는 순간, 시기심은 마음에 자리를 잡는다. 악한 영은 그 틈을 타 장난을 치고, 어느덧 우리는 '사울의 창'을 손에 쥔 자신을 발견하게 될지도 모른다. 그러므로 주님은 이렇게 말씀하신다.

> "시몬아, 자고 있느냐? 한 시간도 깨어 있을 수 없느냐? 너희는 유혹에 빠지지 않도록, 깨어서 기도하여라. 마음은 원하지만, 육신이 약하구나!"(막 14:37-38).

기도는 우리의 시선과 귀를 주님께 고정하는 것이다. 기도는 영이신 하나님 안에 머물며 그분과 연합하는 것이다. 그래야 시기심과 악한 영이 우리를 사로잡지 못한다.

다윗과 함께하시는 하나님

사울의 창이 두 번이나 던져졌다. 사울은 전쟁에 능한 용사다. 원거리도 아니고 근거리라면 맞히지 못할 리 없다. 그런데도 다윗은 피할 수 있었다.

> 그가 갑자기 다윗을 벽에 박아 버리겠다고 하면서, 다윗에게 창을 던졌다. 다윗은 사울 앞에서 두 번이나 몸을 피하였다(삼상 18:11).

어떻게 피할 수 있었는가? 하나님이 다윗과 함께하셨기 때문이다.

> 주님께서 자기를 떠나 다윗과 함께 계시는 것을 안 사울은, 다윗이 두려워졌다(삼상 18:12).

하나님은 다윗의 방패요, 피난처가 되어 주셨다. 본문은 반복해서 하나님이 다윗과 함께하신다고 말씀한다.

> "주님께서 그와 함께 계셨기 때문에, 어디를 가든지 그는 항상 이겼다"(삼상 18:14).

성경에서 가장 큰 복은 하나님께서 함께하시는 것이며, 하나님의 도우시는 섭리적 손길이 임하는 것이다. 아브라함과 함께하셨고, 요셉과 함께하셨으며, 모세와 여호수아와 사무엘과 함께하신 하나님께서, 이제 사울을 떠나 다윗과 함께하신다. 그래서 다윗은 죽지 않고 살 수 있었다.

오늘날에도 많은 사람이 '사울의 창'으로 위협을 당하고 있다. 어떤 이는 가족이나 친척, 친구에게서 창을 맞는다. 어떤 이는 직장에서 동료나 상사가 창을 던져 위협한다. 이 모든 것이 '사울의 창'이다. 수많은 창이 날아온다.

그러나 아무리 많은 창이 날아와도, 주님이 함께하시면 그분이 피할 바위요, 방패가 되어 주신다. 그러므로 임마누엘, 우리와 함께하시는 하나님의 임재면 충분하다. '내가 구하는 한 가지, 주님의 집에 거하는 것'(시 27편), 그것이 늘 다윗이 구하던 기도였다.

다윗은 하나님이 함께하셔서 사울의 창을 피한다. 그러나 그는 그 창을 다시 사울에게 던지지 않는다. 물론 다윗 역시 '사울의 창'을 쥐고 싶은 유혹을 받았을지도 모른다.

'나라고 못 던질 줄 아나? 나를 무시해? 내가 다 갚아 주겠다!'

나중에 살펴보겠지만, 그것은 다윗의 광야 학교에서 매우 중요한 테스트가 된다. 하나님은 두 번이나 다윗에게 사울을 죽일 기회를 주신다. 그러나 다윗은 죽이지 않는다. 왜인가? 사울의 창을 쥐고 던지는 순간, 자신도 사울처럼 되기 때문이다. 그리고 원수 갚는 것은 하나님이 하실 일이기 때문이다.

사랑하는 여러분, 여러분은 스스로 원수를 갚지 말고, 그 일은 하나님의 진노하심에 맡기십시오. 성경에도 기록하기를 "'원수 갚는 것은 내가 할 일이니, 내가 갚겠다'고 주님께서 말씀하신다" 하였습니다(롬 12:19).

그러므로 '사울의 창'을 잡지 말라. 창을 내려놓을 때, 주님은 승리로 갚아 주신다. 사울은 결국 하나님이 다윗과 함께하시는 것을 보고 그를 천부장으로 임명한다. 그리고 다윗은 그 이후로 전쟁에서 어디를 가든지 이기며, 늘 큰 승리를 거두게 된다.

복음으로 시기심을 이기라

사울의 시기는 악령을 불러왔고, 그의 영혼은 점점 파멸되어 갔다. 영혼을 서서히 죽이는 시기심은 반드시 극복해야 한다. 그렇다면 우리는 어떻게 시기심을 이길 수 있는가?

이제 사울에게서 시선을 돌려 '요나단'을 보아야 한다. 사실 가장 시기심을 품을 만한 사람은 사울이 아니라 요나단이다. 그가 사울에 이어 왕이 될 왕자였기 때문이다. 다윗이 왕이 된다면 잃을 것이 가장 많은 사람 역시 요나단이다. 그럼에도 요나단은 전혀 시기하지 않는다.

어떻게 그럴 수 있었을까? 앞서 시기심을 보면 그 사람의 우상을 알 수 있다고 했다. 그 말을 거꾸로 하면, 우상이 무너지면 시기심도 무너진다는 뜻이다. 요나단은 주님을 가장 사랑하고 의지함으로써 권력이라는 우상을 무너뜨렸다. 우상이 사라지자 시기심도 사라졌다. 복음 안에서 정체성을 확고히 하여 우상을 무너뜨릴 때, 시기심은 사라진다.

요나단에게 차기 왕권보다 더 중요한 분은 '주님'이셨다. 그에게는 주님이면 충분했다. 어떤 인기보다, 어떤 권력보다 주님이 더 소중했다. 그래서 사울이 다윗을 죽이려 할 때, 요나단은 다윗을 변호한다.

"그(다윗)는 자기 목숨을 아끼지 않고 블레셋 장군을 쳐 죽였고, 그래서 주님께서 온 이스라엘에게 이렇게 큰 승리를 안겨 주셨습니다"(삼상 19:5).

요나단은 주님께서 큰 승리를 안겨 주셨음을 보았다. 그에게 중요한 것은 주님이고, 주님의 역사였다. '요나단'이냐 '다윗'이냐는 그것보다 중요하지 않았다. 요나단의 시선과 초점은 주님의 뜻 그리고 주님이 무엇을 하시려는가에 있었다.

"주님이 하시고자 하는 일에 내가 나서야 하는가, 아니면 물러나야 하는가?"

그는 자신이 나서야 할 때가 아니라 물러나야 할 때임을 알았다.

놀랍게도 요나단의 마음은 다윗의 마음과 하나가 되며, 그는 다윗을 자기 생명처럼 사랑하게 된다.

다윗이 사울에게 말하기를 마치매 요나단의 마음이 다윗의 마음과 하나가 되어 요나단이 그를 자기 생명같이 사랑하니라(삼상 18:1, 개역개정).

요나단의 마음이 다윗의 마음과 하나가 되었다는 것은, 하나님의 마음과 뜻을 좇는 마음이 요나단에게도 부어졌다는 뜻이다. 다윗과 요나단은 개인의 야망이나 계획이 아니라, 하나님의 크신 나라와 뜻을 함께 바라보고 있다. 그래서 요나단은 자신이 진정 구원받을 수 있는 길은 스스로 왕이 되려는 왕좌에서 내려오는 것임을 알게 된다. 요나단은 왕권을 내려놓고 구원을 얻지만, 사울은 왕좌에서 내려오지 않음으로써 구원을 잃는다. 구원에 참여하려면, 자신 안의 왕좌를 주님께 내어 드려야 한다.

자기가 입고 있던 겉옷을 벗어서 다윗에게 주고, 칼과 활과 허리띠까지 모두 다윗에게 주었다(삼상 18:4).

왕자의 겉옷과 칼은 왕권과 힘을 상징한다. 그것을 다윗에게 준다는 것은, '더 나은 다윗'이신 예수님께 자신의 통제권을 내어 드린다는 것이다.

존 웨슬리의 〈언약기도문〉에 보면 이렇게 기도한다.

이제 저는 더 이상 제 자신의 것이 아니요, 오직 주님의 것입니다. 주님께서 원하시는 대로 저를 사용하시고, 주님께서 원하시는 자들과 함께 두소서. 저를 일하게 하시든, 고난받게 하시든, 저를 쓰시든, 한편에 내려놓으시든, 저를 높이시든, 낮추시든, 저를 채우시든, 비우시든, 모든 것을 갖게 하시든, 아무것도 갖지 못하게 하시든, 저는 기꺼이 온 마음으로 모든 것을 주님의 뜻과 섭리에 맡깁니다.*

이 고백의 핵심은 우리가 쓰임을 받든지 안 받든지, 높아지든지 낮아지든지, 갖든지 못 갖든지 통제권은 주님께 있다는 것이다. 어떻게 이런 담대한 기도를 할 수 있을까? 복음 안의 정체성 때문이다.

우리가 아직 죄인 되었을 때에 그리스도께서 우리를 위하여 죽으심으로 하나님께서 우리에 대한 자기의 사랑을 확증하셨느니라(롬 5:8, 개역개정).

---

* *The United Methodist Book of Worship*, "A Covenant Prayer in the Wesleyan Tradition (John Wesley)" 한글 번역은 저자의 사역본

복음은 우리의 우상을 무너뜨림으로 시기심의 죄를 이기게 한다. 또한 복음은 우리가 하나님의 자녀라는 정체성을 일깨움으로 시기심을 이기게 한다. 요나단은 자신의 정체성을 왕이 될 사람이라는 '영향력 있는 포지션'에 두지 않았다. 시기심은 이런 영혼에 침투할 수 없고, 이길 수 없었다.

우리가 맡고 있는 모든 책임과 직분을 내려놓아야 할 날이 반드시 온다. 더 이상 어떤 자리에 있지 않을 때, 나는 누구인가? 더 이상 젊지 않고 육신이 연약해질 때, 나는 누구인가? 모든 것이 변하고 사라진 뒤, 죽음 앞에서 나는 누구인가? 언젠가 우리는 겉옷과 칼과 활을 모두 원래의 주인께 돌려드려야 한다. 모든 타이틀과 영향력, 물질과 소유는 사라진다. 그때 남는 것은 무엇인가?

영원히 변치 않고 아름다우신 예수 그리스도, 그 안에서 우리는 사랑받는 '하나님의 자녀'다. 하나님의 자녀가 된 '권세'가 가장 강력한 권세요, 가장 존귀한 영광이다.

그러므로 시기심이 올라올 때마다 복음으로 마음속 우상을 무너뜨리라. 시기심이 고개를 들 때마다 '하나님의 사랑받는 자녀'라는 정체성을 굳게 붙들라. 그리고 요나단처럼 당신의 통제권, 당신의 겉옷과 칼을 주님께 내어 드리라. 그리고 기도하라. 이것이 복음으로 시기심을 이기는 법이며, 하나님의 구원이 우리에게 임하는 길이다.

마음에 새길 세 가지

1 시기심은 우리 안의 우상을 드러낸다

우리가 누군가를 시기할 때, 그 시기심은 우리 안에 어떤 우상이 자리 잡고 있는지를 보여 준다. 사울은 '왕권'이라는 우상 때문에 다윗을 시기했고, 결국 악한 영에 사로잡혀 창을 들게 되었다. 우상과 시기심은 함께 간다. 시기는 '좁은 시선'이며, '악한 시선'이다. 시선이 좁아지면 동료가 적으로 보인다. 우리가 무엇을 시기하는지 살펴보면 우리 안의 우상이 무엇인지 알 수 있다.

2 복음으로 우상을 무너뜨리면 시기심도 무너진다

가장 시기심을 품어야 할 사람은 사울이 아니라 요나단이었다. 그는 사울에 이어 왕이 될 왕자였기 때문이다. 그러나 요나단은 전혀 시기하지 않았다. 그에게 차기 왕권보다 더 중요한 분은 '주님'이셨다. 요나단은 자신의 겉옷과 칼을 다윗에게 주었다. 이것은 '더 나은 다윗'이신 예수님께 통제권을 내어 드리는 상징이다. 복음은 우상을 무너뜨리고, 우상이 무너지면 시기심도 사라진다.

3 하나님의 자녀라는 정체성이 시기심을 이긴다

요나단은 자신의 정체성을 '왕이 될 사람'이라는 영향력 있는 포지션에 두지 않았다. "나는 주님의 자녀다." 시기심은 이러한 요나단의 영혼에 침투할 수 없었다. 언젠가 우리는 모든 책임과 직분, 타이틀과 영향력을 내려놓아야 한다. 그때 남는 것은 오직 예수 그리스도 안에서 '하나님의 사랑받는 자녀'라는 정체성뿐이다. 이것이 가장 강력한 권세요, 가장 존귀한 영광이다.

소그룹 나눔 질문

- 시기심은 우리 안의 우상을 드러냅니다. 사울은 '왕권'이라는 우상 때문에 다윗을 시기했습니다. 최근 누군가를 시기하거나 부러워한 적이 있다면, 그 감정이 드러내는 내 안의 우상은 무엇이며, 그 우상은 언제, 어떻게 형성되었는지 나누어 봅시다.

- 요나단은 왕자의 자리보다 '하나님의 자녀'라는 정체성이 더 확고했기에 시기심이 침투할 수 없었습니다. 직분과 타이틀, 영향력을 모두 내려놓아야 할 때가 온다면, 그때에도 흔들리지 않을 나의 정체성은 무엇이며, 그 정체성을 더 깊이 뿌리내리려면 무엇이 필요할까요?

하나님 마음에 맞는 사람의 기도

우리를 사랑받는 자녀 삼으신 복음의 하나님,
제 안에 숨겨진 우상을 고백합니다.
권력과 명예, 인기와 인정이라는 우상이
주님의 자리를 차지하고 있었습니다.
누군가가 그것을 가졌거나 누군가에게 빼앗길 것 같을 때
시기심이 올라왔고, 그 좁은 시선으로 동료를
적으로 보았습니다. 용서하여 주소서.
복음으로 제 안의 우상을 무너뜨려 주소서.
요나단처럼 제 겉옷과 칼, 저의 통제권을
주님께 내어 드립니다.
사용되든 제쳐지든, 높아지든 낮아지든,
채워지든 비워지든 통제권은 오직 주님께 있습니다.
제 정체성은 어떤 포지션이나 타이틀에 있지 않습니다.
저는 주님의 사랑받는 자녀입니다.
이 정체성 안에서 시기심을 이기게 하소서.
저의 뜻대로 마시옵고, 아버지의 뜻대로 이루어지게 하소서.
주 예수 그리스도의 이름으로 기도합니다. 아멘.

22. 예기치 못한 길, 그러나 이끄시는 길

삼상 20:1-42

삶에서 승리를 갈망하지 않는 이가 어디 있겠는가. 그러나 위대한 승리 직후야말로 가장 취약한 순간이다. 교만이 스며들기 쉽고, 동료의 시기가 엄습하며, 그로 인한 낙심이 뒤따르기 때문이다.

하나님의 은혜로 다윗은 골리앗을 쓰러뜨리고 위대한 승리를 맛보았다. 그러나 사울은 광기에 사로잡혀 다윗을 죽이고자 했다. 이는 다윗이 전혀 예상하지 못한 결과였다. 인생은 종종 예기치 않은 방향으로 흘러간다. 우리 힘으로는 도무지 해결할 수 없는 사건과 상황이 밀려온다. 모든 노력과 헌신, 순종을 다했는데도 상황이 호전되기는커녕 오히려 더 악화되는 때를 경험하기도 한다.

다윗은 주님을 위해 용기 있게 나섰다가 이제는 사울에 의해 언제든 죽을 수 있는 인생 최대 위기를 맞이했다. 19장 후반부를 보면, 다윗은 사울을 피해 사무엘이 있는 '라마의 나욧'에 머물다가 다시 그곳을 떠난다. 골리앗 앞에서도 두려워하지 않던 다윗인데, 그 모습은 온데간데없다.

예상치 못한 죽음의 위기가 닥쳤을 때, 두려워하지 않을 사람이 어디 있겠는가. 다윗도 두려워했고, 낙심했으며, 근심했다. 다윗 역시 사람이었고, 평범한 목동에 지나지 않았다.

누구든지 하나님께 시선을 고정하면 골리앗 같은 거인도 두렵지 않다. 그러나 누구든지 하나님을 향한 시선을 놓치면, 자신을 죽이려는 사울이 하나님보다 더 커 보이기 마련이다. 그러므로 우리는 다윗의 연약함을 통해 우리 자신의 연약함도 볼 수 있어야 한다.

본문 1절을 보면, 다윗은 몹시 억울했던 것 같다. 자신이 무슨 잘못을 했는지 도무지 알 수 없었기 때문이다.

> 다윗이 … 요나단에게 따져 물었다. "내가 무슨 못할 일을 하였느냐? 내가 무슨 몹쓸 일이라도 하였느냐? 내가 자네의 아버님께 무슨 잘못을 저질렀기에, 아버님이 이토록 나의 목숨을 노리시느냐?"(삼상 20:1).

다윗이 보기에 자신은 아무 잘못이 없었다. 아니, 사실 잘못이라면 이런 것이었다. 그는 왕보다 뛰어났고, 더 신실했다. 그 결과 나라를 구했고, 왕보다 더 유명한 영웅이 되었다. 이것이 다윗의 잘못이라면 잘못이었다. 그러니 더욱 억울하다. 믿음으로 살고 반응한 대가가 '죽음의 위협'이란 말인가?

다윗은 목숨이 위태로운 상황 속에서, 하나님께서 왕으로 기름 부어 쓰시겠다는 그 약속마저 거짓이 아닐까 하는 생각에까지 이르렀을 것이다. 박해가 거세질수록 하나님의 약속은 더 이상 현실로 느껴지지 않았을 것이다.

많은 그리스도인이 이러한 상황에 처할 때가 있다. 분명 하나님을 사랑하고 믿는다. 그러나 고난 속에서 그분의 약속은 아무런 힘없는 '공수표'처럼 느껴진다. 사랑한다면서 인내와 믿음의 한계점까지 몰아가시는 하나님이 이해되지 않는다.

요나단과의 언약을 통해 보호하시다

이러한 위기 속에서 하나님은 다윗을 보호하신다. 어떻게 하시는가? 먼저 요나단과의 우정을 통해서다. 다윗은 흔들리고 있지만, 요나단이 다윗을 향해 맺은 언약은 변치 않는다. 다윗이 두려워하자, 요나단은 무엇이든 돕겠다고 말한다.

그러자 다윗은 한 가지 부탁을 한다. 이튿날 사울왕과 함께 식사해야 하는데, 식사하다가 죽을 수도 있으니 외출할 수 있도록 도와달라는 것이다. 대신 자신은 들로 나가 모레 저녁까지 숨어 있겠다고 한다. 만일 사울이 다윗이 보이지 않는 이유를 물으면, 고향에서 매년 드리는 제사를 위해 갔다고 전해 달라고 부탁한다. 그리고 사울의 반응을 보고 알려 달라고 한다.

바로 이때, 다윗과 요나단은 서로의 언약을 다시 확인한다. 만일 요나단이 사울이 다윗을 죽이려 한다는 사실을 알리지 않아 다윗이 피하지 못하게 된다면, 주님께서 요나단에게 어떤 벌을 내리셔도 마땅히 받겠다는 맹세였다.

그런 다음에 요나단은 다윗의 집안과 언약을 맺고 말하였다. "주님께서 다윗의 원수들에게 보복하여 주시기를 바라네." 요나단은 다윗을 제 몸처럼 아끼는 터라, 다윗에게 다시 맹세하였다(삼상 20:16-17).

하나님은 다윗을 어떻게 보호하시는가? 바로 요나단과의 우정을 통해서 지키신다. 요나단과 맺은 언약과 그 언약의 갱신을 통해 하나님은 다윗을 보호하신다.

성경은 일관되게 믿음의 친구가 필요하다고 말씀한다. 인간은 관계 속에서 지음 받았기에, 친밀한 우정과 사랑의 관계가 없으면 살 수 없다. 아담은 창조되었지만 혼자 사는 것이 보기에 좋지 않았다. 에덴동산에는 먹을 것도 많고 사는 데 필요한 것도 다 있었지만, 아담은 외로웠다. 아무리 집이 있고, 돈이 있고, 입을 것이 있어도 사람은 외로워한다. 왜인가? 사람은 '관계' 속에서 살도록 창조되었기 때문이다.

하나님의 형상대로 지음 받았다는 의미 가운데 하나가 바로 이것이다. "우리가 우리의 형상대로 사람을 만들자"에서 '우리의 형상'은 삼위일체 하나님의 관계성을 가리킨다. 가장 궁극적 관계는 하나님과의 관계이고, 그다음은 부부 관계, 부모와 자녀 관계 그리고 동성 간의 우정이다. 오늘날 동성애로 인해 우정의 개념이 모호해지고 있지만, 성경은 우정을 분명히 사랑의 한 형태로 구분하고 있다.

다윗은 요나단의 우정 덕분에 사울의 위협으로부터 보호받았다. 요나단의 우정 덕분에 하나님의 약속은 계속해서 이어졌다. 우정은 하나님의 보호와 약속 성취의 중요한 수단이 되었다.

이러한 믿음의 친구와 깊은 우정을 가진 자에게는 복이 있다.

당신을 위해 기도해 주고, 희생을 감수하며, 기꺼이 자신의 권리를 포기할 수 있는 친구가 있다면 복이다. 그리고 당신 또한 누군가의 요나단이 되어 주어야 한다.

그런데 성경은 놀랍게도 예수님이 우리의 궁극적인 친구라고 말씀한다.

> "사람이 자기 친구를 위하여 자기 목숨을 내놓는 것보다 더 큰 사랑은 없다. 내가 너희에게 명한 것을 너희가 행하면, 너희는 나의 친구이다. … 나는 너희를 친구라고 불렀다. 내가 아버지에게서 들은 모든 것을 너희에게 알려 주었기 때문이다"(요 15:13-15).

주님은 당신이 명하신 것을 행하는 우리를 친구라 부르며, 그 친구를 위해 목숨을 내어놓으셨다. 이보다 더 큰 사랑은 없다. 요나단은 이러한 참된 친구 되신 예수 그리스도를 예표한다.

요나단이 겉옷을 벗고 칼을 내려놓았기에 다윗은 살아남았고, 마침내 왕이 될 수 있었다. 이 장면에서 요나단은 '더 나은 요나단' 이신 예수 그리스도를 가리킨다. 친구를 위하여 목숨을 내어놓고 희생하는 사람, 바로 요나단은 우리를 위해 기꺼이 희생하시는 예수님을 떠올리게 한다. 예수님은 십자가에서 우리를 위해 죽으셨다. 그러므로 어떤 두려운 상황에 있을지라도, 우리의 가장 친밀한 친구이자 결코 우리를 저버리지 않는 주님이 계시기에, 우리는 두려움과 공포를 이겨 낼 수 있다.

에셀 바위 곁에서

요나단은 사울의 의중을 파악하기 위해 궁전으로 간다. 그는 다윗에게 에셀 바위 곁에 숨어 있으라고 한다. 그리고 사울이 다윗을 죽이고자 하는지, 그렇지 않은지를 이렇게 알려 주기로 한다.

요나단은 세 발의 화살을 바위 곁으로 쏠 것이다. 그러면서 자신의 종에게 화살을 찾아오라고 말하며, "너무 멀리 갔다, 이쪽으로 오면서 주워라" 하면, 다윗에게는 아무 일도 없는 것이다. 그러나 만일 그 종에게 "아직 더 가야 한다, 화살은 더 먼 곳에 있다"라고 하면, 주님께서 다윗을 멀리 보내신다는 뜻이었다.

초하루가 되어 다윗은 들녘 에셀 바위 곁에 숨어 있고, 요나단은 아버지 사울왕과 함께 식사하며 그의 의중을 확인한다. 사울은 다윗을 죽이려 한다. 심지어 다윗을 살려 보낸 아들 요나단까지 찔러 죽이려고 창을 들어 겨냥한다. 요나단은 슬픈 마음에 그다음 날이 되도록 하루 종일 아무것도 먹지 못한다.

반면 다윗은 들녘에서 사흘을 초조하게 보내며 요나단의 소식을 기다리고 있다. 바로 지금, 다윗이 몸을 숨기고 있는 그곳이 바로 '에셀 바위'다.

> "모레까지 기다리다가, 저번 일이 있었을 때에 숨었던 그곳으로 내려가서, 에셀 바위 곁에 숨어 있게"(삼상 20:19).

이 바위는 '에셀'이라는 이름이 붙여질 정도로 중요하거나 특이한 바위였던 것 같다. 과연 다윗의 심정은 어떠했을까? 시편 59편은 사울이 다윗을 죽이려고 사람을 보내어 성안을 수색할 때 지은 시로 알려져 있다.

> 나에게는 아무런 잘못도 없으나, 그들이 달려와서 싸울 준비를 합니다. 깨어나 살피시고, 나를 도와주십시오. … 그들은 저녁만 되면 돌아와서, 개처럼 짖어 대면서, 성안을 이리저리 쏘다닙니다. … 나의 힘이신 주님, 주님은, 내가 피할 요새이시니, 내가 주님만을 바라봅니다(시 59:4, 6, 9).

다윗은 하나님께 간절히 도움을 구한다. 하나님을 피할 요새로 삼고, 주님만을 바라본다. 사울의 오해가 풀리고, 어서 궁전으로 돌아갈 수 있기를 기도하고 있다.

지금 다윗에게 '에셀 바위'는 그의 몸을 숨길 수 있는 피난처이자 하나님의 인도하심을 기다리는 장소다. 그러나 그에게는 아무런 선택권이 없었다. 돌아가고 싶다고 궁정으로 갈 수 있는 형편도 아니고, 살지 죽을지, 남을지 떠날지, 그가 결정할 수 있는 것은 아무것도 없었다.

어쩌면 지금도 어떤 이는 '에셀 바위' 곁에 서 있을지 모른다. 인생의 미래를 자신이 결정할 수 없는 상황, 누군가에 의해, 혹은 환경에 의해 모든 것이 정해질 수밖에 없는 자리에 말이다. 아마 다윗처럼 이렇게 기도할지도 모르겠다. 다윗의 기도를 보라.

> 나의 하나님, 내 원수들에게서 나를 구원해 주시고, 나를 치려고 일어서는 자들에게서 나를 지켜 주십시오. 악을 지어내는 자들로부터 나를 구해 주시고, 피 흘리기 좋아하는 자들에게서 나를 건져 주십시오(시 59:1-2).

믿으라. 하나님은 당신을 사랑하는 자를 절대로 포기하지 않으신다. 하나님은 우리가 스스로를 사랑하는 것과는 비교할 수 없을 만큼 더 우리를 사랑하신다.

다윗은 하나님께 간구한다. 그리고 사흘째 저녁 무렵, 요나단이 약속대로 화살을 쏜다.

> 요나단이 쏜 화살이 떨어진 곳으로 그 어린 종이 달려가자, 요나단이 그의 뒤에다 대고 소리쳤다. "아직도 덜 갔다! 화살이 더 먼 곳에 있지 않느냐?"(삼상 20:37).

무슨 뜻인가?

"다윗아, 도망쳐라! 멀리 도망쳐라! 사울이 너를 죽이려고 한다!"

이것은 다윗이 바라던 응답이 아니었다. 이제 요나단과 헤어져야 한다. 다윗은 자신을 살려 주기 위해 목숨을 건 요나단에게 세 번 절을 하고, 서로 끌어안고 운다.

> 그 어린 종이 성읍 안으로 들어가니, 다윗이 그 숨어 있던 바위 곁에서 일어나, 얼굴을 땅에 대면서 세 번 큰절을 하였다. 그리고 그들은 서로 끌어안고 함께 울었는데, 다윗이 더 서럽게 울었다(삼상 20:41).

슬픔과 억울함, 외로움, 절망. 이것이 다윗의 심정이다. 이것이 그가 더 서럽게 울었던 이유다. 그저 믿음으로 살려고 했을 뿐인데, 결과가 이게 무엇인가? 가정을 지키고, 교회를 지키고, 나라를 지키고자 했을 뿐인데, 결과가 이게 무엇인가? 그 '서러움'이다. 서럽게 울었던 그곳이 바로 '에셀 바위'다.

'에셀 바위'는 어떤 곳인가? 하나님이 보호해 주시는 피난처다. 그러나 단지 그런 뜻만은 아니다. 에셀 바위는 하나님의 보호하심을 드러내는 동시에, 우리의 예상과는 전혀 다르게 인도하시는 하나님의 길을 보여 준다. 궁전으로 돌아가리라는 다윗의 기대와 달리, 그는 예기치 못한 길로 가야 했다. 그것은 황폐한 '광야'였다. 다윗이 원하던 길은 아니었다. 그러나 '그분이 이끄시는 길'이었다. '하나님의 길'이요, '생명의 길'이었다. 마태복음 4장을 보면, '더 나은 다윗'이신 예수님께서 누구에 의해 이끌려 광야로 가시는가?

> 그 즈음에 예수께서 성령에 이끌려 광야로 가셔서, 악마에게 시험을 받으셨다(마 4:1).

왜인가? 그 광야가 '하나님만으로 충분한 자가 되는 연단의 장소'였기 때문이다. 이것이 바로 다윗에게 필요한 곳이며, 어쩌면 지금 우리에게도 필요한 자리일지 모른다.

한 신학교 교수가 요르단에서 선교사로 사역할 때의 일이다. 온 가족이 북쪽 시골 지방으로 가게 되었는데, 너무 오지라 학교가 없어 '홈스쿨링'을 해야 하는 상황이 되었다. 그때 마귀가 이렇게 위협하더란다.

"너의 자녀는 앞으로 대학도 못 가고 사람 구실도 못할 것이다."

그래서 그는 가야만 하는 선교지인 시골에 머물지 않고, 어떻게 하면 수도에 남아 아이들을 교육시킬 수 있을지를 고민하며 기도하게 되었다.

"하나님, 우리 아이들의 미래를 어떻게 하실 것입니까?"

기도하는 중에 주님께서 물으시더란다.

"너는 네 평생에 내가 너의 하나님으로 단 한 번이라도 부족한 적이 있었느냐?"

"아니요. 일평생 한 번도 부족한 분이 아니셨습니다."

"그렇다면, 내가 너의 자녀의 하나님임을 믿느냐?"

"네, 믿습니다. 주님, 주님이 제 아이들의 하나님이심을 믿습니다."

그렇게 고백하는 순간, '아, 하나님이 내 아이들의 하나님이시지. 그 완벽하신 하나님이 내 아이들의 하나님이라면, 내가 이렇게 슬퍼할 이유가 없겠구나' 하고 믿어지자 갑자기 마음에 기쁨이 넘쳐났다고 한다. 주님이 어떻게 인도하실지 기대하며, 성령에 이끌려 '시골'로 간 것이다. 그리고 주님이 친히 아이들을 책임져 주셨다고 한다.

시골로 가기 전, 기도하던 그곳이 그 선교사의 '에셀 바위'였던 것 같다. 예기치 못한 길, 그러나 주님이 이끄시는 길로 떠나게 한 바위 말이다. 중동에서 선교사로 사역할 정도면 연단은 다 받은 것이 아닐까 생각되지만, 아니었다. 여전히 주님을 온전히 신뢰하지 못하던 부분, 곧 자녀에 대한 영역이 남아 있었던 것이다.

다윗에게 무엇이 부족해서 하나님은 그를 광야로 내모시는 것일까? 그는 이미 '하나님 마음에 맞는 자'가 아닌가? 그래서 택하신 것이 아닌가? 그러나 다윗에게도 '세속적인 마음'이 숨겨져 있었다. 우리는 그냥 지나치기 쉽지만, 성경은 다윗의 그런 내면을 놓치지 않는다. 바로 그가 골리앗 앞에 나서기 전의 일이다. 다윗에게도 숨겨진 신분 상승의 욕망이 있었다.

군인들이 서로 말하였다. "또 올라와서 이스라엘을 모욕하고 있어. 임금님은, 누구든지 저자를 죽이면 많은 상을 내리실 뿐 아니라, 임금님의 사위로 삼으시고, 그의 집안에는 모든 세금을 면제해 주시겠다고 하셨네." 다윗이 곁에 서 있는 사람들에게 물었다. "저 블레셋 사람을 죽이고 이스라엘이 받는 치욕을 씻어 내는 사람에게는, 어떻게 해 준다구요?"(삼상 17:25-26).

분명 다윗은 이스라엘과 하나님을 모독하는 골리앗을 향한 의로운 분노로 일어났다. 그러나 그는 '포상'에도 분명히 관심이 있었다. 다윗의 내면에는 '거룩한 사명'과 함께 '왕의 사위'라는 권력, 세속적 갈망이 교묘하게 뒤섞여 있었다. 특히 왕의 사위에 대한 그의 욕망은 18장에서도 드러난다.

다윗은 "나는 가난하고 천한 사람인데, 어떻게 내가 임금님의 사위가 될 수 있겠습니까? 그것이 그렇게 쉬운 일로 보입니까?" … 다윗은 왕의 사위가 되는 것도 좋겠다고 생각하였다. 그래서 결혼 날짜를 잡기도 전에, 왕의 사위가 되려고, 자기 부하들을 거느리고 출전하여, 블레셋 남자 이백 명을 쳐 죽이고 그들의 포피를 가져다가, 요구한 수대로 왕에게 바쳤다(삼상 18:23, 26-27).

하나님은 이미 다윗에게 '지도자', 곧 '나기드'를 약속하셨다. 그런데 왕의 사위가 무엇이 중요한가? 하나님이 다윗에게 '전부'가 되셨다. 그런데 왕의 사위와 많은 상이 무엇이 그리 중요한가? 그러나 그때의 다윗에게는 그것이 중요해 보였다. 이것은 다윗의 죄라기보다 '연약함'이었다.

'연약함'은 주님을 붙들게도 하지만, 반대로 주님을 잊거나 떠나게도 한다. 사울은 그 연약함이 연단되지 않은 채 왕이 되었다. 그러나 다윗은 달랐다. 하나님은 다윗을 너무나도 사랑하여, 그의 연약함이 죄를 붙드는 것이 아니라, 오히려 그 연약함 때문에 오직 주님만을 붙들도록 하기 위해 그를 광야로 이끄신 것이다. 그러므로 광야는 하나님의 '심판'이 아니라 '사랑'의 증거다. 사울에게는 광야가 없었다.

따라서 에셀 바위는 '다윗의 기대와는 다른 하나님의 섭리와 훈련이 시작되는 지점'이자 '광야로 들어가는 입구'였다. 그러나 그 바위는 동시에, 평생 다윗을 지켜 줄 든든한 반석, 곧 주님을 상징한다.

한 찬양 사역자가 첫 앨범을 내고 콘서트와 방송, 집회 등에서 활발히 활동하던 중 남편이 돌연 담도암 선고를 받았다. 의사는 항암치료를 해도 여섯 달 이상 버티지 못할 것이라고 말했다. 그러나 당시 "네가 믿으면 하나님의 영광을 보리라"(요 11:40, 개역개정)라는 약속의 말씀을 받았다고 한다. 이후 부부는 투병 과정을 '영광 프로젝트'라 이름 붙이고 많은 이에게 간증했다. 하지만 끝내 1년도 채 되지 않아 남편을 먼저 천국으로 보내야 했다. 예기치 못한 일이었다. 그녀는 30대 중반의 나이에 과부가 되었다.

차마 하나님을 원망할 용기는 없었지만, 하나님께 너무 서운했다. "왜 하필 저인가요? 제가 무엇을 잘못했나요? 왜 제게 이러시나요?" 그렇게 서운함을 쏟아 냈다고 한다. 무엇보다도, 주님이 남편을 살리실 것이라고 선포했던 자신 때문에 오히려 하나님의 영광이 땅에 떨어진 것 같아 괴로웠다고 한다. 그러나 남편을 떠나보낸 뒤, 남겨진 아들과 딸을 책임져 주시는 하나님을 경험하며 특별한 섭리를 깨닫게 되었다고 한다. 그리고 이렇게 고백했다.

"그동안 사람들에게 천국을 소망하라고 외치면서도, 정작 저는 그 좋은 곳에 남편을 보내기 싫었어요. 실상은 이 땅에서 잘되는 것만이 하나님의 영광이라고 치부했던 제 믿음의 민낯을 본 것입니다. 이제는 그리스도의 영광이란 '그리 아니하실지라도' 계속 주님을 따르는 사람을 통해 드러나는 것임을 압니다. 고난 중에 피어나는 꽃처럼요."

다윗은 에셀 바위에서 예기치 못한 광야로 나아갔다. 그러나 그곳에서 더 깊이 주님을 만났다. 하나님은 다윗을 너무나 사랑하셨다. 그래서 그를 '에셀 바위'로 부르신 것이다. 왜인가? 에셀 바위는 우리의 계획이 아니라 하나님의 계획이 시작되는 곳이며, 가장 약해 보이지만 동시에 가장 강한 자리이기 때문이다. 우리는 가장 약할 때 가장 강하다. 그때 우리는 주님만 의지하고, 바로 그 순간 주님이 역사하시기 때문이다. 주님밖에는 붙잡을 자가 없기 때문이다.

우리는 종종 바라는 방향과 전혀 다른 길로 인도받는다. '에셀 바위'는 믿음의 도약이 필요한 장소이며, 우리가 깨어지는 과정임을 상기시킨다. 그때의 다윗에게 왕의 사위 자리는 필요하지 않았다. 더 많은 포상이나 세금 면제도 아니었다. 우리는 날마다 나아지는 사람이기보다, 사도 바울의 고백처럼 육신의 옛 자아가 죽어야 한다. 날마다 이미 우리 안에 계신 주님으로, 주님의 생명으로 살아야 한다.

마음에 새길 세 가지

1 하나님은 우정을 통해 보호하신다

하나님은 요나단의 우정을 통해 다윗을 보호하셨다. 우리에게도 믿음의 친구가 필요하다. 그러나 궁극적인 친구는 우리를 위해 목숨을 내어놓으신 예수 그리스도이시다. 요나단이 겉옷과 칼을 벗어 다윗에게 준 것처럼, 예수님은 영광을 벗고 십자가에서 우리를 위해 죽으셨다. 이보다 더 큰 사랑은 없다.

2 에셀 바위는 하나님의 뜻이 시작되는 곳이다

'에셀 바위'는 피난처이자, 동시에 우리의 기대와 다른 하나님의 인도하심이 시작되는 장소다. 다윗은 궁전으로 돌아가기를 원했지만, 하나님은 그를 광야로 이끄셨다. 예기치 못한 길이었으나, 그분이 이끄시는 길이었다. 광야는 심판이 아니라 사랑의 연단이다.

3 가장 약할 때 가장 강하다

다윗에게 더 많은 포상이나 왕의 사위 자리는 필요하지 않았다. 그는 날마다 옛 자아가 죽고, 주님만으로 충분한 사람이 되어야 했다. 우리는 약할 때 주님만을 의지한다. 주님은 바로 그때 역사하신다. 연약함은 저주가 아닌 은혜의 통로다.

소그룹 나눔 질문

- 요나단은 왕자의 신분과 권리를 내려놓고 다윗을 왕으로 인정했습니다. 나의 권리와 지위, 계획을 내려놓아야 했던 경험이 있다면, 그 과정에서 무엇을 잃고 무엇을 얻었으며, 하나님은 그 길을 통해 무엇을 가르쳐 주셨습니까?

- 예기치 못한 길, 원하지 않았던 광야의 길로 접어든 경험이 있다면, 그 길에서 만난 하나님은 어떤 분이셨습니까? 지금 되돌아보면 그 '돌아간 길'이 오히려 하나님께 더 가까이 가는 길이었음을 어떻게 고백할 수 있습니까?

하나님 마음에 맞는 사람의 기도

예기치 못한 길도 인도하시는 하나님을 찬양합니다.
제 인생의 에셀 바위 앞에 섭니다.
제가 원하는 길이 아니라 주님이 이끄시는 길로 가기를 원합니다.
광야가 두렵지만, 그 광야가 심판이 아니라
사랑의 연단임을 믿습니다.
그곳에서 주님만으로 충분한 자가 되기를 원합니다.
목숨을 내어놓은 친구 되신 예수님,
요나단이 겉옷과 칼을 벗어 다윗에게 준 것처럼,
주님은 영광을 벗고 십자가에서 저를 위해 죽으셨습니다.
이보다 더 큰 사랑은 없습니다.
제 연약함이 죄를 붙드는 것이 아니라
오직 주님만을 붙들게 하소서.
날마다 옛 자아가 죽고 주님의 생명으로 살게 하소서.
가장 약할 때 가장 강한 역설을 경험하게 하소서.
연약함이 저주가 아니라 은혜의 통로가 되게 하소서.
주님밖에 붙잡을 자 없음을 고백합니다.
주 예수 그리스도의 이름으로 기도합니다. 아멘.

23. 상처는 섭리 안에서 사명이 된다

삼상 22:1-23

골리앗의 칼을 잡다

인생의 위기 앞에서 지푸라기라도 붙잡고 싶은 마음은 인간의 본능이다. 믿음이 좋은 사람이라 해도 예외는 아니다. 다윗도 그러했다.

사울이 자신을 죽이려 하자 다윗은 두려움에 사로잡힌다. 사무엘상 21장에서, 사울에게 쫓기던 다윗은 두려움 때문에 몇 가지 행동을 취하는데, 먼저 놉에 있던 제사장 아히멜렉을 찾아간다. 도움을 청하러 간 것 자체는 문제가 아니다. 문제는 다윗이 자신이 도망자 신세임을 숨기고 거짓말을 했다는 점이다. 아히멜렉 제사장은 다윗이 사울에게 쫓기고 있는 줄도 모른 채, 나그네와 같았던 그에게 먹을 것을 내어 주며 돕는다.

다윗은 그에게 무기가 있는지를 묻는다. 놀랍게도 그곳에는 골리앗의 칼이 보관되어 있었다. 다윗은 그 칼을 취한다.

> 제사장이 대답하였다. "그대가 엘라 골짜기에서 쳐죽인 블레셋 사람 골리앗의 칼을, 보자기에 싸서 여기 에봇 뒤에 두었습니다. 여기에 이것 말고는 다른 칼이 없으니, 이 칼을 가지고 싶으면 가지십시오." 다윗이 말하였다. "그만한 것이 어디에 또 있겠습니까? 그것을 나에게 주십시오"(삼상 21:9).

도망치는 처지에서 자신을 지킬 칼이 있으면 좋겠다는 마음은 이해할 수 있다. 다윗은 용사였다. 그러나 그것은 보통 칼이 아니다. 다윗이 골리앗과 대결할 때 했던 말이 무엇이었던가.

> 너는 칼과 창과 단창으로 내게 나아오거니와 나는 만군의 여호와의 … 이름으로 네게 나아가노라(삼상 17:45, 개역개정).

그런데 지금 다윗은 자신이 조롱했던 바로 그 골리앗의 칼을 손에 쥐고 있다. 이것은 세속적인 방법을 취하려 했던 '사울의 갑옷' 정도의 문제가 아니다. 하나님의 자녀라면 결코 쥐어서는 안 될 무기요, 쳐다보아서도 안 될 수단이다. '골리앗의 칼'은 하나님의 능력을 신뢰하지 못할 때 우리가 의지하고 싶어지는 세상의 힘, 인간적인 수단을 상징한다. 그러나 다급했던 다윗은 그 칼을 쥐고 길을 떠난다. 우리가 알던 다윗과는 다른 모습이다. 그리고 10절은 더 충격적이다.

> 그날에 다윗이 사울을 두려워하여 일어나 도망하여 가드 왕 아기스에게로 가니(삼상 21:10, 개역개정).

그가 도망하여 간 곳은 적국 블레셋 땅, 가드를 통치하는 아기스 왕에게였다. 아무리 사울에게 쫓긴다 해도 민족을 괴롭히던 대적 블레셋 왕에게로 향하다니. 게다가 다윗의 손에는 가드 출신 민족 영웅, 골리앗의 칼이 들려 있다. 상식적인 판단이 가능한 상황이었다면, 그는 그 칼을 들고 적진으로 들어가지 않았을 것이다.

아니나 다를까, 아기스왕의 신하들 가운데 다윗을 의심하는 자들이 나타난다.

"아기스왕이여, 이 사람이 바로 '사울은 천천이요, 다윗은 만만이로다' 하던 그자 아닙니까?"

다윗은 이 말을 듣자 불안해지기 시작한다.

> 다윗은 이 말을 듣고 가슴이 뜨끔했다. 그는 가드 왕 아기스 옆에 있는 것도 안전하지 못하다는 생각이 들었다. 그래서 그는 그들이 보는 앞에서는 미친 척을 하였다. 그들에게 잡혀 있는 동안 그는 미친 사람처럼 행동하여 성문 문짝 위에 아무렇게나 글자를 긁적거리기도 하고, 수염에 침을 질질 흘리기도 하였다(삼상 21:12-13).

다윗은 블레셋 가드 왕 곁에 있으면 사울로부터 안전하리라 생각했다. 그러나 그곳마저 안전하지 않다는 사실을 깨닫자, 미친 척 연기를 선택한다. 이것을 임기응변과 상황 대처 능력이 뛰어난 것이라고 보아야 할까? 우리는 사울의 몰락뿐 아니라, 골리앗을 죽인 영웅 다윗의 극심한 영적 침체를 보고 있다. 성령 충만하여 골리앗 앞에 담대히 섰던 다윗의 모습은 아니다. 그러나 누가 다윗을 비난할 수 있겠는가? 누구라도 그의 처지에 놓이면 살기 위해 무엇이든 하지 않겠는가?

빚에 쫓기는 이들을 떠올려 보라. 빚을 독촉하는 사람들이 마치 다윗을 쫓던 사울의 군사들처럼 쫓아다닌다. 가족과 친척까지 압박한다. 그렇게 몰리다 보면 별생각을 다 하게 된다. 일확천금을 노릴 방법을 찾기도 하고, 사채에 손을 내밀어 볼까, 도박을 해서 돈을 벌어 볼까 하는 생각에 마음이 흔들린다. 이것이 바로 '골리앗의 칼'이요, 아기스왕을 찾아가는 길이 아니겠는가? 두려움은 전에는 전혀 하지 않던 생각을 하게 만든다. 다윗도 예외는 아니었다.

그러나 하나님의 은혜로 다윗은 가드에서 쫓겨난다. 하나님이 그를 쫓겨나게 하신 것이다. 쫓겨남마저도 하나님의 섭리요, 보호하심이다. 다윗은 이 사건을 통해 분명히 깨달았을 것이다.

"주님, 제가 참 어리석었습니다. 주님을 의지하지 못하고 제 힘과 지혜를 의지했습니다."

시편 34편은 다윗이 아기스왕에게서 쫓겨난 뒤에 지은 시로 알려져 있다. 그는 거짓말하는 입술과 속이는 혀의 해악을 경험했다.

> 네 혀로 악한 말을 하지 말며, 네 입술로 거짓말을 하지 말아라(시 34:13).

이 고백에는 자신의 거짓에 대한 회개가 담겨 있다. 하나님은 다윗의 죄와 연약함을 씻어 주셨다.

여호와께서 그 종들의 영혼을 구원(속량)하시니 그분께 피하는 사람은 아무도 버림받지 않을 것입니다(시 34:22, 우리말성경).

'골리앗의 칼'을 쥐었던 연약함을 고백하고 회개할 때, 주님은 다윗을 속량하셨다. 하나님은 그의 영혼을 구원하고, 당신을 피난처로 삼은 다윗을 버리지 않으셨다. 이것이 다윗이 아둘람에 오기까지 깨달은 교훈이다.

아둘람 굴에 모인 사람들

놀랍게도 그 이후, 다윗이 피신한 아둘람 굴로 사람들이 몰려들기 시작한다. 먼저 형들과 온 집안사람이 찾아온다.

다윗은 거기에서 떠나, 아둘람 굴속으로 몸을 피하였다. 그러자 형들과 온 집안이 그 소식을 듣고, 그곳으로 내려가, 그에게 이르렀다(삼상 22:1).

다윗의 아버지 이새는 사무엘이 집에 왔을 때 다윗을 그 자리에 부르지도 않았다. 다윗의 형 엘리압은 다윗이 전쟁터에 왔을 때 전쟁 구경이나 하러 왔다며 그를 비난했다. 그런데 이제는 사울의 보복이 두려워 온 가족이 아둘람으로 내려온 것이다. 사울의 박해라는 시련으로 인해 오히려 온 가족이 하나가 되었다. 훗날 다윗의 형 삼마의 아들 요나단이 다윗의 중요한 장수가 되는 것도 결코 우연이 아니다. 다윗이 형들과의 관계가 회복되지 않았다면 일어날 수 없는 일이다. 아둘람 굴은 외부의 적으로 인해 오히려 가족이 다윗을 중심으로 한 팀이 되는 장소가 되었다.

다윗에게 모여든 사람은 가족만이 아니었다.

> 환난당한 모든 자와 빚진 모든 자와 마음이 원통한 자가 다 그에게로 모였고 그는 그들의 우두머리가 되었는데 그와 함께한 자가 사백 명 가량이었더라(삼상 22:2, 개역개정).

원치 않는 환난과 고통을 겪은 자, 도무지 갚을 수 없는 빚을 진 자, 원통하고 억울한 일을 당한 자들이 다윗에게로 찾아왔다. 이 사실이 가리키는 바는 분명하다. 악한 영에 사로잡힌 사울의 통치 아래에서 수많은 백성과 온 땅이 고통받고 신음하고 있었다는 것이다. 사울은 세금을 과도하게 부과하고 백성을 혹사시켰다. 점점 더 미쳐 가는 왕이었기에 폭언과 폭행을 당한 사람도 많았을 것이다. 그렇게 다윗에게 모여든 이들이 400여 명이나 되었다.

다윗에게 몰려든 사람들은 소위 '인싸'(인사이더)가 아니었다. 그들은 '아싸'(아웃사이더)였다. 주변인이요, 소외된 자였다. 가진 자가 아니라 없는 자였고, 건강한 자가 아니라 아픈 자였다. 소외되고 아픈 자, 원통한 자들이 아둘람 굴에 모여들었다.

이민 교회를 목회하다가 다시 한국에서 목회하다 보니, 교회야말로 바로 이 아둘람 굴임을 깨닫게 된다. 성도 가운데 상처받고 환난당하며 원통한 이가 얼마나 많은지 모른다. 이유를 알 수 없는 병에 걸리기도 하고, 자녀가 아프기도 한다. 어떤 사람은 직장에서 폭언을 듣고, 어떤 사람은 가정에서 폭력을 당한다. 세상에서 묻지 마 폭행을 당하기도 하고, 학교에서 왕따를 경험하기도 한다. 심지어 다른 교회에서 상처를 받아 이 교회 저 교회를 떠도는 사람도 많다. 아예 교회를 떠나 '가나안' 성도가 된 이들은 또 얼마나 많은가. 교회가 이들을 품고 섬길 수 있어야 한다.

청년들의 고립과 우울 문제는 특히 심각하다. 통계에 따르면 전국의 고립·은둔 청년이 61만 명에 이른다고 한다. 원인은 실직과 취업의 어려움, 심리적·정신적 고통, 학교와 사회생활의 좌절이다. 따돌림과 폭력, 괴롭힘, 가족과의 갈등과 학대와 불화가 원인이라 한다.

어느 금요성령집회 날, 외부에서 온 한 성도가 기도를 받고 돌아가려다 나를 꽉 붙잡았다. "무슨 일이 있으신가요?"라고 묻자 그녀는 갑자기 울음을 터뜨리며 말했다. 20대 초반의 아들이 스스로 목숨을 끊었다는 것이다. 혼자 외롭게 은둔하다가 세상을 떠났다고 했다. 아들을 잃은 어머니의 슬픔과 고통을 무엇으로 위로할 수 있을까? 그 성도는 아들이 하나님께 큰 죄를 지었다며, 어떻게 해야 하느냐고 울었다.

그 성도를 위해 기도하는데, 내 입술에서 먼저 회개의 기도가 나왔다.

"하나님, 죄송합니다. 교회가 그 아들을 품지 못했습니다. 교회가 그 아들과 함께해 주지 못했습니다."

교회가 소외되고 환난당하고 원통한 이를 품는 아둘람 굴이 되어 주지 못한 것이 너무나 하나님께 죄송했고, 그 어머니께도 죄송했다. 그래서 이렇게 기도했다.

“하나님, 교회가 환난당하고 원통하며 외로운 자를 품는 긍휼의 공동체가 되게 하소서!”

끔찍한 학살과 살아남은 자

세상에는 이런 사람이 끊임없이 등장한다. 본문을 보면, 사울은 원통하고 억울한 피해자를 계속 만들어 내고 있다. 6절 후반부에는 끔찍한 학살이 기록되어 있다.

다윗이 놉에 있는 제사장을 찾아갔다는 소식이 사울에게 전해진다. 그 자리에 에돔 사람 도엑이 있었는데, 다윗과 아히멜렉의 대화를 엿듣고 그것을 사울에게 전한 것이다. 사울은 놉으로 가서 아히멜렉과 그의 집안 제사장을 모두 부른다. 그리고 그들이 다윗과 공모하여 자신에게 반역했다는 역모죄를 뒤집어씌워 학살을 자행한다. 도엑은 제사장 여든다섯 명을 모조리 죽인다. 더 나아가 사울은 그들이 살던 놉 성읍으로 가서 주민들까지 칼로 쳐 죽이게 한다.

아히멜렉의 죄라면, 성경 말씀에 따라 나그네를 돕고 섬긴 것뿐이었다. 그러나 권력에 의해 제사장이 무고하게 죽임을 당했다.

미국의 한 지역에서 있었던 일이다. 어떤 교단에서 담임목사가 동성애자 결혼 주례와 안수를 반대했다는 이유로 고별 설교를 해야 했다. 17년 이상 그 교단에서 목회해 왔음에도 불구하고 파송 중지를 당한 것이다. 담임목사 파송을 중단하려면 정해진 절차가 있고, 감독의 직권으로 중단한다 해도 명확한 사유가 있어야 한다. 공식적인 이유는 제시되지 않았지만, 사실상 동성애자 결혼 주례와 안수를 반대했기 때문이었다.

비슷한 사례가 같은 시기에 또 있었다. 다른 교회의 담임목사는 설교 도중 교단 측 대표가 예배당으로 들어와 설교를 중단시키고, 그 자리에서 파송을 중지시켰다. 예배 중에 설교하던 목사를 강단에서 내려오게 한 것이다. 이 일은 영상으로도 널리 알려졌다. 하나님께 예배하는 도중에 이런 일이 벌어지다니…. 말도 되지 않는 비상식적인 일이 교단 권력에 의해 일어났다. 물론 교단 측에서는 교회가 교단을 이탈하는 것을 막기 위한 조치였다고 설명했다. 그러나 이러한 사례는 한두 번이 아니었다. 결국 그 목회자들은 교회를 떠나야 했으며, 새로운 교회를 개척하여 동성애와 동성 결혼 주례와 안수를 반대하는 교단에 가입했다.

물론 그 교단 안에도 소수이지만 여전히 동성애를 반대하며, 동성애자가 회개할 수 있도록 돕는 이들이 남아 있다. 그렇기에 그곳에 있는 모든 이를 매도해서는 안 된다. 우리의 역할은 정죄와 판단이 아니다. 그럼에도 불구하고, 억울하게 파송 중단과 해고를 당해 광야에 던져진 이들이 있다. 교회의 재산을 두고 나와야 했던 경우도 있었고, 재산의 절반을 교단에 지불하고 탈퇴해야 했던 교회도 많았다. 어떤 교회는 건물과 재산을 모두 두고, 아무것도 없이 빈손으로 나온 회중도 있었다. 이들이 환난당하고 원통한 자가 아니라면 누구겠는가?

다행인 것은, 아히멜렉과 제사장들이 학살당할 때, 아히멜렉의 아들 하나는 살아남았다. 아비아달이다. 그는 그 자리에서 피하여 다윗에게로 도망해 왔다. 아비아달은 아버지를 비롯한 온 가족이 죽임당하는 장면을 눈으로 보았다. 사랑하는 가족이 죽는 모습을 목격한 기억은 평생 지울 수 없는 상처와 아픔이 되었을 것이다. 다윗은 아비아달을 책임지기로 결단한다.

> 다윗이 아비아달에게 말하였다. … "이제 두려워하지 말고, 나와 함께 지냅시다. 이제 나의 목숨을 노리는 사람이 바로 당신의 목숨을 노리는 사람이기도 하니, 나와 함께 있으면 안전할 것이오"(삼상 22:22-23).

하나님 나라의 태동과 새 지도자

이 모든 상황 속에서 하나님은 과연 어디 계신가? 하나님은 여전히 일하고 계신가? 그렇다. 하나님은 여전히 일하고 계신다.

무엇보다 그곳은 사울의 왕국이 아니라, 하나님 나라가 새롭게 태동하는 자리였다. 다윗은 그곳에서 그들의 우두머리가 된다. 그리고 그는 환난당한 자들로부터 배운다. 백성의 고통이 무엇인지, 불의가 무엇인지를 그들로부터 배우는 것이다. 만일 다윗이 왕궁에만 머물러 왕과 함께 식사하고 왕자들과 교제하는 것만을 즐겼다면 결코 알 수 없었을 일이다. 이는 요셉이 감옥에서 술 맡은 관원장과 떡 맡은 관원장 같은 이들과 어울리며 나라의 정치와 국정 상황을 배운 것과 비슷하다. 차이가 있다면 요셉은 '감옥'에 있었고, 다윗은 '동굴'에 있었다는 점뿐이다.

다윗은 아둘람에서 가난하고 소외된 자들과 함께하며 자신의 분명한 사명을 깨닫는다. 그의 사명은 단지 '왕의 사위'가 되는 데 있지 않았다. 환난당하고 원통한 자의 선한 목자가 되어, 한결같은 마음으로 그들을 돌보는 것이었다. 하나님의 대리 통치자, 곧 나기드가 되어 하나님의 선하신 통치가 백성에게 임하게 하는 것이었다. 하나님은 환난당한 자들을 다윗에게 보냄으로써 그의 사명을 일깨우고 확인해 주신다.

"다윗아, 왕의 사위가 되고 싶었느냐? 그것이 아니다. 네 사명은 나기드다! 선한 목자가 되어 내 백성을 돌보는 것이다."

하나님은 바로 그 아둘람 굴에서 여전히 역사하고 계셨다. 공의가 강같이 흐르는 나라를 세워야 할 사명을 그에게 맡기셨다.

더 나아가, 그 아둘람 굴은 다윗과 함께 일할 동역자들이 모인 자리이기도 했다. 하나님은 다윗에게 장차 함께할 지도자들을 바로 그곳에서 붙여 주셨다. 세상의 눈으로 보면 비천하고 멸시받는 자들이었지만, 그것이야말로 하나님이 택하신 자의 조건이었다.

> 하나님께서는 세상에서 비천한 것들과 멸시받는 것들을 택하셨으니 곧 잘났다고 하는 것들을 없애시려고 아무것도 아닌 것들을 택하셨습니다. 이리하여 아무도 하나님 앞에서는 자랑하지 못하게 하시려는 것입니다(고전 1:28-29).

하나님 나라의 병사를 모집할 때의 자격 요건이 있다. 무엇인가? "나는 아무것도 아니지만, 주님이면 충분합니다"라고 고백하는 자다. 하나님은 사울의 악한 행위조차 합력하여 선을 이루신다. 상처와 시련 때문에 사람들이 다윗에게로 모이게 되었고, 그 아둘람 굴에서 그들이 장차 다윗 왕국의 지도자로 빚어지게 하셨다. 그들이 겪은 상처와 시련조차도 하나님의 섭리 안에서 사명으로 바뀌었다. 환난당한 자가 회복되어 하나님 나라의 사명자가 된 것이다.

그 대표적인 인물이 아비아달이다. 다른 제사장들은 모두 죽임을 당했는데, 왜 그는 살아남았는가? 어쩌면 그는 모든 가족을 잃고 괴로워하며 살아갈 이유조차 없다고 느꼈을지도 모른다.

어느 날 한 성도가 기도를 받으러 왔는데, 가정에 우환이 너무 많았다. 가정 폭력과 우울, 불안으로 아프지 않은 사람이 없었다. 눈물로 기도를 부탁하며 이렇게 말했다.

"목사님, 저희 가정에서 저 혼자만 믿는 사람이에요. 가정을 위해 기도해 주세요."

그분이 바로 '아비아달'이었다. 남겨진 자에게는 회복시켜야 할 사명이 있다.

그러나 그는 훗날 다윗 시대의 대제사장이 된다. 백성을 하나님께로 인도하는 자가 된다. 또한 다윗의 아들 압살롬이 반역했을 때, 끝까지 다윗 편에 서서 그를 지킨 인물이기도 하다. 그의 시련과 상처는 섭리 안에서 사명으로 바뀌었다. 새 나라의 대제사장이 되어 하나님 편에 서고, 나라를 위해 기도하는 자가 된 것이다.

요압은 다윗의 사촌으로, 훗날 국방장관과 같은 역할을 하며 수많은 전쟁을 승리로 이끈다. 다윗의 세 용사로 불리는 요셉밧세벳, 엘르아살, 삼마(삼하 23장) 역시 사무엘하 23장의 베들레헴 우물 사건을 기초로 볼 때, 400명에 포함되어 있었을 가능성이 매우 크다.

하나님은 이 아둘람 굴을, 새로운 하나님 나라를 탄생시키는 교회와 같은 곳이 되게 하셨다. 사울의 불의한 정권 아래에서 공의와 정의가 흐르는 나라가 무엇인지, 소외되고 연약한 자를 긍휼과 자비로 돕는 나라가 무엇인지를 꿈꾸고 가시적으로 보여 줄 사람들을 그곳에서 준비하고 계셨다.

기도의 골방, 아둘람

어떻게 시련과 상처가 바뀌어 사명이 되고, 원통한 자가 회복되어 사명자가 되었을까? 시련을 당했다고 해서 모두가 사명자가 되는 것은 아니다. 오히려 시련과 상처가 가시가 되어 세상과 사람에게 원한을 품는 자가 될 수도 있고, 심지어 복수의 화신이 되기도 한다. 그러나 아둘람 사람들이 사명자가 될 수 있었던 것은, 바로 그 아둘람 굴이 기도하는 굴이었기 때문이다.

기도는 합력하여 선을 이루시는 하나님의 섭리를 누리는 가장 확실한 길이다. 다윗의 은신처는 단순한 동굴이 아니라, 매우 훌륭한 기도의 골방이었다. 그 증거가 다윗이 굴에 있을 때 지은 시편 142편과 57편이다. 많은 학자는 순서상 142편이 먼저 지어졌다고 본다. 이유는 분명하다. 기도가 바뀌기 때문이다.

시편 142편은 깊은 고뇌 가운데 드려진 기도다. 다윗은 불평을 털어놓으며 자신의 어려움을 토로한다. 마음속으로 실망하기도 한다.

> 아무리 둘러보아도 나를 도울 사람이 없고, 내가 피할 곳이 없고, 나를 지켜 줄 사람이 없습니다(시 142:4).

그러나 시편 57편을 읽어 보면, 시간이 지남에 따라 그의 기도가 달라진다. 다윗은 여전히 고통 가운데 있고, 여전히 그의 목숨을 노리며 괴롭히는 자들이 있다. 그럼에도 그의 기도는 찬양으로 바뀐다. 그의 마음이 주님의 한결같은 사랑을 신뢰하게 되었기 때문이다.

하나님, 나는 내 마음을 정했습니다. 나는 내 마음을 확실히 정했습니다. 내가 가락에 맞추어 노래를 부르겠습니다. 내 영혼아, 깨어나라. 거문고야, 수금아, 깨어나라. 내가 새벽을 깨우련다. 주님, 내가 만민 가운데서 주님께 감사를 드리며, 뭇 나라 가운데서 노래를 불러, 주님을 찬양하렵니다. 주님의 한결같은 그 사랑, 너무 높아서 하늘에 이르고, 주님의 진실하심, 구름에까지 닿습니다. 하나님, 주님은 하늘 높이 높임을 받으시고, 주님의 영광 온 땅 위에 떨치십시오(시 57:7-11).

다윗의 기도는 '불평과 절망'에서 '확신과 감사와 찬양'으로 변화되었다. 아둘람 굴은 다윗 인생의 중요한 전환점이었다. 물론 이후에도 다시 넘어질 때가 있지만, 분명 아둘람 굴 이후 다윗은 더욱 하나님 마음에 맞는 자로 성숙해 갔다. 그 비결은 그 굴이 하나님과의 교제를 회복하는 기도의 골방이었기 때문이다. 아둘람 굴은 시련과 상처가 사명으로 바뀌는 골방이었고, 환난당한 자가 섭리 안에서 사명자로 빚어지는 하나님 나라의 훈련소였다.

교회에 일곱 살 남자아이가 있었는데, 놀다 다친 상처에 염증이 생겨 패혈증까지 이어졌다. 병원에 입원해 강한 항생제를 투여하며 치료했지만, 나아지기는커녕 뼈까지 염증이 퍼지고 말았다. 아이는 기침과 고열, 오한에 시달렸고, 긴급 기도 제목으로 계속해서 이름이 올라왔다. 아이도 그렇지만, 부모에게도 갑작스러운 환난이었다.

"왜 우리에게 이런 일이 일어났는가?"

아이가 항생제 주사를 맞고 복통으로 극심한 고통을 호소하니 부모로서 얼마나 무서웠겠는가?

지역장인 장로님이 속회원들과 정기적으로 줌과 오프라인으로 모여 아이와 가정을 위해 기도했다. 그러나 2주가 지나도 낫지 않았다. 병원에 가 보려 해도 보호자 외에는 갈 수 없어, 주일에 온 속회원 한 분이 담임목사실로 와서 줌으로 아이와 연결했다. 감사하게도 아이는 깨어 있었다. 부모의 말에 따르면, 아이가 이렇게 고백했다고 한다.

"지금이라도 예수님이 말씀하시면 나을 수 있어요."

그 말을 듣는 순간, 마음에 확신이 들었다.

'아, 오늘 낫는다!'

그 자리에서 속회원들과 지역장님이 함께 뜨겁게 기도했다. 그리고 마무리 기도를 하는데, 이런 기도가 나왔다.

"주님, 주님의 아들의 이 상처가 치유되어 평생 하나님의 살아 계심을 증거하는 자가 되게 하소서."

그 아이의 상처와 아픔이 사명이 되고, 증인이 되기를 구하는 기도가 되었다. 그리고 바로 그날 오후부터 아이는 회복되기 시작했고, 일주일 뒤 퇴원했다.

무엇을 본 것인가? 그 속회가 바로 아둘람 굴이었다. 인생의 큰 환난을 당한 이를 품고 함께 기도하는 기도의 골방, 시련이 사명으로 바뀌고 환난당한 자가 섭리 안에서 사명자로 세워지는 골방이었다.

기도의 골방으로

환난당하고 원통한 상황에 처했는가? 지금 아둘람 굴에 숨어 있는가? 바로 그곳을 기도의 골방으로 바꾸라. 주위에 그런 이가 있다면 함께 품고 기도하라. 다윗처럼 원통함을 주님께 토로하되, 감사와 찬양으로 나아가라. 그러면 상처와 시련조차도 섭리 안에서 사명이 되고, 주님을 찬양하며 증거하는 사명자로 세워지게 된다. 모든 짐을 주님께 맡기라.

> 수고하고 무거운 짐 진 자들아 다 내게로 오라 내가 너희를 쉬게 하리라(마 11:28, 개역개정).

하나님의 섭리와 기도의 골방 안에서, 상처가 치유되고 시련이 사명으로 바뀌는 은혜를 누리기 바란다.

마음에 새길 세 가지

1 골리앗의 칼을 내려놓으라

두려움은 우리를 잘못된 곳으로 이끈다. 하나님의 능력을 신뢰하지 못할 때, 우리는 세상의 힘과 인간적 수단을 의지하게 된다. 그러나 골리앗의 칼을 쥐었던 연약함을 고백하며 회개할 때, 주님은 우리를 속량해 주신다. 쫓겨남조차도 하나님의 섭리요, 보호하심이다.

2 상처와 시련은 섭리 안에서 사명이 된다

하나님은 사울의 악함조차 합력하여 선을 이루신다. 환난당하고 원통한 자들이 다윗에게 모였을 때, 그곳에서 하나님 나라가 태동했다. 비천하고 멸시받는 자들을 통해 하나님은 새로운 지도자를 세우셨다. "나는 아무것도 아니지만, 주님이면 충분하다"고 고백하는 자가 하나님 나라의 일꾼이 된다.

3 아둘람을 기도의 골방으로 삼으라

시련을 겪었다고 모두 사명자가 되지는 않는다. 아둘람 사람들은 그곳이 기도하는 굴이었기에 사명자가 되었다. 기도는 합력하여 선을 이루시는 하나님의 섭리를 누리는 가장 확실한 길이다. 기도 속에서 불평과 절망이 확신과 감사, 찬양으로 바뀔 때, 그곳은 하나님 나라의 훈련소가 된다.

소그룹 나눔 질문

- 환난당하고 원통한 자들이 다윗에게 모였을 때, 그곳에서 하나님 나라가 태동했습니다. 비천하고 상처받은 시간이 오히려 하나님을 깊이 만나고, 비슷한 아픔을 가진 이들을 품는 통로가 된 경험이 있다면 나누어 봅시다.

- 다윗은 두려움에 사로잡혀 골리앗의 칼을 들고 적국으로 도망갔습니다. 하나님을 신뢰하지 못하고 인간적인 수단을 의지했던 경험이 있다면, 그때 하나님은 어떻게 그 연약함조차 품고 인도해 주셨는지 나누어 봅시다.

하나님 마음에 맞는 사람의 기도

환난당한 자를 품고 상처를 사명으로 바꾸시는 하나님,
주님을 의지하지 못하고 골리앗의 칼을 쥐었던
저의 연약함을 고백합니다.
두려움 때문에 세상의 힘과 인간적인 수단을
의지하려 했던 죄를 용서하여 주소서.
지금 제가 서 있는 이 아둘람 굴을
기도의 골방으로 삼게 하소서.
불평과 절망이 확신과 감사와 찬양으로 바뀌게 하소서.
저의 상처와 시련이 섭리 안에서 사명으로 바뀌게 하시고,
주님께서 살아 계심을 증거하는 자로 세워 주소서.
또한 환난당하고 원통한 자를 품는
긍휼의 공동체가 되게 하소서.
소외되고 연약한 자를 돌보며,
하나님의 공의가 강같이 흐르는 그 나라를 꿈꾸며 살게 하소서.
"나는 아무것도 아니지만, 주님이면 충분합니다."
이 고백을 붙들고 오직 주님만 의지하며 나아가게 하소서.
주 예수 그리스도의 이름으로 기도합니다. 아멘.

24. 위기 속에서도 하나님은 인도하신다

삼상 23:1-29

두 본성의 전쟁터

사무엘상 22장에서 사울왕은 놉의 제사장들과 그 마을 사람들을 학살하는 끔찍한 장면을 연출한다. 한때 사울 역시 하나님의 영이 임했던 사람이다. 그러나 이제 그는 다윗을 시기한 나머지, 무고한 백성에게 다윗과 공모한 죄를 덮어씌워 집단 학살을 명한다. 어떻게 인간이 이토록 악하고 잔인하며 폭력적일 수 있는가?

사울에게서 인간의 두 모습이 동시에 발견된다. 그의 안에는 하나님의 영을 따라 살던 선한 마음이 있었지만, 이제는 한 마을 전체를 학살하는 악한 마음, 곧 악령이 그를 지배하고 있다. 그렇다면 다윗은 어떠한가? 그는 자신의 목숨을 구하기 위해 골리앗의 칼을 들고 민족의 적인 블레셋 진영으로 들어가 미친 척하며 침을 흘리기도 했다. 그러나 본문에서 보듯, 하나님의 인도하심을 따라 위기 속에서도 남을 위해 위험을 감수하려는 모습 또한 다윗 안에 있다. 모든 사람 안에는 이 두 가지 모습이 공존한다.

전쟁터는 밖에만 있지 않다. 우리 마음이 치열한 전쟁터다. 아니, 인간 내면에서 벌어지는 전쟁이 훨씬 더 중요하다. 여기서 지면 결국 그것이 폭력으로, 학살로, 전쟁으로 이어지기 때문이다. 폭력과 죽음 그리고 평화와 생명을 가르는 것은 그 누군가가 육신을 따라 사느냐, 아니면 성령을 따라 사느냐에 달려 있다.

> 육신에 속한 생각은 죽음입니다. 그러나 성령에 속한 생각은 생명과 평화입니다(롬 8:6).

인간은 육신을 따라 사는 사람과 성령을 따라 사는 사람, 두 부류로 나뉜다. 그러나 이 두 부류가 전혀 다른 두 사람이 아니라, 한 사람 안에서 모두 나타날 수 있다는 것이 성경의 가르침이다. 그러므로 어떻게 해야 하는가? 우리는 육신을 따라 살지 말고, 성령을 따라 살아야 한다.

> 여러분이 육신을 따라 살면, 죽을 것입니다. 그러나 여러분이 성령으로 몸의 행실을 죽이면, 살 것입니다. 하나님의 영으로 인도함을 받는 사람은, 누구나 다 하나님의 자녀입니다(롬 8:13-14).

중요한 것은 하나님의 영, 곧 성령의 인도하심을 받는 것이다. 그 사람이 바로 '하나님의 자녀'요, '하나님 마음에 맞는 사람'이다. 폭력과 학살, 전쟁의 시대에 하나님이 찾으시는 사람은 하나님의 말씀에 따라 자신을 부인하며, 하나님의 영으로 인도함을 받는 자다.

그렇다면 무엇이 성령으로 인도함을 받는 것이며, 우리는 어떻게 그 인도하심을 받을 수 있는가? 성경은 매 순간, 모든 일에서 주님을 인정하라고 말씀한다. 우리의 지혜와 명철을 의지하지 말라고 말씀한다.

> 너의 마음을 다하여 주님을 의뢰하고, 너의 명철을 의지하지 말아라. 네가 하는 모든 일에서 주님을 인정하여라. 그러면 주님께서 네가 가는 길을 곧게 하실 것이다(잠 3:5-6).

다윗은 자신의 지혜를 의지하다가 실패했다. 그렇기에 그는 실패와 고통을 통해 자신의 명철을 의지하지 않기로 결단한다. 아둘람 굴에 머물던 다윗은 그 굴을 떠나게 된다. 그 이유는, 갓 선지자가 다윗에게 와서 "유다 땅으로 들어가라"고 재촉했기 때문이다(삼상 22:5).

사실 아둘람 굴은 적이 입구를 포위하면 꼼짝없이 갇힐 수 있는 위험한 곳이었다. 그러나 유다 땅 역시 사울왕이 얼마든지 다윗을 찾아낼 수 있는, 결코 안전하지 않은 곳이다. 상식적으로는 이해하기 어렵지만, 다윗은 순종하여 유다 땅으로 들어간다.

왜 하나님께서 유다 땅으로 가라고 하셨는지, 그 이유가 본문 1절부터 드러난다. 다윗은 블레셋 사람들이 '그일라' 지역을 쳐서, 타작한 곡식을 마구 약탈해 간다는 소식을 듣는다. 그일라는 유다 자파의 경계에 속한 땅이었다. 하나님께서 다윗에게 유다 땅으로 가라고 하신 이유가 바로 여기에 있었다. 다윗이 그곳에서 해야 할 일을 하나님께서 미리 염두에 두고 말씀하신 것이다. 유다의 그일라 사람들이 약탈을 당하고 있으니, 그들을 도우라는 뜻이었다.

하나님께 묻다

그일라 사람들이 위기에 처해 있다는 소식을 듣자마자, 다윗은 하나님께 묻는다.

> 그래서 다윗은 주님께 여쭈었다. "내가 출전하여 이 블레셋 사람을 쳐도 되겠습니까?"(삼상 23:2a).

여기서 다윗이 하나님께 묻는다는 사실은 매우 중요하다. 22장까지만 해도, 다윗은 위기의 순간마다 하나님께 묻지 않았다. 묻지 않고 놉의 제사장을 찾아갔고, 묻지 않고 골리앗의 칼을 취했으며, 묻지 않고 가드의 아기스왕을 찾아갔다. 그러나 자신의 명철을 의지한 결과는 참혹한 실패요, 굴욕이었다.

결국 다윗은 아둘람 굴로 돌아와 자신의 연약함을 내려놓고 죄를 고백한다. 그리고 온전히 주님만을 신뢰하기로 결단한다. 다윗이 아둘람 굴 이전과 이후로 한층 더 성숙했다는 증거가 바로 여기에 있다.

상식적으로 보면, 다윗은 현재 도피 중이다. 사울은 여전히 그를 죽이려 하고 있다. 다윗은 제 코가 석 자다. 남을 도울 형편이 아니다. 게다가 다윗과 함께하는 사람은 이미 400명에서 600명으로 늘어났다. 이들의 필요를 채워 주는 것만 해도 결코 작은 일이 아니다. 그럼에도 다윗은 '지금 내가 도울 형편인가, 이것이 내게 유익한가, 내가 더 위험해지는 것은 아닌가, 안전한가'를 묻지 않는다. 그의 관심은 오직 하나님의 뜻이 무엇인가였다. 다윗이 하나님의 뜻을 구하자, 하나님께서 응답하신다.

> 그러자 주님께서 다윗에게 허락하셨다. "그렇게 하여라. 어서 출전하여 블레셋 족속을 치고, 그일라를 구해 주도록 하여라"(삼상 23:2b).

그러나 다윗의 부하들이 반대하고 나선다.

> "우리는 여기 유다에서도 이미 가슴을 졸이며 살고 있는데, 우리가 그일라로 출전하여 블레셋 병력과 마주친다면, 얼마나 더 위험하겠습니까?"(삼상 23:3).

일리가 있는 말이다. 그일라로 출전하면 다윗의 위치가 노출되고, 사울을 불러들이는 결과를 낳을 수 있다. 제 발로 사자 굴에 들어가는 셈이다. 바로 이 지점에서 우리는 늘 갈등한다. 상황은 언제나 쉽지 않다. 누군가를 돕는 일이 하나님의 뜻인 줄 알지만, 자칫 교회와 목회, 비즈니스를 더 어렵게 만들 수 있기 때문이다.

그래서 다윗은 한 번 더 하나님께 묻는다. 재차 분별을 구하는 기도는 불신이 아니다. 오히려 주님께 묻지 않고 먼저 결정하고 행동하는 태도가 불신이다. 다윗은 다시 한번 동일한 주님의 응답을 듣는다.

그는 반대하는 부하에게 분노하지도, 그들을 비겁하다고 정죄하지도 않는다. 우리보다 더 어려운 이들을 돕지 않는다며 비난하지도 않는다. 지금은 이 문제로 분열되어서는 안 되기 때문이다. 적은 블레셋이지, 함께하는 동역자가 아니다.

마귀의 전략은 언제나 '자중지란', 곧 같은 편끼리 싸우게 만드는 것이다. 이것이 마귀가 원하는 바다. 다윗은 이미 형 엘리압과의 만남에서 그 일을 경험한 적이 있다. 그래서 그는 부하들을 나무라지 않고, 심지어 논쟁하지도 않는다. 다만 하나님께서 두 번이나 응답하셨기에, 하나님의 인도하심을 신뢰하며 출전한다.

결국 약속대로 하나님은 다윗에게 블레셋을 크게 물리치도록 승리를 주신다. 그리고 다윗은 그일라 주민을 구원하는 '구원자'가 된다.

거짓 신앙의 언어

본래 그일라를 구원해야 할 책임은 왕이었던 사울에게 있었다. 그러나 사울은 백성의 위기에는 관심이 없고, 사적인 원한에 사로잡혀 있었다. 그는 인도함이 필요할 때 하나님께 묻지 않았다. 그저 부하가 가져온 첩보에 의존했을 뿐이다. 사울은 하나님께 묻지도 않았을뿐더러, 묻기도 전에 이미 마음을 정했기 때문에, 하나님은 오래전부터 그에게 대답하지 않으셨다. 이 하나님의 침묵은 사무엘상 28장에서 보듯, 사울의 생애 마지막까지 이어진다.

> 사울이 주님께 물었으나, 주님께서는 그에게 꿈으로도, 우림으로도, 예언자로도, 대답하여 주지 않으셨다(삼상 28:6).

하나님께 묻거나 인도하심을 구하지 않으면 성령의 역사를 가로막게 된다. 이것이 바로 육신을 따르고 성령을 소멸하는 삶이다.

물론 다윗도 한때는 그러했다. 그러나 그는 회개하고 돌이켰다. 그때 하나님은 다윗에게 다시 말씀하셨다. 인생의 위기 속에서 하나님의 말씀이 임했다. 아무리 어려운 위기 속에 있을지라도, 하나님의 음성을 들으면 산다. 아무리 어두운 상황일지라도, 하나님을 의지하는 자를 주님은 반드시 인도하신다.

다윗이 그일라를 구원했다는 소식이 사울에게까지 들려온다. 사울은 이 상황을 두고 하나님이 다윗을 자기 손에 넘겨주셨다고 생각한다.

> 한편 다윗이 그일라에 들어왔다는 소식이 사울에게 전해지니, 사울이 외쳤다. "이제는 하나님이 그자를 나의 손에 넘겨주셨다. 성문과 빗장이 있는 성읍으로 들어갔으니, 독 안에 든 쥐다"(삼상 23:7).

사울의 이 표현은 매우 놀랍다. 그는 이미 오래전에 하나님을 떠났고, 하나님도 그를 떠나셨다. 그런데 상황이 자신에게 유리해지자, 그는 여전히 '신앙적인 언어'를 사용한다. 그러면서 마치 '하나님의 섭리'를 고백하는 듯 행동한다. 그러나 그가 사용하는 언어는 신앙적일지라도, 그의 마음과 행동은 결코 신앙적이지 않다.

다윗은 사울이 해야 할 일을 대신했다. 그일라 주민을 구원한 것은 왕으로서 사울이 감사해야 할 일이고, 마땅히 합당한 보상을 해야 할 일이었다. 사울의 진정한 신앙 고백은 이렇게 나와야 했다.

"내가 다윗을 오해했다. 그를 미워한 것은 나의 잘못이다. 다윗에게 훈장을 수여하고, 내가 직접 사과하겠다고 전해라. 나를 용서해 달라고 부탁해라."

하나님의 이름을 부른다고 해서 반드시 성경적이거나 신앙적인 것은 아니다. 사울처럼 얼마든지 하나님의 이름을 이용해 사람을 죽이고, 폭력을 정당화하며, 자신의 욕망을 채울 수 있기 때문이다.

사울의 이 기만적인 모습이 우리 내면에도 있는 것은 아닌지, 우리는 이 말씀 앞에서 자신을 돌아볼 수 있어야 한다. 우리 안에는 다윗과 같은 모습도 있지만, 동시에 사울과 같은 모습도 공존한다. 육신의 소욕과 성령의 소욕이 함께 존재하기 때문이다.

사람을 사랑하되 의지하지 말라

예상대로 사울은 군대를 소집해 다윗과 그의 부하들을 포위한다. 다윗은 사울이 자신을 해치려는 계획을 알고 다시 한번 하나님께 묻는다. 당시 제사장 아비아달에게는 에봇이 있었고, 그것은 하나님의 뜻을 분별하는 도구였다. 오늘날 우리에게는 에봇 대신 '성경'과 '성령'이 있다. 예수님은 "내 양은 내 음성을 들으며"(요 10:27, 개역개정)라고 말씀하셨다. 주님의 양은 목자의 음성을 듣는다. 성령께서는 말씀을 생각나게 하신다. 그러나 성령께서 주시는 생각은 언제나 말씀으로 점검하고 분별해야 한다.

다윗이 하나님께 드린 질문은 두 가지였다. 첫째, 자신이 구해 준 그일라 주민이 사울에게 자신을 넘겨줄 것인가? 둘째, 사울이 실제로 그곳으로 내려올 것인가? 놀랍게도 하나님의 대답은, 그일라 주민이 배은망덕하게도 다윗을 넘겨줄 것이라는 것이었다.

다윗은 배신감을 느꼈을지도 모른다. 그러나 그일라 주민의 사정도 이해할 수 있었다. 다윗을 도와주었다가 놉의 제사장들처럼 학살당할 수도 있기 때문이다. 다윗은 그들의 두려움을 알았고, 결국 600명의 부하와 함께 그일라를 떠나 십 광야의 산간 지역에 머물게 된다.

그러나 거기서도 또 한 번의 배반을 겪는다. 본문 19절에 보면, 십 사람들이 사울에게 다윗의 위치를 보고한다.

> 십 사람 몇이 기브아로 사울을 찾아 올라가서 밀고하였다. "다윗은 분명히, 우리가 있는 호레스 산성 속에 숨어 있습니다. 바로 여시몬 남쪽에 있는 하길라산 속에 숨어 있습니다"(삼상 23:19).

이 밀고는 다윗에게 큰 위기를 초래한다. 결국 이는 24장에서 사울과 다윗이 직접 만나게 되는 위험한 상황으로 이어진다. 왜 이것을 배반이라 할 수 있는가? 십 사람은 다윗과 같은 유다 지파 사람들이었기 때문이다. 다시 말해, 다윗은 그일라에서 한 번, 십 광야에서 또 한 번, 자신의 동족에게 배신을 당한 것이다.

그렇다면 하나님께서 다윗에게 이 그일라 사건을 겪게 하신 이유는 무엇일까? 그 사건을 통해 무엇을 배우게 하셨을까?

"너보다 더 어려운 상황에 처한 이를 조건 없이 도와주어라. 그러나 그들에게서 인간적인 보상을 기대하지는 마라. 사람은 사랑해야 할 대상이지, 의지할 대상은 아니다."

우리는 서로 믿고 신뢰해야 한다. 그러나 궁극적으로 의지할 분은 오직 하나님 한 분뿐이다. 권력과 두려움 앞에서 인간은 한없이 연약하기 때문이다. '신의를 저버리는 것'과 '배신'은 폭력 못지않게 인간의 어두운 면을 드러낸다.

다윗은 광야에서 혹독한 인생 수업을 받고 있다. 사람의 도움에 지나친 확신을 두지 말고, 그들의 도움에 의지하여 삶의 중심을 옮기지 말라는 가르침이다. 사람의 마음은 강한 시험과 유혹 앞에서 쉽게 무너질 수 있기 때문이다. 그러므로 우리는 오직 주님만을 전적으로 의지해야 한다. 그분만이 우리의 인도자요, 보호자가 되신다.

다윗이 이 시기에 쓴 시편이 27편으로 알려져 있다.

> 주님, 나에게 단 하나의 소원이 있습니다. 나는 오직 그 하나만 구하겠습니다. 그것은 한평생 주님의 집에 살면서 주님의 자비로우신 모습을 보는 것과, 성전에서 주님과 의논하면서 살아가는 것입니다(시 27:4).

> 여호와께서 환난 날에 나를 그의 초막 속에 비밀히 지키시고 그의 장막 은밀한 곳에 나를 숨기시며 높은 바위 위에 두시리로다(시 27:5, 개역개정).

> 너는 주님을 기다려라. 강하고 담대하게 주님을 기다려라(시 27:14).

다윗에게 하나님은 환난 날에 자신을 지켜 주시는 초막이요, 은밀한 장막이었다. 왜 그의 단 하나의 소원이 주님이었는가? 그분 외에는 소망이 없기 때문이다. 하나님을 신뢰하며 기다리라. 강하고 담대하라. 그분만을 의지하는 자를 주님은 결코 버리지 않으신다. 하나님은 당신의 섭리로 보호하신다.

탈출의 바위

십 사람의 밀고로 인해 사울은 다윗을 거의 포위할 지경까지 추격해 온다. 그런데 바로 그 순간, 놀라운 일이 벌어진다. 본문 27절에 보면 한 전령이 달려와 블레셋이 쳐들어왔으니 어서 돌아가야 한다고 보고한다. 결국 사울은 추격을 멈추고 돌아가게 된다.

사울은 다윗을 추격하다 말고 돌아가서, 블레셋 족속을 맞아 싸우러 나갔다. 그리하여 그곳 이름을 셀라하마느곳이라고 부른다(삼상 23:28).

하필 그 시점에 갑자기 블레셋이 쳐들어왔다. 사울은 별수 없이 블레셋과 싸우러 돌아가야 했다. 왜 이런 일이 벌어졌는가? 다윗을 보호하시기 위한 하나님의 섭리다. 그래서 그곳 이름이 셀라하마느곳, 곧 '탈출의 바위'(the Rock of Escape)가 되었다. 다윗의 인생에서 가장 위기의 순간에, 하나님의 섭리적인 손으로 둘을 갈라놓으신 사건을 기념하여 붙여진 이름이다. 다윗은 바로 이곳에서 하나님의 강력한 인도하심을 경험했다. 위기의 순간마다 주님께 물으며 인도함을 구하는 자에게, 하나님은 지금도 그분의 섭리로 보호하고 인도하신다.

본문의 전체 말씀을 관통하는 구절이 있는데, 바로 14절이다.

그리하여 다윗은 광야의 산성을 찾아다니며 숨어서 살았다. 그는 바로 십 광야의 산간 지역에서 살았다. 그동안 사울은 날마다 다윗을 찾았지만, 하나님이 다윗을 사울의 손에 넘겨주지 않으셨다(삼상 23:14).

하나님은 회개하며 당신만을 의지한 다윗을 사울의 손에 넘기지 않으셨다! 하나님은 마찬가지로 당신의 자녀를 사탄의 손에, 악한 자의 손에 넘기지 않으신다!

위기 속에서도 하나님은 다윗을 보호하며 인도하고 계셨다. 하나님이 허락하지 않으셨다면, 사울은 다윗의 머리카락 하나라도 손상시킬 수 없었을 것이다. 하나님이 지켜 주지 않으셨다면, 다윗은 단 하루도 더 살 수 없었을 것이다. 모든 것은 하나님의 은혜이며, 그분의 주권과 손에 달려 있었다.

그러나 다윗은 아무것도 하지 않은 채 가만히 있지 않았다. 그는 늘 하나님께 묻고 또 물었다. 하나님의 인도를 구하며 그 뜻에 순종했다. 상황이 급박했지만, 자신보다 더 어려운 처지에 있는 그일라 사람들을 구하기 위해 위험을 감수했다. 하나님은 바로 이 점을 기뻐하셨다. 그렇기에 하나님은 다윗을 지키고 보호하며, 위기 속에서도 인도하셨다.

지금 어떤 위기 가운데 있는가? 꼭 기억하라. "어떻게 하면 내가 살 수 있는가?"를 묻기 전에, "무엇이 주님의 뜻이며, 무엇이 주님께서 기뻐하실 일인가?"를 먼저 물어야 한다. 더 나아가 "누가 나보다 더 어려운 위기에 처해 있는가?"를 물어보라. 그리고 순종해 보라.

자신을 배반할 자를 위하여

어려울수록, 위기에 처할수록 하나님의 음성을 따라 정확하게 인도받아야 한다. 자기를 부인하고 십자가를 지고 주를 따르는 길만이 생명의 길이며, 우리가 사는 길이다.

예수님께서는 모든 권리를 포기하고 우리를 구원하기 위해 종과 같은 형체를 입고 이 땅에 내려오셨다. 그러나 제자는 배반을 했고, 예수님은 버림받아 십자가에서 모욕을 당하며 죽으셨다. 하지만 하나님은 그분을 지극히 높이고 모든 이름 위에 뛰어난 이름을 주셨다. 모든 무릎이 예수의 이름 앞에 꿇게 하셨다.

자신을 배반할 그일라를 위하여 기꺼이 위험을 감수한 다윗은, 더 나은 다윗이신 그리스도의 그림자다. 그러한 다윗을 하나님은 사울의 손에 절대로 넘겨주지 않으셨다. 마찬가지로 전쟁의 시대, 폭력의 시대 속에서도 하나님은 당신의 사랑하는 자녀를 주의 손으로 붙잡아 주신다.

그러므로 하나님의 주권을 신뢰하며, 기도하며 묻고, 주님이 기뻐하시는 일에 순종하라. 육신과 탐욕을 따르지 말고, 십자가에서 자신을 부인하며 성령을 따라 살아가는 자가 되라. 전능자의 그늘 아래서 주님은 음부의 권세로부터 지켜 보호해 주실 것이다. 하나님께서 친히 당신의 손으로 붙잡아 주시고, 정확히 인도해 주실 것이다.

마음에 새길 세 가지

1 하나님께 묻고 또 물으라

성령으로 인도함을 받는 삶은 매 순간 하나님께 묻는 데서 시작된다. 다윗은 자신의 명철을 의지했다가 실패한 후, 모든 일에서 주님께 묻기 시작했다. 한 번 더 분별을 구하는 기도는 불신이 아니다. 오히려 묻지 않고 먼저 결정하고 행동하는 태도가 불신이다.

2 사람을 사랑하되 의지하지 말라

더 힘든 상황에 처한 이를 조건 없이 도와주되, 그들로부터 인간적인 보상을 기대하지 말라. 사람은 사랑해야 할 대상이지, 의지할 대상은 아니다. 권력과 두려움 앞에서 인간은 한없이 연약한 존재이기 때문이다. 의지할 대상은 오직 하나님뿐이시다.

3 위기 속에서도 하나님은 인도하신다

하나님은 회개하며 당신만을 의지한 다윗을 사울의 손에 넘기지 않으셨다. 하나님이 허락하지 않으시면, 사울은 다윗의 머리카락 하나라도 손상시킬 수 없다. 셀라하마느곳, '탈출의 바위'는 위기의 순간에 섭리적인 손으로 보호하시는 하나님을 증거한다.

소그룹 나눔 질문

- 다윗은 자신의 명철을 의지했다가 실패한 후, 모든 일에서 주님께 묻기 시작했습니다. 나의 판단을 앞세웠다가 실패한 경험이 있다면, 그 이후 결정을 내리는 방식은 어떻게 달라졌습니까? 또한 하나님의 인도하심을 어떻게 확인할 수 있었는지, 하나님께 묻고 분별받는 나만의 방법이 있다면 나누어 봅시다.

- 그일라 사람들은 다윗을 넘겨줄 뻔했지만, 하나님은 결코 다윗을 원수의 손에 넘기지 않으셨습니다. 사람에게 배반당하거나 신뢰가 무너진 경험이 있다면, 그 과정 속에서 하나님이 어떻게 붙잡아 주셨는지 나누어 봅시다.

하나님 마음에 맞는 사람의 기도

위기 속에서도 인도하며 탈출의 바위가 되시는
하나님을 찬양합니다.
제 명철을 의지하지 않고 모든 일에서
주님께 묻는 자가 되게 하소서.
육신을 따라 살지 않고 성령을 따라 살게 하시며,
하나님의 영으로 인도함을 받는 자녀가 되게 하소서.
저보다 어려운 처지에 있는 이를 조건 없이 사랑하되,
인간적 보상을 기대하지 않게 하소서.
사람을 사랑해야 할 대상으로 삼되,
의지할 대상은 오직 주님뿐임을 기억하게 하소서.
하나님의 이름을 사용하면서도
자신의 욕망을 채우는 거짓 신앙에서 벗어나게 하소서.
참된 신앙이 무엇인지 분별하게 하시고,
주님의 뜻에 순종하는 삶을 살게 하소서.
환난 날에 비밀히 지켜 주는 초막이요,
은밀한 곳에 숨겨 주는 장막이신 주님,
강하고 담대하게 주님만 기다리게 하소서.
주 예수 그리스도의 이름으로 기도합니다. 아멘.

25. 하나님의 뜻인가, 기회를 가장한 유혹인가

삼상 24:1-22

절호의 기회인가, 치명적 유혹인가

당신을 쫓아다니며 괴롭히는 사울 같은 사람이 주위에 있는가? 만일 그에게 복수할 기회가 온다면 어떻게 하겠는가? 열에 아홉은 그 기회를 절대 놓치지 않을 것이다.

드디어 본문에서 다윗에게 놀라운 반전의 기회가 찾아온다. 사울은 다윗이 엔게디 광야에 있다는 소식을 듣고 군사 3천 명을 동원한다. 광야에 도착한 사울이 뒤를 보러 혼자 들어간 굴은, 마침 다윗과 그의 부하들이 숨어 있던 곳이었다. 엔게디에 굴이 많지만, 하필 다윗이 숨은 그 굴에 사울이 홀로, 그것도 무방비로 들어온 것이다.

누가 보아도 하나님께서 사울을 다윗의 손에 맡기신 섭리요, 사울을 제거할 절호의 기회를 주셨다고 해석해도 무방한 상황이다.

인간적으로 당시 다윗의 소원은 무엇이었을까? 아마도 끝없는 방랑과 도망자 삶을 마치고 싶었을 것이다. 광야에서는 욕망과 권리를 자극하는 소리가 들려온다. 그러나 다윗은 과거 잘못된 선택으로 여러 번 실패했다. 아둘람 굴 사건 이후, 그는 오직 하나님의 뜻만 분별하기로 결단한다. 하나님의 자녀는 반드시 하나님의 선하신 뜻이 무엇인지 분별하도록 훈련받아야 한다(롬 12:2).

분별이란 우리의 간절한 소원과 하나님의 소원을 구분하는 일이다. 우리의 소원이 아니라 하나님의 소원에 마음을 맞추는 태도다. 그러나 다윗의 부하들은 사울이 혼자 동굴에 들어오자, 이것이 하나님의 뜻이라고 확신하며 조금도 의심하지 않는다.

> 다윗의 부하들이 그에게 말하였다. "드디어 주님께서 대장님에게 약속하신 바로 그날이 왔습니다. '내가 너의 원수를 너의 손에 넘겨줄 것이니, 네가 마음대로 그를 처치하여라' 하신 바로 그날이 되었습니다"(삼상 24:4).

언제 주님께서 다윗에게 사울을 넘겨주겠다고 말씀하셨는가? 사무엘상 15장 28절에는 이런 말씀이 있다.

> 사무엘이 그에게 말하였다. "주님께서 오늘 이스라엘 나라를 이 옷자락처럼 찢어서 임금님에게서 빼앗아, 임금님보다 더 나은 다른 사람에게 주셨습니다."

겉으로 보면 이 말이 그 말처럼 보일 수 있다. 그러나 결코 같은 말이 아니다. 주님은 한 번도 다윗에게 사울을 직접 죽이라고 말씀하신 적이 없다. 더구나 "네가 마음대로 그를 처치하여라"라는 말씀은 더욱 그렇다. 이것은 다윗의 부하들의 간절한 바람과 소원이 투영되어 왜곡되고 조작된 말이다.

설교자 찰스 스윈돌(Charles Rozell Swindoll)은 이것을 '하나님의 뜻이라는 유혹'이라고 불렀다. 자신의 소망을 일부 하나님의 말씀을 인용하여, 그것을 완전한 하나님의 뜻인 것처럼 재포장하는 것이다. 십계명 제3계명은 하나님의 이름을 망령되게 부르지 말라고 명한다. 이는 함부로 자기 뜻을 하나님의 뜻이라고 주장하지 말라는 의미도 담고 있다.

명분은 있었으나

사실 다윗의 부하들이 이 사건을 하나님이 주신 기회라고 여길 만한 이유가 전혀 없었던 것은 아니다. 사울을 죽일 만한 명분이 적어도 세 가지나 있었기 때문이다.

첫째, 사울은 무고한 놉의 제사장들과 마을 사람들의 피를 흘리도록 명한 잔혹한 학살자였다. 둘째, 미친 왕 사울을 지금 제거하면 온 이스라엘이 평화를 누리고 주님께로 회복될 수도 있었다. 셋째, 결정적으로 다윗은 이미 하나님으로부터 차기 왕권을 위해 기름 부음을 받은 자였고, 하나님께서도 사울의 나라를 다윗에게 주기로 친히 약속하셨다.

이 모든 정황만 놓고 보면, 엔게디의 사건은 악을 처단하도록 하나님이 다윗에게 주신 '기회'처럼 보인다. 단 하나를 제외하고, 모든 '상황'과 '여건'과 '욕망'이라는 이정표는 사울을 지금 죽이는 것이 옳다고 가리키고 있다. 그 단 하나는 바로 '주님의 말씀'이다. 분명한 것은 주님께서 다윗에게 사울을 마음대로 처리하라고 말씀하신 적이 없다는 사실이다.

말씀을 제외한 모든 주변 환경과 사람 그리고 우리의 갈망이 한 방향을 가리킬 때, 우리는 이것을 하나님의 뜻이라고 믿고 싶은 유혹을 받는다. 그러나 그것은 오히려 '하나님의 뜻을 이룰 기회로 가장된 유혹'일 수 있다.

살다 보면 우리는 숱한 기회와 유혹을 마주한다. 승진과 성공, 일확천금, 결혼, 공의를 세울 기회. 여기서 무엇이 나쁜가? 모두 선하고 좋아 보인다. 그러나 선하고 유익해 보이는 기회 속에는 언제나 해로운 유혹이 스며든다. 알곡과 가라지가 뒤섞이듯, 마귀는 늘 기회라는 포장지로 하나님의 사람을 유혹한다. 하지만 기회와 유혹을 분별하는 일은 결코 쉽지 않다. 안타깝게도 우리는 욕망과 상황을 하나님의 뜻과 자주 혼동한다.

요나가 니느웨로 가지 않고 다시스로 가고자 했을 때, 마침 항구에는 배가 준비되어 있었다. 날씨도 좋고, 배도 있었고, 선원도 준비되어 있어 모든 상황과 문이 열린 듯 보였다. 그러나 그 길은 하나님의 뜻과 정반대의 길이었다. 기회를 가장한 유혹이었다.

지금 다윗은 하나님의 뜻과 기회처럼 보이는 치명적인 유혹 앞에 서 있다. 여러 전쟁을 통해 뛰어난 용사가 된 다윗은 단 한 번의 칼질로 '불안'과 '박해', '비난'과 '비웃음'을 끝낼 수 있다. 더 이상 사냥당하는 도망자가 아니라, 광야 대신 왕궁의 따뜻한 침대에서 편안히 잠들 수 있는 기회가 눈앞에 있다. 그러나 다윗은 부하들의 설

득에도 불구하고 사울의 겉옷자락만을 몰래 자를 뿐이다. 부하들은 분명 놀라고 답답했을 것이다.

"왜 이 절호의 기회를 놓치십니까?"

그러나 다윗은 옷자락을 자른 것만으로도 양심의 가책을 느낀다. 그는 이것이 사울을 죽일 절호의 기회가 아니라, 하나님의 뜻을 가장한 유혹임을 분별한다.

> 그래서 다윗은 자기 부하들에게 타일렀다. "내가 감히 손을 들어, 주님께서 기름 부어 세우신 우리의 임금님을 치겠느냐? 주님께서 내가 그런 일을 하지 못하도록 나를 막아 주시기를 바란다. 왕은 바로 주님께서 기름 부어 세우신 분이기 때문이다"(삼상 24:6).

분별의 두 기둥: 기도와 말씀

그렇다면 다윗은 어떤 이유로 이 사건을 사울을 죽일 '기회'가 아니라, 감히 주님께서 기름 부어 세우신 자를 죽일 뻔한 '유혹'이라고 본 것일까?

첫 번째 이유는 그의 '기도'에 있었다. 다윗은 하나님께 기도했기에, 지금 이 상황이 하나님의 응답임을 알 수 있었다. 그것은 기도한 자만이 아는 응답이다. 기도하지 않은 사람은 알 수 없다. 그렇다면 다윗은 어떤 기도를 드렸는가? 이전에 '십 사람'이 다윗을 밀고한 사건 이후, 그가 지은 시가 시편 54편이다.

> 하나님, 주님의 이름으로 나를 구원하시고, 주님의 권세로 나의 정당함을 변호하여 주십시오(시 54:1).

다윗은 자신의 정당함을 하나님께서 변호해 주시기를 기도했다. 하나님은 놀라운 섭리와 권능으로 이 기도에 응답하셨다. 다윗은 사울을 죽일 수 있는 상황에 있었지만, 그를 죽이지 않음으로써 자신이 반역자가 아님을 스스로 입증할 수 있는 기회를 얻게 되었다. 하나님은 다윗에게 그의 정당함과 순결함을 드러낼 기회를 주신 것이다. 그래서 다윗은 이 상황을 '복수의 기회'가 아니라, '자비를 베풀 기회'로 받아들였다.

기도하는 사람은 유혹이 다가올 때, 그것이 자신의 기도의 방향과 다르다는 사실을 통해 그것이 유혹임을 금세 알아차린다. 기도하는 동안 성령을 통해 하나님의 마음과 뜻을 점점 더 알게 하시기 때문이다. 그러면 무엇이 하나님의 뜻이 아닌지도 쉽게 분별할 수 있게 된다.

그러나 다윗이 유혹을 분별할 수 있었던 더 근본적인 이유는 하나님의 '말씀'이었다. 그의 기도조차도 말씀에 기반한 것이었다. 그는 결코 자신의 손으로 사울을 죽이게 해 달라고 기도하지 않았다. 정의로운 심판과 복수는 하나님께 맡겼다. 다윗이 사울을 죽이지 않은 결정적 근거는 하나님의 말씀에 있었다.

물론 하나님의 말씀이라는 말이 붙는다고 해서 무조건 믿어서는 안 된다. 사탄도 성경을 인용해 하나님의 뜻인 것처럼 유혹하기 때문이다. 광야에서 사탄이 예수님을 시험할 때조차, 그는 대담하게 시편 91편을 인용했다.

"네가 하나님의 아들이거든, 여기에서 뛰어내려 보아라. 성경에 기록하기를 '하나님이 너를 위하여 자기 천사들에게 명하실 것이다 … 너의 발이 돌에 부딪히지 않게 할 것이다' 하였다"(마 4:6).

다시 말해, 사탄도 성경을 사용하며, 성경을 근거로 하나님의 뜻이라고 유혹할 수 있다. 그러므로 말씀은 말씀으로 해석해야 하며, 문맥 속에서 일관되게 해석하는 훈련이 필요하다.

다윗이 사울을 죽이지 않은 이유는 하나님께서 세우신 '권위'를 대적하지 말라는 말씀 때문이었다. 모세에게 반역했던 미리암은 피부병에 걸렸고, 고라 자손은 지진으로 심판을 받았다. 다윗은 이러한 역사와 말씀을 잘 알고 있었을 것이다. 본문 6절과 10절에서 다윗이 반복적으로 강조한 것은 이것이다.

"사울은 주님께서 기름 부어 세우신 분이다."

다시 말해, 모든 권위는 하나님께로부터 나오며, 왕권 또한 하나님의 권위 아래 있다는 고백이다. 다윗은 '사울의 인격'에는 순종할 수 없었지만, 그가 가진 왕권은 하나님의 권위에 속한 것이기에 그 지위에 대해서는 순종하겠다는 태도를 보였다. 이것이 성경 전반에서 가르치는 권위에 대한 태도다.

사람은 누구나 위에 있는 권세에 복종해야 합니다. 모든 권세는 하나님께로부터 온 것이며, 이미 있는 권세들도 하나님께서 세워 주신 것입니다. 그러므로 권세를 거역하는 사람은 하나님의 명을 거역하는 것이요, 거역하는 사람은 심판을 받게 될 것입니다(롬 13:1-2).

하인으로 있는 여러분, 극히 두려운 마음으로 주인에게 복종하십시오. 선량하고 너그러운 주인에게만 아니라, 까다로운 주인에게도 그리하십시오(벧전 2:18).

현대인이 받아들이기 어려운 말씀이다. 빌라도 역시 불의한 권세였다. 그러나 예수님은 '위에서 허락하지 않으면 받을 수 없는 권세'라며 그 권세를 감당하셨다. 하나님께서는 그 불의한 권세조차도 합력하여 선을 이루어, 십자가를 통해 온 인류의 구원의 길을 여셨기 때문이다. 그러므로 모든 권세는 하나님께로부터 온다. 예수님은 심지어 가이사의 것을 가이사에게 바치라고 하셨고, 로마 제국의 '전복'을 시도하지 않으셨다.

불의한 권위에 대한 마지노선

그렇다면 중요한 질문이 생긴다. 사울과 같은 불의한 권위에 대해서도 무조건 순종해야 하는가? 그렇지 않다. 분명한 마지노선이 있다. '국가나 불의한 권위에 대한 순종이 하나님에 대한 불순종을 요구하기 전까지만 순종'해야 한다.

성경에는 그 분명한 예들이 있다. 출애굽기에서 히브리 산파들은 아기를 죽이라는 명령에 순종하기를 거부하고 생명을 살렸다. 다니엘의 세 친구는 금 신상에게 절하라는 명령을 거부했다. 다니엘 역시 어떤 신에게도 기도해서는 안 된다는 불의한 법령에 순종하기를 거부하고 기도했다. 사도들은 예수의 이름으로 전파하지 말라는 명령을 거부했다. 일제 강점기에는 신사 참배 명령을 거부한 주기철 목사와 일부 목회자들이 있었다.

다윗 역시 사울을 직접 죽이는 대신, 불의를 피하고 참아 내는 방식으로 저항했다. 그러나 그는 결코 침묵하지 않았다. 다윗은 사울의 불의함에 대해 당당히 외쳤다. 본문 10-11절을 보면, 사울은 다윗이 자신의 옷자락을 자른 사실조차 모른 채 굴 밖으로 나갔고, 다윗은 충분한 거리를 둔 뒤 자신의 무고함과 사울의 불의를 공개적으로 외쳤다.

> "아버지, 지금 내가 들고 있는 임금님의 겉옷자락을 보십시오. 내가 이 겉옷자락만 자르고, 임금님께 손을 대지 않았습니다. 이것을 보시면, 나의 손에 악이나 죄가 없으며, 임금님께 반역하거나 잘못한 일이 없다는 것도 아실 것입니다. 그런데도 임금님은 나를 죽이려고, 찾아다니십니다"(삼상 24:11).

다윗은 아무 죄 없는 자신을 왜 죽이려 하느냐며 사울의 불의함에 대해 고발하고 외친다. 그 이유는 분명하다. 문제는 권위 자체가 아니라, '불의한' 권위에 있기 때문이다. 만일 다윗이 부하들의 주장대로 사울을 찔러 죽였다면, 불의한 권위만이 아니라 바른 권위와 질서 자체도 함께 무너졌을 것이다.

악에게 지지 말고 선으로 악을 이기라

왜 다윗은 불의한 사울을 직접 처리하지 않았을까? 권위는 하나님이 주신 것이며, 불의한 권위는 하나님께서 친히 반드시 다루실 것이기 때문이다.

> "옛날 속담에 '악인에게서 악이 나온다' 하였으니, 나의 손으로는 임금님을 해치지 않겠습니다"(삼상 24:13).

이 다윗의 말에 담긴 의미는 분명하다. 자신이 하나님의 말씀을 어기고 직접 사울을 죽인다면, 자신 역시 사울과 같은 악인이 되고 말 것이며, 결국 죄에 대한 심판을 받을 것이라는 뜻이다. 악은 늘 새로운 얼굴을 하고 등장한다. 악은 악을 처단하는 자를 바꾸어 또 다른 악인으로 만든다. 다윗은 사울의 악에 대하여 악으로 갚지 않음으로써, 악에 의해 파괴되지 않는 길을 선택하겠다는 뜻이었다.

4세기 사막 교부들의 금언집에는 이런 말이 있다.

"악령과 직접 싸우지 말라."

왜일까? 악과 정면 대결하려면 영적으로 성숙해야 하는데, 그만큼 성숙한 사람은 드물다고 보았기 때문이다. 자칫 악과 직접 싸우다 보면 자신도 모르게 악해지고, 어둠에 잠식되기 쉽다. 그래서 교부들은 악과 싸울 때 어둠의 왕자에게 관심을 쏟기보다, 빛이신 주님께 집중하라고 조언했다. 그렇게 우회하여 반드시 어둠의 세력을 꺾으라는 것이다. 악을 악으로 대하지 말고, 선으로 싸우며, 빛으로 어둠을 이기라는 뜻이다.

다윗이라고 왜 사울을 직접 처리하고 싶지 않겠는가? 그러나 그는 악을 직접 상대하지 않기로 결단한다. 대신 사막 교부들의 지혜처럼, 빛이신 주님께 집중한다. 본문 10절을 보면 다윗은 사울의 악을 선으로 갚는다.

> "임금님을 살려 보내지 말라고 말하는 사람도 있었지만, 나는 임금님을 아꼈습니다. 절대로, 손을 들어 우리의 임금님을 치지 않겠다고 다짐하였습니다. 임금님은 바로 주님께서 기름 부어 세우신 분이기 때문입니다!"(삼상 24:10).

여기서 다윗이 '아꼈다'라고 말한 히브리어는 '불쌍히 여기다', '긍휼히 여기다'라는 뜻이다. 이 동일한 단어는 하나님이 요나에게 하신 말씀에서도 사용된다.

> "네가 수고하지도 않았고, 네가 키운 것도 아니며, 그저 하룻밤 사이에 자라났다가 하룻밤 사이에 죽어 버린 이 식물을 네가 그처럼 아까워하는데, 하물며 좌우를 가릴 줄 모르는 사람들이 십이만 명도 더 되고 짐승들도 수없이 많은 이 큰 성읍 니느웨를, 어찌 내가 아끼지 않겠느냐?"(욘 4:10-11).

하나님은 니느웨 사람들이 악하다는 사실을 분명히 아셨다. 그것은 변하지 않는 진리였다. 그러나 동시에 하나님은 그들이 회개하기를 원하셨다. 그래서 악한 니느웨 사람들조차 불쌍히 여기고 아끼셨다. 그리고 다윗 역시 사울을 불쌍히 여겼다. 그는 악을 선으로 갚았다.

다윗은 사울, 곧 어둠의 왕에게 너무 많은 관심을 쏟기보다, 빛이신 왕 중의 왕께 더 가까이 나아갔다.

> 내 사랑하는 자들아 너희가 친히 원수를 갚지 말고 하나님의 진노하심에 맡기라 기록되었으되 원수 갚는 것이 내게 있으니 내가 갚으리라고 주께서 말씀하시니라 네 원수가 주리거든 먹이고 목마르거든 마시게 하라 그리함으로 네가 숯불을 그 머리에 쌓아 놓으리라 악에게 지지 말고 선으로 악을 이기라(롬 12:19-21, 개역개정).

다윗은 악을 선으로 갚았다. 복수의 기회를 긍휼의 기회로 삼았다. 그리고 하나님께서 친히 갚아 주실 것을 믿고 기다렸다. 이것이 불의한 권력에 저항하는 방식이다. 겉으로 보기에는 수동적이고 답답해 보일 수 있다. 세상은 주도권을 쥐고 즉각적으로 행동하라고 말한다. 그러나 다윗의 기다림과 신뢰는 결코 수동적이거나 무기력한 것이 아니다. 예수님께서도 그러하셨기 때문이다.

수동적 순종 속에서 이루어지는 승리

복음서를 보면, 예수님은 병자를 고치고 귀신을 쫓아내며 복음을 전하는 능동적인 삶을 사셨다. 그러나 마지막 순간에는 기다리며, 어찌 보면 무력하게 끌려가는 모습으로 나타내신다. 유다의 손에 넘겨지고, 우리의 죄 때문에 '내어준바' 되셨으며, 제사장들과 빌라도에 의해 십자가를 지셔야 했다.

그러나 그 수동적으로 보이는 순종 속에서 예수님은 십자가에서 "다 이루었다"라고 선언하셨다. 더 정확히 말하면 "다 이루어졌다"라는 수동태다. It is finished! 구원의 완성은 우리의 힘이 아니라, 하나님의 섭리에 의해 '이루어지는 것'이다. 하늘에서 하나님의 뜻이 '이루어진 것'같이, 땅에서도 '이루어지는 것'이다. 예수님의 십자가는 무력하고 피동적으로 보였지만, 하나님의 뜻이 온전히 이루어지는 승리의 길이었다.

다윗도 마찬가지다. 그는 사자와 곰을 물리치고, 골리앗을 이기는 등 능동적이고 적극적인 삶을 살았다. 그러나 광야에서의 삶은 오랜 기다림과 신뢰, 인내의 시간이었고, 그 속에서 그는 가장 승리하는 삶을 살았다. 결국 사울조차 목 놓아 울며 고백한다.

"나는 너를 괴롭혔는데, 너는 내게 이렇게 잘해 주었으니, … 너는 틀림없이 왕이 될 것이고, 이스라엘 나라가 네 손에서 굳게 설 것이다"(삼상 24:17, 20).

원수의 입에서 놀라운 축복이 흘러나온다. 이것이 참된 승리다.

말씀으로, 성령으로 분별하라

인생의 여러 갈림길에서 무엇이 기회이고 무엇이 유혹인지 분별하기 어려울 때가 있다. 그럴 때 상황이나 여건이 아니라, 하나님의 말씀을 기준으로 삼으라. 목적이 아무리 좋아 보여도, 그 수단과 과정이 하나님께서 기뻐하시는 것인지를 물어야 한다. 또한 의를 행한다 하면서도 마음이 빛으로 가득한지, 아니면 어둠에 잠식되고 있는지 말씀 앞에서 자신을 비추어 보라. 성령이 근심하시고 마음에 불안이 지속된다면 그 결정을 멈추라. 그러나 성령이 평안과 기쁨을 주신다면 그 감동에 순종하라. 하나님은 혼란한 세상 속에서도 가장 선하고 기뻐하는 길로 우리를 인도하신다.

마음에 새길 세 가지

1 기회를 가장한 유혹을 분별하라

말씀을 제외한 모든 상황과 환경과 욕망이 한 방향을 가리킬 때, 이것이 하나님의 뜻이라고 믿고 싶어지는 유혹이 있다. 그러나 그것은 '하나님의 뜻을 이루는 기회로 가장된 유혹'일 수 있다. 분별이란 우리의 간절한 소원과 하나님의 소원을 구별하는 것이다.

2 기도와 말씀으로 분별하라

기도하는 사람은 유혹이 찾아왔을 때, 그것이 기도의 방향이 아님을 금세 알아차린다. 다윗이 하나님의 뜻과 유혹을 구별할 수 있었던 이유는 기도와 말씀 때문이었다. 사탄도 성경을 인용하므로, 말씀은 말씀으로 해석하며 일관되게 분별해야 한다.

3 악에게 지지 말고 선으로 악을 이기라

악은 악을 처단하는 자를 바꾸어 또 다른 악인으로 만든다. 다윗은 복수할 기회를 긍휼의 기회로 삼았다. 어둠의 왕에게 너무 많은 관심을 쏟기보다, 빛이신 주님께 더 집중하라. 그리하여 선으로 악을 이기고, 빛으로 어둠을 이기라.

소그룹 나눔 질문

- 모든 상황과 환경, 주변 사람들의 의견이 한 방향을 가리킬 때 '이것이 하나님의 뜻'이라고 확신하고 싶어지는 유혹이 있습니다. 나의 간절한 소원과 하나님의 뜻을 분별하기 위해 어떤 과정을 거치고 있습니까? 그 분별에 도움이 되었던 경험이 있다면 나누어 봅시다.

- 다윗은 원수를 해칠 기회가 왔을 때 칼을 거두었고, 결국 원수의 입에서 축복이 흘러나왔습니다. 복수하거나 갚아 줄 기회가 왔을 때 참고 하나님께 맡겼던 경험이 있다면 나누어 봅시다.

하나님 마음에 맞는 사람의 기도

기회와 유혹을 분별하게 하시고
선으로 악을 이기게 하시는 하나님을 찬양합니다.
제 간절한 소원과 하나님의 소원을 구분하게 하소서.
상황과 환경이 한 방향을 가리킬 때에도
오직 주님의 말씀을 기준으로 삼게 하시고,
하나님 뜻을 가장한 유혹에 넘어지지 않게 하소서.
기도하는 동안 주님의 마음과 뜻을 점점 더 알게 하시고,
유혹이 왔을 때 그것이 기도의 방향이 아님을
금세 알아차리게 하소서.
주의 뜻을 말씀으로 분별하는 지혜를 주소서.
악을 악으로 갚지 않고 선으로 갚게 하시며,
복수의 기회를 긍휼의 기회로 삼게 하소서.
어둠의 왕보다 빛이신 주님께 집중하게 하시고,
악에 의해 파괴되지 않는 길을 걷게 하소서.
수동적으로 보이는 순종 속에서도
주님의 뜻이 이루어지는 승리의 길을 걷게 하소서.
주 예수 그리스도의 이름으로 기도합니다. 아멘.

26. 막아 주심이 은혜입니다

삼상 25:1-44

하나님의 마음에 맞는 사람으로 빚어 가시는 하나님의 광야 학교에는 분명한 커리큘럼이 있다. 혼자 있을 때, 미움과 시기를 당할 때, 위기에 처할 때, 궁핍할 때, 외로울 때, 승리했을 때, 실패했을 때, 상처받을 때, 유혹당할 때, 복수하고 싶을 때. 하나님은 삶의 다양한 환경과 사건을 통해 다윗만이 아니라 우리 역시 빚어 가신다.

다윗은 25장에서 매우 중요한 과목을 수강하게 된다. 그것은 '선을 악으로 갚을 때', '모욕을 당했을 때'라는 과목이다. 그리고 본문은 '사무엘'의 죽음으로 시작한다. 시대의 등불이 되었던 사무엘의 시대가 저물고, 새로운 시대가 열리고 있음을 알리는 장면이다. 그러나 다윗의 입장에서 사무엘의 죽음은 자신을 더욱 위험한 상황으로 몰아넣는 사건이었을 것이다. 자신에게 기름을 부어 주고, 비교적 우호적이었던 선지자가 사라진 것이다. 이제 사울의 공세는 더욱 심해질 수도 있다.

그 때문인지, 다윗은 사울을 피해 유다의 더 깊은 남쪽 끝, '바란 광야'로 도망한다. 그곳은 블레셋이 자주 출몰하던 지역이었고, 큰 부자요, 유다 지파이며 갈렙의 후손인 나발이 살고 있는 곳이기도 했다. 다윗과 그의 부하들은 여러 차례 블레셋의 공격을 막아 그곳의 농부와 목자와 백성을 침략으로부터 보호해 주었다. 나발의 종들 또한 다윗과 그의 사람들이 선대했음을 증언한다.

> "그들은 우리에게 매우 잘하여 준 사람들입니다. … 오히려 우리가 그들과 함께 있으면서 양을 칠 동안에는, 그들이 밤이나 낮이나 우리를 성벽과 같이 잘 보살펴 주었습니다"(삼상 25:15-16).

나발, 어리석은 자의 초상

마침 양털을 깎는 시점이 되었다. 이때는 축제의 기간으로, 이웃에게 환대와 친절을 베푸는 시기였다. 다윗은 나발이 자신들에게 약간의 양식을 나누어 주기를 기대하여 부하를 사절단으로 보냈다. 이 요청은 시기적으로 적절했고, 예의 또한 충분히 갖추었다. 그러나 다윗에게 돌아온 대답은 '심한 모욕'과 '조롱'이었다.

> 드디어 나발이 다윗의 젊은이들에게 대답하였다. "도대체 다윗이란 자가 누구며, 이새의 아들이 누구냐? 요즈음은 종들이 모두 저마다 주

인에게서 뛰쳐나가는 세상이 되었다"(삼상25:10).

세상에는 이처럼 오만불손하고 선을 악으로 갚는 이들이 있기 마련이다. 나발은 다윗을 주인을 배반하고 제멋대로 떠돌아다니는 종으로 치부한다. 더 나아가 '다윗이 누구냐'며 그의 이름조차 애써 무시한다. 그러나 나발의 문제는 이뿐이 아니다. 그는 지극히 자기 중심적인 사람이었다.

내가 어찌 내 떡과 물과 내 양털 깎는 자를 위하여 잡은 고기를 가져다가 어디서 왔는지도 알지 못하는 자들에게 주겠느냐 한지라(삼상 25:11, 개역개정).

그는 자신이 가진 모든 것이 사실은 하나님으로부터 온 것임을 전혀 알지 못했다.

내 떡, 내 물, 내 고기, 내 양털 깎는 자

나발이라는 이름은 '어리석다', '바보'라는 뜻이다. 그는 하나님이 잠시 맡기신 소유를 마치 자신의 것인 양 착각하는 어리석은 자였다. 만일 나발이 자신의 모든 소유가 하나님께서 잠시 맡겨 주신 것임을 알았다면, 기꺼이 베풀었을 것이다. 그러나 그의 인생에는 하나님이 없었다. 하나님에 대한 인식조차 없다. 다윗이 쓴 시편 14편은 분명 이러한 나발을 염두에 두고 기록한 시라 할 수 있다.

어리석은 자(나발)는 그의 마음에 이르기를 하나님이 없다 하는도다 그들은 부패하고 그 행실이 가증하니 선을 행하는 자가 없도다(시 14:1, 개역개정).

예수님께서도 어리석은 부자의 비유를 들려주셨다. 그 부자 또한 나발과 매우 비슷한 화법을 구사한다.

또 비유로 그들에게 말하여 이르시되 한 부자가 그 밭에 소출이 풍성하매 심중에 생각하여 이르되 내가 곡식 쌓아 둘 곳이 없으니 어찌할까 하고 또 이르되 내가 이렇게 하리라 내 곳간을 헐고 더 크게 짓고 내 모든 곡식과 물건을 거기 쌓아 두리라(눅 12:16-18, 개역개정).

겉으로 보기에 모든 것이 그의 것 같았지만, 사실 그의 '생명'조차도 그의 소유는 아니었다. 하나님께서는 그를 향해 "어리석은 자여 오늘 밤에 네 영혼을 도로 찾으리니 그러면 네 준비한 것이 누구의 것이 되겠느냐"(눅 12:20, 개역개정)라고 하신다. 그는 20년, 30년 뒤의 삶은 준비했지만, 하나님 앞에서의 영원한 미래는 전혀 준비하지 못했다. 아니, 20분 뒤에 닥칠 죽음조차 대비하지 못했다. 그래서 그는 '어리석은 자'라 불린다. 이 부자는 나발의 '신약' 버전이라 할 수 있다.

본문은 나발의 어리석음을 통해 '하나님의 청지기'라는 사명을 잊은 인간의 모습을 드러낸다. 나발은 하나님의 은혜를 받았으면서도 그것을 다른 이에게 흘려보내지 않았다. 하나님이 주신 재물을 자신의 것인 양 착각했다. 위대한 갈렙의 후손인 나발이 어찌 이토록 무례한 사람이 되었을까? 또한 나발처럼 되지 않으려면 어떻게 해야 할까?

우리는 삶의 모든 것이 하나님의 은혜임을 늘 기억하고, 감사해야 한다. 미련한 자는 모든 것을 당연하게 여기지만, 지혜로운 자는 하나님을 인정하며, 하나님의 은혜 없이는 아무것도 이룰 수 없음을 고백하고 감사한다.

다윗의 분노

다윗은 나발에게 선대했지만, 돌아온 것은 무례와 모욕이었다. 그러나 문제는 나발이 아니다. 우리가 주목해야 할 것은 다윗과 그의 반응이다. 사울도 살려 보냈던 다윗이 나발의 언행과 태도 앞에서는 인내의 한계를 드러내고 만다.

> 다윗이 자기의 부하들에게 명령하였다. "모두 허리에 칼을 차거라!" 그들이 저마다 허리에 칼을 차니, 다윗도 허리에 자기의 칼을 찼다. 사백 명쯤 되는 사람들이 다윗을 따라 쳐 올라가고, 이백 명은 남아서 물건을 지켰다(삼상 25:13).

원수인 사울을 눈앞에 두고도 칼을 뽑지 않았던 사람이 다윗이다. 나발의 모욕이 심했지만, 사울의 악함에 비할 바는 아니었다. 그런데도 다윗은 나발의 조롱 앞에서 분노하여 자신뿐 아니라 400명의 부하까지 칼을 뽑게 한다. 그는 나발과 그 집안의 모든 남자를 죽이려 한다.

여기서 우리는 매우 중요한 교훈을 발견한다. 하나님의 은혜가 없다면, 다윗이나 사울이나 본능적으로 다를 바 없는 죄인일 뿐이라는 사실이다. 하나님의 은혜가 거두어지면, 지혜롭고 분별력 있던 자도 어리석은 결정을 내리고 만다. 은혜가 없다면, 분노와 시기에 사로잡혀 사람을 죽이려 했던 사울이나, 나발을 치기 위해 군사를 동원한 다윗이나 본질적으로 다르지 않다. 사울이 누구인가? 자신의 지위와 자존심을 해치는 자라면 누구든 죽이려 했던 사람이다. 그런데 다윗 역시 순간적인 모욕과 분노에 휩싸여 '사울의 길'을 가려 하고 있다.

로마서 3장 10절은 "의인은 없다. 한 사람도 없다"라고 말씀한다. 하나님의 마음에 맞는 다윗도 은혜가 없으면 결코 설 수 없는 사람이다. 우리 역시 하나님의 은혜 없이는 단 한순간도 설 수 없는 존재다. 신앙생활을 오래 해 왔다 해도, 넘어지는 것은 한순간이다.

24장에서 우리는 사울을 살려 주는 다윗을 본다. 그리고 25장에서는 나발에게 복수하려 칼을 뽑는 다윗을 본다. 어느 쪽이 진짜 다윗인가? 둘 다 다윗이다. 은혜 안에 있을 때 그는 용서할 수 있었지만, 은혜를 놓치는 순간 그는 칼을 빼 들었다.

영국의 전도자 알란 레드패스(Alan Redpath)는 이렇게 말했다.

"신자는 하나님의 은혜로 큰 유혹을 잘 감당해 내고, 대적의 맹렬한 공격을 굳건히 막아 내고 나서 작은 바늘에 찔린 상처에 어처구니없이 넘어지기도 한다."

아무리 오랜 시간 신실하게 신앙의 길을 걸어왔고 여러 죄를 이겨 냈다 할지라도, 하나님의 은혜 안에 머물지 않은 그 하루에 마귀는 분노를 통해 우리의 영혼에 치명타를 가할 수 있다. 그래서 주님은 "내 안에 머물러 있으라"라고 하신 것이다. 그렇지 않으면 우리는 메마른 가지처럼 말라 버리기 때문이다. 다윗이 주님만을 바라보는 일을 멈추자, 그의 비범했던 분별력과 인내도 함께 사라지고 말았다.

주님 안에 머문다는 것은 한 번의 결단이 아니라, '계속해서' 머물러 있는 것이다. '말씀' 안에, '기도' 안에, 주님의 '사랑' 안에 머물러 있는 것이다.

아비가일이 다윗을 막아서다

다윗은 분별력을 잃은 채 분노의 칼을 들고 400명의 부하와 함께 나발과 그의 집안을 치러 간다. 그때 나발의 아내 아비가일이 이 소식을 듣고 음식을 챙겨 여러 마리의 나귀에 싣고 나선다. 그녀는 다윗 앞에서 나귀에서 내려 엎드려 절하며 그의 앞을 가로막는다. 그리고 다윗이 칼을 뽑지 않도록 무릎 꿇고 애원하며 설득한다.

아비가일의 말은 다윗으로 하여금 세 가지를 상기시킨다.

첫째, '막아 주시는 주님'이다.

> "장군께서 사람을 죽이시거나 몸소 원수를 갚지 못하도록 막아 주신 분은 주님이십니다. 주님도 살아 계시고, 장군께서도 살아 계십니다"(삼상 25:26).

다윗은 지금 '또 다른 사울'이 될 위기에 처해 있다. 그때 아비가일은 살아 계신 주님을 상기시킨다. 그가 친히 원수 갚지 않도록 막아 주신 분이 바로 주님이시라는 것이다. 그녀는 다윗의 시선이 다시 주님께 향하도록 돌리고 있다.

둘째, '다윗의 정체성'이다. 다윗이 누구인지, 그의 정체성을 바탕으로 그가 어떻게 살아야 하는지를 일깨운다.

> "이제 곧 주님께서 장군께 약속하신 대로, 온갖 좋은 일을 모두 베푸셔서, 장군님을 이스라엘의 영도자로 세워 주실 터인데, 지금 공연히 사람을 죽이신다든지, 몸소 원수를 갚으신다든지 하여, 왕이 되실 때에 후회하시거나 마음에 걸리는 일이 없도록 하시기 바랍니다. 주님께서 그처럼 좋은 일을 장군께 베풀어 주시는 날, 이 종을 기억해 주시기 바랍니다"(삼상 25:30-31).

아비가일은 하나님의 약속과 다윗의 정체성을 일깨운다. 다윗은 곧 이스라엘의 나기드, 영도자가 될 사람이다. 그런 그가 공연히 사람을 죽여 피를 흘린다면, 그의 명예에 지울 수 없는 흠이 남게 된다. 다윗이 해야 할 싸움은 단 하나, '주님의 전쟁'뿐이다.

> "장군께서는 언제나 주님의 전쟁만을 하셨으니, 주님께서 틀림없이 장군님의 집안을 영구히 세워 주시고, 장군께서 사시는 동안, 평생토록 아무런 재난도 일어나지 않도록 도와주실 것입니다"(삼상 25:28).

주님의 전쟁이란, 이스라엘의 영도자로서 여호와를 위해 싸우는 의로운 전쟁을 말한다. 그런데 나발을 죽이는 것이 과연 주님의 전쟁인가? 아니다. 어리석은 나발과 다투는 것은 여호와를 위한 싸움이 아니다.

셋째, '원수 갚음은 하나님께 있음'이다.

"그러므로 어느 누가 일어나서 장군님을 죽이려고 쫓아다니는 일이 있더라도, 장군님의 생명은 장군께서 섬기시는 주 하나님이 생명 보자기에 싸서 보존하실 것이지만, 장군님을 거역하는 원수들의 생명은, 주님께서, 돌팔매로 던지듯이 팽개쳐 버리실 것입니다"(삼상 25:29).

하나님이 다윗을 보호하실 것이며, 원수도 친히 갚으신다는 뜻이다. 특별히 '돌팔매'라는 표현은 다윗이 골리앗을 쓰러뜨렸던 장면을 떠올리게 한다. 그 싸움은 다윗의 싸움이 아니라 하나님이 친히 싸우신 전쟁이었다. 이 말을 듣는 순간, 다윗은 '돌팔매'라는 단어에서 충격을 받았을 것이다. 하나님만 의지하며 원수 갚는 것을 주님께 맡겼던 사람이 바로 그였다. 그러나 지금 골리앗을 죽이려고 서 있던 다윗은 온데간데없다. 그 대신 나발을 죽이려고 분노에 찬, '사울을 더 닮아 있는 다윗'이 서 있다.

다윗은 아비가일의 말을 통해 자신을 객관화할 수 있게 된다. 자신의 영적 실체를 인식할 수 있게 된다. 다윗은 하나님께 찬송과 감사를 드린다.

다윗이 아비가일에게 이르되 오늘 너를 보내어 나를 영접하게 하신 이스라엘의 하나님 여호와를 찬송할지로다 또 네 지혜를 칭찬할지며 또 네게 복이 있을지로다 오늘 내가 피를 흘릴 것과 친히 복수하는 것을 네가 막았느니라(삼상 25:32-33, 개역개정).

아비가일은 다윗의 날카로운 칼을 함부로 쓰지 않도록 붙들어 주는 칼집이 되어 주었다. 명검일수록 칼보다 칼집이 더 중요하다.

그렇지 않으면 아무나 찔러 죽일 수 있기 때문이다. 다윗은 자신 앞에 무릎 꿇은 여인을 통해 다시 하나님 앞에 무릎을 꿇게 된다. 이것이 다윗의 귀한 점이다. 유혹도 당하고 넘어지기도 하지만, 곧 자신의 악을 깨닫고 돌이킨다. 회복이 빠르다. 넘어져도 다시 일어난다. 이것이 다윗의 위대함이며, 우리 그리스도인들이 본받아야 할 점이다.

결국 나발은 10일 뒤에 몸이 굳어 죽는다. 아비가일의 말대로 하나님께서 직접 치신 것이다. 다윗은 이 지혜로운 아비가일에게 청혼하고, 그녀는 다윗의 아내가 된다.

막아 주심이 은혜다

하나님은 아비가일을 통해 다윗이 무고한 피를 흘리지 않도록 막아 주셨다. 분노의 죄에 삼켜지지 않도록 막아 주셨다. 또 다른 사울이 되지 않도록, 그의 명예가 훼손되지 않도록 막아 주셨다. 막아 주심이 은혜다.

요셉의 생애에도 막아 주시는 은혜가 있었다. 형들은 요셉을 시기하여 그를 구덩이에 던졌다. 애초에는 죽여서 던질 계획이었으나, 장자 르우벤이 그 말을 듣고 가로막았다.

"생명은 해치지 말자. 피를 흘리지 말라."

그 덕분에 요셉은 목숨을 건졌다. 만일 형들이 요셉을 죽였다면 그들은 살인자가 되었을 것이고, 요셉의 꿈도 무너질 뻔했다. 그러나 하나님은 르우벤을 통해 그 비극을 막으셨다.

우리가 깨닫지 못할 뿐, 우리 삶은 하나님의 막아 주시는 은혜 없이는 단 하루도 유지될 수 없다. 부부 사이도, 부모와 자녀 사이도, 성도 간의 관계도 막아 주시는 은혜 없이는 살 수 없다.

하나님께서는 다윗을 너무 사랑하여 세상에서 지혜로운 자 가운데 한 여인을 보내 주셨다. 아비가일은 당시로서는 사회적 약자요, 남자들과 칼의 세계 속에서 아무런 '무기'도 없는 '여성'이었다. 그러나 그 어떤 남자보다도 지혜롭고, 용기 있으며, 인내심이 깊고 아름다운 사람이었다. 그녀는 사울처럼 추하게 변해 가려던 다윗을 위기에서 건져 냈다. 막아 냈다. 다윗 안에 다시 한번 하나님의 임재와 은혜를 회복하게 했다.

막아주시는 은혜와 관련하여 겪은 일이 있다. 어느 해 봄, 선교지로 향하는 비행기에서 우연히 우리 교회 성도 한 분을 만났다. 선교지 공항에서 반갑게 인사하고 잠시 기도해 드렸다. 그런데 나중에 알고 보니, 그분은 사업 문제로 깊은 절망 가운데 있었고, 삶을 포기할 생각까지 품고 있었다.

선교 일정을 마치고 공항 근처에서 그분을 다시 찾아갔다. 호텔 로비에 앉아 사정을 들으며 깨달았다. 하나님이 그분을 막기 위해 나를 그 비행기에 태우셨다는 사실을. 수많은 나라와 도시와 비행편이 있는데, 어떻게 그때 내가 그 비행기에 있었겠는가. 우연이 아니라 섭리였다. 막아주시는 은혜였다. 그분도 내가 비행기에 탄 것을 보고 '하나님이 막으시는구나' 깨달았다고 했다.

그 순간 세 가지를 상기시켜 드렸다. "주님이 당신과 함께하십니다. 당신은 하나님의 사랑받는 자녀입니다. 억울한 일과 불의는 하나님이 친히 갚아주십니다." 사정을 듣고 기도해 드렸다. 내가 안아드릴 때 그분은 내 품에 안겨 펑펑 우셨다. 하염없이 우셨다. 이 만남을 통해 그분은 삶의 희망을 되찾았고, 지금은 창업을 하여 하나님의 은혜 안에서 새 삶을 살아가고 있다.

하나님은 우리가 알지 못하는 방식으로 우리 길을 인도하신다. 위험과 어리석은 선택에서 우리를 막아주시는 은혜를 베푸신다.

세 가지를 기억하라

지난날을 돌이켜 보라. 여기저기서 잘못된 선택을 내릴 뻔한 수많은 순간이 있었을 것이다. 그러나 그때마다 막아 주시는 하나님의 손길이 있었다. 우리가 알지 못했을 뿐, 그분의 팔이 뒤에 있었고, 그분의 눈이 우리를 지켜보셨으며, 그분의 오른손이 우리를 이끌어 주셨다.

혹시 지금도 다윗처럼 분노의 칼을 들고 있는가? 내려놓으라. 어리석은 선택을 내려놓으라. 지금 이 장의 메시지가 바로 막아 주시는 은혜다.

그러므로 세 가지를 기억하라. 첫째, 살아 계신 주님이 함께하신다. 둘째, 당신은 주님의 사랑받는 자녀다. 셋째, 모욕당한 일, 억울한 일, 마음 아픈 일을 주님께 맡기라. 그러면 하나님이 물맷돌로 친히 갚으실 것이다.

마음에 새길 세 가지

1 은혜 없이는 단 한순간도 설 수 없다

하나님의 은혜가 없다면 다윗이나 사울이나 별반 다를 바 없는 죄인일 뿐이다. 24장에서 사울을 살려 주던 다윗이, 25장에서는 나발에게 복수하려고 칼을 뽑는다. 어느 쪽이 진짜 다윗인가? 둘 다 다윗이다. 하나님의 은혜가 있을 때는 용서할 수 있었지만, 은혜를 잊었을 때는 칼을 빼 들었다. 은혜가 없으면 다윗이나 나발이나 사울이나 결국 그 사람이 그 사람이다.

2 주님 안에 계속해서 머물러 있으라

주님 안에 머무는 것은 한 번의 결단이 아니라 '계속해서' 머물러 있는 것이다. 말씀 안에 머물고, 기도 안에 머물고, 주님의 사랑 안에 머물러 있는 것이다. 다윗이 그분만을 바라보는 일을 멈추자, 그의 비범한 분별력과 인내도 함께 사라지고 말았다.

3 막아 주심이 은혜다

하나님은 아비가일을 통해 다윗이 무고한 피를 흘리지 않도록, 분노의 죄에 삼켜지지 않도록, 또 다른 사울이 되지 않도록 막아 주셨다. 우리가 미처 알지 못했을 뿐, 우리 삶은 막아 주시는 은혜 없이는 유지될 수 없다. 막아 주시는 은혜를 기억하고 감사하라.

소그룹 나눔 질문

- 24장에서 사울을 살려 주던 다윗이 25장에서는 나발에게 복수하려고 칼을 뽑습니다. 하나님의 은혜가 함께할 때와 그렇지 않을 때, 나의 반응이 달라졌던 경험이 있습니까? 있다면 그 원인은 무엇이었습니까?

- 아비가일은 다윗이 분노의 칼을 휘두르는 것을 막아 주었습니다. 어리석은 선택을 하려는 순간에 누군가가 나를 막아 준 경험이 있습니까? 그것이 어떻게 하나님의 은혜였는지 나누어 봅시다. 또한, 내 자신도 누군가에게 막아 주는 은혜의 통로가 되려면 어떻게 해야 할지 함께 생각해 봅시다.

하나님 마음에 맞는 사람의 기도

막아 주시는 은혜로 지켜 주시는 하나님을 찬양합니다.
은혜 없이는 단 한순간도 설 수 없는 자임을 고백합니다.
주님의 은혜가 거두어지면
지혜로운 자도 어리석은 결정을 내리고,
용서하던 자도 분노의 칼을 빼 듭니다.
사울과 다를 바 없는 죄인이오니,
주의 보혈로 용서하여 주시고
주님의 은혜 안에 늘 머물게 하소서.
말씀 안에 머물고, 기도 안에 머물며,
주님의 사랑 안에 계속 머물게 하소서.
주님만 바라보는 일을 그치지 않게 하시고,
분별력과 인내를 잃지 않게 하소서.
분노 때문에 어리석은 결정을 내리지 않도록 막아 주소서.
무고한 피를 흘리지 않도록 막아 주시고,
아비가일 같은 지혜로운 자를 보내어 위기에서 건져 주소서.
억울한 일을 주님께 맡기오니 친히 갚아 주소서.
막아 주시는 은혜를 기억하며 살게 하소서.
주 예수 그리스도의 이름으로 기도합니다. 아멘.

27. 반복되는 시험에는 이유가 있다

삼상 26:1-25

살다 보면 이미 끝난 줄 알았던 시험이 다시 찾아올 때가 있다. 용서했던 사람에게서 다시 상처를 받거나, 이겨 낸 줄 알았던 죄의 유혹이 또다시 다가오기도 한다. 극복했던 재정 위기가 다시 반복되고, 해결된 줄 알았던 관계의 갈등이 되풀이되기도 한다. 반복되는 시험은 우리를 혼란스럽게 하고, 때로는 두려움과 좌절에 빠지게 한다.

성경은 여러 가지 시험을 만날 때마다 기쁘게 여기라고 말씀한다.

내 형제들아 너희가 여러 가지 시험을 당하거든 온전히 기쁘게 여기라 이는 너희 믿음의 시련이 인내를 만들어 내는 줄 너희가 앎이라 (약 1:2-3, 개역개정).

이러한 현실 속에서 반복되는 시험 앞에 설 때 기쁨을 유지하기란 쉽지 않다. 끊임없이 찾아오는 위기와 시험 속에서 우리는 불안과 두려움, 분노와 좌절에 휘둘리기 쉽다. 그러나 하나님의 생각과 우리의 생각은 다르기에, 시험 가운데서도 하나님을 신뢰해야 한다.

본문에서 다윗 역시 반복되는 시험을 맞닥뜨린다. 그는 엔게디 동굴에서 사울을 죽이지 않고 살려 주었지만, 사울은 다시 다윗을 죽이려 쫓아온다. 다윗은 같은 시험을 두 번 치러야 하는 상황에 놓인다.

일부 학자는 26장과 24장이 너무 흡사하다며 동일한 사건을 각색한 것이라 주장하기도 한다. 이로 인해 많은 설교자가 26장을 잘 다루지 않기도 한다. 그러나 겉으로는 비슷해 보여도, 24장과 26장은 서로 다른 메시지를 담고 있다. 24장이 기회처럼 보이는 유혹과 하나님의 뜻을 분별하는 데 초점을 둔다면, 26장은 왜 하나님께서 비슷한 시험을 반복해서 허락하시는지를 보여 준다.

그러므로 이 장의 질문은 이것이다.

"왜 하나님은 반복되는 시험을 주시는가?"

놀랍게도 이 재시험은 다윗에게만 주어진 것이 아니라, 사울에게도 주어진 시험이었다.

피상적 회개와 반감

사울은 24장, '엔게디 동굴'에서 다윗에게 죽을 수도 있었으나 용서

받았다. 다윗의 용서를 통해 그는 하나님의 자비하심으로 두 번째 삶을 얻었다.

그렇다면 사울은 과연 변화되었을까? 만일 그가 진정으로 하나님의 은혜를 입은 자임을 깨닫고 변화되었다면, 더 이상 다윗을 추격하지 않았을 것이다. 그러나 본문은 사울의 추격이 다시 시작되는 장면으로 이어진다. 그 계기는 십 광야 주민들의 밀고였다.

> 십 광야의 주민이 기브아로 사울을 찾아와서 밀고하였다. "다윗은 여시몬 맞은쪽 하길라산 속에 숨어 있는 것이 확실합니다"(삼상 26:1).

이 장면이 바로 사울에게 주어진 시험이다. 용서받은 사울이 변화되어 더 이상 다윗을 죽이려 하지 않을 것인가, 아니면 다시 이전의 모습으로 돌아갈 것인가 하는 시험이다.

만일 사울이 변화되었다면, 십 광야 주민들이 다윗의 위치를 밀고했을 때 이렇게 말했어야 했다.

"다윗은 나에게 악을 악으로 갚지 않고 선으로 갚았다. 하나님께서 나에게 새로운 삶을 주셨다. 그러니 나를 부추겨 다시 죄짓게 하지 말라!"

그러나 사울은 이 시험에 실패했고, 결국 또다시 다윗을 죽이려 나선다.

우리 삶에도 이와 같은 시험과 유혹이 얼마나 자주 찾아오는가. 우리가 정말 하나님의 은혜를 입고 변화된 사람인지는 시험을 겪어 보아야 알 수 있다. 십자가의 은혜를 입고 용서받았기에 우리 역시 용서하는 사람이 되었는지도 시험을 통해 알게 된다.

우리에게도 '십 사람의 밀고'와 같은 상황이 찾아올 때가 있다. 그럴 때 우리는 자신을 돌아보게 된다. 우리가 정말 긍휼을 입은 자로서 다른 사람에게 긍휼을 베풀고 있는지, 아니면 여전히 마음속에 쓴 뿌리가 가득해 누군가를 향한 원한을 붙들고 있는지가 드러난다.

> 너희는 믿음 안에 있는가 너희 자신을 시험하고 너희 자신을 확증하라 예수 그리스도께서 너희 안에 계신 줄을 너희가 스스로 알지 못하느냐 그렇지 않으면 너희는 버림 받은 자니라(고후 13:5, 개역개정).

우리가 믿음 안에 있는지 아닌지는 시험을 통해 밝혀진다. 우리의 믿음은 예배 시간에만 드러나는 것이 아니라, 예배 이후의 삶 속에서 증명된다. 주일뿐 아니라 월요일부터 시작되는 일상에서 믿음은 끊임없이 시험받는다. 우리가 정말 하나님의 은혜로 변화된 사람인지 아닌지는 가정과 직장에서의 삶을 통해 드러난다.

그렇다면 사울은 왜 용서와 은혜를 받았음에도 변화되지 못했을까? 사울에게는 '죄의 결과'로 인한 고통과 두려움, 후회는 있었지만, 자신의 '죄의 상태' 그 자체를 슬퍼하며 돌이키는 회개는 없었기 때문이다. 그는 하나님께 돌아가지 않았다.

사울이 변화되지 않은 이유가 은혜가 부족했기 때문일까? 많은 사람이 사울에게는 은혜가 없었다고 말하지만, 사실은 그렇지 않다. 그는 이스라엘의 초대 왕이라는 큰 은혜를 받았고, 다윗에게서 죽임당하지 않고 두 번째 삶을 얻었다. 이 자체만으로도 놀라운 은혜다. 더 나아가 하나님은 사울의 왕위를 40년 동안 유지하게 하셨다. 이는 사울에게 회개의 기회를 주시는 하나님의 크신 은혜다.

하나님은 40년 동안 이렇게 말씀하신 셈이다.

“사울아, 나는 너의 회개와 변화를 기다리고 있다. 나는 네가 멸망하기를 원하지 않는다!”

그러나 안타깝게도 사울은 그 은혜를 거절했다.

여기서 우리는 중요한 메시지를 배운다. 하나님이 은혜를 베푸셔도, 그것을 거절하면 은혜는 우리 삶에서 아무런 열매를 맺지 못한다.

은혜가 은혜 되지 못하게 가로막는 장해물이 있는데, 바로 ‘거역하는 마음’, 곧 ‘반감’이다. 반감은 우리 안에 자리한 정서다. 정서와 감정은 비슷해 보이지만 다르다. 감정은 어떤 상황에서 느끼는 기분이지만, 정서는 분명한 방향성을 지닌다. 그 방향은 하나님을 사랑하고 기뻐하는 쪽일 수도 있고, 하나님을 거부하고 대적하는 쪽일 수도 있다. 반감은 하나님을 대적하려는 의지와 감정을 포함한 정서다.

성령의 역사가 일어날 때, 우리의 육신의 소욕과 사탄은 그 역사에 반감을 일으키려 한다. 그러므로 예수님과 동행하며 그분을 닮아가는 신앙생활을 하려면, 이 반감의 작용을 깨닫고 다루어야 한다.

우리 안에 반감이 있는지는 어떻게 알 수 있을까? 누군가 “말씀을 읽고 묵상합시다!”라고 말할 때 아멘이 나오는가? “전도합시다! 기도 시간을 늘려 봅시다! 금식하며 기도합시다!”라고 외칠 때 기쁘게 순종할 수 있는가? “미워하는 자를 용서하고 사랑합시다!”라는 말씀에 동의하는가? 아니면 마음속 깊은 곳에서 거부하고 싶은 마음이 올라오는가? 이것은 사람이 한 말이 아니라 하나님의 말씀이다. 그럼에도 불구하고 거부하고 싶은 마음이 바로 반감이다. 그리고 이 반감이 바로 사울 안에서 역사했던 어둠의 영이다.

은혜와 반감의 싸움

반복되는 시험 속에서 우리는 은혜와 반감 사이에서 선택해야 한다. 반감이라는 정서는 성령의 은혜를 방해하려는 '사탄의 전략'이다. 바울조차도 자신의 내면에 있는 반감을 이렇게 고백한다.

> 여기에서 나는 법칙 하나를 발견하였습니다. 곧 나는 선을 행하려고 하는데, 그러한 나에게 악이 붙어 있다는 것입니다. 나는 속사람으로는 하나님의 법을 즐거워하나, 내 지체에는 다른 법이 있어서 내 마음의 법과 맞서서 싸우며, 내 지체에 있는 죄의 법에 나를 포로로 만드는 것을 봅니다(롬 7:21-23).

이것은 모든 믿는 자가 마주하는 영적 법칙이다. 하나님의 은혜가 우리에게 부어지고, 우리가 선을 행하며 하나님의 뜻대로 살고자 할 때, 반드시 마귀는 '반감'을 심어 놓는다. 싫고, 거부하고 싶고, 귀찮게 느끼게 하여 의지를 약화시키고, 은혜에서 멀어지게 하려는 방해를 시도한다.

사울도 은혜를 입어 다윗을 쫓던 일을 멈추고 왕궁으로 돌아갔다. 이는 놀라운 은혜요, 변화의 순간이었다. 그러나 십 사람이 밀고하며 사울을 충동질했다. 영적으로 성장하거나 변화를 이루려는 사람에게는 언제나 이를 방해하고 훼방하려는 힘이 작용한다. 하나님의 뜻을 따라 한 방향으로 꾸준히 나아가지 못하도록, 온갖 방법으로 방해하려 한다.

반감은 사울에게 역사했던 어둠의 영이며, 우리 역시 이 싸움에서 자유롭지 못하다. 그렇다면 우리는 어떻게 해야 할까?

먼저, 우리가 은혜를 받았다면 마귀가 반드시 반감을 통해 방해하려 든다는 사실을 미리 인식해야 한다. 그리고 반감에 맞서 싸워 그것에 지배당하지 않도록 해야 한다. 십자가 복음의 능력으로 이겨야 한다. 우리는 이미 죄에 대하여 죽은 자로 여겨야 한다. 다시 말해, 죄가 우리를 주장하지 못하도록 날마다 우리의 마음과 삶을 하나님의 말씀과 성령의 인도하심 위에 굳게 두어야 한다.

> 그가 죽으심은 죄에 대하여 단번에 죽으심이요 그가 살아 계심은 하나님께 대하여 살아 계심이니 이와 같이 너희도 너희 자신을 죄에 대하여는 죽은 자요 그리스도 예수 안에서 하나님께 대하여는 살아 있는 자로 여길지어다(롬 6:10-11, 개역개정).

험담과 정욕과 탐욕에 휩쓸려 살던 우리는 이미 그리스도와 함께 십자가에서 죽었다! 우리는 그리스도 예수 안에서 살아 있는 사람이다. 죄는 더 이상 우리를 지배할 수 없다! 죄의 반감에 절대로 굴복하지 말라. '십 사람의 밀고'에 맞장구치지 말라. 죄의 유혹이 올 때, 옛 사람은 이미 십자가에서 죽었음을 선포하라. 하나님은 우리가 믿음 안에 있는지를 시험하기 위해 반복적인 시험을 허락하신다.

다윗에게 온 반복되는 시험

우리가 더 주목해야 할 부분은 다윗에게 임한 반복적인 시험이다. 사울이 3천 명의 군사를 이끌고 올 때, 다윗은 사울이 자신을 잡으러 온 것을 미리 알아차렸다. 그는 정찰대를 보내 사울이 진을 친 장소를 파악하고, 대담하게도 그 진영에 직접 가 보았다. 그런데 모두 자고 있었다.

다윗은 누이 스루야의 아들인 조카 아비새와 함께 사울의 진영으로 몰래 잠입했다. 사울은 창을 땅에 꽂은 채 자고 있었고, 그를 지켜야 할 아브넬과 군대 역시 잠들어 있었다. 하나님께서 그들을 잠들게 하셨기 때문이다. 다윗에게 사울을 죽일 수 있는 두 번째 기회가 찾아온 것이다.

사울이 잠든 모습을 본 아비새가 주저하지 않고 말한다.

> "하나님이 오늘, 이 원수를 장군님의 손에 넘겨주셨습니다. 제가 그를 당장 창으로 찔러 땅바닥에 박아 놓겠습니다. 두 번 찌를 것도 없이, 한 번이면 됩니다"(삼상 26:8).

24장과 매우 비슷한 상황이다. 그러나 한 가지 중요한 차이가 있다. 이번에는 아비새가 사울을 죽이는 일을 다윗에게 맡기지 않겠다고 나선다. 사울의 창으로 사울을 직접 죽이겠다는 것이다. 다윗이 골리앗을 죽일 때 골리앗의 칼로 숨통을 끊었던 것처럼, 원수의 무기로 원수를 무찌르는 것은 완전한 승리를 의미한다. 아비새는 사울의 창으로 그를 죽일 수 있는 이 기회가 '하나님의 섭리'라고 주장한다. 바로 이것이 다윗에게 찾아온, 섭리를 가장한 유혹이자 반복되는 시험이다.

그렇다면 하나님은 왜 다윗에게 반복되는 시험을 허락하셨을까? 이유가 있다. 다윗이 엔게디 동굴에서 통과한 시험은 '절반의 패스'였기 때문이다. 물론 다윗은 24장에서 사울을 죽이지 않음으로써 유혹을 거부하고 시험을 통과한다. 그러나 25장에서 다윗은 또 다른 사울과도 같은 '나발'을 만났을 때 정반대의 모습을 보인다. 그는 사울처럼 군사들에게 칼을 차게 하여 나발을 죽이려 한다. 원수를 직접 갚으려 하고, 하나님께 맡기지 않으며, 기다리지 못한다.

24장의 다윗과 25장의 다윗은 전혀 다른 사람처럼 보인다. 24장의 다윗은 '나는 죽고 예수로 사는 사람' 같은데, 25장의 다윗은 '나는 살고 예수는 죽은 사람'처럼 보인다. 그렇다면 어느 쪽이 다윗인가? 둘 다 다윗이다. 로마서 7장 21절은 이렇게 말하지 않는가?

"선을 행하기 원하는 나에게 악이 함께 있는 것이로다!"

바로 25장의 다윗이 이 상태였다. 마음으로는 하나님의 법을 섬기지만, 육신으로는 죄의 법을 섬기는 모습이다.

이것이 다윗에게 그리고 우리에게 반복되는 시험이 주어지는 이유다. 우리의 영적 실체를 드러내고, 우리가 믿음 안에 있는지, 혹은 믿음에서 벗어나고 있는지 살피기 위해 하나님은 때로 유혹과 시험의 상황에 우리를 노출되게 하신다.

사실 24장의 사울에 대한 시험과 25장의 나발에 대한 시험은 본질적으로 같은 시험이었다. 두 시험 모두 '원수를 직접 갚지 말라', '하나님의 때를 신뢰하며 기다리라'는 요구였기 때문이다. 그러나 다윗은 엔게디 동굴에서는 이겼으나, 나발을 만났을 때는 이기지 못했다.

하나님은 다윗이 넘어질 즈음 아비가일을 보내 주셨다. '막아 주시는 은혜'가 있었던 것이다. 그러나 언제까지 아비가일이 막아 주겠는가? 만일 막아 주는 사람이 없다면 어떻게 할 것인가? 지금 다윗 곁에는 아비가일이 아니라 아비새가 있다. 아비새는 '막아 주는 자'가 아니라 '밟아 주는 자'요, 사울을 끝내라고 '부추기는 자'다. 더 이상 아비가일처럼 죄를 막아 주는 이가 없고, 오히려 아비새처럼 죄를 부추기는 사람이 곁이 있다면, 그때는 어떻게 해야 하는가?

이것이 바로 하나님께서 반복되는 시험을 주시는 이유다. 우리는 막아 주는 아비가일보다는 죄를 부추기는 아비새로 가득한 환경 속에 살아간다. 마음이 내키는 대로, 육신이 원하는 대로 살라고 부추기는 세상이다. 바로 그런 환경 속에서 원수를 용서하고 하나님의 때를 신뢰하며 기다릴 수 있는가를 하나님은 묻고 계신다. 하나님은 다윗에게서 한 단계 더 성숙한 믿음을 보기를 원하셨다.

그때 다윗은 어떻게 하는가? 주께서 기름 부어 세우신 자를 죽였다가는 벌을 면하지 못한다고 하며 아비새를 말린다. 이 부분은 24장과 동일하다. 그리고 사울의 창과 물병만 가지고 진영을 빠져나온다. 그러나 24장과 다른 고백이 본문 10절에 등장한다.

> "주님께서 확실히 살아 계심을 두고 말하지만, 주님께서 사울을 치시든지, 죽을 날이 되어서 죽든지, 또는 전쟁에 나갔다가 죽든지 할 것이다"(삼상 26:10).

다윗은 24장에서는 이런 고백을 하지 않았다. 그런데 이번에는 다르다. 왜일까? 나발 사건을 통해 배웠기 때문이다. 이것이 하나님의 은혜다. 주님께서 친히 나발을 치셨고, 공의를 세우셨기 때문이다.

다윗은 나발 사건을 통해 하나님께서 공의롭고 지혜롭게 일을 해결하신다는 믿음을 갖게 되었다. 그리고 이 10절의 고백은 바로 다윗이 은혜 안에서 성장했음을 보여 주는 증거다. 이 고백 속에는 하나님의 선하심과 공의, 섭리와 주권에 대한 깊은 인식이 담겨 있다. 그래서 다윗은 사울의 문제를 자신의 힘으로 해결하려 하지 않고, 신실하신 하나님의 해결을 기다리기로 선택한다.

다윗이 사울을 죽이지 않고 하나님을 기다리며 신뢰할 수 있었던 것은 그의 의지가 아니라, 그를 붙드신 하나님의 은혜 때문이었다. 우리도 마찬가지다. 하나님은 반복되는 시험 속에서도 넘어지지 않도록 은혜로 함께하신다. 다윗이 하나님을 신뢰할 때, 그 신뢰는 다윗에게 소망과 평안을 가져다주었다.

성숙의 증거, 겸손

다윗이 은혜 안에 있으며 한층 더 성숙했다는 또 하나의 증거가 나타난다. 바로 '다윗의 겸손'이다. 24장에서 다윗은 자신의 손에는 악이나 죄가 없으며, 자신은 잘못한 일이 없다는 식으로 억울하다고 외쳤다. 그러나 본문인 26장을 가만히 읽어 보면, 다윗은 자신에 대한 이해가 분명히 달라져 있다. 여전히 그는 자신에게 죄악이 없다고 말하지만, 한 가지 중요한 여지를 남겨 둔다.

> "나의 상전이신 임금님은 이 종이 하는 말에 귀를 기울여 주시기 바랍니다. 임금님을 충동하여 나를 치도록 시키신 분이 주님이시면, 나는 기꺼이 희생 제물이 되겠습니다. 그러나 임금님을 충동하여 나를 치도록 시킨 것이 사람이면, 그들이 주님에게서 저주를 받기를 바랍니다"(삼상 26:19).

다윗은 자신을 치도록 하신 분이 주님일 수도 있음을 인식하고 있다. 이는 자신에게도 아직 드러나지 않은 반역의 죄, 하나님께서 보시는 거역의 죄가 있을 수 있음을 인식하고 있다는 뜻이다. 이것이 바로 24장과 달라진 지점이며, 다윗이 영적으로 한 단계 더 성숙했음을 보여 주는 모습이다.

영적으로 성숙한 사람은 남의 죄보다 자신의 죄가 더 많이 보인다. 왜 그런가? 빛 되신 주님 앞에 더 가까이 나아가며, 늘 그분을 모시고 살아가기 때문이다. 이날 이후 사울은 다시는 다윗을 추격하지 않는다. 이날이 다윗과 사울의 마지막 만남이 된다. 다윗에게 주어졌던 반복된 시험은 여기서 끝이 난다.

그렇다면 원수로 인한 시험은 언제 끝나는가? 사울만 죄인이 아니라, 우리 안에도 사울이 있고 영적 반감이 있음을 깨달아 애통하며 회개하고 돌이킬 때다. 그리고 주님을 신뢰하며 기다리는 믿음을 갖게 될 때, 시험은 끝난다.

은혜가 거역을 이긴다

한 가정 세미나에서 있었던 일이다. 거의 모든 가정 안에는 여러 가지 시험과 유혹, 갈등이 있었다. 그런데 시간이 흐르며 분위기가 서서히 바뀌어 갔다. 중보 기도 팀이 의자를 붙잡고 한 사람, 한 사람을 위해 기도하며 은혜를 구했기 때문이다.

"주님, 이 영혼을, 이 가정을 살려 주소서."

금식과 기도가 거역하는 영을 물리쳤다.

마지막 시간, 한 가정의 아내가 대표로 간증을 했는데 첫 문장이 이러했다.

"주님, 저희 가정을 살려 주셔서 감사합니다!"

그 가정은 수백 번도 더 헤어져야 했던 부부였다. 주변에서도 그 정도면 헤어지는 것이 낫겠다고 말할 만큼, 이미 깨어진 상태로 15년을 살아왔다고 했다. 그들 곁에는 아비가일처럼 막아 주는 사람이 아니라, 아비새처럼 부추기는 사람이 있었다.

한편으로 맞는 말이다.

"사울은 죽여야지. 행복하려면 죽여야지."

"행복하려면 헤어져야지. 깨져야지."

그런데 아내는 깨달았다. 문제는 상대방만이 아니라 자기 자신에게도 있었다는 사실을 말이다.

"가정의 주인, 가정의 머리가 예수 그리스도가 아니었습니다. 각자 주인이 되어 살다 보니, 죄인과 죄인이 만나 괴수 한 쌍이 되고 말았습니다."

그래서 살리는 말씀을 듣고도 깨닫지 못했고, 서로 죽이는 지경까지 이르렀다. 반감과 거역하는 영이 은혜를 가로막고 있었던 것이다. 그러나 그 가운데 성령의 은혜의 역사가 부어졌다.

"그러나 하나님은 저희를 너무나 사랑하셔서 포기하지 않고 붙잡아 주셨습니다. 하나님의 은혜를 부어 주셔서 세상은 감당할 수 없는 조건 없는 사랑을 깨닫게 하셨습니다. 우리의 지식으로는 절대 이해할 수 없는 순종을 배우게 하셨고, 나에게서는 나올 수 없는 용서와 회개의 은혜를 주셨습니다. 결국 주님이 이 자리까지 인도하셨음이 놀랍고 감격스럽기만 합니다. 저희는 정말 주님이 짝지어 주신 부부입니다. 할렐루야!"

많은 눈물과 치유가 있었다. 그 회복의 시작은, 배우자에게만 문제가 있는 것이 아니라 자신에게도 문제가 있음을 고백한 것 그리고 가정의 주인이 주님이 아니었음을 깨닫고 회개한 것이었다.

물론 세미나 이후의 일상에는 여전히 유혹과 시험이 기다리고 있다. 마귀는 끊임없이 공격한다. 그러나 십자가에서 옛 사람이 죽었다고 선포하면 마귀는 힘을 쓰지 못한다. 아무리 어려운 시험이라도 하나님은 우리 삶을 회복하신다. 주님의 은혜는 가정을 살리고, 삶에 소망을 불어넣는다.

시험은 은혜의 도구다

반복되는 시험은 우리를 넘어뜨리기 위한 것이 아니다. 오히려 진짜 붙들어야 할 주님을 붙들도록 허락된 하나님의 은혜의 도구다. 다윗이 반복되는 시험을 통해 하나님의 섭리와 주권을 깨달았듯이, 우리 역시 시험 속에서 하나님을 더 깊이 경험할 수 있다.

반복되는 시험 속에서 힘겨워하고 있는가? 우리가 시험을 만나도 기쁘게 여길 수 있는 이유는, 주께서 우리의 삶을 붙들고 계시기 때문이다. 그 시련의 과정을 통해 인내는 연단을, 연단은 소망을 이룬다. 반복되는 시험 속에서도 하나님의 은혜를 붙들고, 믿음으로 정금같이 나아가기를 바란다.

마음에 새길 세 가지

1 반감은 은혜를 가로막는 장해물이다

하나님이 은혜를 베푸셔도, 우리가 거역하는 마음, 곧 반감으로 그것을 거절하면 은혜는 열매를 맺지 못한다. 성령의 역사가 일어날 때, 육신의 소욕과 사탄은 반감을 통해 이를 방해하려 한다. 이 반감의 작용을 분별하고, 십자가 복음의 능력으로 이겨야 한다.

2 반복되는 시험은 영적 성숙의 도구다

하나님은 우리 믿음의 실체를 드러내고 한 단계 더 성숙하게 하기 위해 반복되는 시험을 허락하신다. 다윗이 나발 사건을 통해 배우고 사울 앞에서 성숙한 믿음을 보여 주었듯이, 시험은 우리를 넘어뜨리려는 것이 아니라 진짜 붙들어야 할 주님을 더 붙들게 하는 은혜의 도구다.

3 겸손한 자만이 시험을 통과한다

영적으로 성숙한 사람은 남의 죄보다 자신의 죄가 더 크게 보인다. 사울만 죄인이 아니라, 우리 안에도 사울과 영적 반감이 있음을 깨닫고 애통하며 회개하고 돌이킬 때 그리고 주님을 신뢰하며 기다리는 믿음을 갖게 될 때, 시험은 끝이 난다.

소그룹 나눔 질문

- 24장에 이어 26장에서 다윗은 또다시 사울을 살려 줄 기회를 맞이합니다. 비슷한 시험이 반복적으로 찾아온 경험이 있다면, 그 반복을 통해 하나님은 무엇을 가르치시려 했으며, 무엇을 배웠습니까?

- 하나님이 은혜를 베푸셔도 우리가 거역하는 마음, 곧 '반감'으로 거절하면 은혜는 열매를 맺지 못합니다. 성령의 역사나 하나님의 인도하심에 내면적으로 저항했던 경험이 있다면, 그 반감의 원인은 무엇이었는지, 또 어떻게 극복했는지 나누어 봅시다.

하나님 마음에 맞는 사람의 기도

반복되는 시험 속에서도 포기하지 않고
은혜로 붙들어 주시는 하나님을 찬양합니다.
같은 시험이 반복될 때 지치고 낙심하기도 합니다.
그러나 주님께서 더 깊은 신뢰로 이끌기 위해
이 시험을 허락하셨음을 고백합니다.
제 안에 있는 반감과 거역의 영을 발견하게 하시고,
십자가 복음의 능력으로 이기게 하소서.
사울만 죄인이 아니라 제 안에도 사울이 있음을 고백합니다.
제가 모르는 숨겨진 죄, 주님께서 보시는 거역의 죄가 있다면
비추어 주시고 깨끗게 하소서.
원수를 직접 갚으려 하지 않고,
주님의 때를 신뢰하며 기다리는 믿음을 주소서.
옛 사람은 이미 십자가에서 죽었음을 선포하며,
그리스도 안에서 살아 있는 자로 날마다 살게 하소서.
이 시험을 통해 정금같이 연단되어 나아가게 하소서.
주 예수 그리스도의 이름으로 기도합니다. 아멘.

28. 불안(정)한 삶을 끝내는 은혜

삼상 29:1-11

현대 사회를 지배하는 단어를 한마디로 표현하자면 '불안'이라 해도 과언이 아니다. 바이러스 불안, 전쟁 불안, 경제 불안, 기후 불안, 여기에 정치 불안까지 더해졌다. 우리는 지금, 불안의 시대를 살아가고 있다.

철학자 한병철은 《피로사회》(문학과지성사 역간)에서 이 시대를 대표하는 위태로움을 '불안'이라 정의한다. 불안의 분위기는 희망의 싹을 질식시키고, 불안이 지배하는 곳에서는 자유가 사라진다는 것이다. 신학자 헬무트 틸리케(Helmut Thielicke) 또한 《하나님의 침묵》(두란노 역간)에서 이 불안이 신앙인에게도 찾아온다고 말하며, 신앙의 가장 큰 시험을 '하나님의 침묵'이라 했다. 세상에서 벌어지는 잔혹한 사건들 앞에서, 하나님은 왜 침묵하시는가?

독일어로 '불안'을 뜻하는 '앙스트'(angst)는 '숨통을 조이다'라는 뜻의 라틴어 'angustiae'에서 유래했다. 그래서 앙스트를 직역하면 '궁지'라는 뜻이다. 궁지에 몰린 사람은 불안하다. 궁지에 몰린 불안한 쥐는 고양이를 물듯이, 인간도 불안에 처하면 선례를 찾기 어려운 선택을 한다. 불안은 관점을 질식시키고, 시야를 좁히며 차단하기 때문이다.

이러한 불안에 처한 인간이 불안을 벗어나기 위해 택하는 방식 가운데 하나가 '도피'다. 의미를 묻지 않은 채 인간이기를 포기하고, 익명의 존재가 되어 대중 속에 파묻히는 것이다. 놀랍게도 불안에 처한 다윗이 택한 방법 역시 '기만적인 도피'였다.

불안이 낳은 망명

26장에서 다윗은 사울을 죽이지 않고 살려 준다. 그러나 사울의 계속되는 추격에 불안했던 그는 27장에서 결국 블레셋으로 망명하기로 결단한다. 익명의 존재가 되어 대중 속에 파묻히고, 남도 속이고 자신도 속이는 이중적인 삶을 택한 것이다.

> 다윗이 혼자서 생각하였다. "이제 이러다가, 내가 언젠가는 사울의 손에 붙잡혀 죽을 것이다. 살아나는 길은 블레셋 사람의 땅으로 망명하는 것뿐이다"(삼상 27:1).

다윗은 이미 왕권을 약속받은 사람이었다. 그러나 지속적인 사울의 공세에 지치고 말았다. 삶의 외적 환경은 어느 것 하나 안정된 것이 없었다. 차라리 적국이라도 망명하여 그 안에서 안정된 삶을 누리겠다는 뜻이었다.

그러나 다윗은 '불안정'을 넘어 '불안'했다. 불안정과 불안은 비슷해 보이지만 본질적으로 다르다. 불안정은 삶의 구조적 조건을 가리키지만, 불안은 내면의 심리 상태다. "언젠가는 사울의 손에 붙잡혀 죽을 것이다"에서 이 막연한 '언젠가'가 불안이다. 자신이 언제 죽을지 모른다는 이 불안이 다윗의 숨통을 조여 온 것이다.

하나님을 신뢰하며 찬양하던 다윗도, 불안으로 숨통이 조여지자 모든 가능성이 차단된 것처럼 느꼈다. 그래서 그의 삶은 불안정하고도 불안했다. 이것이 그로 하여금 블레셋 망명이라는 이해하기 어려운 선택을 하게 만든 배경이다.

다윗은 자신을 따르던 600여 명과 함께 블레셋의 아기스왕에게 나아간다. 그는 왕의 신임을 얻어 블레셋 땅에서 무려 1년 4개월을 머문다. 이스라엘의 영웅 다윗이 적국 블레셋에 망명하다니. 감추고 싶고 지우고 싶은, 영웅 다윗의 흑역사다.

그러나 다시 한번 강조하지만, 다윗은 연약한 인간이다. 그는 두려워했고, 염려했으며, 걱정했다. 다윗이 하나님 마음에 맞는 사람으로 불린 것은 그의 타고난 본성이나 성품 때문이 아니다. 하나님의 은혜 없이는 불가능하다. 그러므로 어떤 인간도 하나님처럼 숭배하거나 영웅시해서는 안 된다. 다윗도, 우리도, 하나님의 은혜 없이는 단 하루도 살 수 없는 존재다.

사울도 불안하여 무당을 찾아가다

28장은 사울의 불안을 다룬다. 역사적 순서로는 29장이 앞서지만, 어찌 되었든 28장에 보면 사울 역시 블레셋 군대가 집결하여 수넴에 진을 치자 크게 두려워한다. 사울과 이스라엘은 '길보아산'에 진을 친다.

> 사울은 블레셋 군의 진을 보고, 두려워서 마음이 몹시 떨렸다. 사울이 주님께 물었으나, 주님께서는 그에게 꿈으로도, 우림으로도, 예언자로도, 대답하여 주지 않으셨다(삼상 28:5-6).

사울이 두려워한 대상은 블레셋 군대였지만, 그를 더 불안하게 만든 것은 '하나님의 침묵'이었다. 하나님이 응답하시는 방법은 세 가지, 곧 꿈과 우림과 예언자였다. 그러나 하나님은 침묵하신다.

우림은 제사장의 에봇에 있던 분별 도구다. 그런데 왜 우림으로도 응답을 받지 못했는가? 사울이 놉에 있던 제사장 85명을 모두 죽였기 때문이다. 그는 이미 하나님의 응답 통로를 스스로 모두 없애 버렸다. 그럼에도 이제 와서는 하나님이 응답하지 않으신다고 두려워한다.

응답 없는 적막, 하나님의 침묵은 사울의 불안을 더욱 가중시켰고, 그의 숨통을 조여 왔다. 궁지에 몰린 사울 역시 극단적인 선택을 하는데, 망령을 불러오는 엔돌의 무당, 곧 무속인을 찾아간 것이다. 그러나 사울은 그곳에서 듣고 싶은 말을 듣지 못한다. 오히려 자신의 멸망에 대한 예언을 듣고 너무 놀라서 땅바닥에 쓰러진다.

이스라엘의 왕 사울이 무당을 찾다니, 충격적인 장면이다. 깊은 불안이 그를 잘못된 길로 이끌었다. 그러나 하나님은 침묵 속에서도 여전히 그를 기다리셨다. 그러므로 불안할 때 사울처럼 절망으로 도피하지 말고, 하나님께 다시 나아가야 한다.

분별받지 않은 선택은 불안을 악화시킨다

주목할 점은, 블레셋으로의 망명이라는 다윗의 해결책이 문제를 해결하기는커녕 상황을 더 악화시켰다는 사실이다. 본문 1절에 보면, 블레셋이 이스라엘을 치기 위해 모든 부대를 '아벡'에 집결시킨다. 그리고 다윗 역시 아기스왕과 함께 전쟁에 참여하여 이스라엘과 싸워야 하는 상황이 된다.

만일 그가 이스라엘과 싸워 그들을 죽인다면, 과연 왕이 될 수 있겠는가? 그렇다고 블레셋에서 도망할 수도 없고, 이스라엘과 싸울 수도 없는 최악의 딜레마에 빠진다. 이는 27장에서 불안 때문에 하나님께 묻지 않고 내린 결정의 결과요, 그가 자초한 위기였다. 그러므로 사울처럼 무당을 찾아가거나, 다윗처럼 어디론가 도피하거나, 혹은 살아남기 위해 섣불리 움직이지 말라. 인간적인 책략은 오히려 자신을 올무에 묶어 버리는 꼴이 될 수 있다.

한 성도가 비슷한 일을 겪었다. 그는 이직을 거듭해 네 번째 직장에 다니고 있었다. 세 번째 직장은 조건이 좋았지만, 그는 감사하지 못했다. 하나님께 묻지 않고 불순종하며 제멋대로 이직했다. 옮기려 할 때마다 멈추라는 내면의 음성이 들렸다고 한다. 마지막 결정의 순간에도 하나님은 가지 말라는 신호를 여러 차례 주셨다. 그러나 그는 괜찮다며 이를 무시했고, 네 번째 직장에 출근한 첫날 모든 기대가 무너졌다. 아마 그는 더 나은 미래를 꿈꾸며 불안을 없애기 위해 옮겼을 것이다. 문제는 하나님이 기뻐하시는 길인지 묻지도 않고 움직였다는 점이다.

이런 성도가 한둘이 아니다. 사실 우리는 모두 더 나은 상황에서 잘 살고, 행복해지려 몸부림친다. 다윗의 입장에서도 600여 명의 식솔을 건사하려면, 망명이라도 해서 살아남아야 후일을 도모할 수 있었을 것이다. 타협했다고 비판하기에 앞서, 우리라면 달랐을지 돌아보아야 한다. 우리는 다윗과 다른 선택을 했을까? 아마 크게 다르지 않았을 것이다.

불안은 현대인이 앓는 은밀한 상처다. 신앙인에게도 불안은 찾아온다. 그러나 불안하다고 하나님께 묻지 않고 선택하면, 상황은 더 악화된다.

뜻밖에 일어난 저항

그런데 딜레마에 빠져 도망칠 수도 없었던 다윗에게 뜻밖의 일이 벌어진다. 다윗과 600여 명의 부하가 아기스왕과 함께 행렬의 맨 뒤에서 따라가고 있었는데, 갑자기 블레셋 지휘관들이 아기스왕에게 항의하기 시작한 것이다.

> 블레셋 사람들의 방백들이 이르되 이 히브리 사람들이 무엇을 하려느냐(삼상 29:3, 개역개정).

지휘관들의 걱정은 바로 이것이었다. 다윗과 함께 출전했다가 그가 갑자기 적으로 돌변해 자신들을 공격하면 어쩌냐는 것이다.

사울은 천천이요, 다윗은 만만이라 추켜세워졌던 그가 배신하면 큰일이라는 염려였다.

실제로 14장에서 요나단이 블레셋 진영에 몰래 침투했을 때, 당시 블레셋 군대 안에는 히브리 병사들이 섞여 있었다. 그러다 요나단과 사울의 군대가 공격해 오자, 블레셋과 함께하던 히브리 사람들이 돌변하여 요나단 편에 서서 블레셋을 공격했고, 그 바람에 블레셋은 전쟁에서 패배하고 말았다(삼상 14:21). 이 지휘관들은 그때의 뼈아픈 패배 원인을 바로 히브리인 때문이라고 보았다.

이것은 단순한 군사적 불신이 아니라, 블레셋 지휘관을 통해 하나님께서 다윗에게 던지시는 질문이다.

"다윗아, 너 지금 여기서 무엇을 하고 있느냐?"

더 나아가 이는 하나님의 백성 모두에게 던져지는 질문이다.

"하나님의 백성아, 너희가 이방 블레셋 땅에서 지금 무엇을 하고 있느냐?"

세상에서 이런 소리가 들려온다.

"너희가 그리스도인이라며? 너희가 믿는 사람이라며? 그런데 지금 뭐 하고 있니?"

본문 29장 3절은 믿지 않는 블레셋 사람이 하는 말이지만, 동시에 다윗을 향한 말이며, 정확히는 오늘을 사는 그리스도인들을 향한 질문이다. 이는 마치 하나님께서 선악과를 먹은 아담에게 "아담아, 네가 어디에 있느냐?"라고 물으신 장면과 흡사하다. 불안하다고 하여 지금 무엇을 붙들고 있는가? 무엇을 하고 있는가? 불안하다고 하여 거짓된 안정감에 속지 말라는 것이다. 곧 무너질 우상을 붙잡지 말라는 경고다.

하나님의 음성은 종종 의외의 장소에서 들려온다. 한 성도는 원래 절에 다니던 사람이었다. 어느 날 늘 하던 대로 절에 가서 신상 앞에 절을 하고 있는데, 갑자기 음성이 들려왔다고 한다.

"나는 예수다. 이곳을 떠나 교회로 가라."

다시 말해, "너, 여기서 뭐 하고 있느냐?"라는 질문이었다. 깜짝 놀라 주위를 둘러보았지만, 그 음성을 들은 사람은 자신뿐이었다. 나중에 알고 보니, 절에 다니던 이 성도를 위해 가족들이 수년 동안 기도해 오고 있었다. 결국 그는 교회에 와서 등록하고, 양육을 받은 뒤 세례를 받았다. 창세전에 택한 당신의 자녀를 부르시는 하나님의 방식이다.

예상치 못한 구원의 도래

블레셋 지휘관의 항의는 다윗이 생각지도 못한 일이었다. 사실 다윗으로서는 불안정하고 불안한 삶을 끝낼 방법이 없었다. 전쟁에 나가지 않으면 스파이로 의심받아 죽임을 당할 것이고, 전쟁에 나가면 이스라엘과 싸워야 했다. 그런데 갑자기 생각지도 못하게 블레셋 지휘관들이 반대하고 나섰다. 아기스왕은 다윗을 믿었지만, 결국 그를 돌려보낼 수밖에 없었다. 그 결과 다윗은 스파이로 몰리지도 않았고, 그렇다고 전쟁에 출전하지도 않게 되었다. 이것이 '하나님의 지혜'가 아니고 무엇이겠는가? 이것이 하나님이 구원하시는 방식이며, 전적인 은혜다.

불안한 삶, 딜레마에 빠져 있던 다윗을 구원한 것은 다윗의 능력도, 지혜도, 경험도 아니었다. 그것은 철저히 외부로부터 임한 하나님의 주권적인 은혜였다. 이것이 우리가 불안 가운데서도 소망을 가질 수 있는 이유다.

하나님의 구원은 종종 예상하지 못한 방식으로 침투한다. 이것이 바로 대강절, 대림절(advent)의 의미다. 미래에는 두 가지 형태가 있다. 하나는 영어로 future라 불리는 미래다. 이는 '나중', '내일'이라는 시간으로, 어느 정도 예측과 관리가 가능하다. 그러나 대림절이 말하는 미래는 '도래'(到來)다. 이는 예상치 못한 방식으로 닥쳐오는 미래다. 도래는 우리가 가는 것이 아니다. 예측하지 못하게 우리에게 다가오는 사건이다. 우리가 가면 공로가 되지만, 그분이 오시기에 은혜가 된다. 바로 이 도래가 불안한 우리의 삶을 건져 낸다. 이것이 대림절의 은혜요, 강림의 은혜다.

마태복음 15장에는 한 가나안 여인이 등장한다. 흉악하게 귀신 들린 딸로 인해 그녀는 절망과 불안에 빠져 있었다. 딸이 괴로워하는 모습을 보며 얼마나 불안했겠는가. 그런데 어느 날, 그녀가 살던 두로 지방에 예수님이 오셨다는 소문이 퍼진다. 이것이 바로 강림이요, 도래다. 예수님이 그곳에 오지 않으셨다면, 그녀는 주님을 알지도, 만나지도 못했을 것이다.

여인은 예수님을 찾아가 도움을 청하지만, 예수님의 대답은 기대하던 반응이 아니었다. 그럼에도 그녀는 떠나지 않는다. 오히려 절하며 간청한다.

"주여, 저를 도우소서."

주님은 자녀의 떡을 개에게 던짐이 마땅하지 않다며 한 번 더 거절하신다. 그러나 여인은 포기하지 않는다.

"개들도 제 주인의 상에서 떨어지는 부스러기를 먹나이다."

그 순간 반전이 일어난다.

"여자여, 네 믿음이 크도다. 네 소원대로 되리라."

그때부터 그의 딸이 나았다. 그녀와 딸의 불안한 삶은 그날로 종결되었다.

구원은 우리 내부에서 오지 않는다. 구원은 외부로부터, 예측하지 못한 방식으로 임한다. 여전히 많은 사람이 눈에 보이는 소망이 없다고 한탄한다. 경제를 봐도, 정치를 봐도, 나라를 봐도 소망이 없다고 탄식한다. 그러나 본래 소망은 눈에 보이지 않는다. 눈에 보이는 돈과 권력, 인간이 만든 제도는 소망이 될 수 없다.

> 우리는 이 소망으로 구원을 얻었습니다. 눈에 보이는 소망은 소망이 아닙니다. 보이는 것을 누가 바라겠습니까? 그러나 우리가 보이지 않는 것을 바라면, 참으면서 기다려야 합니다(롬 8:24-25).

소망은 눈에 보이지 않는다. 하나님도 보이지 않는다. 그러나 그분은 가장 확실하고 안전한 분이다. 그러므로 지금이야말로 구원을 소망할 때다. 그렇기에 우리는 바라며 기도하고 기다린다. 모든 것을 합력하여 선을 이루시는 하나님의 구원을 바라본다(롬 8:28). 불안할 때야말로 예상치 못한 하나님의 구원 도래, 곧 대림을 소망해야 할 때다.

어떻게 기도해야 할지 모를 때

사실 본문인 29장에는 다윗이 기도하는 장면이 직접적으로 등장하지 않는다. 그렇다고 해서 그가 기도하지 않았다는 뜻은 아니다. 어쩌면 그의 내면은 어떻게 기도해야 할지조차 모르는 혼돈 그 자체였을지도 모른다. 그러나 우리는 어떻게 기도해야 할지 모를 때에도 여전히 기도할 수 있다.

시편 13편을 보면, 다윗은 어느 때까지 기다려야 하느냐고 하나님께 묻는다. 2절에 따르면, 그의 영혼은 번민하고, 종일토록 마음에 근심이 가득하다. 그럼에도 그는 기도한다.

> 여호와 내 하나님이여 나를 생각하사 응답하시고 나의 눈을 밝히소서 (시 13:3, 개역개정).

불안한 삶 가운데서는 하나님이 보이지 않는 듯 느껴진다. 그래서 다윗은 눈을 밝혀 달라고 기도한다. 비록 그의 몸은 적국에 있고 적군과 함께하고 있지만, 그의 마음은 하나님을 등지지 않았다. 바로 이 점이 사울과 다르다. 다윗은 여전히 하나님을 향하고 있었다.

또 우리는 어떻게 기도할 수 있는가? 앞서 살펴본 가나안 여인처럼 기도할 수 있다.

"주님, 저를 불쌍히 여겨 주십시오. 긍휼히 여겨 주십시오."

우리가 어떻게 기도해야 할지조차 모를 때, 하나님께서 하시는 일이 있다. 하나님은 그런 우리를 위해 친히 간구하신다.

> 이와 같이, 성령께서도 우리의 약함을 도와주십니다. 우리는 어떻게 기도해야 할지도 알지 못하지만, 성령께서 친히 이루 다 말할 수 없는 탄식으로, 우리를 대신하여 간구하여 주십니다. 사람의 마음을 꿰뚫어 보시는 하나님께서는, 성령의 생각이 어떠한지를 아십니다. 성령

께서, 하나님의 뜻을 따라, 성도를 대신하여 간구하시기 때문입니다 (롬 8:26-27).

우리는 하나님의 뜻대로 살지 못하고 벗어날 때가 많다. 다윗도 그러했다. 그러나 그렇다고 해서 하나님은 우리를 포기하지 않으신다. 어떻게 기도해야 할지 모를 때가 있다. 그저 “주여, 저를 도우소서”라고 기도할 수밖에 없을 때가 있다. 그럴 때 놀랍게도 성령께서 우리를 도우시고, 대신하여 간구하신다.

“이 상황이 네가 바라던 삶은 아니지? 네가 기대하던 미래도 아니지? 나도 다 안다. 네가 연약해서 그렇다는 것도 다 안다. 그래서 내가 너를 위해 십자가에서 죽어야만 했단다. 너 자신으로는 소망이 없고, 너로서는 구원의 가능성이 전혀 없었기 때문이다. 물에 빠져 허우적거리는 자를 위해서는 외부에서 구원의 손길이 와야 했기에, 그래서 내가 이 땅에 온 것이다.”

이것이 예수님께서 이 땅에 오신 이유이며, 성탄의 의미다. 우리의 불안정하고 불안한 삶을 끝내기 위해 오신 분이 예수 그리스도이시다. 불안을 없애고 완전한 사랑을 주실 분이 바로 예수 그리스도이시다.

사랑에는 두려움이 없습니다. 완전한 사랑은 두려움을 내쫓습니다 (요일 4:18).

완전한 사랑이 불안을 내쫓는다

불안한가? 세 가지를 꼭 기억하라.

첫째, 하나님이 침묵하시는 것처럼 보여도 여전히 사랑으로 역사하며 우리와 함께하신다. 둘째, 가나안 여인처럼 기도하라. 수시로 기도하며 소망을 붙들라. 셋째, 다윗처럼 기도하라. 말씀을 붙들고 기도하며 주님께 맡기라.

하나님은 불안정하고 불안한 삶, 딜레마에 처한 우리를 향한 시선을 단 한순간도 거두신 적이 없다. 구원은 갑자기 도래한다. 다윗의 삶이 은혜로밖에 설명되지 않듯, 우리의 삶도 마찬가지다.

불안한 삶을 끝낼 수 있는 것은 오직 하나님의 구원의 은혜요, 완전한 사랑뿐이다. 두려움을 내쫓는 사랑 그 자체이신 하나님이 임마누엘로 함께하신다는 믿음이 모든 염려와 불안을 몰아낸다.

마음에 새길 세 가지

1 분별받지 않은 선택은 불안을 악화시킨다

다윗은 불안 때문에 하나님께 묻지 않고 블레셋으로 망명했고, 결국 더 큰 딜레마에 빠졌다. 사울 역시 하나님의 침묵 앞에서 무당을 찾았고, 멸망의 선고를 들었다. 불안하다고 섣불리 움직이지 말라. 인간적인 책략이 오히려 자신을 올무에 묶는다.

2 구원은 예상치 못한 방식으로 도래한다

다윗을 구원한 것은 그의 능력이나 지혜가 아니었다. 블레셋 지휘관의 뜻밖의 항의였다. 바로 하나님의 주권이 빚어 낸 은혜였다. 도래(advent)는 우리가 가는 것이 아니다. 예측하지 못하게 닥쳐 온다. 우리가 가면 공로지만, 다가오기에 은혜다.

3 완전한 사랑이 두려움을 내쫓는다

하나님이 침묵하시는 것처럼 보여도 여전히 사랑으로 역사하신다. 오직 하나님의 완전한 사랑만이 불안한 삶을 끝낼 수 있다. 아버지의 손을 꼭 붙잡은 아이가 어두운 골목에서도 두려워하지 않듯, 주님의 손을 붙잡은 자에게서 불안은 떠나간다.

소그룹 나눔 질문

- 다윗은 불안 때문에 하나님께 묻지 않고 블레셋으로 망명했고, 결국 더 큰 딜레마에 빠졌습니다. 불안해서 성급하게 결정했다가 오히려 상황이 더 복잡해진 경험이 있다면, 그때 무엇을 놓치고 있었으며 어떻게 해결되었습니까?

- 다윗을 구원한 것은 그의 능력이나 지혜가 아니라, 예상하지 못한 블레셋 지휘관의 거부였습니다. 전혀 예상하지 못한 방식으로 구원이 찾아온 경험이 있다면, 그것을 통해 하나님의 주권과 섭리를 어떻게 경험했는지 나누어 봅시다.

하나님 마음에 맞는 사람의 기도

완전한 사랑으로 두려움을 내쫓으시는 하나님을 찬양합니다.
불안이 숨통을 조여 올 때
하나님께 묻지 않고 선불리 움직였던 때가 많았습니다.
불안을 없애기 위해 분별받지 않은 선택을 했고,
오히려 더 큰 딜레마에 빠졌던 적이 많았음을 회개하오니
불쌍히 여기시고 용서하여 주소서.
침묵하시는 것 같아도 여전히 사랑으로 역사하시는
주님을 찬양합니다. 주여, 나를 도우소서.
불안 중에도 하나님의 은혜와 사랑을 보게 하소서.
어떻게 기도해야 할지 모를 때에도
성령께서 친히 간구하여 주심에 감사힙니다.
예상하지 못한 방식으로 구원이 도래함을 믿습니다.
주님의 손을 꼭 붙잡고 가는 자가 되어
불안이 왔다가도 떠나가게 하소서.
임마누엘 하나님의 완전한 사랑 안에 거하게 하소서.
주 예수 그리스도의 이름으로 기도합니다. 아멘.

29. 큰 환난의 밤을 지나 회복의 새벽으로

삼상 30:1-25

많은 사람이 '다윗'이라는 인물을 사랑하는 데에는 이유가 있다. 그가 완벽해서가 아니라, 그 역시 종종 길 잃은 양처럼 방황하고 실패하며 넘어졌기 때문이다. 그러나 선한 목자 되신 주님의 은혜로 회복된 사람의 삶, 그것이 바로 다윗의 삶이었다. 다윗은 처참한 실패자이자, 동시에 위대한 승리자였다.

어떤 시인은 다윗에 대해 이렇게 말했다.

"다윗은 너무나 다양한 사람이다. 그는 마치 한 사람이 아니라 모든 인류의 전형인 것 같다."

누구든지 다윗의 다사다난한 삶 속에서 자신과 닮은 점을 적어도 하나쯤은 발견하게 된다. 그렇기에 다윗의 실패와 결점을 볼 때마다 위로를 받고, 다시 소망을 품게 된다. 우리 역시 주님의 은혜로 회복될 수 있기 때문이다.

그의 삶을 통해 우리는 믿음의 삶에는 반드시 고난과 시련이 따른다는 사실을 배운다. 다윗의 고난은 그가 믿음이 없었다면 당하지 않았을 고난이었다. 하나님은 사생자를 징계하지 않으신다. 그러나 하나님은 다윗을 너무 사랑하셨기에 그를 건지셨을 뿐 아니라, 그를 혹독하게 징계하고 훈련하셨다.

다윗의 위기와 하나님의 징계

본문에는 다윗의 인생에서 가장 어둡고도 큰 환난이 들이닥친 사건이 기록되어 있다. 이 환난에 비하면 이전에 사울에게서 받았던 박해는 시련이라 부르기도 어려울 정도다.

29장에서 다윗은 하나님의 은혜로 심각한 딜레마에서 건짐을 받았다. 하마터면 그는 이스라엘 민족을 상대로 전쟁을 치를 뻔했다. 그러나 하나님은 시험당할 즈음에 너무나 자연스럽게, 그가 전쟁에서 빠져나올 수 있도록 길을 여셨다.

다윗은 부하들과 함께 자신이 머물던 블레셋의 성읍 '시글락'으로 사흘 길을 행군해 돌아왔다. 그런데 이게 웬일인가? 돌아와 보니 아말렉 사람들이 시글락을 습격한 뒤였다. 성은 불탔고, 여자들을 비롯하여 성안에 있던 모든 사람, 곧 어린아이나 노인 할 것 없이 모두가 사로잡혀 갔다. 대혼란과 혼돈을 넘어, 큰 환난을 당한 것이다.

감당하기 어려운 고통 앞에서 다윗과 부하들은 통곡했다(삼상

30:4). 다윗은 지금까지 광야를 지나며 수많은 고난을 겪어 왔다. 외로움, 사울의 시기와 질투, 살해 위협, 배신, 극심한 스트레스와 굶주림 등 길고 어두운 시절을 지나 왔다. 이제 더 이상 무슨 고난이 남아 있겠는가 싶을 때, 안전하다고 여겼던 블레셋 땅 시글락이 불타고, 아내를 비롯한 어린아이와 노인까지 모두 잡혀가고 말았다.

그러나 이것이 끝이 아니었다. 설상가상으로, 아들과 딸을 잃고 통곡하던 부하들이 이제는 다윗을 향해 등을 돌렸다. 그들은 다윗을 돌로 쳐 죽이려 했다.

> 군인들이 저마다 아들딸들을 잃고 마음이 아파서, 다윗을 돌로 치자고 말할 정도였으니, 다윗은 큰 곤경에 빠졌다. 그러나 다윗은 자기가 믿는 주 하나님을 더욱 굳게 의지하였다(삼상 30:6).

지금까지 수많은 환난이 있었지만, 내부의 분열과 부하들의 반역은 처음 겪는 일이었다. 돌로 치자고 외치는 이들이 한두 명이 아니었다. 이들이 누구인가? 아둘람 굴에 모여들었던 사람들이다. 환난 당하고 원통한 자들, 빚진 자들, 갈 곳이 없어 다윗이 받아 주고 돌보아 준 이들이다. 광기 어린 사울의 통치 아래서는 도저히 살 수 없다며 다윗에게 몰려든 사람들이었다. 그런데 더 큰 환난과 더 원통한 일을 당하고 말았다. 그것은 리더의 잘못된 결정에 따른 재앙이었다.

자신이 키워 온 이들의 반역은 얼마나 고통스러운 시련인가? 그러나 가족을 잃었는데 분노하지 않을 자가 어디 있겠는가? 그들에게 있어 '분노의 잔'이 쏟아져야 할 대상, 책임져야 할 대상은 오직 '다윗'이었다. 불같은 분노는 이 고통의 원인을 제공했다고 여겨지는 다윗을 금세라도 불태워 버릴 기세였다.

부하들은 더 이상 다윗의 리더십 아래에서 이어지는 시련의 광야 생활을 견딜 수 없었다. 이제 그만하면 됐고, 다윗을 끝장내야 한다고 생각했다. 그들이 아무 생각 없이, 이유 없이 돌을 들고 있는 것은 아니었다. 그들은 잿더미가 된 시글락의 재앙을 다윗에 대한 하나님의 심판으로 해석했다.

그들은 이렇게 생각했을 것이다.

'다윗이 진정 하나님의 사람이었다면, 성이 불타고 가족이 사로잡혀 가는 최악의 상황은 결코 발생하지 않았을 것이다.'

비통함과 지도자에 대한 환멸은 절망으로 그리고 분노로 이어졌다.

환난과 고통을 하나님의 심판의 징조로 해석하는 것은 히브리인들의 일반적인 생각이었다. 욥이 모든 재산을 잃었을 때, 욥의 친구들이 그의 고난을 죄에 대한 형벌로 해석한 이유도 여기에 있다. '인과응보'는 히브리인의 사고방식이었고, 성경은 죄의 삯이 사망이라고 말씀한다.

하나님은 '사랑'의 하나님이지만, 동시에 '공의'의 하나님이며, 의로운 재판장이시다. 죄인에게 죄가 없다고 하는 불의의 하나님이 아니라, 죄에 대한 대가를 반드시 치르게 하시는 분이다. 끝까지 회개하지 않고 엔돌의 무당을 찾아간 사울을 보라. 그는 결국 31장에서 비참한 최후를 맞는다.

하나님은 두려우신 분이다. 그러므로 하나님을 경외해야 한다. 시글락의 재앙을 목도한 부하들은 하나님께서 다윗을 심판하신다고 보았을 것이다. 그렇기에 돌을 들어 치려는 행동이 오히려 하나님의 뜻에 부합한다고 믿었을 것이다. 이제 다윗 편에 선 이는 아무도 없는 듯 보인다. 가족은 사로잡혀 갔고, 부하들은 배반하려 한다.

지금 시글락에서 다윗이 마주한 상황은 그의 인생에서 가장 큰 위기다. '시글락'이 의미하는 바는 분명하다. '더 이상 나빠질 수 없다고 생각한 이후에 찾아온, 가장 큰 환난'이다.

내적 징계와 외적 징계

다윗이 시글락에서 큰 고통과 환난을 당한 이유는 무엇인가? 27장에서 다윗이 하나님께 묻지도 않은 채, 1년 4개월이 넘도록 블레셋으로 망명했기 때문이다. 블레셋으로의 망명은 곧 자력갱생, '자신의 힘만으로도 생존할 수 있다'는 생각의 표현이었다. 이는 다윗이 하나님의 대리 통치자, 곧 '나기드'라는 정체성을 잃어버렸다는 뜻이다. 다시 말해, 대리 통치자의 정체성을 잊고 스스로 인생의 주인, 왕이 되겠다는 선택이었다.

사울은 바로 이 죄로 왕위를 잃었다. 이 죄는 가볍게 넘어갈 수 있는 문제가 아니다. 하나님에 대한 치명적인 반역이기 때문이다. 물론 앞 장에서 보았듯, 하나님은 다윗을 불쌍히 여기고 그를 용서해 주셨다. 그러나 하나님에 대한 불신앙, 곧 불신에 대한 대가를 치르게 하시는 것이다. 시글락의 재앙은 바로 그 불신에 대한 대가이며, 동시에 하나님의 '징계'였다.

'하나님의 징계'에는 크게 두 가지가 있다. '내적 징계'와 '외적 징계'다. '내적 징계'는 하나님께서 성경 말씀이나 설교를 통해 우리에게 말씀하실 때 임한다. 말씀을 읽다가 마음이 찔릴 때가 있다. 말씀을 듣다가 날카로운 검이 폐부를 찌르는 듯한 순간이 있다. 사도행전 2장에서 베드로의 설교를 들은 유대인들이 그의 말을 듣고 마음에 찔려, "우리가 어찌할꼬?"라고 외친 장면이 바로 '내적 징계'다. 성령의 검인 말씀으로 참된 의사의 메스가 환부를 도려내는 것이다.

그러나 내적 징계만 있는 것은 아니다. 우리가 듣기를 거부할 때 하나님은 '외적 징계'를 사용하신다. 내적 징계로도 돌이키지 않으면, 하나님은 외부 요인, 곧 우리의 외적 환경과 관계, 재정과 건강을 통해 우리를 징계하신다.

"오, 하나님, 왜 저에게 이런 시글락의 재앙을 주시나요?"라고 묻는다면, 하나님은 이렇게 말씀하실 것이다.

"나는 그렇게 하고 싶지 않았지만, 네가 내게로 돌아오게 하기 위해서는 이 방법밖에 없었다."

이것이 바로 시글락에서 다윗에게 임한 외적 징계다.

사실 오늘날 현대인은 '징계'를 좋아하지 않는다. 이제는 공립 학교에서도 제대로 된 훈육과 징계가 거의 불가능하고, 부모가 자녀를 징계하는 것조차 꺼리는 문화가 만연해 있다. 그러나 우리의 가치관과 사고는 언제나 하나님의 말씀에 기초해야 한다. 하나님은 사랑하는 자녀를 징계하고, 훈육하신다.

"주님께서는 사랑하시는 사람을 징계하시고, 받아들이시는 아들마다 채찍질하신다"(히 12:6).

"나는 내가 사랑하는 사람은 누구든지 책망도 하고 징계도 한다. 그러므로 너는 열심을 내어 노력하고, 회개하여라"(계 3:19).

주님께서 책망하고 징계하는 대상은 오직 주님이 사랑하시는 사람이다. 부모가 남의 자녀를 징계하지 않는 것처럼, 징계는 부모의 권한이다. 자녀가 사망과 멸망의 길로 가고 있다면, 어느 부모가 징계와 훈육을 하지 않겠는가? 징계는 부모가 사랑한다는 확실한 증거다.

하나님은 다윗을 사랑하셨고, 그가 다시 하나님께로 돌아오기를 원하셨기에 시글락의 환난을 허락하셨다. 나발의 사건 때처럼 막아 주시는 은혜를 베푸실 수도 있었고, 29장에서처럼 건져 주시는 은혜를 주실 수도 있었다. 그러나 이 재난을 허락하신 이유는, 다윗이 징계를 통해서만 자력갱생을 포기하고 하나님만 의지하는 자리로 돌아올 수 있었기 때문이다.

시글락의 대환난을 겪고 있는가? 하나님의 위로가 함께하기를 축복한다. 그러나 동시에 기억하라. 환난이 있다는 사실은 하나님의 사랑받는 자녀라는 확실한 증거다. 사생자는 자신이 주인이 되어 살도록 그대로 내버려 두신다.

환난이 곧 심판은 아니다. 오히려 죄를 지어도 아무런 징계가 없고, 하나님을 경외하지 않아도, 말씀을 무시해도 아무런 고난이 없다면, 그것이야말로 심판이며 버림받았다는 뜻이다. 하나님께서 이 땅에서 죄인의 죄를 다루지 않으신다는 것은, 최후의 심판에서 그 죄를 처리하시겠다는 무서운 암시이기 때문이다. 그렇기에 시글락의 재난을 허락하시는 것은 하나님의 사랑의 증거다.

진노 중에도 긍휼을 잊지 않으시는 하나님

다윗은 지금 큰 환난과 시련에 처해 있지만, 완전히 절망적인 상태는 아니다. 이때 반드시 기억해야 할 사실이 있다. 하나님은 진노 중에도 긍휼을 잊지 않으시는 분이라는 사실이다(합 3:2). 그 증거가 본문 곳곳에 나타난다.

2절을 보면, "한 사람도 죽이지 않고 끌고 갔다"고 기록되어 있다. 사로잡혀 가긴 했지만, 아무도 죽지 않았다. 아내와 자녀가 잡혀간 것은 징계이지만, 죽지 않은 것은 긍휼이다. 또 하나의 증거가 있다. 분명 부하들이 다윗을 돌로 치려 했지만, 결과적으로 다윗은 죽지 않았다. 하나님은 부하들이 반역하여 돌로 치자고 외치는 수치와 굴욕의 상황을 허락하셨다. 이것은 분명 징계다. 그러나 하나님은 다윗이 실제로 돌에 맞아 죽지 않도록 막아 주셨다. 이것이 긍휼이다. 하나님은 진노 중에도 긍휼을 잊지 않으신다.

이것이 반전의 실마리다. 깊은 곤경에 빠진 다윗에게 반전이 일어나는 이유는, 그가 비로소 여호와 하나님의 힘을 찾고 의지했기 때문이다.

> 다윗을 돌로 치자 하니 다윗이 크게 다급하였으나 그의 하나님 여호와를 힘입고 용기를 얻었더라(삼상 30:6, 개역개정).

다윗은 그의 하나님 여호와 '안에서'(in the Lord) 힘을 얻었다. 이것이 바로 환난의 밤을 지나 회복의 새벽으로 나아가는 길이다. 그렇다면 어떻게 해야 주 안에서 힘을 얻고 회복에 이를 수 있는가?

주 안에서 힘을 얻고 회복으로 가는 길

첫째, 죄를 회개하고 영원한 반석이신 주님만 의지하라. 죄를 회개하고 인생을 주님께 맡길 때, 회복의 은혜가 새롭게 부어진다. 이것이 영어 성경에 나오는 'in the Lord'(NIV)의 의미다. 다시 주님의 통치권 안으로 들어갔다는 뜻이다.

다윗이 인생의 '바닥'을 쳤을 때, 그 바닥은 사실 영원히 흔들리지 않는 '반석'이었다.

> 오직 그만이 나의 반석이시요 나의 구원이시요 나의 요새이시니 내가 크게 흔들리지 아니하리로다(시 62:2, 개역개정).

> 다 같은 신령한 음료를 마셨으니 이는 그들을 따르는 신령한 반석으로부터 마셨으매 그 반석은 곧 그리스도시라(고전 10:4, 개역개정).

다윗은 바닥을 치고 난 뒤, 흔들리지 않으며 생명수가 나오는 반석에 자신을 맡기기로 결단한다. 이것이 주님 안에서 힘을 얻는다는 뜻이다. 인생이 바닥을 칠 때, 그 바닥이 곧 흔들리지 않는 반석이신 예수 그리스도라는 사실을 믿고 주님만 의지하라.

둘째, 하나님의 약속을 상기시키고 믿음으로 자신에게 선포하라. 다윗이 사울을 피해 십 광야에 있을 때, 요나단은 다윗을 찾아와 하나님의 약속을 상기시키며 그를 격려했다. 약속을 상기시킴으로써 하나님을 의지하도록 도운 것이다.

> 그는 다윗에게 말하였다. "전혀 두려워하지 말게. 자네를 해치려는 나의 아버지 사울의 세력이 자네에게 미치지 못할 걸세. 자네는 반드시 이스라엘의 왕이 될 걸세"(삼상 23:17).

이 말은 요나단의 예언적 선언이었다. 그는 두려워하는 다윗에게 사울의 세력이 미치지 않을 것이라 위안을 주면서, 동시에 하나님의 약속을 상기시켜 주었다. 그리고 다윗은 힘을 얻었다. 마찬가지로 여기서 다윗이 주 안에서 힘을 얻었다는 것은, 기름 부으신 하나님의 뜻과 계획을 다시 붙잡았다는 의미다.

> 내 영혼아 네가 어찌하여 낙심하며 어찌하여 내 속에서 불안해하는가 너는 하나님께 소망을 두라 나는 그가 나타나 도우심으로 말미암아 내 하나님을 여전히 찬송하리로다(시 42:11, 개역개정).

시편 기자는 자기 자신에게 선포한다.

"왜 불안해하느냐? 너는 하나님께 소망을 두라."

그는 하나님의 약속을 자신에게 선포하고 있다. 다윗도 바로 이런 방식으로 하나님 안에서 힘을 얻었다. 하나님 안에서, 약속의 말씀으로 자신을 격려하라. 이것이 주 안에서 힘을 얻고 회복으로 나아가는 길이다.

회복의 증거

과연 다윗은 영적으로 회복되었을까? 우리는 어떻게 알 수 있을까? 하나님께 묻고 움직이는가, 그렇지 않은가를 보면 된다. 새 힘을 얻은 다윗은 하나님의 뜻을 알기 위해 주님께 묻는다. 사울은 가장 큰 위기의 순간에 무당을 찾았지만, 다윗은 하나님께 나아간다. 그리고 제사장 아비아달을 통해 에봇에 있는 우림과 둠밈으로 하나님의 뜻을 분별한다. 이에 주께서 응답하신다.

다윗이 주님께 문의하였다. "제가 이 강도들을 추격하면 따라잡을 수 있겠습니까?" 주님께서 그에게 대답하셨다. "네가 틀림없이 따라잡고, 또 틀림없이 되찾을 것이니, 추격하여라!"(삼상 30:8).

이 되찾음은 영적 회복이요, 재정적 회복이며, 관계적 회복, 곧 총체적인 회복이다. 하나님이 다윗을 영적으로 회복시키셨다는 증거는 바로 하나님과의 관계가 회복되었다는 사실이다. 다윗이 이제 다시 주님께 묻는다. 블레셋으로 망명할 때 그는 묻지 않았고, 그 땅에 머무는 동안에도 하나님과 멀어져 있었다. 그러나 이제 그는 다시 주께 묻는다. 응답 없이는 움직이지 않고, 응답을 받아야만 움직인다. 하나님께 묻고 있는가? 이것이 영적으로 깨어 있다는 중요한 증거다.

또 하나의 회복의 증거는 부하들과의 관계다. 응답을 받은 후, 다윗은 출동한다.

다윗은 데리고 있는 부하 육백 명을 거느리고 출동하였다(삼상 30:9).

얼마 전까지만 해도 다윗을 돌로 치자고 했던 부하들이 다시 다윗을 따른다. 다윗이 회개하고 하나님과의 관계를 회복하자, 그다음으로 공동체의 관계도 회복된다. 분열되었던 팀이 다시 하나의 팀으로 회복된 것이다. 다윗은 혼자 가지 않는다. 600명이 함께 출동한다. 이것이 회복의 증거다. 하나님과의 관계가 회복되면, 묶여 있던 관계도 회복될 줄 믿는다.

모든 것을 합력하여 선을 이루시는 섭리

다윗이 출동하기는 했지만, 아말렉이 어디로 갔는지 알 길이 없었다. 그런데 놀랍게도, 여기에 하나님의 섭리가 준비되어 있었다. 본문 11절을 보면, 다윗은 가던 길에 우연히 들녘에서 한 애굽 사람을 발견한다. 알고 보니 그는 아말렉 사람의 종이었는데, 병이 들었다는 이유로 버림받은 자였다.

결국 다윗은 그 종으로부터 습격자가 어디에 있는지에 관한 모든 정보를 듣게 된다. 다윗은 그 정보를 바탕으로 위치를 파악하고, 다음 날 새벽 급습하여 큰 승리를 거두며 잃어버린 모든 것을 되찾는다.

> 다윗이 새벽부터 그 이튿날 저녁때까지 그들을 치니, … 이리하여 다윗은 아말렉 사람에게 약탈당하였던 모든 것을 되찾았다. … 다윗의 부하들도 잃어버린 것을 모두 찾았다(삼상 30:17-19).

회복의 새벽이 열리며 모든 것을 되찾는다. 완전한 회복이다. 여기에는 보이지 않는 하나님의 섭리가 있었다. 만일 다윗이 그 애굽인 종을 발견하지 못했다면, 아말렉의 위치를 전혀 알 수 없었을 것이다. 그런데 하나님은 1) 그 애굽인 종이 병들게 하셨고, 2) 아말렉이 그를 버리게 하셨으며, 3) 다윗이 추적하던 바로 그 길에서 그 종을 만나게 하셨고, 4) 그 종은 아말렉인이 아니라 애굽인이었다. 아말렉인이었다면 다윗은 보자마자 그를 죽였을 것이다. 5) 또한 다윗은 그를 죽이지 않고 살릴 마음을 품었다. 적어도 이 다섯 가지 요소 중 어느 하나라도 빠졌다면, 다윗은 결코 모든 것을 되찾지 못했을 것이다. 그러나 하나님께서는 자비를 베풀어 모든 것이 합력하여 다윗에게 선이 되도록 섭리하셨다.

다윗은 놀라운 주님의 사랑을 시편 103편에서 이렇게 찬양한다.

> 주님은 자비롭고, 은혜로우시며, 노하기를 더디하시며, 사랑이 그지없으시다. 두고두고 꾸짖지 않으시며, 노를 끝없이 품지 않으신다. 우리 죄를, 지은 그대로 갚지 않으시고 우리 잘못을, 저지른 그대로 갚지 않으신다(시 103:8-10).

우리 죄를 지은 그대로 갚지 않는 분이 주님이시다. 그렇다고 죄를 그냥 두시는 분은 아니다. 죄는 죄이고, 죄의 삯은 사망이기 때문이다. 그러나 예수님은 죄인을 심판하러 오신 것이 아니라, 구원하러 이 땅에 오셨다. 우리 대신, 우리 자리에서 죗값을 치르기 위해 십자가를 지고 죽으신 것이다(벧전 2:24).

만일 하나님께서 우리의 죄를 '그대로' 갚으신다면, 우리 가운데 살아 있을 사람이 누가 있겠는가? 그러나 예수님이 십자가에서 이루신 일을 믿는다면, 하나님은 회개하고 당신에게로 돌아오는 모든 사람을 기꺼이 용서하신다. 다윗은 자신이 죄를 지었음에도 불구하고 하나님께서 자신을 용서하고 있는 그대로 받아 주신다는 사실을 알았다. 그래서 그는 시편 103편에서 이렇게 고백한다.

> 동이 서에서 먼것 같이 우리의 죄과를 우리에게서 멀리 옮기셨으며 아버지가 자식을 긍휼히 여김같이 여호와께서는 자기를 경외하는 자를 긍휼히 여기시나니(시 103:12-13, 개역개정).

이것이 복음이요, 기쁜 소식이다. 죄의 삯은 사망인데, '죄'는 완전히 옮기고 처리하면서도 '죄인'은 구원하시기 때문이다.

고난은 축복의 열쇠다

다윗은 시글락에서 모든 것을 잃었지만, 하나님께로 돌아갔을 때 회복의 새벽이 열렸다. 그리고 결국 그는 모든 것을 되찾았다. 본문은 우리에게 이 소망을 준다. 하나님은 우리의 환난을 끝내고, 회복의 새벽을 허락하신다.

예수님께서 십자가에서 이루신 구원은 우리의 죄를 씻고, 새로운 삶으로 회복시키는 은혜다. 오늘 당신의 시글락에서 주님께 나아가라. 주님 안에서 힘을 얻어, 대환난의 밤을 지나 회복의 새벽과 회복의 날을 누리라.

마음에 새길 세 가지

1 징계는 사랑의 증거다

하나님은 사랑하는 자녀를 징계하고 훈육하신다. 죄를 지어도 아무런 징계가 없다면, 오히려 버림받았다는 뜻이다. 시글락의 대환난은 다윗이 자력갱생을 포기하고 하나님만 의지하는 자로 돌아오게 하시려는 하나님의 사랑의 징계였다. 환난이 있다면, 하나님의 사랑받는 자녀라는 확실한 증거다.

2 인생의 바닥은 영원한 반석만을 의지할 기회다

다윗이 인생의 바닥을 쳤을 때, 그 바닥은 영원히 흔들리지 않는 반석이었다. 회개하고 주님의 통치권 안으로 돌아갈 때, 회복의 은혜가 부어진다. 하나님의 약속을 자신에게 선포하고, 흔들리지 않는 반석이신 예수님만 의지하라.

3 하나님은 진노 중에도 긍휼을 잊지 않으신다

가족이 잡혀간 것은 징계였지만, 죽지 않은 것은 긍휼이었다. 부하들이 돌로 치려 한 것은 징계였지만, 죽지 않은 것은 긍휼이었다. 하나님은 모든 것이 합력하여 선을 이루도록 섭리하신다. 죄는 완벽히 처리하면서도 죄인은 구원하시는 분이 우리 하나님이시다.

소그룹 나눔 질문

- 시글락의 대환난은 다윗이 자력갱생을 포기하고 오직 하나님만 의지하게 하시려는 사랑의 징계였습니다. 모든 것을 잃은 것 같은 바닥의 경험이 오히려 하나님만을 붙들게 한 '은혜의 징계'였음을 깨달은 적이 있다면 나누어 봅시다.

- 다윗은 모든 것을 잃었을 때 '하나님 안에서 힘을 얻었습니다'. 인생의 바닥에서 영원한 반석 되시는 하나님만을 의지한 경험이 있다면, 그때 하나님은 어떤 분으로 만나 주셨으며, 그 경험이 지금의 신앙에 어떤 영향을 미치고 있습니까?

하나님 마음에 맞는 사람의 기도

진노 중에도 긍휼을 잊지 않으시는 하나님을 찬양합니다.
하나님께 묻지 않고 제 힘으로 살아 보려 했던
시간이 있었습니다. 자력갱생의 길을 택하며
대리 통치자로서의 정체성을 잊었습니다.
그 불신앙의 결과로 시글락의 환난을 마주했음을 고백합니다.
그러나 이 환난이 사랑의 징계임을 깨닫습니다.
사생자는 징계하지 않지만, 사랑하는 자녀는 훈육하는
아버지이심을 믿습니다.
인생의 바닥을 쳤을 때,
그 바닥이 영원히 흔들리지 않는
반석이신 예수님임을 고백합니다.
죄는 처리하면서도 죄인은 구원하시는 은혜에 감사드립니다.
이제 다시 주님의 통치권 안으로 돌아갑니다.
주 안에서 힘을 얻어 환난의 밤을 지나
회복의 새벽으로 나아가게 하소서.
합력하여 선을 이루시는 섭리 안에서 살게 하소서.
주 예수 그리스도의 이름으로 기도합니다. 아멘.

30. 사울의 몰락:
왜 끝이 좋지 않았을까

삼상 31:1-13

오늘이 인생의 마지막이라고 생각해 보라. 어떤 인생으로 기록되고 싶은가? 사람의 인생은 아무리 복잡해 보여도 네 가지로 분류된다. 처음도 좋고 나중도 좋은 인생, 처음도 좋지 않고 나중도 좋지 않은 인생, 처음은 좋지 않았으나 나중이 좋은 인생 그리고 처음은 좋았으나 나중이 좋지 않은 인생이다.

바로 사울의 인생이 그러했다. 처음은 좋았으나 나중이 좋지 못한 인생이었다. 사울의 마지막은 비극적인 몰락으로 끝난다. 그 이유는 무엇이었을까? 어떻게 하면 마지막까지 좋은 인생이 될 수 있을까?

이스라엘의 역사적 패배

본문인 31장에는 이스라엘의 역사적인 패배가 기록되어 있다. 블레셋 군대가 이스라엘을 쳐들어 왔고, 결국 이스라엘은 길보아산에서 블레셋과의 전쟁에서 대패하고 만다. 사울왕은 전사하고, 그의 신실한 아들 요나단을 비롯해 아비나답과 말기수아, 세 아들도 함께 죽는다.

이 패배는 두 세대 전 에벤에셀에서의 끔찍한 패배에 버금가는 국가적 재앙이었다. 아니, 이스라엘 역사에 유례없는 패배였다. 길보아산에서 이스라엘의 초대 왕이 전사했기 때문이다. 블레셋은 사울의 시신을 가져다가 목을 베고 갑옷을 벗긴 뒤, 그 주검을 벳산 성벽에 매달아 둔다. 너무나 잔인하고 비극적인 결말이다. 이스라엘의 군사력은 무너졌고, 지도부는 죽임을 당했으며, 한때 블레셋에게서 되찾았던 땅은 다시 점령당했다. 하나님의 이름 또한 수치를 당했다.

사울의 죽음은 결코 기쁜 일이 아니다. 이것은 나라의 총체적 재앙이고, 그 피해는 고스란히 백성에게 돌아간다. 여기 '길보아산'에 엎드러진 자들은 누구인가? 누군가의 아들이고, 누군가의 손주다. 그들이 블레셋이라는 '외세'에 의해 짓밟혔다. 이스라엘이 망하기를 원하는 나라, 이스라엘을 속국으로 만들기 원하는 나라에 의해서 말이다.

이것이 사울의 죽음의 소식을 들은 다윗이 기뻐하지 않고 오히려 슬퍼했던 이유다. 사무엘하 1장을 보면, 다윗은 사울과 요나단의 죽음을 애도하며 통곡한다.

이스라엘아, 우리의 지도자들이 산 위에서 죽었다. 가장 용감한 우리의 군인들이 언덕에서 쓰러졌다. 이 소식이 가드에 전해지지 않게 하여라. 이 소식이 아스글론의 모든 거리에도 전해지지 않게 하여라. 블레셋 사람의 딸들이 듣고서 기뻐할라. 저 할례받지 못한 자들의 딸들이 환호성을 올릴라(삼하 1:19-20).

개인적인 차원에서 보면, 다윗에게 사울의 죽음은 기쁜 소식일 수도 있다. 이제 고생 끝이다. 자신을 죽이려던 원수가 사라졌기 때문이다. 그러나 다윗은 사울을 '적'으로 보지 않았다. 그는 여전히 하나님께서 세우신 기름 부음 받은 왕이었다.

패배의 세 가지 이유

이스라엘은 왜 패배했는가? 이를 '군사적 관점'에서 본다면, 전략의 부재요, 다윗의 부재 때문이다. 만일 사울이 다윗을 죽이려 하지 않고 그를 군대 장관으로 두었다면, 이토록 비참한 패배를 맞지 않았을지도 모른다.

이를 '정치적 관점'에서 본다면, 정쟁에 의한 '내부 분열' 때문이다. 이 전쟁의 패배는 사울의 시기, 다윗을 향한 정치적 보복의 결과이기도 했다. 사울과 다윗이 원팀이었다면 블레셋이 문제가 되었겠는가?

그러나 이스라엘의 패배에는 무엇보다 '영적인 이유'가 있었다. 그것은 에벤에셀 전투에서 패배했던 이유와 같다. 이가봇, 영광이 떠났기 때문이다. 하나님이 사울에게서 떠나셨기 때문이다.

사울에게서는 주님의 영이 떠났고, 그 대신에 주님께서 보내신 악한 영이 사울을 괴롭혔다(삼상 16:14).

성경이 말하는 최고의 복은 '하나님이 함께하시는 것'이다. 예수님의 이름은 임마누엘, 곧 함께하시는 하나님이다. 이것이 가장 큰 복이다. 반대로 성경이 말하는 최악의 저주는 '하나님이 떠나고 그대로 버려 두시는 것'이다.

너희는 믿음 안에 있는가 너희 자신을 시험하고 너희 자신을 확증하라 예수 그리스도께서 너희 안에 계신 줄을 너희가 스스로 알지 못하느냐 그렇지 않으면 너희는 버림받은 자니라(고후 13:5, 개역개정).

그렇다면 하나님의 영은 왜 사울을 떠나셨는가? 사울이 완벽하지 않았기 때문인가? 아니다. 완벽한 사람이 어디에 있는가? 다윗 역시 완벽하지 않았다. 하나님은 완벽한 사람을 찾으시는 분이 아니다. 하나님은 '완벽'하기를 요구하시는 것이 아니라, 끝까지 '완주'하기를 원하신다.

사울이 몰락한 근본적인 이유

사울의 문제는 '블레셋'도 아니고 '골리앗'도 아니었다. 전쟁의 승패는 하나님께 달려 있기 때문이다. 사울의 진짜 문제는 '사울' 자신에게 있었다. 그가 하나님을 떠났기 때문이다.

역대상은 사울이 왜 비극적으로 몰락했는지를 단 한 가지 이유로 분명히 기록한다. 사울은 주님께 신실하지 못했다.

> 사울이 주님을 배신하였기 때문에, 이렇게 죽었다. 그는 주님의 말씀을 지키지 않았고, 오히려 점쟁이와 상의하며 점쟁이의 지도를 받았다. 그는 주님께 지도를 받으려 하지 않았다. 그래서 주님께서 그를 죽이시고, 그의 나라를 이새의 아들 다윗에게 맡기셨다(대상 10:13-14).

성경은 분명히 말씀한다. 주님께서 사울을 죽이셨다. 주님께서 사울을 패배하게 하신 것이다. 왜인가? 사울이 주님을 배신했기 때문이다. 영어 성경은 이를 '주님께 신실하지 못했다'(unfaithful, NIV)라고 번역한다. 다시 말해, 주님이 신랑인데 신부가 바람을 피운 것이다. 그것도 한 번이 아니라, 그의 지속적인 성향이었다.

그렇다면 주님은 무엇을 바람으로 보셨는가? 성경은 두 가지를 연이어 제시한다. 첫째는, 주님의 말씀을 지키지 않은 것이다. 사울은 사무엘이 와서 제사를 드릴 때까지 기다려야 했다. 왕이라 해도 제사장의 권한을 넘어설 수는 없었다. 민주주의의 기초 역시 삼권 분립이다. 입법·사법·행정이 서로를 견제하며 균형을 이루도록 한 것이다. 행정부든, 입법부인 국회든 선을 넘으면 무소불위의 독재가 될 수 있다.

그런데 사울은 제사장만이 감당할 수 있는 권한을 넘어서 버렸다. 그것은 말씀을 무시하고 거부한 것이며, 결국 하나님을 무시하고 버린 것이었다.

> "거역하는 것은 점을 치는 죄와 같고, 고집을 부리는 것은 우상을 섬기는 죄와 같습니다. 임금님이 주님의 말씀을 버리셨기 때문에, 주님께서도 임금님을 버려 왕이 되지 못하게 하셨습니다"(삼상 15:23).

말씀에 대한 거역은 곧 하나님을 신뢰하지 않고 자신을 신뢰하겠다는 뜻이다. 그래서 성경은 이를 점치는 죄와 같다고 말씀한다. 하나님의 뜻과 말씀에 온전히 순종한 사람이 과연 있는가? 우리는 말씀을 사모하고 순종하기보다, 제멋대로 살기를 더 좋아하지 않았는가? 마음과 목숨과 뜻을 다해 하나님을 사랑하고, 이웃을 우리 자신의 몸같이 사랑하라 하셨다. 그런데 우리는 거역하지 않았는가? 고집부리지 않았는가? 그렇다면 우리는 거역했고, 점을 쳤으며, 고집을 부렸고, 우상을 섬긴 것이다.

예수님과 동행하려면 그분이 누구신지, 무엇을 기뻐하고 미워하시는지를 알아야 한다. 지금 하나님께서 미워하시는 것은 무엇인가? 거역과 점술, 고집과 우상 숭배다. 이 모든 것을 하나님이 싫어하신다. 말씀이 없이는 하나님의 성품을 알 수 없다. 알지 못하면 동행도 불가능하다. 그래서 우리는 매일 말씀을 묵상하고 성경을 통독해야 한다.

둘째는, 점쟁이와 상의하고 지도를 받은 것이다. 그래서 사울은 주님께 묻지 않았다.

> 그는 여호와의 말씀을 지키지 않았을 뿐 아니라 무당에게 찾아가 도움을 구하고 여호와께 묻지 않았습니다(대상 10:13-14, 우리말성경).

이는 신실하지 못한 태도다. 배우자를 두고 다른 사람을 찾은 것과 같다. 왕이신 주님께 묻지 않고 무당을 찾아가 도움과 지도를 구한 것이다.

그래서 사울은 자기의 신하들에게 명령하였다. "망령을 불러올리는 여자 무당을 한 사람 찾아보아라. 내가 그 여인을 찾아가서 물어보겠다"(삼상 28:7).

이것이 비극이다. 외세가 침입해 이스라엘을 파멸시키고 나라를 찬탈할 빌미를 제공한 것이다. 신접한 자와 무속인을 찾아가 의지하는 행위는 하나님이 미워하시는 우상 숭배의 죄다(신 18:10-12).

하나님은 모르는 것처럼 보여도 다 알고 계신다. 사울이 누구를 찾아갔는지, 누구를 의지했는지를 말이다. 그리고 이것은 오늘 우리에게도 일어날 수 있는 일이다.

한 설문 조사에 따르면, 10-30대 기독 청년 259명 가운데 절반이 '점을 본 적이 있다'고 응답했다. '점을 보게 된 이유가 무엇이냐'는 질문에는 '단순한 재미로 봤다'는 응답이 63.3퍼센트로 가장 많았고, '자주 접하다 보니 궁금해서'라는 응답 13퍼센트를 더하면 전체의 76.3퍼센트가 미신이나 점을 가볍게 여긴 셈이다. 실제로 '미래에 대한 염려' 때문이라는 응답은 11.5퍼센트에 불과했다. 또한 기독 청년의 53.4퍼센트가 '온라인으로 점괘를 본 적이 있다'고 답했다.

'기독교인은 점을 보면 안 되느냐'는 질문에, 점을 본 청년의 절반 가량만 '안 된다'고 답했다. '점을 봐도 상관없다'고 답한 일부는 "재미로 보는 것은 괜찮다. 믿지만 않으면 된다"고 말했지만, 문제는 기독 청년의 60퍼센트가 '점의 결과가 영향을 준다'고 응답했다는 데 있다. 재미로 보았다가, 결국 점과 사주의 영향을 받게 되는 것이다.

26년 동안 무속인으로 살다가 예수님을 만나 회심한 한 성도가 있다. 그녀는 무속인이던 시절, 자신의 고객 가운데 적게 잡아 약 20퍼센트가 그리스도인이었다고 증언한다. 왜 그리스도인이 무속 신앙에 빠지는가? 왜 무속인을 찾아 점을 보는가? 그녀의 대답은 이러했다.

"첫 번째는, 자신이 믿는 신을 믿지 못하기 때문입니다. 즉 믿음이 없기 때문입니다. 불투명한 미래를 빨리 알고 싶기 때문입니다. 하나님 아버지를 신뢰하지 못하니, 이 신이 해결하지 못하면 다른 신에게 가서 해결받으려는 것입니다. 그러고는 점을 보고 양심에 찔리면 '다시 하나님 아버지께 가서 회개하면 되지' 하며 이 일이 반복됩니다. 그것은 믿음이 아닙니다."

그녀가 간절히 당부한 말이 있다.

"점을 보는 것은 돈 주고 사망을 사는 길입니다."

혹시 점을 본 적이 있다면, 진정으로 회개해야 한다. 그리고 다시는 점이나 사주를 보지 말아야 한다. 사울이 몰락한 이유는 분명하다. 주님께 신실하지 않았고, 점쟁이와 상의하며 지도를 받았으며, 끝내 회개하지 않았기 때문이다.

국가적 재앙의 근본적인 뿌리

황폐해진 나라를 바라보며 다니엘이 드린 기도를 보라. 다니엘은 특정 지도자나 어떤 집단을 향해 손가락질하지 않는다. 그는 이렇게 기도한다.

"주님께서 재앙을 간직해 두셨다가 우리에게 미치게 하신 것은, 주 우리 하나님이 하시는 모든 일은 의로우신데, 우리가 말씀에 순종하지 않은 까닭입니다"(단 9:14).

느헤미야는 예루살렘 성벽이 허물어지고 성문이 모두 불타 버린 재앙 앞에서 어떻게 기도했는가? "저런 무능한 지도자들 때문입니다"라고 말했는가? 아니다. 느헤미야 역시 이렇게 기도했다.

"주님, 우리가 범죄하였습니다."

이제 이 종이 밤낮 주님 앞에서 주님의 종 이스라엘 자손을 위하여 드리는 이 기도에 귀를 기울이시고, 살펴 주십시오. 우리 이스라엘 자손이 주님을 거역하는 죄를 지은 것을 자복합니다. 저와 저의 집안까지도 죄를 지었습니다. 우리가 주님께 매우 큰 잘못을 저질렀습니다. 주님의 종 모세를 시키시어, 우리에게 내리신 계명과 율례와 규례를 우리가 지키지 않았습니다(느 1:6-7).

다니엘이나 느헤미야의 기도 어디에도 내 편, 네 편은 없다. 내 편은 옳고 상대방은 틀렸다는 말도 없다. 그저 온 나라가 주님을 거역했고, 주님의 계명을 지키지 않았다는 고백만 있을 뿐이다.

그러므로 사울의 비극적 몰락과 국가적 재앙의 근본적인 뿌리는 사실 다른 데 있다. 그것은 단지 사울 한 사람의 영적 타락만이 아니다. 그 근본적인 뿌리는 이스라엘 백성 전체에게 있었다. 왜인가? 그들이 왕이신 하나님을 거절하고 버렸기 때문이다. 그들은 "우리에게도 다른 나라들처럼 인간 왕을 세워 달라"고 요구했다. 그것이 바로 반역이었다.

하나님을 버리고 인간 왕을 세워 달라고 요청한 결과가 사울이었다. 그러니 사울은 태생적으로 치명적인 문제를 안고 왕이 된 셈이다. 백성의 중심에 왕이신 하나님보다 '사람'을 더 의지하는 문제 말이다. 하나님을 완전히 버린 것은 아니었지만, 사실상 사람을 더 신처럼 의지하는 혼합적 신앙이었다.

혼합 신앙은 곧 우상 숭배다. 그리고 우상 숭배의 결과는, 그들이 원했던 왕과 그가 이끄는 군대의 전멸이었다. 이스라엘의 이 경험은 우상 숭배의 끝이 항상 어디로 향하는지를 보여 준다.

사울의 죽음과 그리스도의 십자가

본문의 후반부에는 길이 남을 만한 장면이 기록되어 있다. 사울의 주검은 목이 잘린 채 성벽에 매달려 있었다. 얼마나 비극적인 장면인가? 그러나 이들을 긍휼히 여긴 사람들이 있었다. 바로 요단강 동편의 길르앗 야베스 사람들이다.

> 길르앗 야베스의 주민들은 블레셋 사람들이 사울에게 한 일을 전해 들었다. 그래서 그들의 용사들이 모두 나서서, 밤새도록 걸어 벳산까지 가서, 사울의 주검과 그 아들들의 시체를 성벽에서 내려 가지고 야베스로 돌아와, 그 주검을 모두 거기에서 화장하고, 그들의 뼈를 거두어다가 야베스에 있는 에셀 나무 아래에 묻고, 이레 동안 금식하였다(삼상 31:11-13).

야베스 사람들은 사울이 위기에 처한 그들을 위해 군사를 이끌고 가 구원해 주었던 이들이다. 사울에게서 큰 은혜를 입었기에, 그 은혜를 기억하며 사울과 그의 아들들의 장사를 치러 준 것이다. 훗날 다윗은 이들의 행위에 감사를 표하며, 그들의 삶을 지켜 주겠다고 언약한다. 하나님이 기름 부어 세우신 왕에게 예우를 갖추었으니, 자신도 그들에게 그렇게 대하겠다는 것이다. 이것이 그리스도인의 태도요, 그리스도인의 품격이다.

사울의 비참한 죽음과 장례에는 그 어떤 희망도 보이지 않는 것처럼 보인다. 그때도 그러했다. 예수님께서 골고다 언덕에서 온갖 수치와 모욕을 당하며 죽임을 당하셨을 때 말이다. 예수님은 하나님을 거역하고 고집스럽게 반역한 우리의 죄를 대신하여 비참하게 죽임을 당하셨다.

예수님은 수치스러운 죽음을 당하고, 나무에 매달린 채 모든 사람이 볼 수 있도록 전시되셨다. 하나님의 원수들은 그분의 옷을 벗기고 조롱하면서 그 죽음을 축하했다.

"이 사람은 유대인의 왕이 아니었는가? 그러나 자기 자신도 구하지 못하는군!"

그러나 바로 그 수치스러운 죽음을 통해 우리 모두에게 구원이 임했다. 사울의 죽음을 통해서만 이스라엘에 다윗이라는 새로운 구원이 임할 수 있었던 것처럼, 예수님의 죽음을 통해서만 인류에게 영원한 구원이 임할 수 있었다. 예수님은 다윗처럼 참된 왕이 되기 위해, 사울처럼 수치스러운 죽음을 당하신 것이다.

우리 안의 사울이 죽어야 한다

본문의 사울은 곧 우리다. 우리는 여전히 사울의 역할을 맡고 있다. 하나님의 뜻과 말씀을 거역하고, 고집을 부리며, 하나님을 온전히 신뢰하지 않음으로써 말이다. 그러나 아직 회개할 기회는 남아 있다. 우리가 이 모든 죄를 진정으로 회개할 때, 우리의 옛 사람인 '사울'은 십자가에서 죽고, '다윗'이라는 새 시대가 열린다.

이것이 복음이다. 다윗이 왕좌에 오르기 위해서는 사울이 죽어야 했다. '참된 다윗'이신 예수 그리스도께서 우리의 진정한 왕이 되시려면, 우리 안의 거역하는 사울, 고집스러운 자아가 죽어야 한다. 아니, 이미 십자가에서 죽은 자로 여기라(롬 6:11).

그러므로 사울의 죽음은 '슬픈 소식'이면서 동시에 '기쁜 소식'이다. '복음'은 우리가 얼마나 흉악한 죄인인지를 드러내는 '나쁜 소식'인 동시에, 우리가 얼마나 무한히 사랑받고 용납받은 존재인지를 알게 하는 '기쁜 소식'이다. 언제나 기쁜 소식에 앞서 나쁜 소식이 먼저 온다.

우리가 함께 우리의 죄를 회개할 때, 십자가 복음의 능력이 우리와 이 나라를 새롭게 할 것이다. 우리 안의 사울은 죽고, 더 나은 다윗이신 예수 그리스도께서 우리의 삶과 나라를 통치하시도록 함께 기도하자.

마음에 새길 세 가지

1 완벽보다 완주가 중요하다

하나님은 완벽한 사람을 원하시는 것이 아니라, 끝까지 완주하는 사람을 원하신다. 사울은 시작은 좋았으나 끝이 좋지 못했다. 그가 몰락한 이유는 주님께 신실하지 못했기 때문이다. 말씀을 지키지 않았고, 주님께 묻지 않고 점쟁이에게 의지했다. 끝까지 신실한 자로 완주하라.

2 거역하는 것은 점치는 죄와 같다

말씀을 거역하고 불순종하는 것은 하나님을 신뢰하지 못하고 자신을 믿는 불신앙이다. 이것은 곧 점치는 죄와 같다. 하나님의 말씀을 버리면 하나님도 우리를 쓰실 수 없다. 매일 말씀을 묵상하며 순종함으로 주님과 동행하라.

3 우리 안의 사울이 죽어야 예수님이 왕이 되신다

사울의 죽음을 통해 다윗이 왕이 되었듯이, 예수님의 십자가를 통해 우리에게 구원이 임했다. '더 나은 다윗'이신 예수 그리스도께서 우리의 진정한 왕이 되시려면, 우리 안의 거역하는 사울, 고집스러운 자아가 십자가에서 죽어야 한다. 나의 옛 자아, 사울은 이미 십자가에서 죽은 자로 여기라. 이것이 복음이다.

소그룹 나눔 질문

- 하나님은 완벽한 사람이 아니라 끝까지 주님과 함께 완주하는 사람을 원하십니다. 신앙의 '시작'과 '지금'을 비교할 때 어떤 변화가 있으며, 사울과 같은 인생이 되지 않으려면 지금부터 무엇을 붙잡고 지켜 가야 할까요?

- 사울의 비극은 주님께 묻지 않고 자기 방식대로 살다가 결국 점쟁이에게까지 의지하게 된 데 있습니다. '거역하는 것은 점치는 죄와 같다'는 말씀 앞에서, 당신의 삶에 하나님을 밀어내고 다른 것에 의지하려는 영역이 있다면 무엇이며, 어떻게 돌이켜야 할까요?

하나님 마음에 맞는 사람의 기도

'완벽'보다 '완주'를 원하시는 하나님,
사울의 비극적 몰락 앞에서 저 자신을 돌아봅니다.
주님의 말씀을 버리고 거역했던 죄를 고백합니다.
주님께 묻지 않고 제 힘으로, 제 방식대로 살려 했던
고집을 회개합니다. 거역하는 것은 점치는 죄와 같고,
고집부리는 것은 우상을 섬기는 죄와 같다는 말씀 앞에
무릎을 꿇고 엎드리니, 주여 긍휼을 베풀어 주소서.
주님, 제 안의 사울을 십자가에서 죽게 하소서.
거역하고 반역한 저의 죄를 대신하여
수치스러운 죽음을 당하신 예수님의 십자가를 바라봅니다.
그 죽음을 통해 구원이 임했음을 감사드립니다.
이제 참된 다윗이신 예수 그리스도께서
참된 저의 왕이 되어 주소서.
처음도 좋고 나중도 좋은 인생, 끝까지 신실한 자로
완주하게 하소서. 매일 말씀에 귀 기울이며
주님과 동행하여 끝까지 완주하는 믿음의 여정이 되게 하소서.
주 예수 그리스도의 이름으로 기도합니다. 아멘.